Sachenrecht III

Hemmer/Wüst/d'Alquen

Juristisches Repetitorium
hemmer

Augsburg - Bayreuth - Berlin - Bielefeld - Bochum - Bonn - Bremen - Dortmund
Düsseldorf - Erlangen - Essen - Frankfurt/M. - Freiburg - Gießen - Göttingen - Greifswald
Halle - Hamburg - Hannover - Heidelberg - Jena - Kiel - Koblenz - Köln - Konstanz
Leipzig - Mainz - Marburg - München - Münster - Nürnberg - Osnabrück - Passau
Potsdam - Regensburg - Rostock - Saarbrücken - Stuttgart - Trier - Tübingen - Würzburg

Unsere Hauptkurse Zivilrecht - Öffentliches Recht - Strafrecht

Ab dem 5. - 6. Semester werden Sie sich erfahrungsgemäß für unsere Examensvorbereitungskurse interessieren. Hören Sie kostenlos Probe und besuchen Sie unsere Infoveranstaltungen.

Im Repetitorium gilt dann: Lernen am examenstypischen Fall!
Wir orientieren uns am Niveau des Examensfalls!

Gemäß unserem Berufsverständnis als Repetitoren vermitteln wir Ihnen nur das, worauf es ankommt: Wie gehe ich bestmöglich mit dem großen Fall, dem Examensfall, um. Aus diesem Grund konzentrieren wir uns nicht auf Probleme in einzelnen juristischen Teilbereichen. Bei uns lernen Sie, mit der Vielzahl von Rechtsproblemen fertig zu werden, die im Examensfall erkannt und zu einem einheitlichen Ganzen zusammengesetzt werden müssen („Struktur der Klausur"). Verständnis für das Ineinandergreifen der Rechtsinstitute und die Entwicklung eines Problembewusstseins sind aber zur Lösung typischer Examensfälle notwendig.

Ausgangspunkt unseres erfolgreichen Konzepts ist die generelle Problematik der Klausur oder Hausarbeit: Der Bearbeiter steht bei der Falllösung zunächst vor einer Dekodierungs- (Entschlüsselungs-) und dann vor einer (Ein-) Ordnungsaufgabe: Der Examensfall kann nur mit juristischem Verständnis und dem entsprechenden Begriffsapparat gelöst werden. Damit muss Wissen von vorneherein unter Anwendungsgesichtspunkten erworben werden. Abstraktes, anwendungsunspezifisches Lernen genügt nicht.

Man hofft auf die leichten Rezepte, die Schemata und den einfachen Rechtsprechungsfall. Die unnatürlich klare Zielsetzung der Schemata lässt aber keine Frage offen und suggeriert eine Einfachheit, die im Examen nicht besteht. Auch bleibt die der Falllösung zugrunde liegende juristische Argumentation auf der Strecke. Mit einer solchen Einstellung wird aber die korrekte, sachgerechte Lösung von Klausur und Hausarbeit verfehlt.

Ersteller als „imaginärer Gegner"

Der Ersteller des Examensfalls hat auf verschiedene Problemkreise und ihre Verbindung geachtet. Diesen Ersteller muss der Student als imaginären Gegner bei seiner Falllösung berücksichtigen. Er muss also versuchen, sich in die Gedankengänge, Annahmen und Ideen des Erstellers hineinzudenken und dessen Lösungsvorstellung wie im Dialog möglichst nahe zu kommen. Dazu gehört auch der Erwerb von Überzeugungssystemen, Denkmustern und ethischen Standards, die typischerweise und immer wieder von Klausurenerstellern den Examensfällen zugrunde gelegt werden.

Wir fragen daher konsequent bei der Falllösung:

Was will der Ersteller des Falls („Sound")?

Welcher „rote Faden" liegt der Klausur zugrunde („mainstreet")?

Welche Fallen gilt es zu erkennen?

Wie wird bestmöglicher Konsens mit dem Korrektor erreicht?

Wer sich überwiegend mit Grundfällen und dem Auswendiglernen von Meinungen beschäftigt, dem fehlt zum Schluss die Zeit, Examenstypik einzutrainieren. Es droht das Schreckgespenst des „Subsumtionsautomaten". Examensfälle zu lösen ist eine praktische und keine theoretische Aufgabe.

Spezielle Ausrichtung auf Examenstypik

Die Thematik der Examensfälle ist bei uns auffällig häufig vorher im Kurs behandelt worden. Auch in Zukunft ist damit zu rechnen, dass wir mit Ihnen innerhalb unseres Kurses die examenstypischen Kontexte besprechen, die in den nächsten Prüfungsterminen zu erwarten sind.

Schon beim alten Seneca galt: „Wer den Hafen nicht kennt, für den ist kein Wind günstig". Vertrauen Sie auf unsere Expertenkniffe. Seit 1976 analysieren wir Examensfälle und die damit einhergehenden wiederkehrenden Problemfelder. Problem erkannt, Gefahr gebannt. Die „hemmer-Methode" setzt richtungsweisende Maßstäbe und ist Gebrauchsanweisung für Ihr Examen.

Das Repetitorium hemmer ist bekannt für seine Spitzenergebnisse. Sehen Sie dieses Niveau als Anreiz für Ihr Examen. Orientieren Sie sich nach oben, nicht nach unten.

Unsere Hauptaufgabe sehen wir aber nicht darin, nur Spitzennoten zu produzieren: Wir streben auch für Sie ein solides Prädikatsexamen an. Regelmäßiges Training an examenstypischem Material zahlt sich also aus.

Gehen Sie mit dem sicheren Gefühl ins Examen, sich richtig vorbereitet zu haben. Gewinnen Sie mit der „hemmer-Methode".

www.hemmer.de

Juristisches Repetitorium
hemmer

Mergentheimer Str. 44 / 97082 Würzburg
Tel.: 0931-7 97 82 30 / Fax: 0931-7 97 82 34

6 Monate kostenlos testen*

juris by hemmer – zwei starke Marken!

Ihre Online-Recherche: So leicht ist es, bequem von überall – zu Hause, im Zug, in der Uni – zu recherchieren. Ob Sie einen Gesetzestext suchen, Entscheidungen aus allen Gerichtsbarkeiten, zitierte und zitierende Rechtsprechung, Normen, Kommentare oder Aufsätze – **juris by hemmer** bietet Ihnen weitreichend verlinkte Informationen auf dem aktuellen Stand des Rechts.

Erfahrung trifft Erfahrung

juris verfügt inzwischen über mehr als dreißig Jahre Erfahrung in der Bereitstellung und Aufbereitung von Rechtsinformationen und war der erste, der digitale Rechtsinformationen angeboten hat. hemmer bildet seit 1976 Juristen aus. Das umfassende Lernprogramm des Marktführers bereitet gezielt auf die Staatsexamina vor. Jetzt ergänzt durch die intuitive Online-Recherche von juris.

Nutzen Sie die durch das Kooperationsmodell von **juris by hemmer** geschaffene Möglichkeit: Für die Scheine, vor dem Examen die neuesten Entscheidungen abrufen, schnelle Vorbereitung auf die mündliche Prüfung, bequemes Nachlesen der Originalentscheidung passend zur Life&LAW und den hemmer-Skripten. So erleichtern Sie sich durch frühzeitigen Umgang mit Onlinedatenbanken die spätere Praxis. Schon für Referendare ist die Online-Recherche unentbehrlich. Erst recht für den Anwalt oder im Staatsdienst ist der schnelle Zugriff obligatorisch. hemmer hat ein umfassendes juris-Paket geschnürt: Über 800.000 Entscheidungen, der juris PraxisKommentar zum BGB und Fachzeitschriften zu unterschiedlichen Rechtsgebieten ermöglichen eine Voll-Recherche!

Das „juris by hemmer"-Angebot für hemmer.club-Mitglieder

So einfach ist es, **juris by hemmer** kennenzulernen:

*Ihr Vorteil: 6 Monate kostenfrei für alle Teilnehmer/-innen des hemmer Haupt-, Klausuren- oder Individualkurses oder des Assessorkurses, die sich während dieser Kursteilnahme anmelden und gleichzeitig hemmer.club-Mitglied sind. Die Mitgliedschaft im hemmer.club ist kostenlos.

Danach nur 2,90 € monatlich, solange Sie Jurastudent oder Rechtsreferendar sind. Voraussetzung ist auch dann die Mitgliedschaft im hemmer.club. Auch für alle hemmer.club-Mitglieder, die nicht (mehr) Kursteilnehmer sind, gilt unser Angebot: nur 2,90 € monatlich, solange Sie Jurastudent oder Rechtsreferendar sind. Kündigung jederzeit zum Monatsende möglich.

Jetzt anmelden unter „juris by hemmer": www.hemmer.de

Juristisches Repetitorium hemmer

VORBEREITUNG AUF DAS ERSTE STAATSEXAMEN

KURSORTE IM ÜBERBLICK

AUGSBURG
Wüst
Mergentheimer Str. 44
97082 Würzburg
Tel.: (0931) 79 78 230
Fax: (0931) 79 78 234
Mail: augsburg@hemmer.de

BAYREUTH
Daxhammer/d´Alquen
Parkweg 7
97944 Boxberg
Tel.: (07930) 99 23 38
Fax: (07930) 99 22 51
Mail: bayreuth@hemmer.de

BERLIN-DAHLEM
Gast
Schumannstraße 18
10117 Berlin
Tel.: (030) 240 45 738
Fax: (030) 240 47 671
Mail: mitte@hemmer-berlin.de

BERLIN-MITTE
Gast
Schumannstraße 18
10117 Berlin
Tel.: (030) 240 45 738
Fax: (030) 240 47 671
Mail: mitte@hemmer-berlin.de

BIELEFELD
Lück
Salzstr. 14/15
48143 Münster
Tel.: (0251) 67 49 89 70
Fax.: (0251) 67 49 89 71
Mail: bielefeld@hemmer.de

BOCHUM
Schlömer/Sperl
Salzstr. 14/15
48143 Münster
Tel.: (0251) 67 49 89 70
Fax.: (0251) 67 49 89 71
Mail: bochum@hemmer.de

BONN
Ronneberg/Clobes/Geron
Meckenheimer Allee 148
53115 Bonn
Tel.: (0228) 91 14 125
Fax: (0228) 91 14 141
Mail: bonn@hemmer.de

BREMEN
Kulke/Hermann
Mergentheimer Str. 44
97082 Würzburg
Tel.: (0931) 79 78 257
Fax: (0931) 79 78 240
Mail: bremen@hemmer.de

DRESDEN
Stock
Zweinaundorfer Str. 2
04318 Leipzig
Tel.: (0341) 6 88 44 90
Fax: (0341) 6 88 44 96
Mail: dresden@hemmer.de

DÜSSELDORF
Ronneberg/Clobes/Geron
Meckenheimer Allee 148
53113 Bonn
Tel.: (0228) 91 14 125
Fax: (0228) 91 14 141
Mail: duesseldorf@hemmer.de

ERLANGEN
Grieger/Tyroller
Mergentheimer Str. 44
97082 Würzburg
Tel.: (0931) 79 78 230
Fax: (0931) 79 78 234
Mail: erlangen@hemmer.de

FRANKFURT/M.
Geron
Dreifaltigkeitsweg 49
53489 Sinzig
Tel.: (02642) 61 44
Fax: (02642) 61 44
Mail: frankfurt.main@hemmer.de

FRANKFURT/O.
Gast
Schumannstraße 18
10117 Berlin
Tel.: (030) 240 45 738
Fax: (030) 240 47 671
Mail: mitte@hemmer-berlin.de

FREIBURG
Behler/Rausch
Rohrbacher Str. 3
69115 Heidelberg
Tel.: (06221) 65 33 66
Fax: (06221) 65 33 30
Mail: freiburg@hemmer.de

GIEßEN
Sperl
Parkweg 7
97944 Boxberg
Tel.: (07930) 99 23 38
Fax: (07930) 99 22 51
Mail: giessen@hemmer.de

GÖTTINGEN
Schlömer/Sperl
Kirchhofgärten 22
74635 Kupferzell
Tel.: (07944) 94 11 05
Fax: (07944) 94 11 08
Mail: goettingen@hemmer.de

GREIFSWALD
Burke/Lück
Buchbinderstr. 17
18055 Rostock
Tel.: (0381) 3 77 74 00
Fax: (0381) 3 77 74 01
Mail: greifswald@hemmer.de

HALLE
Ra. J. Luke
Rödelstr. 13
04229 Leipzig
Tel.: (0341) 49 25 54 70
Fax: (0341) 49 25 54 71
Mail: halle@hemmer.de

HAMBURG
Schlömer/Sperl
Steinhöft 5-7
20459 Hamburg
Tel.: (040) 317 669 17
Fax: (040) 317 669 20
Mail: hamburg@hemmer.de

HANNOVER
Daxhammer/Sperl
Matzenhecke 23
97204 Höchberg
Tel.: (0931) 400 337
Fax: (0931) 404 3109
Mail: hannover@hemmer.de

HEIDELBERG
Behler/Rausch
Rohrbacher Str. 3
69115 Heidelberg
Tel.: (06221) 65 33 66
Fax: (06221) 65 33 30
Mail: heidelberg@hemmer.de

JENA
Richard Weber
c/o Kanzlei Luke
Rödelstr. 13
04229 Leipzig
Mail: halle@hemmer.de

KIEL
Schlömer/Sperl
Kirchhofgärten 22
74635 Kupferzell
Tel.: (07944) 94 11 05
Fax: (07944) 94 11 08
Mail: kiel@hemmer.de

KÖLN
Ronneberg/Clobes/Geron
Meckenheimer Allee 148
53113 Bonn
Tel.: (0228) 91 14 125
Fax: (0228) 91 14 141
Mail: koeln@hemmer.de

KONSTANZ
Guldin/Kaiser
Hindenburgstr. 15
78467 Konstanz
Tel.: (07531) 69 63 63
Fax: (07531) 69 63 64
Mail: konstanz@hemmer.de

LEIPZIG
Ra. J. Luke
Rödelstr. 13
04229 Leipzig
Tel.: (0341) 49 25 54 70
Fax: (0341) 49 25 54 71
Mail: leipzig@hemmer.de

MAINZ
Geron
Dreifaltigkeitsweg 49
53489 Sinzig
Tel.: (02642) 61 44
Fax: (02642) 61 44
Mail: mainz@hemmer.de

MANNHEIM
Behler/Rausch
Rohrbacher Str. 3
69115 Heidelberg
Tel.: (06221) 65 33 66
Fax: (06221) 65 33 30
Mail: mannheim@hemmer.de

MARBURG
Sperl
Parkweg 7
97944 Boxberg
Tel.: (07930) 99 23 38
Fax: (07930) 99 22 51
Mail: marburg@hemmer.de

MÜNCHEN
Wüst
Mergentheimer Str. 44
97082 Würzburg
Tel.: (0931) 79 78 230
Fax: (0931) 79 78 234
Mail: muenchen@hemmer.de

MÜNSTER
Schlömer/Sperl
Salzstr. 14/15
48143 Münster
Tel.: (0251) 67 49 89 70
Fax: (0251) 67 49 89 71
Mail: muenster@hemmer.de

OSNABRÜCK
Fethke
Liebknechtstr. 35
99086 Erfurt
Tel.: (0541) 18 55 21 79
Fax.: ---
Mail: osnabrueck@hemmer.de

PASSAU
Köhn/Rath
Mergentheimer Str. 44
97082 Würzburg
Tel.: (0931) 79 78 230
Fax: (0931) 79 78 234
Mail: passau@hemmer.de

POTSDAM
Gast
Schumannstraße 18
10117 Berlin
Tel.: (030) 240 45 738
Fax: (030) 240 47 671
Mail: mitte@hemmer-berlin.de

REGENSBURG
Daxhammer/d´Alquen
Parkweg 7
97944 Boxberg
Tel.: (07930) 99 23 38
Fax: (07930) 99 22 51
Mail: regensburg@hemmer.de

ROSTOCK
Burke/Lück
Buchbinderstr. 17
18055 Rostock
Tel.: (0381) 3777 400
Fax: (0381) 3777 401
Mail: rostock@hemmer.de

SAARBRÜCKEN
Bold/Hein/Issa
Preslesstraße 2
66987 Thaleischweiler-Fröschen
Tel.: (06334) 98 42 83
Fax: (06334) 98 42 83
Mail: saarbruecken@hemmer.de

TRIER
Geron
Dreifaltigkeitsweg 49
53489 Sinzig
Tel.: (02642) 61 44
Fax: (02642) 61 44
Mail: trier@hemmer.de

TÜBINGEN
Guldin/Kaiser
Hindenburgstr. 15
78465 Konstanz
Tel.: (07531) 69 63 63
Fax: (07531) 69 63 64
Mail: tuebingen@hemmer.de

WÜRZBURG
- ZENTRALE -
Mergentheimer Str. 44
97082 Würzburg
Tel.: (0931) 79 78 230
Fax: (0931) 79 78 234
Mail: wuerzburg@hemmer.de

VORBEREITUNG AUF DAS ZWEITE STAATSEXAMEN

ASSESSORKURSORTE IM ÜBERBLICK

BAYERN
WÜRZBURG/MÜNCHEN/NÜRNBERG/REGENSBURG/POSTVERSAND

RA I. Gold
Mergentheimer Str. 44
97082 Würzburg
Tel.: (0931) 79 78 2-50
Fax: (0931) 79 78 2-51
Mail: assessor@hemmer.de

BADEN-WÜRTTEMBERG
KONSTANZ/TÜBINGEN/POSTVERSAND

Rae F. Guldin/B. Kaiser
Hindenburgstr. 15
78467 Konstanz
Tel.: (07531) 69 63 63
Fax: (07531) 69 63 64
Mail: konstanz@hemmer.de

STUTTGART

Rae R. Rödl / A. Baier
Mergentheimerstr. 44
97082 Würzburg
Tel. 0931-7978230
Fax. 0931-7978234
Mail: stuttgart@hemmer.de

BERLIN/POTSDAM/BRANDENBURG
BERLIN

RA L. Gast
Schumannstr. 18
10117 Berlin
Tel.: (030) 24 04 57 38
Fax: (030) 24 04 76 71
Mail: mitte@hemmer-berlin.de

BREMEN/HAMBURG
HAMBURG/POSTVERSAND

Rae M. Sperl/Clobes/Dr.Schlömer
Kirchhofgärten 22
74635 Kupferzell
Tel.: (07944) 94 11 05
Fax: (07944) 94 11 08
Mail: assessor-nord@hemmer.de

HESSEN
FRANKFURT

RA A. Geron
Dreifaltigkeitsweg 49
53489 Sinzig
Tel.: (02642) 61 44
Fax: (02642) 61 44
Mail: frankfurt.main@hemmer.de

MECKLENBURG-VORPOMMERN
POSTVERSAND

Ludger Burke/Johannes Lück
Buchbinderstr. 17
18055 Rostock
Tel.: (0381) 37 77 40 0
Fax: (0381) 37 77 40 1
Mail: rostock@hemmer.de

RHEINLAND-PFALZ
POSTVERSAND

RA A. Geron
Dreifaltigkeitsweg 49
53489 Sinzig
Tel.: (02642) 61 44
Fax: (02642) 61 44
Mail: trier@hemmer.de

NIEDERSACHSEN
HANNOVER

RAe M. Sperl/Dr. Schlömer
Steinhöft 5 - 7
20459 Hamburg
Tel.: (040) 317 669 17
Fax: (040) 317 669 20
Mail: assessor-nord@hemmer.de

HANNOVER POSTVERSAND

RAe M. Sperl/Clobes/Dr. Schlömer
Kirchhofgärten 22
74635 Kupferzell
Tel.: (07944) 94 11 05
Fax: (07944) 94 11 08
Mail: assessor-nord@hemmer.de

NORDRHEIN-WESTFALEN
KÖLN/BONN/DORTMUND/DÜSSELDORF/POSTVERSAND

Dr. A. Ronneberg
Meckenheimer Allee 148
53113 Bonn
Tel.: (0228) 91 14 125
Fax: (0228) 91 14 141
Mail: koeln@hemmer.de

SCHLESWIG-HOLSTEIN
POSTVERSAND

RAe M. Sperl/Clobes/Dr. Schlömer
Kirchhofgärten 22
74635 Kupferzell
Tel.: (07944) 94 11 05
Fax: (07944) 94 11 08
Mail: assessor-nord@hemmer.de

THÜRINGEN
POSTVERSAND

RA Stock, RA Hunger & Kollegen
Zweinaundorfer Str. 2
04318 Leipzig
Tel.: (0341) 6 88 44 90 oder -93
Fax: (0341) 6 88 44 96
Mail: dresden@hemmer.de

SACHSEN
DRESDEN/LEIPZIG/POSTVERSAND

RA Stock, RA Hunger & Kollegen
Zweinaundorfer Str. 2
04318 Leipzig
Tel.: (0341) 6 88 44 90 oder -93
Fax: (0341) 6 88 44 96
Mail: dresden@hemmer.de

SACHSEN-ANHALT
POSTVERSAND

RA Stock, RA Hunger & Kollegen
Zweinaundorfer Str. 2
04318 Leipzig
Tel.: (0341) 6 88 44 90 oder -93
Fax: (0341) 6 88 44 96
Mail: dresden@hemmer.de

Vorwort
Sachenrecht III mit der hemmer-Methode

Wer in vier Jahren sein Studium abschließen will, kann sich einen Irrtum in Bezug auf Stoffauswahl und -aneignung nicht leisten. Hoffen Sie nicht auf leichte Rezepte und den einfachen Rechtsprechungsfall. Hüten Sie sich vor Übervereinfachung beim Lernen. Stellen Sie deswegen frühzeitig die Weichen richtig.

Das vorliegende Skript will Verständnis schaffen für die Zusammenhänge des Sachenrechts. Anders als das Schuldrecht ist es ein klar strukturiertes Rechtsgebiet. In der Regel besteht deswegen beim Ersteller der Klausur als imaginärem Gegner eine feste Vorstellung, wie der Fall zu lösen ist.

Gegenstand des Skripts **Sachenrecht III** ist das Immobiliensachenrecht, wobei die Übertragung des Eigentums an Grundstücken im Vordergrund steht.

Einen zweiten Schwerpunkt bilden die Grundpfandrechte. Ziel ist es, Ihnen die Gemeinsamkeiten und Unterschiede von Hypothek und Grundschuld zu verdeutlichen, so dass Sie mit der Anwendung beider Institute in der Klausur keine Probleme haben.

Die **hemmer-Methode** vermittelt Ihnen die **erste richtige Einordnung** und das **Problembewusstsein**, welches Sie brauchen, um an einer Klausur bzw. dem Ersteller nicht vorbeizuschreiben. Häufig ist dem Studenten nicht klar, warum er schlechte Klausuren schreibt. Wir geben Ihnen **gezielte Tipps**! Vertrauen Sie auf unsere **Expertenkniffe**.

Durch die ständige Diskussion mit unseren Kursteilnehmern ist uns als erfahrenen Repetitoren klar geworden, welche **Probleme** der Student hat, sein **Wissen anzuwenden**. Wir haben aber auch von unseren Kursteilnehmern profitiert und von ihnen erfahren, welche **Argumentationsketten** in der Prüfung zum Erfolg geführt haben.

Die **hemmer-Methode** gibt **jahrelange Erfahrung** weiter, erspart Ihnen viele schmerzliche Irrtümer, setzt richtungsweisende Maßstäbe und begleitet Sie als **Gebrauchsanweisung** in Ihrer Ausbildung:

1. Grundwissen:

Die **Grundwissenskripten** sind für den Studenten in den ersten Semestern gedacht. In den Theoriebänden Grundwissen werden leicht verständlich und kurz die wichtigsten Rechtsinstitute vorgestellt und das notwendige Grundwissen vermittelt. Die Skripten werden durch den jeweiligen Band unserer **Reihe „Die wichtigsten Fälle"** ergänzt.

2. Basics:

Das Grundwerk für Studium und Examen. Es schafft schnell **Einordnungswissen** und mittels der hemmer-Methode richtiges Problembewusstsein für Klausur und Hausarbeit. Wichtig ist, **wann und wie** Wissen in der Klausur angewendet wird.

3. Skriptenreihe:

Vertiefendes Prüfungswissen: Über 1.000 Klausuren wurden auf ihre „essentials" abgeklopft. Anwendungsorientiert werden die für die Prüfung nötigen Zusammenhänge umfassend aufgezeigt und wiederkehrende Argumentationsketten eingeübt.

Gleichzeitig wird durch die **hemmer-Methode** auf **anspruchsvollem Niveau** vermittelt, nach welchen Kriterien Prüfungsfälle beurteilt werden. Mit dem Verstehen wächst die Zustimmung zu Ihrem Studium. Spaß und Motivation beim Lernen entstehen erst durch Verständnis.

Lernen Sie, durch Verstehen am juristischen Sprachspiel teilzunehmen. Wir schaffen den „background", mit dem Sie die innere Struktur von Klausur und Hausarbeit erkennen: **„Problem erkannt, Gefahr gebannt"**. Profitieren Sie von unserem **strategischen Wissen**. Wir werden Sie mit unserem know-how auf das Anforderungsprofil einstimmen, das Sie in Klausur und Hausarbeit erwartet. Die Theoriebände Grundwissen, die Basics, die Skriptenreihe und der Hauptkurs sind als **modernes, offenes und flexibles Lernsystem** aufeinander abgestimmt und ergänzen sich ideal. Die **studentenfreundliche Preisgestaltung** ermöglicht den **Erwerb als Gesamtwerk**.

4. Hauptkurs:

Schulung am examenstypischen Fall mit der Assoziationsmethode. Trainieren Sie unter professioneller Anleitung, was Sie im Examen erwartet und wie Sie bestmöglich mit dem Examensfall umgehen.

Nur wer die Dramaturgie eines Falles verstanden hat, ist in Klausur und Hausarbeit auf der sicheren Seite! Häufig hören wir von unseren Kursteilnehmern: **„Erst jetzt hat Jura richtig Spaß gemacht"**.

Die Ergebnisse unserer Kursteilnehmer geben uns Recht. Maßstab ist der Erfolg. Die Examensergebnisse zeigen, dass unsere Kursteilnehmer überdurchschnittlich abschneiden.

Die Examensergebnisse unserer Kursteilnehmer können auch Ansporn für Sie sein, intelligent zu lernen: Wer nur auf vier Punkte lernt, landet leicht bei drei.

Lassen Sie sich aber nicht von diesen Supernoten verschrecken, sehen Sie dieses Niveau als Ansporn für Ihre Ausbildung.

Wir hoffen, als Repetitoren mit unserem Gesamtangebot bei der Konkretisierung des Rechts mitzuwirken und wünschen Ihnen **viel Spaß beim Durcharbeiten** unserer Skripten.

Wir würden uns freuen, mit Ihnen als Hauptkursteilnehmer mit der **hemmer-Methode** gemeinsam Verständnis an der Juristerei zu trainieren. Nur wer erlernt, was ihn im Examen erwartet, lernt richtig!

So leicht ist es, uns kennenzulernen: Probehören ist jederzeit in den jeweiligen Kursorten möglich.

Karl-Edmund Hemmer & Achim Wüst

Sachenrecht III

Hemmer/Wüst/d'Alquen

Das Skript ist urheberrechtlich geschützt. Die dadurch begründeten Rechte, insbesondere des Nachdrucks, der Wiedergabe auf photomechanischem oder ähnlichem Wege und der Speicherung in Datenverarbeitungsanlagen bleiben, auch bei nur auszugsweiser Verwertung, der Hemmer/Wüst-Verlagsgesellschaft vorbehalten.

Hemmer/Wüst Verlagsgesellschaft
Hemmer/Wüst/d'Alquen, Sachenrecht III

ISBN 978-3-86193-642-8
13. Auflage 2017

gedruckt auf chlorfrei gebleichtem Papier
von Schleunungdruck GmbH, Marktheidenfeld

INHALTSVERZEICHNIS

§ 1 Vorbemerkungen 1

A) Gegenstand des Grundstücksrechts 1

B) Grundstück, Flurstück, Grundstücksrechte 1

    I. Grundstück 1

        1. Grundstück im Rechtssinne 1

        2. Grundstück im wirtschaftlichen Sinne 1

    II. Flurstück 1

    III. Grundstücksrechte 2

C) Sachenrechtliche Grundsätze 2

D) Das Grundbuch 3

    I. Eintragungen im Grundbuch 3

    II. Eintragungsfähige Rechte 3

    III. Eintragungsvoraussetzungen 4

    IV. Aufbau und Inhalt des Grundbuchs 5

§ 2 Inhalt und Grenzen des Grundeigentums 6

A) Befugnisse des Eigentümers 6

B) Grenzen der Eigentümerbefugnisse 6

    I. Notwendigkeit der Begrenzung 6

    II. Begrenzungsmaßstäbe 6

    III. Privatrechtliche Grenzen der Eigentümerbefugnisse 7

        1. Begrenzung durch Nachbarschaftsrecht, §§ 906 ff. BGB 7

            a) Das Immissionsrecht, § 906 BGB 8

                aa) Einwirkungen i.S.v. § 906 BGB 8

                bb) Duldungspflichten 10

                cc) Ausgeschlossene Duldungspflicht, § 906 III BGB 16

                dd) Auswirkungen öffentlich-rechtlicher Vorschriften 17

            b) Überhang, § 910 BGB 17

            c) Vertiefung, § 909 BGB 18

            d) Der zu duldende Überbau, §§ 912 ff. BGB 18

                aa) Folgen des Überbaus nach allgemeinen Regeln 19

                bb) Besondere Duldungspflicht nach § 912 BGB 19

                cc) Überbaurente als Entschädigung 20

                dd) Sonderproblem: Eigentum am Überbau? 20

                ee) Verschuldenszurechnung bei § 912 I BGB 23

            e) Der Notweg, §§ 917 f. BGB 24

            f) Übriges Nachbarschaftsrecht des BGB 25

        2. Privatrechtliches Nachbarschaftsrecht nach Länderrecht 26

        3. Begrenzung durch § 905 S. 2 BGB 26

        4. Begrenzung durch Notstand, §§ 904, 228 BGB 27

        5. Begrenzung durch Schikaneverbot, § 226 BGB 28

    IV. Rechtsgeschäftlich-dingliche Begrenzungen 28

§ 3 Sonderformen des Grundstückseigentums ... 29

A) Mehrheit von Berechtigten ... 29
  I. Gesamthandseigentum ... 29
  II. Miteigentum nach Bruchteilen ... 29

B) Land- und forstwirtschaftliches Grundeigentum ... 29

C) Die „Wohnung" ... 30

D) Unternehmenseigentum? ... 31

§ 4 Rechtsänderungen an Grundstücken ... 32

A) Begründung und Übertragung von Grundstücksrechten, § 873 I BGB ... 32
  I. Anwendungsbereich des § 873 BGB ... 32
  II. Einigung und Eintragung ... 33
   1. Die Einigung ... 34
   2. Die Eintragung ... 35
  III. Berechtigung und Verfügungsbefugnis ... 37

B) Aufhebung von Grundstücksrechten, § 875 BGB ... 38

C) Inhaltsänderung von Grundstücksrechten, § 877 BGB ... 39

§ 5 Die Übereignung von Grundstücken ... 40

A) Die Auflassung ... 40
  I. Form der Auflassung, § 925 I BGB ... 40
   1. Zuständige Stelle ... 40
   2. Gleichzeitige Anwesenheit ... 41
   3. Kein Schriftform- und Beurkundungserfordernis ... 41
  II. Zulässiger Inhalt der Auflassung ... 42

B) Umfang der Übereignung, § 926 BGB ... 43

C) Behördliche Genehmigungen ... 43

D) Berechtigung und Verfügungsbefugnis des Veräußerers ... 44
  I. Überwindung fehlender Berechtigung über § 185 BGB ... 44
  II. Der Erwerb vom Nichtverfügungsbefugten, § 878 BGB ... 45
   1. Normzweck des § 878 BGB ... 46
   2. Tatbestandliche Voraussetzungen ... 46
   3. Sachlicher Anwendungsbereich ... 47
   4. Persönlicher Anwendungsbereich ... 48

§ 6 Der Erwerb vom Nichtberechtigten ... 50

A) Grundlagen des Erwerbs vom Nichtberechtigten nach den §§ 891 ff. BGB ... 50

B) Schutzbereich der §§ 892 f. BGB ... 51

C) Geschützte Erwerbsvorgänge ... 52

I.	Rechtsgeschäftlicher Erwerb von Grundstücksrechten	52
II.	Erwerb durch Verkehrsgeschäft	53
III.	§ 899a BGB	55

D) Redlichkeit des Erwerbers 57

- I. Keine Kenntnis der Unrichtigkeit 57
- II. Maßgeblicher Zeitpunkt der Gutgläubigkeit 59
- III. Kein Widerspruch gegen die Unrichtigkeit 61

E) Wirkungen des § 892 BGB 62

F) Grundbuchberichtigungsanspruch gem. § 894 BGB 63

- I. Einführung 63
- II. Voraussetzungen 63
  1. Unrichtigkeit 63
  2. Gläubiger 64
  3. Schuldner 64
- III. Inhalt der Zustimmung 65
- IV. Konkurrierende Ansprüche 65
- V. Prozessuales 65

§ 7 Die Vormerkung 67

A) Allgemeines zur Vormerkung 67

- I. Regelungszweck 67
- II. Rechtsnatur der Vormerkung 68
- III. Erscheinungsformen 68
- IV. Verhältnis Vormerkung – Widerspruch 69

B) Entstehung der Vormerkung 69

- I. Vormerkungsfähige Ansprüche, § 883 I BGB 69
  1. Schuldrechtlicher Anspruch, § 883 I S. 1 BGB 69
  2. Künftiger und bedingter Anspruch, § 883 I S. 2 BGB 70
     a) Künftiger Anspruch 71
     b) Bedingter Anspruch 72
     c) Erwerbsaussichten 75
- II. Bewilligung/einstweilige Verfügung, § 885 BGB 75
- III. Eintragung, §§ 883 I, 885 BGB 76
- IV. Bewilligungsberechtigung 77
- V. Gutgläubiger Ersterwerb nach §§ 892, 893 BGB 78
- VI. Rechtsfolgen des gutgläubigen Ersterwerbs nach §§ 892, 893 Alt. 2 BGB 78

C) Wirkung der Vormerkung 80

- I. Sicherungswirkung 80
  1. Relative Verfügungsbeschränkung 80

   2. Vormerkungswidrige Verfügung 81

   3. Zustimmung des Erwerbers, § 888 I BGB 82

  II. Rangwirkung 83

  III. Vollwirkung 84

  IV. Verhältnis Vormerkungsberechtigter - Dritterwerber 85

D) Übertragung der Vormerkung 87

  I. Übertragung 87

  II. Gutgläubiger Erwerb der Vormerkung bei der Übertragung (gutgläubiger „Zweiterwerb") 88

   1. Der gesicherte Anspruch besteht nicht 88

   2. Sonstige Entstehungshindernisse 88

E) Erlöschen der Vormerkung 90

F) Einzelprobleme 90

§ 8 Das dingliche Vorkaufsrecht 91

A) Übersicht 91

B) Entstehung des dinglichen Vorkaufsrechts 93

C) Verfügungen über das Vorkaufsrecht und sein Erlöschen 94

  I. Übertragung und Belastung 94

  II. Erlöschen 95

D) Ausübung des Vorkaufsrechts 95

  I. Vorkaufsfall 95

  II. Wirksame Ausübung 96

  III. Wirkung 97

E) Schutz des Vorkaufsberechtigten 98

  I. Vormerkungswirkung 98

  II. Herausgabeanspruch 98

  III. §§ 987 ff. BGB 99

§ 9 Anwartschaftsrechte an Grundstücken 100

A) Anwartschaft und Anwartschaftsrecht 100

B) Anwartschaftsrecht des Grundstückerwerbers 100

  I. Auflassung und Auflassungsvormerkung 101

  II. Auflassung und Eintragungsantrag des Erwerbers, § 17 GBO 101

  III. Bloße Auflassung 102

C) Verfügungen über das Anwartschaftsrecht 102

  I. Übertragung 102

  II. Verpfändung 103

III. Pfändung des Anwartschaftsrechts 103

　　　IV. Aufhebung des Anwartschaftsrechts 103

§ 10 Grundpfandrechte - Einleitung 105

§ 11 Die Hypothek 107

A) Allgemeines 107

　　　I. Rechtsnatur der Hypothek 107

　　　II. Der Grundsatz der Akzessorietät 107

　　　III. Arten der Hypothek 108

B) Die Entstehung der Hypothek 109

　　　I. Dingliche Einigung 109

　　　II. Eintragung 110

　　　III. Briefübergabe oder Ausschluss der Brieferteilung 110

　　　　　1. Briefhypothek 110

　　　　　2. Buchhypothek 111

　　　　　3. Eintragung der falschen Hypothekenform 111

　　　IV. Berechtigung des Sicherungsgebers bzw. gutgläubiger Erwerb 112

　　　V. Die Forderung 113

　　　　　1. Sicherungsfähige Forderungen 113

　　　　　2. Folgen der Nichtvalutierung, § 1163 I S. 1 BGB 113

　　　　　3. Nichtige Forderung 115

C) Einwendungen und Einreden 116

　　　I. Einwendungen/Einreden des persönlichen Schuldners 116

　　　II. Einwendungen/Einreden des Eigentümers 116

　　　　　1. Pfandrechtsbezogene Einwendungen/Einreden 116

　　　　　2. Forderungsbezogene Einwendungen/Einreden 117

D) Die Übertragung der Hypothek 118

　　　I. Übertragung der Forderung 118

　　　II. Schutz des Erwerbers nach der Abtretung 119

E) Gutgläubiger Erwerb bei der Übertragung, sog. gutgläubiger „Zweiterwerb" 120

　　　I. Mangel in der Hypothek 120

　　　II. Mangel in der Forderung 121

　　　III. Mangel sowohl in der Forderung als auch in der Hypothek 124

　　　IV. Besonderheiten bei der Briefhypothek 125

　　　V. Gutgläubiger Erwerb einer Forderung 127

　　　VI. Schema zu den Einreden bei der Hypothek vor und nach der Abtretung 129

§ 18 Das Wohnungseigentum nach dem WEG 172

A) Wesen und Bedeutung 172

B) Begründung des Wohnungseigentums 172

C) Rechte und Pflichten des Wohnungseigentümers 172

D) Das Verhältnis der Wohnungseigentümer untereinander 176

§ 19 Das Erbbaurecht 177

A) Rechtsinhalt 177

B) Bestellung des Erbbaurechts 177

C) Übertragung und Belastung des Erbbaurechts 178

D) Beendigung des Erbbaurechts 178

§ 20 Die Rangordnung von Grundstücksrechten 179

A) Allgemeines 179

B) Die gesetzliche Rangbestimmung 179

C) Die nachträgliche Rangänderung nach § 880 BGB 181

D) Der Rangvorbehalt 181

LITERATURVERZEICHNIS

Kommentar

Palandt — Kommentar zum Bürgerlichen Gesetzbuch

Lehrbücher

Medicus — Bürgerliches Recht

Weitere Literatur siehe Fußnoten

In fünf Stunden
zum Erfolg:
Die neue hemmer app

Das Frage-Antwort-System der hemmer-Skripten jetzt auch als app im Apple App Store und im Google Play Store erhältlich! Oder als webapp für andere mobile Betriebssysteme und PCs unter: www.webapp.hemmer.de

Einfach testen: Sie erhalten 33 Quizfragen und 33 Lernfragen aus dem Rechtsgebiet BGB AT I kostenlos.

So macht Jura Spaß!

Alle Karteikartensets zum Einführungspreis von je nur 6,99 €.

hemmer/wüst
Verlagsgesellschaft mbH

www.hemmer-shop.de
Mergentheimer Str. 44 / 97082 Würzburg
Tel.: 0931-7 97 82 38 / Fax: 0931-7 97 82 40

§ 1 VORBEMERKUNGEN

A) Gegenstand des Grundstücksrechts

Fahrnisrecht - Grundstücksrecht

Das Sachenrecht umfasst neben dem Recht der beweglichen Sachen (Fahrnisrecht) als zweiten großen Regelungsbereich das Recht der Immobilien (Liegenschafts- oder Grundstücksrecht).

Umfang des Grundstücksrechts

Zum Grundstücksrecht im weiten Sinne zählen das

⇨ Immobiliarsachenrecht (materielles Privatrecht),

⇨ Grundbuchrecht (formelles Privatrecht),

⇨ Bodenrecht (Öffentliches Recht, z.B. BauGB, FlurbG, GrdstVG).

B) Grundstück, Flurstück, Grundstücksrechte

I. Grundstück

Grundstück als Zentralbegriff

Zentraler Begriff des Grundstücksrechts ist derjenige des „Grundstücks", der nicht gesetzlich definiert ist und zudem je nach Zusammenhang verschiedene Inhalte haben kann.

1. Grundstück im Rechtssinne

Grundstück im Rechtssinne

Unter dem Grundstück im Rechtssinne ist unabhängig von der Nutzungsart ein räumlich abgegrenzter Teil der Erdoberfläche zu verstehen, der im Grundbuch als „Grundstück" auf einem besonderen Grundbuchblatt oder unter einer besonderen Nummer eines gemeinschaftlichen Grundbuchblattes geführt wird. Teil des Grundstücks im Rechtssinne sind - neben dem Erdkörper unter der Oberfläche und dem Luftraum darüber (vgl. § 905 S. 1 BGB) - auch seine wesentlichen Bestandteile, also insbesondere Gebäude und Erzeugnisse (§§ 93 ff. BGB) sowie die mit dem Eigentum am Grundstück verbundenen Rechte (§ 96 BGB). Hierzu gehören vor allem die subjektiv-dinglichen Rechte der §§ 1018, 1094 II, 1105 II BGB.

Neben dem BGB, der GBO, dem ZVG und der ZPO verwenden etwa das GrdstVG[1], das BauGB oder die BauNVO den Begriff des Grundstücks im Rechtssinne.

2. Grundstück im wirtschaftlichen Sinne

wirtschaftlicher Grundstücksbegriff bei wirtschaftlicher Einheit

Vom Grundstück im Rechtssinne ist das Grundstück im wirtschaftlichen Sinne abzugrenzen. Als solches werden alle Bodenflächen bezeichnet, die eine wirtschaftliche Einheit bilden.[2] Dieser Grundstücksbegriff ist aber für den Rechtsverkehr vor allem im Hinblick auf die Grundsätze der Spezialität und der Absolutheit zu ungenau, weil sich ein Grundstück im wirtschaftlichen Sinne auch aus mehreren Grundstücken im Rechtssinne zusammensetzen kann.

II. Flurstück

Flurstück (Katasterparzelle)

Abzugrenzen vom Grundstück im Rechtssinne ist weiter der katastertechnische Begriff des Flurstücks (auch Katasterparzelle).

---

1 Grundstücksverkehrsgesetz (Schönfelder Nr. 40); wichtig ist v.a. § 2 GrdstVG (vgl. Rn. 70).
2 Palandt, Überbl v § 873 BGB, Rn. 1.

Hierbei handelt es sich um eine Bodenfläche, die vermessungstechnisch in einem vom Katasteramt geführten amtlichen Verzeichnis (Kataster) auf einer Flurkarte eingezeichnet und mit einer Flurnummer versehen ist.[3] Hieraus ergibt sich die räumliche Abgrenzung einer Bodenfläche einschließlich ihrer Größe. Ein Flurstück wird erst dann zu einem Grundstück im Rechtssinne, wenn es im Grundbuch unter einer eigenen laufenden Nummer eingetragen wird. Ein Grundstück im Rechtssinne muss dabei aus mindestens einem, kann aber auch aus mehreren Flurstücken bestehen.

> **hemmer-Methode:** Soll die Zwangsvollstreckung aus einem Titel in ein Grundstück betrieben werden und deshalb eine Eintragung im Grundbuch erfolgen, kann das Grundbuchamt mit einer allein postalisch bekannten Anschrift des Grundstücks nichts anfangen, da das Grundbuch nicht nach Adressen strukturiert ist. Aufgrund der Anschrift nennt aber das Katasteramt die vom Grundbuchamt für die Eintragung benötigte(n) Flurstücknummer(n).

III. Grundstücksrechte

Grundstücksrechte

Grundstücksrechte sind das Eigentum am Grundstück als das umfassende dingliche Recht (vgl. § 903 BGB) sowie die beschränkten dinglichen Rechte, die inhaltlich jeweils einen bestimmten Ausschnitt aus dem dinglichen Vollrecht Eigentum umfassen.[4]

> **hemmer-Methode:** Vormerkung (§ 883 BGB), Widerspruch (§ 899 BGB) und Verfügungsbeschränkungen sind dagegen keine Grundstücksrechte!

beschränkte dingliche Rechte

Zu den beschränkten dinglichen Rechten zählen der Nießbrauch, die Dienstbarkeiten, die Grundpfandrechte, die Reallast und das Vorkaufsrecht. Einen Sonderfall stellt das Erbbaurecht dar, welches als beschränkt dingliches Recht gem. § 11 ErbbauRG dem Grundstück gleichgestellt wird (sog. „grundstücksgleiches Recht").[5]

C) Sachenrechtliche Grundsätze

sachenrechtliche Grundsätze

Auch für das Immobiliarsachenrecht sind die nachfolgend kurz dargestellten allgemeinen Prinzipien des Sachenrechts bedeutsam:[6]

- ⇨ **Trennungsprinzip**: Die schuldrechtliche Verpflichtung zur Verfügung und die dingliche Verfügung selbst bilden zwei voneinander getrennte Geschäfte.

- ⇨ **Abstraktionsprinzip**: Über das Trennungsprinzip hinaus ist das dingliche Rechtsgeschäft losgelöst von Bestand, Wirksamkeit und Inhalt einer schuldrechtlichen Verpflichtung.

- ⇨ **Absolutheitsgrundsatz**: Dingliche Rechte wirken im Gegensatz zu den relativen schuldrechtlichen Ansprüchen „absolut", d.h. gegenüber jedermann.

- ⇨ **Spezialitätsprinzip**: Dingliche Verfügungen können sich immer nur auf eine bestimmte, einzelne Sache beziehen, nie auf Sachgesamtheiten.

---

[3] Vgl. Palandt, Überbl v § 873 BGB, Rn. 1.
[4] Vgl. Palandt, Überbl v § 873 BGB, Rn. 2.
[5] Vgl. Schwab/Prütting, § 75 III 1.
[6] Vgl. Hemmer/Wüst, SachenR I, Rn. 23 ff.

§ 1 VORBEMERKUNGEN

⇨ **Publizitätsgrundsatz**: Dingliche Verfügungen bedürfen wegen ihrer absoluten Wirkung der Offenkundigkeit für jedermann.

Bei beweglichen Sachen dient als entsprechender Publizitätsakt die Übergabe, bei Immobilien die Eintragung ins Grundbuch. Neben dieser Übertragungswirkung folgt aus der Publizität noch die Vermutungs- sowie die Gutglaubenswirkung.

⇨ **Akzessorietätsgrundsatz**: Einzelne dingliche Rechte sind in Bestand, Umfang und Inhaberschaft vom Bestand eines anderen Rechtes oder eines Anspruchs abhängig.

⇨ **Numerus-clausus-Prinzip**: Es kann an Sachen nur die von der Rechtsordnung normierten dinglichen Rechte (Typenzwang) mit dem im Gesetz vorgesehenen Inhalt (Typenfixierung) geben.

hemmer-Methode: Diese aus dem Gesetz nicht ohne Weiteres ersichtlichen Rechtsgrundsätze sind durchaus klausurrelevant. Eine Vielzahl sachenrechtlicher Regelungen lässt sich auf die genannten Grundsätze zurückführen, sodass ihre Kenntnis für das Verständnis sowie als Auslegungs- und Argumentationshilfe hilfreich ist!

D) Das Grundbuch

I. Eintragungen im Grundbuch

Publizitätsgrundsatz

Das Grundbuchrecht dient dem Publizitätsgrundsatz im Grundstücksrecht. Publizität liegt bei Verfügungen über Grundstücke erst mit der Eintragung im Grundbuch vor. Daher erfordern rechtsgeschäftliche Änderungen von Grundstücksrechten grundsätzlich eine Eintragung im Grundbuch, § 873 I BGB.

Grundbuchrecht als formelles Recht

Die Eintragung von Rechtsänderungen im Grundbuch erfolgt im Rahmen eines formalisierten Verfahrens, das in der GBO geregelt ist. Bei dem Grundbuchrecht handelt es sich also um formelles Recht, das der Verwirklichung des materiell-sachenrechtlichen Publizitätsgrundsatzes dient.

II. Eintragungsfähige Rechte

eintragungsfähige Rechte

Das Grundbuch dient nur der Publizität von dinglichen Rechten an einem Grundstück. An der Publizität des Grundbuchs können deshalb nur solche Eintragungen teilhaben, die eintragungsfähig sind. Eintragungsfähig sind:

⇨ alle dinglichen Rechte an Grundstücken,

⇨ alle dinglichen Rechte an Grundstücksrechten,

⇨ relative Verfügungsverbote, z.B. §§ 135, 136 BGB i.V.m. §§ 20 I, 146 I ZVG,

⇨ der Widerspruch, § 892 I S. 1 BGB,

⇨ die Vormerkung, §§ 883 I, 885 BGB.

nicht eintragungsfähige Rechte: Nicht eintragungsfähig sind hingegen:

- Von der Rechtsordnung nicht anerkannte Rechte an Grundstücken (numerus clausus der Sachenrechte).

- Das Recht bei zu duldendem Überbau (§ 914 II S. 2 BGB) sowie das Notwegrecht (§§ 917 II S. 2, 914 II S. 2 BGB).

- Bloß schuldrechtliche Rechte wie Miete oder Pacht.

- Das Anwartschaftsrecht an einem Grundstück(-srecht).

- Persönliche Verhältnisse wie Güterstand oder Geschäftsunfähigkeit.

- Öffentlich-rechtliche Belastungen, Festsetzungen des Bebauungsplanes, etc.

III. Eintragungsvoraussetzungen

Eintragungsveranlassungen Eintragungen erfolgen auf Antrag, von Amts wegen oder auf Ersuchen einer Behörde. Zu unterscheiden ist zwischen rechtsändernden und berichtigenden Eintragungen.

rechtsändernde Eintragungen Voraussetzungen einer **rechtsändernden Eintragung** sind:

- der Antrag, § 13 GBO,

- die einseitige Eintragungsbewilligung durch den von der Rechtsänderung Betroffenen, § 19 GBO,

- bei Übereignung: Nachweis der Auflassung, § 20 GBO,

- u.U. weiter erforderliche Erklärungen, etwa nach §§ 22 II, 27 GBO sowie

- die Voreintragung des von der Eintragung Betroffenen als Berechtigter, §§ 39 f. GBO.

formelles Konsensprinzip Das Erfordernis einer bloß einseitigen Eintragungsbewilligung ergibt sich aus dem so genannten formellen Konsensprinzip des Grundbuchrechts, das in § 19 GBO zum Ausdruck kommt. Das formelle Konsensprinzip ist das Gegenstück zum materiellen Konsens der beiderseitigen Einigung i.S.d. § 873 I BGB.

Für die Eintragung wird nach § 19 GBO mithin auf den Nachweis der materiellen Einigung verzichtet (einzige Ausnahme insofern § 20 GBO), da davon ausgegangen wird, dass ohne Einigung auch keine Bewilligung durch den von der bewilligten Rechtsänderung Betroffenen erteilt worden wäre. Das formelle Konsensprinzip dient der Erleichterung des Grundbuchverkehrs.

berichtigende Eintragung Bei der **berichtigenden Eintragung** (etwa aufgrund eines Anspruchs aus § 894 BGB) kann die Eintragungsbewilligung durch den Nachweis der Unrichtigkeit des Grundbuchs ersetzt werden, § 22 I GBO.

Rechtsnatur der Eintragungsbewilligung

hemmer-Methode: Unter Umständen klausurrelevant ist das Problem der Rechtsnatur der Eintragungsbewilligung. Die Bewilligung selbst ist eine einseitige, amtsempfangsbedürftige Willenserklärung des Verfahrensrechts, auf welche die Vorschriften des BGB über Willenserklärungen unter Einschränkungen anzuwenden sind.
Ob eine Eintragungsbewilligung nichtig oder anfechtbar sein kann, ist zwar umstritten. Auf jeden Fall aber könnte selbst eine Anfechtbarkeit der Bewilligung nach vollzogener Eintragung nichts mehr an der materiellen Rechtslage ändern, soweit im Übrigen Einigung und Eintragung fehlerfrei sind.
Die Bewilligung ist außerdem abstrakt, d.h. vom Kausalgeschäft unabhängig, sodass in einer Bewilligung nicht auch die materielle Einigung zu sehen ist. Daher bliebe die materielle Einigung von einer Anfechtung der Eintragungsbewilligung jedenfalls unberührt.

IV. Aufbau und Inhalt des Grundbuchs

Aufbau des Grundbuchs

Das Grundbuch enthält für jedes Grundstück im rechtlichen Sinne ein besonderes Grundbuchblatt, § 3 I GBO. Nicht aus der GBO, sondern aus § 4 der „Allgemeinen Verfügung über die Errichtung und Führung des Grundbuchs" (Grundbuchverfügung) ergibt sich, dass das Grundbuchblatt aus einer Aufschrift, einem Bestandsverzeichnis und drei Abteilungen besteht.[7]

Aufschrift

Nach § 5 der Grundbuchverfügung ergeben sich aus der Aufschrift das nach § 1 GBO grundbuchführende Amtsgericht (das „Grundbuchamt"), der Grundbuchbezirk sowie die Nummer von Grundbuchband und Grundbuchblatt.

Bestandsverzeichnis

Das Bestandsverzeichnis ist nach § 6 Grundbuchverfügung in acht Spalten gegliedert, die teilweise mehrere Unterspalten haben. Hier finden sich im wesentlichen Auskünfte über vermessungstechnische Daten und die Größe des Grundstücks.

Abteilung I

Abteilung I des Grundbuchblattes ist gem. § 9 Grundbuchverfügung in vier Spalten unterteilt. Hier sind der Eigentümer, der Tag der Auflassung oder sonstigen Eintragungsgrundlage sowie die laufenden Nummern der Eintragungen einzutragen.

Abteilung II

Der Inhalt der in sieben Spalten unterteilten Abteilung II ergibt sich aus § 10 Grundbuchverfügung. Hier sind Grundstücksbelastungen (mit Ausnahme der Grundpfandrechte), Verfügungsbeschränkungen und die das Eigentum betreffenden Vormerkungen und Widersprüche einzutragen.

Abteilung III

Nach § 11 Grundbuchverfügung enthält die in zehn Spalten unterteilte Abteilung III Eintragungen über Grundpfandrechte (Rentenschuld, Hypothek, Grundschuld) sowie die sich hierauf beziehenden Vormerkungen und Widersprüche.

---

7 Vgl. Sie auch: Schmitz, „Wegweiser durch das Grundbuchverfahren", JuS 1994, 962 ff., 1054 ff.

§ 2 INHALT UND GRENZEN DES GRUNDEIGENTUMS

A) Befugnisse des Eigentümers

Grundsatz: umfassende Befugnis

Das Eigentum an Sachen gewährt gem. § 903 BGB grundsätzlich umfassende positive und negative Befugnisse. Das Eigentum ist das umfassendste Herrschaftsrecht an einem Grundstück, das die Rechtsordnung kennt.

positive Befugnis

Das Eigentum an einer Sache umfasst gem. § 903 S. 1 BGB einerseits die so genannte „positive" Befugnis, „... mit der Sache nach Belieben (...) verfahren ..." zu können. In rechtlicher Hinsicht kann deshalb der Eigentümer über die Sache grundsätzlich frei und unbeeinflusst von Dritten durch Übereignung, Eigentumsaufgabe oder Belastung mit beschränkten dinglichen Rechten verfügen. In tatsächlicher Hinsicht gewährt die positive Befugnis die Berechtigung, die eigene Sache zu zerstören, zu benutzen, umzugestalten oder zu besitzen. Dabei ist der Eigentümer nicht verpflichtet, von seiner positiven Befugnis Gebrauch zu machen.

negative Befugnis

Zugleich gewährt § 903 S. 1 BGB dem Eigentümer die negative Befugnis, „ ... andere von jeder Einwirkung ausschließen ... " zu können. Das hierdurch gewährte Ausschließungsrecht bezieht sich vornehmlich auf Einwirkungen wie Zerstörung, Beschädigung, Wegnahme oder Immissionen.

Zur Geltendmachung stehen dem Eigentümer Notwehr (§ 227 BGB), Herausgabeansprüche (§ 985 BGB), die Vindikationsfolgeansprüche (§§ 987 ff. BGB), Beseitigungs- und Unterlassungsansprüche (§§ 907 ff., 1004 BGB) sowie Schadensersatzansprüche (§§ 823, 826 BGB) zu.

B) Grenzen der Eigentümerbefugnisse

I. Notwendigkeit der Begrenzung

Kollision mit Befugnissen Dritter

Derart weitgehende Befugnisse des Eigentümers würden im sozialen Miteinander zwangsläufig mit den Befugnissen und Interessen Dritter, insbesondere den ebenfalls weit gehenden Befugnissen anderer Eigentümer, kollidieren.

Die grundsätzlich freien Eigentümerbefugnisse unterliegen deshalb gem. § 903 S. 1 BGB dann Beschränkungen, wenn „ ...das Gesetz oder Rechte Dritter entgegenstehen ...". Die Rechtsordnung muss insoweit eine vernünftige Abgrenzung zwischen Eigentümerinteressen und kollidierenden Interessen Dritter, meist Nachbarn, leisten.

II. Begrenzungsmaßstäbe

Begrenzungsmaßstäbe

Das grundsätzlich freie und ungebundene Recht des Eigentümers muss also ebenso grundsätzlich zurückstehen. Dies kann zum einen wegen des Fehlens schützenswerter eigener Interessen des Eigentümers, zum anderen wegen überwiegender Interessen des Einwirkenden begründet sein.

Zudem kann der Eigentümer dann zur Duldung verpflichtet sein, wenn die Grundeigentümer egalisiert sind, wenn also Einwirkungen alle Eigentümer in einem Gebiet gleichermaßen treffen.

§ 2 INHALT UND GRENZEN DES GRUNDEIGENTUMS

> **hemmer-Methode:** Diese Maßstäbe können insbesondere dann bedeutsam werden, wenn die analoge Anwendung einer die Eigentümerinteressen beschränkenden Norm auf einen nicht gesetzlich geregelten Kollisionsfall zu prüfen ist und es dann auf die Vergleichbarkeit der Regelungslage ankommt.

gesetzestechnische Bewältigung der Kollisionsfälle

Das Gesetz setzt diese Begrenzungsmaßstäbe um, indem es die der negativen Befugnis dienenden Ansprüche des Eigentümers (§§ 985, 1004, 823 BGB) je nach Regelungsziel entweder beschränkt oder betont. Spiegelbildlich hierzu ergibt sich zugleich der Umfang der jeweils kollidierenden Drittinteressen.

> *Bsp.:* So enthält etwa § 906 BGB hinsichtlich der Beschränkung des Unterlassungsanspruchs aus § 1004 BGB sowohl Gedanken des mangelnden Eigeninteresses (§ 906 I S. 1 BGB: „Einwirkung beeinträchtigt die Nutzung des Grundstücks nicht oder nur unwesentlich") als auch der Egalisierung (§ 906 II S. 1 BGB: „Beeinträchtigung durch ortsübliche Benutzung des anderen Grundstücks"). Entsprechend ergibt sich hierzu spiegelbildlich das überwiegende Interesse des Nachbarn an der zu duldenden Einwirkung.[8]

III. Privatrechtliche Grenzen der Eigentümerbefugnisse

1. Begrenzung durch Nachbarschaftsrecht, §§ 906 ff. BGB

Lösung von Nachbarschaftskonflikten

Interessenkonflikte ergeben sich typischerweise zwischen Grundstücksnachbarn. Grundgedanke des bürgerlich-rechtlichen Nachbarschaftsrechts ist, dass ein Grundstück nicht losgelöst von seiner Umwelt betrachtet werden kann. Die Rechte eines Grundstückseigentümers müssen daher durch das gegenseitige Gebot der Rücksichtnahme begrenzt werden.

Das Gesetz regelt deshalb die von ihm für wesentlich gehaltenen Nachbarschaftskonflikte in den §§ 906 ff. BGB mit den Zielen einer möglichst optimalen Abgrenzung und eines friedlichen Zusammenlebens.

Rechtstechnisch erfolgt die Abgrenzung aus Sicht des beeinträchtigten Eigentümers durch ihm zustehende Ausschließungsbefugnisse (Betonung der für überwiegend gehaltenen Eigentümerinteressen) und ihn treffende Duldungspflichten (Einschränkung der für nicht schutzwürdig gehaltenen Eigentümerinteressen). Dies geschieht im Nachbarschaftsrecht dadurch, dass bei nachbarrechtlichen Duldungspflichten nach den §§ 906 ff. BGB Ansprüche aus dem Eigentum tatbestandlich ausgeschlossen werden.

Ausschluss des § 1004 I BGB gem. § 1004 II BGB i.V.m. §§ 906 ff. BGB

> *Bsp. zu § 1004 BGB:* Dem Grundstückseigentümer steht aus § 1004 I BGB ein Beseitigungs- und Unterlassungsanspruch gegen andere Eigentumsbeeinträchtigungen als Besitzentzug und -vorenthaltung zu.[9] Solche Beeinträchtigungen liegen insbesondere in denjenigen Einwirkungen, die in den nachbarrechtlichen Vorschriften der §§ 906 ff. BGB geregelt sind.[10]
>
> Der Anspruch aus § 1004 I BGB ist beim Bestehen einer Duldungspflicht aber ausgeschlossen, § 1004 II BGB. Duldungspflichten aus den §§ 906 ff. BGB führen daher dazu, dass die entsprechenden Eigentumsbeeinträchtigungen wegen des Ausschlusstatbestandes in § 1004 II BGB nicht mittels § 1004 I BGB abgewehrt werden können.

---

8   Näher zu § 906 BGB unten Rn. 17 ff.
9   Zu § 1004 BGB vgl. Hemmer/Wüst, SachenR I, Rn. 412 ff.
10 Palandt, § 1004 BGB, Rn. 5 ff. m.w.N.

Ausschluss der Rechtswidrigkeit bei § 823 I BGB

Bsp. zu § 823 I BGB: *Grundstückseinwirkungen können Ansprüche aus § 823 I BGB bewirken. Schadensersatzansprüche aus § 823 I BGB sind ihrerseits ausgeschlossen, wenn die Eigentumsverletzung nicht rechtswidrig ist. Soweit Einwirkungen nach den §§ 906 ff. BGB zu dulden sind, ist die für den Anspruch aus § 823 I BGB nötige Rechtswidrigkeit ausgeschlossen.*[11]

Nachbarschaft kein Schuldverhältnis

Wichtig ist, dass das bloße Nachbarschaftsverhältnis trotz Begründung gegenseitiger Rechte und Pflichten kein gesetzliches Schuldverhältnis ist.[12] Dies wird vor allem im Rahmen einer Verschuldenszurechnung gem. § 278 BGB relevant.

räumlicher und persönlicher Umfang des Nachbarschaftsrechts

Nachbarschaftsrecht umfasst nicht nur die Rechtsverhältnisse an unmittelbar angrenzenden Grundstücken. Entscheidend ist vielmehr, inwieweit von einem Grundstück auf andere Grundstücke Einwirkungen ausgehen. Damit können sich die nachbarschaftsrechtlichen Vorschriften auch auf weiter entfernte Grundstücke beziehen. Nachbarrechtliche Regelungen gelten zudem nicht nur für Grundstückseigentümer, sondern auch für und gegen dinglich oder obligatorisch berechtigte Grundstücksnutzer.[13]

Die praktisch bedeutsamste Vorschrift aus dem bürgerlich-rechtlichen Nachbarschaftsrecht ist der das sogenannte Immissionsrecht regelnde § 906 BGB. Daneben können die §§ 912 ff., 917 f. BGB eigenständige Bedeutung erlangen.

a) Das Immissionsrecht, § 906 BGB

§ 906 BGB enthält in den Absätzen 1 und 2 Duldungspflichten bei Grundstückseinwirkungen durch Immissionen. Grundgedanke der Regelung ist, dass bestimmte Immissionen hinzunehmen sind, um eine sinnvolle Nutzung anderer Grundstücke zu gewährleisten.[14]

> **hemmer-Methode:** Arbeiten Sie den folgenden Abschnitt genau durch; er ist häufig Prüfungsgegenstand von Examensklausuren. So ging es z.B. in einer Examensklausur um die Frage, ob ein Nachbar Grillgerüche, Pfauengeschrei, Kinderlärm sowie das Herumstreunen einer Hauskatze dulden muss. Hier war genaue Subsumtion erforderlich, um die von der Anspruchsgrundlagenseite her einfache Klausur (§ 862 BGB und § 1004 BGB) zu bestehen.

aa) Einwirkungen i.S.v. § 906 BGB

Katalog des § 906 BGB

§ 906 I BGB eröffnet den Anwendungsbereich des § 906 BGB für die dort beispielhaft aufgezählten Immissionen, die als unwägbare Einwirkungen auch „Imponderabilien" genannt werden.[15]

„ähnliche Einwirkungen"

Daneben werden von § 906 BGB auch „ähnliche Einwirkungen" erfasst. Wie der Vergleich mit den im Gesetz gemachten Beispielen zeigt, muss es sich dabei immer um Grenzüberschreitungen mit gesundheits- oder sachschädigender Wirkung handeln.[16] Die Vorschrift greift zudem nur bei unwägbaren Einwirkungen, wobei aber auch bei „Ponderabilien", insbesondere Kleinstkörpern, ausnahmsweise der Anwendungsbereich des § 906 BGB eröffnet sein kann.

---

11 BGH, NJW 1984, 2207 = **juris**byhemmer (Wenn dieses Logo hinter einer Fundstelle abgedruckt wird, finden Sie die Entscheidung bei juris.).
12 Palandt, § 903 BGB, Rn. 13 m.w.N.
13 Palandt, § 903 BGB, Rn. 23 m.w.N.; dieser Maßstab gilt auch im Rahmen des § 862 BGB. Demnach kann ein Mieter Einwirkungen durch das Rauchen eines anderen Mieters nicht verbieten, wenn sie einen verständigen Nutzer in dem Gebrauch der Mietsache nur unwesentlich beeinträchtigen. Selbst bei wesentlichen Beeinträchtigungen ist aber aufgrund des nachbarschaftlichen Gemeinschaftsverhältnisses auf die Interessen des rauchenden Mieters angemessen Rücksicht zu nehmen, vgl. zum Ganzen BGH, Life&Law 2015, 486 ff. = **juris**byhemmer.
14 Palandt, § 906 BGB, Rn. 1.
15 Umfangreiche Übersicht dazu bei Palandt, § 906 BGB, Rn. 6 ff. mit Rechtsprechungsnachweisen.
16 Palandt, § 906 BGB, Rn. 6 m.w.N.

§ 2 INHALT UND GRENZEN DES GRUNDEIGENTUMS

Beispiele

Zu den „ähnlichen Einwirkungen" zählen daher u.a. Laub, Nadeln, Blüten, Pflanzensamen, Kleinsttiere (Insekten, Tauben), Licht sowie alle Arten von Strahlungen.[17]

> **hemmer-Methode: Zum Problem des Abfallens von Laub, Nadeln, Blüten und Zapfen von Sträuchern und Bäumen vgl. BGH in NJW 2004, 1037 ff.**
> **Das Abfallen von Laub, Nadeln, Blüten und Zapfen von Sträuchern und Bäumen gehört zu den „ähnlichen Einwirkungen" im Sinne des § 906 I S. 1 BGB. Die von § 906 BGB erfassten Einwirkungen stimmen darin überein, dass sie in ihrer Ausbreitung weithin unkontrollierbar und unbeherrschbar sind, in ihrer Intensität schwanken und damit andere Grundstücke überhaupt nicht, unwesentlich oder wesentlich beeinträchtigen können.[18] Das trifft auf das Abfallen von Laub, Nadeln, Blüten und Zapfen von Sträuchern und Bäumen zu.**
> **Der Eigentümer eines Baumes ist für die von diesem ausgehenden natürlichen Immissionen (Laub, Nadeln, Blüten, Zapfen) auf benachbarte Grundstücke jedenfalls dann verantwortlich und damit „Störer" im Sinne des § 1004 I BGB, wenn er sie unter Verletzung der einschlägigen landesrechtlichen Bestimmungen über den Grenzabstand unterhält.**
> **Wir empfehlen Ihnen, diese Entscheidung des BGH in NJW 2004, 1037 ff. zu lesen!**

keine „ähnlichen" Einwirkungen bei Grobimmissionen

Nicht zu den „ähnlichen Einwirkungen" zählen hingegen Grobimmissionen, wie etwa Gesteinsbrocken bei Sprengungen[19] oder größere Tiere (etwa Hunde, Katzen, Ratten).[20]

> **hemmer-Methode: Grenzüberschreitungen von Haustieren wie z.B. Katzen müssen daher nicht wegen § 906 BGB geduldet werden.**

§ 906 BGB unanwendbar bei negativen oder ideellen Einwirkungen

§ 906 BGB umfasst nur die „Zuführung" von Einwirkungen, § 906 I S. 1 BGB, und verlangt damit immer eine Grenzüberschreitung.

Hieraus ergibt sich, dass sogenannte negative Einwirkungen, die im Entzug von Licht oder Luft liegen können, ebenso wie so genannte ideelle Einwirkungen durch Handlungen auf dem benachbarten Grundstück (Bordellbetrieb, Schrottlagerung) nicht dem § 906 BGB unterfallen.[21] Handlungen, die nicht die Grundstücksgrenze überschreiten, sondern sich gegenständlich im Bereich des eigenen Grundstücks halten, bedürfen keiner besonderen Rechtfertigung.[22]

zugleich: Schon kein § 1004 I BGB bei negativen oder ideellen Einwirkungen

Handlungen, die auf dem eigenen Grundstück dazu führen, dass natürliche Vorteile von Nachbargrundstücken abgehalten werden oder Ableitungen von diesen verhindern (negative Einwirkungen), oder Handlungen auf dem eigenen Grundstück, die das Empfinden des Nachbarn verletzen oder den Wert seines Grundstücks mindern (ideelle Einwirkungen), sind zudem schon keine nach § 1004 I BGB abwehrbaren Eigentumsbeeinträchtigungen.[23]

Das ergibt sich aus einem Umkehrschluss zu den speziellen Vorschriften der §§ 907 - 909 BGB, nach denen lediglich ganz bestimmte Handlungen, die auf Nachbargrundstücken vorgenommen werden und sich gegenständlich in deren Grenzen halten, abgewehrt werden können.[24]

---

17 Umfangreiche Beispiele bei Palandt, § 906 BGB, Rn. 11.
18 BGHZ 117, 110 (112) = **juris**byhemmer.
19 BGHZ 28, 225 = **juris**byhemmer.
20 Palandt, § 906 BGB, Rn. 5.
21 BGH, Life&Law 2015, 882 ff. = **juris**byhemmer.
22 BGH, NJW 1984, 729 = **juris**byhemmer.
23 Palandt, § 903 BGB, Rn. 10 f. m.w.N.
24 Palandt, § 903 BGB, Rn. 7/8.

> **hemmer-Methode:** Genau genommen handelt es sich also bei den negativen oder ideellen Einwirkungen nicht um Probleme aus dem Bereich der Duldungspflicht nach § 906 BGB i.V.m. § 1004 II BGB. Vielmehr ergibt sich hier schon im Zusammenhang mit den §§ 903, 1004 I BGB die vorrangige Frage, ob überhaupt ein Abwehrrecht besteht.
> Besteht bei negativen oder ideellen Einwirkungen schon kein Abwehrrecht aus § 1004 I BGB, muss auch nicht mehr geprüft werden, ob das (ohnehin nicht bestehende) Abwehrrecht durch §§ 1004 II, 906 BGB ausgeschlossen ist.
> Anders wäre dies in der Fallbearbeitung nur in dem - wohl seltenen - Fall, dass die Fallfrage sich nicht auf einen Abwehranspruch aus § 1004 I BGB bezieht, sondern direkt auf eine Duldungspflicht aus § 906 BGB oder einen Ausgleichsanspruch aus § 906 II S. 2 BGB abzielt.

bb) Duldungspflichten

Abstufungen in § 906 I, II BGB

§ 906 BGB trifft hinsichtlich der zu duldenden Einwirkungen in den Absätzen 1 und 2 Abstufungen je nach Intensität der Immissionen.

(1) Keine oder unwesentliche Beeinträchtigung, § 906 I BGB

Duldungspflicht nach § 906 I S. 1 BGB

Eine in den Anwendungsbereich des § 906 BGB fallende Immission kann nach § 906 I S. 1 BGB nicht abgewehrt werden (= ist zu dulden), wenn sie die Benutzung des betroffenen Grundstücks nicht oder nur unwesentlich beeinträchtigt. Damit wird ein Maßstab zur Abgrenzung von unwesentlichen gegenüber wesentlichen Beeinträchtigungen erforderlich. Die gebräuchliche Definition setzt positiv an der „Wesentlichkeit" an.

> **hemmer-Methode:** Hier ist der Wortlaut des § 906 I, II BGB genau zu beachten. Wesentlich oder unwesentlich ist nicht die Einwirkung, sondern die durch die Einwirkung verursachte Beeinträchtigung der Grundstücksbenutzung!

(a) Allgemeiner Maßstab der Wesentlichkeit

Definition der „wesentlichen Beeinträchtigung"

Maßstab der „Wesentlichkeit" einer Beeinträchtigung ist allgemein das Empfinden eines verständigen Durchschnittsbenutzers des betroffenen Grundstücks in seiner durch Natur, Gestaltung und Zweckbestimmung geprägten konkreten Beschaffenheit; unerheblich ist ein bloß subjektives Empfinden des „Gestörten".[25] Ein verständiger Durchschnittsbenutzer berücksichtigt auch ein gewandeltes Umweltbewusstsein.[26] Bei der konkreten Beschaffenheit sind zudem die Lage in einem Wohn- oder Gewerbegebiet bzw. im Außenbereich sowie besondere immissionsschützende Ausstattungen (Doppelfenster) zu beachten. In diesem Rahmen sind dann die Umstände des Einzelfalls einzuordnen und zu werten.

> **hemmer-Methode:** Beachten Sie, dass es sich hier um ein „Einfallstor" für die mittelbare Drittwirkung von Grundrechten handelt. Nach dem OLG Köln[27] ist bspw. erhöhte Toleranz geboten bei einem benachbarten Behindertenheim. Allerdings geht Art. 3 II S. 2 GG nicht so weit, dass den Interessen der Behinderten schlechthin der Vorrang einzuräumen ist. Diese „makabere" Entscheidung sollten Sie einmal lesen.

---

25 BGHZ 120, 239 (259) = jurisbyhemmer.
26 Palandt, § 906, Rn. 17 f. m.w.N.
27 NJW 1998, 763.

§ 2 INHALT UND GRENZEN DES GRUNDEIGENTUMS

Fallgruppen

In der Praxis haben sich Fallgruppen[28] herausgebildet. Wesentlich beeinträchtigt ist die Grundstücksbenutzung insbesondere bei einer im Sinne der Legaldefinition in § 3 I BImSchG „schädlichen Umwelteinwirkung", in der Regel bei Sach- oder Gesundheitsbeschädigungen sowie bei Geräuschen und Gerüchen, es sei denn, dass sie ein durchschnittlicher Mensch kaum noch empfindet. Unwesentlich beeinträchtigt ist die Grundstücksbenutzung hingegen oftmals durch solche Einwirkungen, die einmalig bleiben.

(b) Gesetzliche Maßstäbe der Wesentlichkeit, § 906 I S. 2 u. S. 3 BGB

gesetzlicher Maßstab in § 906 I S. 2 u. 3 BGB

Das Gesetz gibt in den Sätzen 2 und 3 des § 906 I BGB einen gesetzlichen Maßstab zur Unwesentlichkeit einer Beeinträchtigung. In der Regel ist daher eine Beeinträchtigung, die Grenz- oder Richtwerte aus Gesetzen oder Rechtsverordnungen (§ 906 I S. 2 BGB) oder bestimmten Verwaltungsvorschriften (§ 906 I S. 3 BGB) einhält, unwesentlich. Die Formulierung „in der Regel" führt dazu, dass im Einzelfall auch grenzwertbeinhaltende Beeinträchtigungen wesentlich sein können. Umgekehrt kann eine grenzwertüberschreitende Beeinträchtigung ausnahmsweise unwesentlich sein.[29] Das Überschreiten von Grenzwerten ist jedoch deutlicher Hinweis auf die Wesentlichkeit.[30]

Gesetze und Rechtsverordnungen, § 906 I S. 2 BGB

Gesetze und Rechtsverordnungen i.S.v. § 906 I S. 2 BGB sind nur Parlamentsgesetze und förmliche Rechtsverordnungen, nicht aber Satzungen und private Normen (DIN, VDE, VDI). Zu nennen sind vor allem die zahlreichen BImSchV,[31] der LAI (= Länderausschuss für Immissionsschutz) und die Freizeitlärmrichtlinie.[32]

Verwaltungsvorschriften, § 906 I S. 3 BGB

Allgemeine Verwaltungsvorschriften i.S.v. § 906 I S. 3 BGB sind solche, die unter Einhaltung der Verfahrensvorschriften nach § 48 BImSchG erlassen worden sind. Zu nennen sind insbesondere die TA-Luft/Lärm. Nach § 906 I S. 3 BGB muss die fragliche Verwaltungsvorschrift aber zusätzlich den Stand der Technik wiedergeben.

Legt der Störer dar, dass sich die Beeinträchtigungen i.R.d. Grenzwerte der Verwaltungsvorschriften bewegen, trifft die andere Seite die Beweislast dafür, dass die Beeinträchtigung gleichwohl wesentlich ist.[33]

aber lediglich Orientierung

Aber Achtung: Selbst wenn die z.B. von einem Rockkonzert ausgehende Lärmimmissionen die Richtwerte der sog. LAI-Hinweise überschreiten, können diese unwesentlich sein, wenn es sich um eine Veranstaltung handelt, die an nur einem Tag des Jahres stattfindet und weitgehend die einzige in der Umgebung bleibt.

Es muss daher auch eine Abwägung an Hand der kommunalen Bedeutung erfolgen. Die Richtwerte geben lediglich eine Orientierung. Daher kann eine über die Richtwerte hinausgehende Geräuschimmission zu dulden sein. Allerdings in der Regel nur bis Mitternacht, um eine ausreichende Nachtruhe zu ermöglichen.

hemmer-Methode: Lesen Sie diese „Rockkonzert-Entscheidung" des BGH nach in Life&Law 2004, 159 ff. = NJW 2003, 3699 ff.

---

28 Vgl. Palandt, § 906 BGB, Rn. 17 m.w.N.
29 Palandt, § 906 BGB, Rn. 19.
30 BGH, DVBl. 1990, 771 = **juris**byhemmer; OLG Oldenburg, NJW-RR 1991, 635.
31 Palandt, § 906 BGB, Rn. 19.
32 NVwZ 1997, 469 ff.
33 Diese Beweiserleichterung steht dem Störer aber nur dann zu, wenn die ermittelten Werte sich ohne Abschlag i.R.d. Grenzen bewegen. Zwar sieht z.B. die TA-Lärm für Überwachungsmessungen bestimmte Abschläge vor. Nach Ansicht des BGH sind diese Abschläge aber nicht relevant, soweit es um die Beurteilung der Wesentlichkeit i.R.d. § 906 I S. 3 BGB geht, BGH, MDR 2005, 328 f.

Ob dies der Fall ist, muss daher jeweils gesondert geprüft werden. Stand der Technik ist aus der Sicht des Gesetzgebers[34] der Entwicklungsstand fortschrittlicher und in der Praxis bewährter Verfahren, der nach deutlich überwiegender Meinung führender Fachleute die Erreichung des gesetzlich vorgeschriebenen Ziels (vgl. § 1 BImSchG) gesichert erscheinen lässt.

> **hemmer-Methode:** Da in der Klausur die zur Überprüfung nach dem Stand der Technik maßgeblichen Mittel fehlen, wird davon auszugehen sein, dass eine einschlägige Verwaltungsvorschrift den Stand der Technik wiedergibt, es sei denn, dass der Sachverhalt besondere Informationen enthält.

(2) Wesentliche Beeinträchtigung, § 906 II BGB

Duldungspflicht nach § 906 II S. 1 BGB

Auch wenn eine Beeinträchtigung nach dem Vorstehenden wesentlich und daher nicht schon nach § 906 I S. 1 BGB zu dulden ist, kann sich eine Duldungspflicht aus § 906 II S. 1 BGB ergeben.

(a) Ortsüblichkeit

Ortsüblichkeit im Vergleichsbezirk

Erste Voraussetzung des § 906 II S. 1 BGB ist, dass die wesentliche Beeinträchtigung durch eine ortsübliche Benutzung des Nachbargrundstücks herbeigeführt wird. Ortsüblich ist eine Benutzung, wenn in dem maßgeblichen Vergleichsbezirk eine Mehrzahl von Grundstücken mit annähernd gleich beeinträchtigender Wirkung für andere Grundstücke tatsächlich[35] genutzt wird.[36]

Die in den Vergleich einbezogenen Einwirkungen müssen gleichartig sein.[37] Maßgeblicher Vergleichsbezirk ist regelmäßig das ganze Gemeindegebiet,[38] wobei bei besonderer, einheitlicher Prägung auch auf ein größeres oder kleineres Gebiet abgestellt werden kann.[39] Soweit eine Benutzung durch eine Anlage ortsüblich ist, ist auch die - u.U. zeitweise stärker beeinträchtigende - Errichtung oder Erhaltung der Anlage ortsüblich.[40]

> **hemmer-Methode:** Wieder ist auf den genauen Gesetzestext zu achten. Die Ortsüblichkeit bezieht sich bei § 906 II S. 1 BGB nicht auf die zu duldende Beeinträchtigung, sondern auf die Benutzung des Grundstücks, von dem die Einwirkung ausgeht! Demgegenüber kommt es beim Ausgleichsanspruch nach § 906 II S. 2 BGB darauf an, ob die ortsübliche Benutzung des beeinträchtigten Grundstücks selbst beeinträchtigt ist.

(b) Unzumutbarkeit der Verhinderung

Verhinderung der Beeinträchtigung muss wirtschaftlich unzumutbar sein

Zudem setzt § 906 II S. 1 BGB voraus, dass die durch ortsübliche Benutzung des anderen Grundstücks herbeigeführte wesentliche Beeinträchtigung nicht durch eine den Benutzern wirtschaftlich zumutbare Maßnahme verhindert werden kann. Maßgeblich ist neben der technischen Machbarkeit die Leistungsfähigkeit eines durchschnittlichen (nicht des konkreten) Benutzers („ ... Benutzern dieser Art ... ").[41]

---

34 BT-Drucksache 12/425, 90.
35 Eine im Bebauungsplan vorgesehene, aber noch nicht aufgenommene Grundstücksnutzung bleibt zunächst unberücksichtigt, vgl. Palandt, § 906 BGB, Rn. 20 a.E.
36 BGHZ 120, 239 (260) = **juris**byhemmer; Palandt, § 906 BGB, Rn. 21.
37 Palandt, § 906 BGB, Rn. 23 m.w.N.
38 OLG Braunschweig, NdsRpfl. 1987, 185.
39 BGHZ 30, 273 = **juris**byhemmer; BGH, LM Nr. 11 zu § 906 BGB.
40 Palandt, § 906 BGB, Rn. 22 m.w.N.
41 Vgl. Palandt, § 906 BGB, Rn. 23, 26.

(3) Ausgleichsanspruch bei Duldungspflicht aus § 906 II BGB

verschuldensunabhängiger Ausgleichsanspruch

Soweit eine Einwirkung nach § 906 II S. 1 BGB zu dulden ist, kann sich aus § 906 II S. 2 BGB ein verschuldensunabhängiger Anspruch des beeinträchtigten Eigentümers auf angemessenen Ausgleich in Geld ergeben.

Ausgleichsanspruch des Besitzers gem. § 906 II S. 2 BGB analog

Da der Ausgleichsanspruch gem. § 906 II S. 2 BGB im Grunde als Kompensation für den Ausschluss primärer Abwehransprüche (§ 1004 BGB) dient und ein solcher auch dem Besitzer gem. § 862 I BGB zusteht, gewährt der BGH dem Besitzer im Fall einer nicht abwehrbaren verbotenen Eigenmacht einen gesetzlichen Ausgleichsanspruch.[42]

hemmer-Methode: Der Ausgleichsanspruch nach § 906 II S. 2 BGB ist nicht auf die Zuführung unwägbarer Stoffe nach § 906 BGB beschränkt, sondern er greift auch bei anderen Beeinträchtigungen (z.B. einer unzulässigen Vertiefung gem. § 909 BGB) ein.

unzumutbare Beeinträchtigung

Voraussetzung ist, dass die zu duldende Einwirkung die ortsübliche Benutzung oder den Ertrag des Grundstücks über das zumutbare Maß hinaus beeinträchtigt. Für diese Voraussetzung gilt grundsätzlich derselbe Maßstab wie für die Beurteilung, ob diese Einwirkungen zu einer wesentlichen Beeinträchtigung der Grundstücksnutzung führen, § 906 I S. 1 BGB.[43] Für die Ortsüblichkeit gelten die obigen Ausführungen entsprechend. Hinsichtlich des zumutbaren Maßes ist wiederum auf einen durchschnittlichen Benutzer abzustellen.[44] Anhaltspunkte können sich aus Immissionsschutzvorschriften ergeben.[45]

Anspruchsinhalt

Auszugleichen ist nach § 906 II S. 2 BGB die Vermögenseinbuße, die durch das Überschreiten der Zumutbarkeitsgrenze entsteht. Ausgeglichen wird also nur der unzumutbare Teil der Beeinträchtigung.[46] Auszugleichen sind auch die Aufwendungen für die Beseitigung des unzumutbaren Teils.

nur Ausgleich des unzumutbaren Teils der Beeinträchtigung

Bsp.: Ein Grundstück hatte ursprünglich einen Verkehrswert von 1 Mio. €. Infolge einer nach § 906 II S. 1 BGB zu duldenden Einwirkung sinkt dieser auf 800.000,- €. Eine nach § 906 II S. 2 BGB noch zumutbare Einwirkung hätte den Verkehrswert fiktiv bloß auf 950.000,- € gesenkt. Der nach § 906 II S. 2 BGB auszugleichende unzumutbare Teil umfasst daher die Differenz zwischen dem infolge der Einwirkung tatsächlichen Verkehrswert und dem fiktiven Verkehrswert in Höhe der Zumutbarkeitsgrenze (= 150.000,- €).

Nicht gedeckt vom Umfang der Ausgleichspflicht ist ein Schmerzensgeld.[47] Das begründet der BGH (sehr formalistisch) damit, dass es sich bei dem Ausgleichsanspruch eben nicht um einen Schadensersatzanspruch handele.

Schuldner

Ausgleichspflichtig ist der Benutzer des emittierenden Grundstücks, nicht die von diesem beauftragten Handwerker oder der durch die Benutzung Begünstigte.[48]

---

[42] BGHZ 92, 143 (145); vgl. Sie auch BGH in **Life&Law 2001, 469 ff.** Unser Service-Angebot an Sie: kostenlos hemmer-club-Mitglied werden (www.hemmer-club.de) und Entscheidungen der Life&Law lesen und downloaden. = ZIP 2001, 655 = JuS 2001, 816 f. = **juris**byhemmer.

[43] BGH, V ZR 2/06 v. 27.10.2006.

[44] BGHZ 49, 148 = **juris**byhemmer.

[45] Palandt, § 906 BGB, Rn. 26..

[46] BGH, NJW-RR 1988, 1291 = **juris**byhemmer; Palandt, § 906 BGB, Rn. 27.

[47] BGH, **Life&Law 2010, 804 ff.**

[48] Palandt, § 906 BGB, Rn. 27 m.w.N.

(4) Ausgleichsanspruch bei sog. faktischem Duldungszwang

§ 906 II S. 2 BGB analog bei faktischem Duldungszwang

Nach ständiger Rechtsprechung des BGH besteht auch dann ein nachbarrechtlicher Ausgleichsanspruch gem. § 906 II S. 2 BGB analog, wenn von einem Grundstück im Rahmen seiner privatwirtschaftlichen Benutzung Einwirkungen auf ein anderes Grundstück ausgehen, die das zumutbare Maß einer entschädigungslos hinzunehmenden Beeinträchtigung übersteigen, sofern der davon betroffene Eigentümer aus besonderen Gründen gehindert war, diese Einwirkung gem. § 1004 I BGB bzw. § 862 I BGB zu unterbinden.[49]

Solche besonderen Gründe können rechtlicher oder tatsächlicher Art sein (sog. „faktischer Duldungszwang"), zum Beispiel die fehlende Erkennbarkeit schädlicher Auswirkungen oder die wegen der komplizierten Rechtslage fehlende Möglichkeit, wirksamen Rechtsschutz zu erlangen.[50]

hemmer-Methode: Für einen Ausgleichsanspruch muss aber noch hinzukommen, dass eine grundstücksspezifische Einwirkung gegeben ist. Dieser Grundstücksbezug gilt nicht nur für das beeinträchtigte Grundstück. Auch muss die Beeinträchtigung einen gewissen Bezug zu dem Grundstück aufweisen, von dem aus die Einwirkung erfolgt. Das hat der BGH verneint in einem Fall, in dem von einem Nachbargrundstück aus ein Feuerwerkskörper in eine Scheune eindrang und einen Brand verursacht hat. Das Abschießen des Feuerwerkskörpers weist keinen konkreten Grundstücksbezug auf.[51] Ein Feuerwerk ist örtlich ungebunden.

Im Übrigen muss der Tatbestand des § 1004 I BGB aber verwirklicht sein. Insbesondere setzt der Anspruch aus § 906 II S. 2 BGB analog voraus, dass der Anspruchsgegner als Störer zu qualifizieren ist.

Das kann bei dem Eigentümer einer Wohnung, welche vermietet ist, nur angenommen werden, wenn er dem Mieter den Gebrauch seiner Sache mit der Erlaubnis zu den störenden Handlungen überlassen hat oder wenn er es unterlässt, den Mieter von dem nach dem Mietvertrag unerlaubten, fremdes Eigentum beeinträchtigenden Gebrauch der Mietsache abzuhalten, sog. mittelbarer Handlungsstörer.[52]

hemmer-Methode: Dem Nachbarn, der von dem Eigentümer von Bäumen, die den landesrechtlich vorgeschriebenen Grenzabstand nicht einhalten, deren Zurückschneiden wegen des Ablaufs der dafür in dem Landesnachbarrecht vorgesehenen Ausschlussfrist („faktischer Duldungszwang") nicht mehr verlangen kann, kann für den erhöhten Reinigungsaufwand infolge des Abfallens von Nadeln und Zapfen dieser Bäume (lesen Sie hierzu nochmals Rn. 18) ein nachbarrechtlicher Ausgleichsanspruch nach § 906 II S. 2 BGB analog zustehen, wenn:
- es sich um eine wesentliche Beeinträchtigung handelt,
- Nadel- und Zapfenfall auf eine ortsübliche Benutzung des Grundstücks der Beklagten zurückzuführen ist und
- dies nicht durch wirtschaftlich zumutbare Maßnahmen verhindert werden kann.

---

49 St. Rspr., vgl. BGH, NJW 2008, 992 ff. = **juris**byhemmer.

50 Vgl. BGH, **Life&Law 2001, 469 ff.** = ZIP 2001, 655 und BGH, **Life&Law 2000, 228 ff.** = NJW 1999, 2896 für den Fall, dass der Abwehranspruch nicht rechtzeitig durchgesetzt werden kann. Vgl. Sie auch BGH, **Life&Law 2005, 14 ff.**

51 BGH, **Life&Law 2010, 1 ff.**

52 BGH, NJW 2006, 992 f. In diesem Fall brannte die vermietete Wohnung aus, der Ruß beschädigte die Fassade eines Nachbargebäudes. Es konnte nicht geklärt werden, ob der Brand auf einem technischen Defekt oder auf unsachgemäßem Gebrauch technischer Geräte durch den Mieter beruhte. Für eine fahrlässige Brandstiftung des Mieters ist der Vermieter nicht verantwortlich; eine Zurechnung gem. § 278 BGB scheidet aus. Das nachbarschaftliche Gemeinschaftsverhältnis ist nach h.M. kein ausreichendes Schuldverhältnis. Da die Störereigenschaft daher nicht nachweisbar war, kam eine Haftung gem. § 906 II S. 2 BGB analog nicht in Betracht = **juris**byhemmer.

> Dies ist z.B. der Fall, wenn die von den Bäumen abfallenden Nadeln die Dachrinnen und Dacheinläufe des Nachbarhauses verstopfen und dies zu Schäden führt. Dann liegt eine wesentliche Beeinträchtigung vor.[53] Das Gleiche gilt, wenn wegen des Nadelfalls ein Gartenteich verschlossen werden muss. Wir empfehlen Ihnen, diese Entscheidung des BGH in NJW 2004, 1037 ff. zu lesen!

Die für die Analogie erforderliche Regelungslücke wird auch nicht durch das verschuldensabhängige Deliktsrecht ausgeschlossen: § 906 II S. 2 BGB zeigt gerade, dass im Nachbarrecht das Bedürfnis verschuldensunabhängiger Ausgleichsansprüche besteht. Die Vergleichbarkeit der Interessenlage ergibt sich aus dem Zweck des § 906 II S. 2 BGB: Dieser dient der Schaffung eines billigen Ausgleichs auf der Grundlage des nachbarrechtlichen Gemeinschaftsverhältnisses.

> **hemmer-Methode:** Nach Ansicht des BGH ist der Anspruch nach § 906 II S. 2 BGB bei faktischem Duldungszwang aber nicht dadurch ausgeschlossen, dass der Störer nach anderen Vorschriften haftet. In dem vom BGH entschiedenen Fall wurde durch den Bruch einer Wasserversorgungsleitung der Stadtwerke das benachbarte Grundstück überschwemmt. Trotz der nach § 2 I S. 1 HaftPflG bestehenden Anlagenhaftung wurde der Ausgleichsanspruch aus § 906 II S. 2 BGB bejaht.[54]

Tragende Gesichtspunkte für die Gewährung einer Entschädigung sind dabei die Gefahrbeherrschung, die Veranlassung und die Vorteilsziehung durch den Emittenten. Auch bei faktischem Duldungszwang hat der Betroffene letztlich die Immission zu dulden, obwohl der Emittent die Ursachen gesetzt hat, die Vorteile zieht und die Gefahr besser beherrschen kann.

> **hemmer-Methode:** Ein vergleichbarer Rechtsgedanke findet sich auch in § 904 S. 2 BGB, § 14 S. 2 BImSchG. Zwar besteht die Gefahr, dass die Grenze zum Deliktsrecht verwischt werden könnte. Allerdings reichen das einschränkende Merkmal der „Zumutbarkeit" gem. § 906 II S. 2 BGB und die Beschränkung auf Geldentschädigung als Korrektiv aus.

Umfang — Liegen die tatbestandlichen Voraussetzungen im obigen Sinne vor, besteht ein Ersatzanspruch, der sich auch auf Schäden an beweglichen Sachen beziehen kann.

> *Bsp.:*[55] Die Wohnung des B, die er selbst nutzt, gerät infolge eines defekten Küchengerätes in Brand. Dadurch wurde das angrenzende Gebäude beschädigt. Die Schäden am Gebäude sind zu ersetzen.

Betreibt der Geschädigte in dem Gebäude ein Ladengeschäft und werden die Warenvorräte beschädigt, erstreckt sich der Anspruch auf diese beweglichen Sachen. Ob die Schäden an den Waren unmittelbar durch die Immissionen verursacht wurden (Rauch etc.) oder erst infolge der Beschädigung des Gebäudes (dieses fängt Feuer und dieses dehnt sich auf die beweglichen Sachen aus), ist dabei irrelevant. Dies ergibt sich daraus, dass auch der primäre Abwehranspruch gem. §§ 862, 1004 I BGB allein darauf abstellt, dass die Schäden nicht entstanden wären, wenn der Besitzer seinen Unterlassungsanspruch hätte durchsetzen können.

---

53 OLG Frankfurt a.M., NJW 1988, 2688.
54 BGH, NJW 2003, 1128 f.
55 Nach BGH, NJW 2008, 992 ff. = **juris**byhemmer.

§ 906 II S. 2 BGB gilt nicht für das Verhältnis zwischen Mietern desselben Gebäudes

Für das Verhältnis zwischen mehreren Mietern innerhalb desselben Gebäudes gelten dagegen nur die allgemeinen Vorschriften. Beeinträchtigungen, die von einer Mietwohnung innerhalb desselben Grundstückseigentums auf eine andere Mietwohnung einwirken, berechtigen den Mieter der von den Beeinträchtigungen betroffenen Wohnung nicht zu einem verschuldensunabhängigen nachbarrechtlichen Ausgleichsanspruch analog § 906 II S. 2 BGB gegen den Mieter der anderen Wohnung.

Bsp.: B betreibt eine Arztpraxis. In dieser Praxis riss über die Osterfeiertage ein Schlauch, der zu einer Überschwemmung führte und in der darunter gelegenen Anwaltskanzlei einen Schaden i.H.v. 3.000,- € verursachte.

Nach Ansicht des BGH muss § 906 II S. 2 BGB schon deshalb entfallen, da diese Vorschrift immer nur dann anwendbar ist, wenn es um Einwirkungen von einem Grundstück auf ein anderes geht, sodass die Vorschrift für das Verhältnis der Mieter desselben Grundstücks nicht passt.

Die Grenzen der Nutzungsrechte des Mieters ergeben sich aus seinem Vertrag mit dem Vermieter und der Hausordnung. Nur soweit es um die Einhaltung der Grenzen des vertragsgemäßen Gebrauchs der Mieter auf der Grundlage einer für alle Mieter verbindlichen Hausordnung geht, bejaht die Rechtsprechung die Anwendung des § 328 I BGB, sodass jeder Mieter von den Mitmietern direkt die Einhaltung der Hausordnung verlangen kann.

Unmittelbare Schutzpflichten der Mieter untereinander bestehen aber nicht.

hemmer-Methode: Diese Entscheidung ist absolut examensrelevant. Lesen Sie daher diesen Fall des BGH in NJW 2004, 775 ff., besprochen von Emmerich in JuS 2004, 440 ff. nach.

cc) Ausgeschlossene Duldungspflicht, § 906 III BGB

besondere Leitung

Ausgeschlossen ist die Duldungspflicht gem. § 906 III BGB jedenfalls auch in den Fällen des § 906 I S. 1, II S. 1 BGB, wenn die an sich zu duldende Einwirkung durch eine besondere Leitung (etwa durch ein Auspuffrohr auf der Grenze)[56] zugeführt wird. Die Zuführung durch eine besondere Leitung ist also niemals zu dulden.

Bsp.: Eine eigentlich i.S.v. § 906 I S. 1 BGB die Grundstücksnutzung unwesentlich beeinträchtigende Zuführung von Wasserdampf durch ein Rohr auf der Grenze, das zum Nachbarn gerichtet ist, ist wegen § 906 III BGB niemals zu dulden.

hemmer-Methode: Wenn unstreitig ein Fall des § 906 III BGB vorliegt, würde sich ein Richter nicht umständlich mit Ausführungen zur Wesentlichkeit einer Einwirkung, die dann ohnehin nicht die Urteilsgründe tragen, aufhalten, sondern sofort § 906 III BGB anwenden. Grundsätzlich hat kein Tatbestandsmerkmal Vorrang vor einem anderen. Ob auch im Examen ein Springen direkt auf § 906 III BGB klausurtaktisch sinnvoll ist, hängt daher davon ab, ob der Sachverhalt Ausführungen zu den Absätzen 1 und 2 des § 906 BGB nahe legt. Nach Möglichkeit erwartet der Klausurersteller das „Abklappern" des von ihm gelegten roten Fadens.

---

[56] OLG München, OLGZ 26, 125.

§ 2 INHALT UND GRENZEN DES GRUNDEIGENTUMS

dd) Auswirkungen öffentlich-rechtlicher Vorschriften

Im Bereich des § 906 BGB erlangt eine Reihe öffentlich-rechtlicher Vorschriften Bedeutung, was hier aber nur angerissen werden kann.

Bedeutung öffentlich-rechtlicher Vorschriften im Bereich des § 906 BGB

Bei § 906 I BGB sind die in den Sätzen 2 und 3 genannten öffentlich-rechtlichen Normen regelmäßig Maßstab der Wesentlichkeit einer Beeinträchtigung. Der Verstoß gegen diese Normen ist zudem ein deutlicher Hinweis auf die Ursächlichkeit einer Emission für eine Beeinträchtigung.[57]

Ebenfalls können sich aus öffentlich-rechtlichen Normen Rückschlüsse für die Ortsüblichkeit einer Grundstücksbenutzung oder die Zumutbarkeit einer Beeinträchtigung ergeben.[58]

Weiter soll bei Verstößen gegen öffentlich-rechtliche Vorschriften mit Schutzgesetzcharakter (§ 823 II BGB) ein quasi-negatorischer Unterlassungsanspruch gegen Immissionen analog § 1004 I BGB gegeben sein, der nicht durch das Bestehen einer Duldungspflicht aus § 906 BGB eingeschränkt sei.[59]

Schließlich kann ein nicht nach § 906 BGB ausgeschlossener Abwehranspruch aus § 1004 I BGB gem. § 14 BImSchG, § 7 VI AtomG auf einen Schutzmaßnahmeanspruch beschränkt oder durch Schadensersatzansprüche ergänzt werden.[60]

b) Überhang, § 910 BGB

Wurzeln

Eingedrungene Wurzeln eines Baumes oder Strauches kann der Eigentümer beseitigen (§ 910 I S. 1 BGB), wenn die Wurzeln das Grundstück beeinträchtigen (§ 910 II BGB).

Zweige

Das Gleiche gilt bei herüberragenden Zweigen (§ 910 I S. 2, II BGB), wobei allerdings der Eigentümer dem Besitzer des Nachbargrundstücks eine angemessene Frist zur Beseitigung setzen muss.

§ 1004 I BGB gibt Beseitigungsanspruch

Der Eigentümer eines Baumes muss dafür Sorge tragen, dass dessen Wurzeln nicht in das Nachbargrundstück hinüber wachsen. Verletzt er diese Pflicht, ist er hinsichtlich der dadurch hervorgerufenen Beeinträchtigungen des Nachbargrundstücks „Störer" i.S.v. § 1004 I BGB.

> **hemmer-Methode:** Das Selbsthilferecht nach § 910 I S. 1 BGB schließt den Beseitigungsanspruch nach § 1004 I S. 1 BGB daher nicht aus.[61] Allerdings gilt § 910 II BGB auch für den Anspruch aus § 1004 I BGB, d.h. der Anspruch aus § 1004 I BGB entfällt, wenn das Grundstück durch die Wurzeln oder Zweige nicht beeinträchtigt wird.[62] In welchen Fällen keine Beeinträchtigung vorliegt, entscheidet nicht das subjektive Empfinden des Grundstückseigentümers; maßgebend ist vielmehr die objektive Beeinträchtigung der Grundstücksbenutzung.[63]

Der durch den Überhang gestörte Grundstückseigentümer kann die von dem Störer geschuldete Beseitigung der Eigentumsbeeinträchtigung selbst vornehmen und die dadurch entstehenden Kosten nach §§ 812, 818 BGB erstattet verlangen, da er diesen von seiner Verbindlichkeit aus § 1004 BGB befreit hat.[64]

---

57 BGHZ 92, 143 = **juris**byhemmer.
58 Palandt, § 906 BGB, Rn. 3 m.w.N.
59 BGH, NJW 1997, 55 m.w.N. = **juris**byhemmer; als Umgehung des eher abschließenden § 906 BGB aber zweifelhaft, vgl. Palandt, § 906 BGB, Rn. 3.
60 Vgl. Sie hierzu Palandt, § 906 BGB, Rn. 30 ff. m.w.N.
61 Vgl. BGH, NJW 2004, 603 ff. = **juris**byhemmer; BGHZ 60, 235 (241 f.) und 97, 231 (234) = **juris**byhemmer.
62 Vgl. BGH, NJW 2004, 1037 ff. = **juris**byhemmer.
63 Palandt, § 910 BGB, Rn. 3.
64 Vgl. BGH, NJW 2004, 603 ff. = **juris**byhemmer; BGHZ 97, 231 (234) und 106, 142 (143) = **juris**byhemmer.

c) Vertiefung, § 909 BGB

Vertiefung

Gem. § 909 BGB darf ein Grundstück nicht in der Weise vertieft werden, dass der Boden des Nachbargrundstücks die erforderliche Stütze verliert, es sei denn, dass für eine genügende andere Befestigung gesorgt ist.

In einem vom BGH zu entscheidenden Fall hatte ein Eigentümer sein Haus (mit Zustimmung) direkt an der Grenze an das Haus des Nachbarn angebaut. Allerdings wurde die anschließende Wand nicht fundamentiert. Dieser Umstand beeinträchtigt die Standfestigkeit des Nachbarhauses. Der planende Architekt wurde auf Schadensersatz verklagt, insbesondere für die fachgerechte Unterfangung des Hauses.

§ 909 BGB als Schutzgesetz i.S.v. § 823 II BGB

Die Ersatzfähigkeit ist gem. §§ 823 II, 909 BGB (der Vertiefungstatbestand ist Schutzgesetz) im Grundsatz nicht problematisch, da der Anspruch die Kosten der Wiederherstellung der Standfestigkeit umfasst. Sofern jedoch Arbeiten am Grundstück der Auftraggeber des Architekten erforderlich sind, ist die Wiederherstellung nur möglich, wenn diese zustimmen. Andernfalls können die Kosten nicht gem. § 249 II S. 1 BGB ersetzt werden, es bliebe nur die Entschädigung in Geld.[65]

Allerdings kann die Verweigerung der Zustimmung treuwidrig sein, § 242 BGB.

§ 1004 BGB

Geht es nicht um den Ausgleich eines Schadens, wird die Anspruchsgrundlage aus § 1004 I S. 1 BGB relevant. Diese kann einmal auf Beseitigung der Vertiefung gehen bzw., wenn eine Vertiefung droht, auf Unterlassung, § 1004 I S. 2 BGB

Bezogen auf den Unterlassungsanspruch war lange Zeit umstritten, ob konkrete Angaben zur Bodenfestigkeit des beeinträchtigten Grundstücks zu erfolgen haben.[66] Dies ist wegen § 253 II Nr. 2 ZPO relevant, der einen bestimmten Klageantrag verlangt.

Der BGH hat dies zu Recht verneint, weil für die Unterlassung irrelevant ist, was (fiktiv) später einmal für ein Zustand hergestellt werden müsste.[67] Sollte gegen das Gebot des Unterlassens verstoßen worden sein, könnte – wenn auch u.U. nur mit sachverständiger Hilfe – geklärt werden, ob das beeinträchtigte Grundstück den Halt verliert.

d) Der zu duldende Überbau, §§ 912 ff. BGB

Eine Duldungspflicht ist aufgrund eines die Eigentümerinteressen überwiegenden Interesses des Einwirkenden weiterhin in den Fällen des Überbaus nach den §§ 912 ff. BGB gegeben.

> *Bsp.: Infolge grober Fahrlässigkeit des Architekten A wird das Haus des Grundstückseigentümers U auf einem schmalen Streifen über die Grenze auf das Grundstück des E gebaut, der dies zunächst still hinnimmt. U selbst konnte als Laie den Überbau nicht erkennen.*

---

[65] BGH, NJW-RR 2008, 969 ff. = **juris**byhemmer.

[66] Hinsichtlich des Beseitigungsanspruchs ist dies selbstverständlich, weil ohne die Benennung der (früheren) Festigkeit der Inhalt der Beseitigung nicht konkretisiert werden kann, vgl. BGH, NJW 1978, 1584 = **juris**byhemmer.

[67] BGH, **Life&Law 2009**, 599 ff.

aa) Folgen des Überbaus nach allgemeinen Regeln

Folgen des Überbaus nach allgemeinen Regeln

Nach den allgemeinen Vorschriften ergäbe sich hieraus folgende Rechtslage:

Wegen der §§ 93, 94, 946 BGB könnte in obigen Beispiel E Eigentümer des auf seinem Grundstück gebauten Teils des Hauses sein. Darüber hinaus könnte er von U nach § 1004 I BGB die Beseitigung der Beeinträchtigung verlangen. Schließlich käme Schadensersatz nach § 823 I BGB oder Ausgleich nach § 906 II S. 2 BGB in Betracht.

Interessenlage

Dieses wirtschaftlich unsinnige Ergebnis, das mit einem Abriss des Überbaus u.U. auch den nicht überbauenden Teil des Gebäudes zerstören würde, wäre aber dem Überbauenden wertungsmäßig nur zumutbar, wenn der Überbau mit mindestens grober Fahrlässigkeit erfolgt wäre oder der Eigentümer zuvor oder sofort danach widersprochen hätte.

hemmer-Methode: Grob fahrlässig handelt, wer im Bereich der Grundstücksgrenze baut und sich nicht, ggf. durch Hinzuziehung eines Vermessungsingenieurs, darüber vergewissert, ob der für die Bebauung vorgesehene Grund auch ihm gehört und er die Grenzen seines Grundstücks nicht überschreitet.[68]

Bei einer allenfalls einfachen Fahrlässigkeit überwiegt dagegen das Interesse des Überbauenden an der Erhaltung des Überbaus, wenn diesem nicht sofort widersprochen wurde.

daneben Schadensersatz aus §§ 990 II, 280 I, II, 286 BGB möglich

Der Schadensersatzanspruch aus § 990 II BGB i.V.m. §§ 280 I, II, 286 BGB wird durch die Vorschriften der §§ 912 ff. BGB über den Überbau nur dann ausgeschlossen, wenn eine Duldungspflicht nach § 912 BGB bejaht wird. Ansonsten ist dieser Anspruch auf Schadensersatz neben dem Beseitigungsanspruch sehr wohl anwendbar.[69]

hemmer-Methode: Der zur Herausgabe verpflichtete Besitzer haftet im Fall des Verzugs gemäß § 990 II BGB i.V.m. §§ 280 I, II, 286 BGB auch auf Ersatz des durch die Verzögerung der Herausgabe entstehenden Schadens, wenn er bei Erwerb des Besitzes bösgläubig war oder von dem Mangel im Besitzrecht später erfahren hat.

bb) Besondere Duldungspflicht nach § 912 BGB

§ 912 BGB: Einerseits Duldung ...

Deshalb regelt § 912 I BGB diesen Konflikt abweichend von den allgemeinen Regeln der §§ 93 f., 946, 1004 BGB und begründet bei dem weder grob fahrlässig noch vorsätzlich erfolgten Überbau eine Duldungspflicht des Eigentümers, wenn dieser nicht dem Überbau vor oder sofort nach Grenzüberschreitung widersprochen hat.

Eine Duldungspflicht besteht daher nur, wenn kumulativ neben dem Fehlen eines Widerspruchs allenfalls einfache Fahrlässigkeit vorliegt. Umgekehrt ist die Duldungspflicht bei Widerspruch oder zumindest grober Fahrlässigkeit immer ausgeschlossen.

§ 912 BGB kann entsprechende Anwendung finden, wenn bei der Veränderung eines Gebäudes erstmals über die Grenze gebaut wird. In diesem Zusammenhang kann eine Duldungspflicht ausscheiden, wenn der Überbau nicht den Regeln der Baukunst entspricht und deshalb über die Grenzverletzung hinausreichende Beeinträchtigungen zu befürchten sind.[70]

---

68 Vgl. BGH, NJW 2003, 3621 ff. = **juris**byhemmer, besprochen von Karsten Schmidt in JuS 2004, 165 f.
69 Vgl. BGHZ 120, 204 (214) = **juris**byhemmer; BGH, NJW 2003, 3621 ff. = **juris**byhemmer, besprochen von Karsten Schmidt in JuS 2004, 165 f.
70 BGH, **Life&Law 2009,** 9 ff.

cc) Überbaurente als Entschädigung

... andererseits Entschädigung

Das Opfer, das der Eigentümer des überbauten Grundstücks erbringt, wird durch eine Überbaurente für die Dauer des Überbaus entschädigt, §§ 912 II, 913 f. BGB.

Die spezielle Entschädigungspflicht nach § 912 II BGB schließt zudem Ansprüche des Eigentümers aus den §§ 823 I, 906 II S. 2 BGB zumindest so weit aus, als ein Ausgleich des Nutzungsverlustes in Frage steht, nicht aber wegen weitergehender Folgen.[71] Gem. § 915 I BGB hat der Rentenberechtigte jederzeit Anspruch auf Ersatz des Wertes des überbauten Grundstücksteils, muss dafür aber den überbauten Grundstücksteil an den Überbauenden übereignen; die Rentenzahlungen enden dann mit der Eigentumsübertragung, § 915 II BGB.

Die Rente lastet als dingliche Belastung auch nach einem Eigentümerwechsel auf dem Grundstück, von dem aus übergebaut wurde, § 913 BGB (vgl. den Wortlaut „dem jeweiligen Eigentümer").

einverständlicher Überbau

§ 913 BGB gilt auch für den Fall des einverständlichen Überbaus.[72] Bei letzterem liegt eine nur schuldrechtliche Verpflichtung zur Duldung des Überbaus vor, die eigentlich keine dingliche Wirkung entfalten kann. Jedoch kann dieser Fall nicht anders behandelt werden als ein schuldloser Überbau.

§ 916 BGB

Die Duldungspflicht und das Rentenrecht erstrecken sich gem. § 916 BGB auch auf denjenigen, für den eine Dienstbarkeit oder ein Erbbaurecht am überbauten Grundstück besteht, soweit auch diesbezüglich eine Beeinträchtigung durch den Überbau vorliegt.

dd) Sonderproblem: Eigentum am Überbau?

(1) Keine Eigentumsregelung in § 912 BGB

Eigentum am Überbau

§ 912 BGB trifft neben der Duldungspflicht und der Rentenberechtigung keine Bestimmung darüber, wer Eigentümer des übergebauten Teils des Gebäudes sein soll. Auch aus § 915 BGB ergibt sich lediglich, dass der überbaute Grundstücksteil weiterhin dem Grundstückseigentümer gehört.

Zur Bestimmung des Eigentümers des übergebauten Gebäudeteils sind daher die allgemeinen Vorschriften der §§ 946, 93 ff. BGB heranzuziehen.

konträre Ausgangslage

Bei der Bestimmung des Eigentümers des Überbaus stehen zwei Prinzipien in Widerstreit.

Anwendung des § 94 I BGB

Die h.M. folgt gem. §§ 946, 93, 94 I BGB dem Prinzip der Bodenakzession („superficies solo cedit"). Hiernach steht ein Gebäude, das - wie es für den Überbau ja zutrifft - mit einem Grundstück fest verbunden ist, als dessen wesentlicher Bestandteil im Eigentum des Grundstückseigentümers.

Nach diesem Grundsatz wäre das Gebäude also auf der Grenze vertikal zu teilen. Der Überbau selbst gehöre damit dem Eigentümer des überbauten Grundstücks.

Folge hiervon wäre eine eigentlich nicht wünschenswerte Zerschlagung der wirtschaftlichen Einheit von Gebäude und Grund und Boden.

---

[71] H.M., vgl. Palandt, § 912 BGB, Rn. 13 m.w.N.
[72] BGHZ 62, 141 = **juris**byhemmer; NJW 1983, 1112 f. = **juris**byhemmer.

§ 2 INHALT UND GRENZEN DES GRUNDEIGENTUMS

Anwendung der §§ 93, 94 II BGB

Hiergegen wendet sich die Bestandteilslehre, nach der besondere Rechte an Gebäudebestandteilen nicht zulässig sein sollen, §§ 93, 94 II BGB. Argumentieren lässt sich hierbei, dass auch der überbauende Gebäudeteil i.S.v. § 94 II BGB als Sache zur Herstellung des gesamten Gebäudes eingefügt ist.

Hiernach gehört auch der überbauende Gebäudebestandteil wegen seiner wirtschaftlichen Zugehörigkeit zu dem gesamten Gebäude grundsätzlich dem überbauenden Eigentümer. Ein Sondereigentum an Gebäudeteilen für den Eigentümer des überbauten Grundstücks soll generell unzulässig sein.

(2) Eigentumslage beim entschuldigten Überbau

Konsequenzen beim entschuldigten Überbau

Beide Auffassungen führen im Anwendungsbereich des § 912 BGB, also beim entschuldigten Überbau, zu gleichen Ergebnissen, da jedenfalls dann auch nach erstgenannter Meinung der Überbau dem Eigentümer des überbauenden Grundstücks gehört.[73]

Begründet wird dies damit, dass § 912 BGB ein Recht an dem Nachbargrundstück i.S.d. § 95 I S. 2 BGB gewährt. Folglich ist der Überbau ohnehin als Scheinbestandteil kein wesentlicher Bestandteil des überbauten Grundstücks i.S.v. § 94 I BGB.

Daher führt beim entschuldigten Überbau auch die Anwendung des § 95 I S. 2 BGB zu einer „eigentumsmäßigen Zusammenfassung wirtschaftlicher Einheiten".[74]

Eigengrenzüberbau

Überbaut der Eigentümer zweier Grundstücke die Grenze zwischen seinen eigenen Grundstücken (sog. „Eigengrenzüberbau") und wird anschließend das überbaute Grundstück veräußert, so wird die Frage nach den Eigentumsverhältnissen am Überbau genauso beantwortet wie beim entschuldigten Überbau.

eigentumsrechtliche Zuordnung geteilter Räume

**hemmer-Methode: Ähnlich ist der Fall, wenn ein Grundstück in der Weise geteilt wird, dass Räume eines darauf stehenden Gebäudes von der Grenze der beiden neu gebildeten Grundstücke durchschnitten werden.
Diese Räume sind wesentlicher Bestandteil des Grundstücks, auf dem das Gebäude steht, welchem die Räume bei natürlicher Betrachtung zuzuordnen sind.
Der Wille der Beteiligten, die „durchschnittenen" Räume eigentumsmäßig beiden Grundstücken zuzuordnen ist demgegenüber unbeachtlich.
Lesen Sie hierzu BGH, Life&Law 2004, 171 ff.**

Bsp.: S, der Eigentümer des Grundstücks Fl.-Nr. 129 ist, will auf Parzelle 128 an das Haus seiner Schwägerin B anbauen. Er lässt sich von B daher folgende Bescheinigung ausstellen:

„Ich bescheinige hiermit meinem Schwager S, dass er sein Wohnhaus auf meine Parzelle 128 bauen kann. Die Überschreibung der Parzelle erfolgt zu einem späteren Zeitpunkt."

S errichtet auf eigene Kosten ein Haus, in dem er an dem Giebel des Gebäudes der B anbaute. Das neue Wohnhaus steht zum größten Teil auf der Parzelle 128 und nur in einer Tiefe von ca. 1,60 m auf der Parzelle 129, wo sich auch der Hauseingang befindet.

Wer ist Eigentümer des Hauses?

---

[73] BGH, NJW 1985, 789 = **juris**byhemmer.
[74] BGHZ 27, 204 (208); 57, 245 (248); 62, 141 (143) = **juris**byhemmer; NJW 1985, 789 = **juris**byhemmer.

1. Grds. wird ein auf Dauer mit dem Boden fest verbundenes Gebäude wesentlicher Bestandteil des Grundstücks, auf dem es steht, §§ 946, 94, 95 BGB. Ein Gebäude auf einem Grundstück ist nicht sonderrechtsfähig, vgl. § 93 BGB (Ausnahme: Wohnungseigentum; Erbbaurecht).

Da die bebauten Grundstücksteile zwei verschiedenen Personen gehören, müsste diese Regelung zu einer realen Eigentumsaufteilung führen, d.h. das Haus müsste entlang der gemeinsamen Grundstücksgrenze in zwei selbstständige Eigentumshälften geteilt werden.

2. Dies widerspricht aber dem Grundgedanken der §§ 93, 94 BGB. Das Gebäude würde sonst als wirtschaftliche Einheit zerschlagen.

a) Daher nimmt die h.M. an, dass der Gedanke der wirtschaftlichen Einheit Vorrang genießt, wenn jemand entschuldigt über die Grundstücksgrenze baut und der Nachbar gem. § 912 BGB den Überbau dulden muss. Der Nachbar bleibt dann zwar Eigentümer des überbauten Grundstücks, das Gebäude gehört aber unter entsprechender Anwendung des § 95 I S. 2 BGB ganz dem Überbauenden.

b) Diese zur Eigentumslage beim unrechtmäßigen, aber entschuldigten Grenzüberbau entwickelten Grundsätze müssen nach der h.M. erst recht dann gelten, wenn wegen der Einwilligung der Überbau rechtmäßig erfolgte.[75]

c) S ist auch Überbauender gewesen.[76] Wo die Bauarbeiten begonnen haben und welches Grundstück größer ist, ist unbeachtlich. Es kommt allein auf die Absichten und Interessen des Erbauers an. Sieht er sein Grundstück als Stammparzelle an, so ist er Überbauender.[77]

S ist daher Eigentümer des Hauses.

Sonderfall: befristete Überbau-Gestattung

**hemmer-Methode: Zu beachten ist aber Folgendes: War dem Eigentümer des Stammgrundstücks der Überbau aufgrund eines Mietvertrags über die überbaute Fläche gestattet, berührt zwar der Ablauf des Vertrags sein Eigentum am Überbau nicht. Er ist aber verpflichtet, dem Eigentümer des überbauten Grundstücks das Eigentum am Überbau zu verschaffen.
Dem Eigentümer des rechtmäßig überbauten Grundstücks kann das Eigentum am Überbau durch Bestellung einer Dienstbarkeit zu Lasten des Stammgrundstücks (Ausschluss der Ausübung des Überbaurechts) oder durch Aufhebung der Gestattung und Trennung des Überbaus vom übrigen Gebäude verschafft werden.
Lesen Sie diese äußerst examensrelevante Entscheidung des BGH in NJW 2004, 1237 ff. nach.**

(3) Eigentumslage beim nicht entschuldigten Überbau

Konsequenzen beim unentschuldigten Überbau

Schwer zu vereinbaren sind die beiden oben genannten Ausgangspunkte jedoch im Falle eines unentschuldigten Überbaus. Bei diesem kann keine „Ausübung eines Rechts" i.S.d. § 95 I S. 2 BGB vorliegen, da ein solches Recht, das nur mit der Duldungspflicht aus § 912 I BGB korrespondieren könnte, nicht existiert.

e.A.: Keine Zuordnung zum überbauten Grundstück

Dennoch kann nach einer Ansicht[78] nicht generell ein Vorrang des Akzessionsprinzips aus § 94 I BGB mit der Folge einer eigentumsmäßigen Zuordnung des Überbaus zum überbauten Grundstück angenommen werden.

---

75 Vgl. Palandt, § 95 BGB, Rn. 5; ein Unterschied gilt nur hinsichtlich der Duldungs- und Entschädigungspflichten, da sich insoweit die Rechtsbeziehungen zwischen den Grundstücksnachbarn aus dem Inhalt der zwischen ihnen getroffenen Vereinbarung ergibt (für Entschädigung ist die Vereinbarung maßgebend (vgl. BGH, NJW 1983, 1112 ff.); fehlt sie, dann erfolgt eine Auslegung, ob eine Entschädigung gewollt; dann hilfsweise § 912 II BGB, andernfalls keine Entschädigung.
76 Vgl. Sie auch BGHZ 62, 141 = **juris**byhemmer.
77 Vgl. Sie dazu BGH, NJW 1990, 1791 (1792) = **juris**byhemmer.
78 Eichler, JuS 1965, 479.

§ 2 INHALT UND GRENZEN DES GRUNDEIGENTUMS

Dies erscheint konsequent, da der Eigentümer des überbauten Grundstücks außerhalb des § 912 I BGB mit den (nun nicht durch das Bestehen einer spezielleren Entschädigungspflicht nach § 912 II BGB eingeschränkten) §§ 823 I, 903, 906 II S. 2 BGB sowie § 1004 BGB ohnehin weitergehend geschützt ist als beim entschuldigten Überbau. Es kann insofern argumentiert werden, dass ein noch weiter gehender Eigentumserwerb am Überbau über den notwendigen Schutz des Nachbarn hinausginge.

a.A. BGH: Zuordnung zum überbauten Grundstück

Zwingend ist diese Argumentation aber nicht, da der notwendige Umfang des Eigentümerschutzes sich nicht aus dem Gesetz ergibt, sondern vom Vorverständnis des Normanwenders abhängt. Nach dem BGH bleibt es beim unentschuldigten Überbau wegen der §§ 93, 94 I BGB bei einer Vertikalteilung des Gebäudes, sodass der Eigentümer des überbauten Grundstücks Eigentümer des Überbaus wird.[79]

hemmer-Methode: Da aber auch nach Ansicht des BGH beim unentschuldigten Überbau ein genereller Vorrang des Akzessionsprinzips nicht anzunehmen ist, kann hier keine allgemein gültige Lösung gegeben werden. In der Klausur wird es entscheidend darauf ankommen, die im Sachverhalt angelegten Interessen und Ansichten der Parteien in oben genannten Streit einzuarbeiten und eine interessengerechte Lösung zu entwickeln.

ee) Verschuldenszurechnung bei § 912 I BGB

Mit der Behandlung des Problems, inwieweit bei § 912 I BGB dem Eigentümer des überbauenden Grundstücks ein Verschulden Dritter zugerechnet werden kann, ergeben sich zugleich die möglichen Lösungen des obigen Beispiels unter Rn. 29:

Da E im Beispiel oben (Rn. 29) dem Überbau nicht widersprochen hat, wäre er nur dann duldungspflichtig aus § 912 I BGB, wenn U hinsichtlich des Überbaus weder grobe Fahrlässigkeit noch Vorsatz zur Last fällt. U selbst trifft aufgrund der ihm fehlenden Erkennbarkeit des Überbaus keine grobe Fahrlässigkeit; ein Überwachungsverschulden ist nicht ersichtlich.

Verschuldenszurechnung bei § 912 BGB nach BGH über § 166 I BGB

Grob fahrlässig handelte aber der von U eingesetzte A. Dies ist U nach der Rechtsprechung wie eigenes Verschulden zuzurechnen, § 166 I BGB analog.[80] Somit trifft nach der Rechtsprechung auch U der Vorwurf grober Fahrlässigkeit. U ist daher zwar nach obiger Darstellung Eigentümer des Überbaus (a.A. BGH; vgl. nochmals Rn. 35), den E aber nicht gem. §§ 912 f. BGB gegen Zahlung einer Überbaurente zu dulden hat. E hat grundsätzlich die Ansprüche aus den §§ 823 I, 906 II S. 2, 1004 BGB.

a.A.: Zurechnung über § 278 BGB oder § 831 BGB

Nach anderen Ansichten kann i.R.d. § 912 BGB eine Verschuldenszurechnung nur über § 278 BGB oder § 831 BGB erfolgen.[81] Eine Verschuldenszurechnung würde dann scheitern. Denn A ist mangels sozialer Abhängigkeit von U nicht dessen Verrichtungsgehilfe nach § 831 BGB und eine Zurechnung über § 278 BGB scheitert, weil das hierfür nötige Schuldverhältnis zwischen U und E zumindest nicht in der bloßen Nachbarschaft begründet ist.

Damit wäre nach diesen Ansichten der von A grob fahrlässig getätigte Überbau U nicht zuzurechnen, also entschuldigt, und von E gegen eine Überbaurente gem. §§ 912 f. BGB zu dulden. Eigentümer des Überbaus wäre (dann nach allgemeiner Meinung) auch hier U.

---

[79] BGHZ 27, 204; 41, 157; 64, 333 (337) = **juris**byhemmer; BGH, NJW 1982, 756; 1985, 789 (791) = **juris**byhemmer; a.A.: Hodes, NJW 1964, 2382.
[80] BGHZ 42, 63 = **juris**byhemmer.
[81] Vgl. Sie die Nachweise bei Palandt, § 912 BGB, Rn. 9.

> **hemmer-Methode:** Vertretbar ist es hier, gegen den BGH zu argumentieren. Denn § 166 I BGB passt genau genommen nicht, weil es bei dem rein tatsächlichen Überbau nicht wie im Bereich des § 166 I BGB um die Folgen rechtsgeschäftlichen Handelns geht. Konsequenter erscheint es deshalb, die Verschuldenszurechnung beim Überbau, der als Eigentumsbeeinträchtigung ohnehin dem Deliktsrecht nahe steht, über eine entsprechende Anwendung des § 831 BGB zu behandeln. Folge hiervon ist neben dem Erfordernis eines (abhängigen) Verrichtungsgehilfen die Möglichkeit der Exkulpation, § 831 I S. 2 BGB.

e) Der Notweg, §§ 917 f. BGB

Ausgangslage des § 917 BGB

Für die Benutzung eines Grundstücks ist eine Zugangsmöglichkeit von öffentlichen Wegen notwendig. Fehlt diese, hat der Eigentümer grundsätzlich ein bedeutendes Interesse daran, andere Grundstücke zu überqueren, um sein Grundstück bzw. öffentliche Wege erreichen zu können. Unter den Voraussetzungen der §§ 917 f. BGB hat daher der Eigentümer eines verbindungslosen Grundstücks aufgrund seiner überwiegenden Einwirkungsinteressen ein Notwegrecht zur Überquerung eines Nachbargrundstücks, dessen Eigentümer dies zu dulden hat.

Einem Besitzer steht das Notwegerecht aus § 917 BGB nicht zu, auch nicht analog.[82] Denn die Frage des Zugangs zu einem vermieteten Grundstück ist im Verhältnis Mieter/Vermieter zu klären. Der Mieter kann grundsätzlich vom Vermieter verlangen, ein begründetes Notwegerecht gegenüber dem Nachbarn geltend zu machen.

Fehlen einer Verbindung

Das Fehlen einer Verbindung i.S.v. § 917 BGB ist tatsächlich und rechtlich zu beurteilen. Eine Verbindung fehlt daher zwar tatsächlich, aber nicht rechtlich, wenn der Eigentümer aufgrund eines dinglichen Wegerechts (nach § 1018 BGB) ohnehin zum öffentlichen Weg gelangen kann.[83]

ordnungsgemäße Benutzung

§ 917 BGB setzt weiter voraus, dass die begehrte Verbindung zu einem öffentlichen Weg zur ordnungsgemäßen Benutzung des Grundstücks notwendig ist. Die Ordnungsmäßigkeit der Benutzung bestimmt sich in Abhängigkeit von Lage und Wirtschaftsart des Grundstücks.[84] Kommt es zu einer Benutzungsänderung, ist entscheidend, ob die Nutzungsänderung zur rentablen Bewirtschaftung notwendig ist.[85]

Notwendigkeit der Benutzung

Die Überquerung des Nachbargrundstücks muss hierzu nach Art und Ausmaß notwendig sein. Die Zufahrt mit Kraftfahrzeugen zu einem gewerblich genutzten Grundstück zählt regelmäßig hierzu, sofern der Betrieb Transportvorgänge erfordert; nicht notwendig ist die Zufahrt mit Kraftfahrzeugen regelmäßig bei Wohngrundstücken. Bei mehreren Möglichkeiten bestimmt sich die zu duldende notwendige Art und Weise der Überquerung in Abhängigkeit von der möglichst geringfügigen Belastung einerseits, der größtmöglichen Effektivität andererseits.[86]

Duldungspflicht ab Verlangen

Wie sich aus dem Wortlaut des § 917 I BGB ergibt („kann verlangen, zu dulden"), gehört das Benutzungsverlangen als empfangsbedürftige Willenserklärung zu den Duldungsvoraussetzungen.[87]

---

82 BGH, **Life&Law 10/2006, 665**.
83 OLG Braunschweig, OLGZ 26, 29.
84 Palandt, § 917 BGB, Rn. 4.
85 BGH, BB 1966, 639 = **juris**byhemmer.
86 Vgl. Sie hierzu Palandt, § 917 BGB, Rn. 6a.
87 BGHZ 94, 160 = **juris**byhemmer.

Das dingliche Notwegrecht entsteht dann mit dem Vorliegen der vorgenannten Voraussetzungen.

Vor dem Verlangen besteht aus § 917 BGB nur ein Notweganspruch.[88] Das Notwegrecht ist unter den Voraussetzungen des § 918 I BGB ausgeschlossen, wenn der Eigentümer eine bisherige Verbindung selbst durch rechtliche oder tatsächliche Handlungen aufgehoben hat.

Diesem Gedanken entsprechend besteht das Notwegerecht auch dann nicht, wenn sich ein Bedürfnis für ein Wegerecht erst daraus ergibt, dass der Eigentümer einen bestimmten Zustand des Grundstücks erst herbeigeführt hat.[89]

gerichtliche Geltendmachung

Aus § 917 I S. 2 BGB folgt, dass die konkrete Ausgestaltung des Notwegrechts vom Gericht getroffen wird. Deshalb muss die Klage auf Duldung auch keine näheren Angaben hierzu enthalten.

Prozessführungsbefugnis bei Miteigentümern

Miteigentümer können das Notwegrecht gerichtlich nur gemeinsam geltend machen. Macht nur ein Miteigentümer den Anspruch geltend, ohne von den anderen Miteigentümern dazu ermächtigt worden zu sein, fehlt ihm die Prozessführungsbefugnis.

Nach Ansicht des BGH ergibt sich auch aus § 1011 BGB nichts anderes.[90] Denn andernfalls könnte ein einzelner Miteigentümer die Verpflichtung der anderen Miteigentümer zur Zahlung der gemeinsam geschuldeten Notwegerente begründen, die nach § 917 II S. 1 BGB mit dem Notwegrecht entsteht und für die nach §§ 917 II S. 2, 914 III, 1107 BGB das gemeinsame Grundstück haftet. Eine solche Rechtsmacht räumt § 1011 BGB den einzelnen Miteigentümern nicht ein.

hemmer-Methode: Beachten Sie, dass im Anwendungsbereich des § 1011 BGB grds. jeder Miteigentümer alleine prozessführungsbefugt ist. Es handelt sich um einen Fall gesetzlicher Prozessstandschaft. Klagen mehrere Eigentümer, sind diese grundsätzlich keine notwendigen Streitgenossen aus prozessualen Gründen, denn die Rechtskraft eines Urteils gegen einen Miteigentümer wirkt grundsätzlich nicht gegen die anderen Miteigentümer. § 62 ZPO greift also nicht ein![91]

Entschädigung

Entsprechend der Rechtslage beim Überbau ist der duldungspflichtige Eigentümer gem. § 917 II S. 1 BGB zu entschädigen. Im Übrigen finden gem. § 917 II S. 2 BGB die Vorschriften über den Überbau mit Ausnahme des Abkaufrechts aus § 915 BGB entsprechende Anwendung.

keine Eintragung

Beachten Sie auch, dass das Notwegrecht nicht in das Grundbuch eingetragen wird, vgl. §§ 917 II S. 2, 914 II S. 1 BGB.

f) Übriges Nachbarschaftsrecht des BGB

geringere Bedeutung der §§ 907 ff., 919 ff. BGB

Neben den dargestellten §§ 906, 912 ff., 917 f. BGB erlangt das übrige Nachbarschaftsrecht geringere Bedeutung in Praxis und Examen. Wegen der Einzelheiten der §§ 907 ff., 919 ff. BGB wird deshalb auf das Gesetz und die einschlägige Kommentarliteratur verwiesen.

---

88 BGH, NJW 1985, 1952 m.w.N. = **juris**byhemmer.
89 BGH, **Life&Law 2006, 665 ff.**
90 BGH, MDR 2007, 209 f. = **juris**byhemmer.
91 Vgl. Sie zum Ganzen Palandt, § 1011 BGB, Rn. 4.

> **hemmer-Methode:** Auf zwei interessante Entscheidungen des BGH sei für Interessierte hingewiesen:
> 1. Zum Begriff der Grenzanlage i.S.d. § 921 BGB lesen Sie BGH, NJW 2003, 1731 f.:
> Nach Ansicht des BGH liegt eine Grenzanlage bereits dann vor, wenn sich die Anlage zumindest teilweise über die Grenze zweier Grundstücke erstreckt und funktionell beiden Grundstücken dient. Eine grenzscheidende Wirkung braucht der Anlage nicht zuzukommen. Damit gehören nicht nur z.B. Zäune zu den Grenzeinrichtungen, sondern auch z.B. eine Grundstücksdurchfahrt.
> 2. Zum Grenzbaum i.S.d. § 921 BGB lesen Sie BGH, NJW 2004, 3328 ff.:
> Ein Baum ist ein Grenzbaum i.S.v. § 923 BGB, wenn sein Stamm dort, wo er aus dem Boden heraustritt, von der Grundstücksgrenze durchschnitten wird. Jedem Grundstückseigentümer gehört der Teil des Grenzbaumes, der sich auf seinem Grundstück befindet (vertikal geteiltes Eigentum).
> Jeder Grundstückseigentümer ist für den ihm gehörenden Teil eines Grenzbaumes in demselben Umfang verkehrssicherungspflichtig wie für einen vollständig auf seinem Grundstück stehenden Baum.
> Verletzt jeder Eigentümer die ihm hinsichtlich des ihm gehörenden Teils eines Grenzbaumes obliegende Verkehrssicherungspflicht, ist für den ihnen daraus entstandenen Schaden i.R.d. Ersatzpflicht nach § 823 I BGB eine Haftungsverteilung nach § 254 BGB vorzunehmen.

2. Privatrechtliches Nachbarschaftsrecht nach Länderrecht

Begrenzung durch Landesrecht

Vielfältige Begrenzungen der Eigentümerbefugnisse ergeben sich auch aus den Vorschriften der Nachbarschaftsgesetze der Bundesländer, die hier nicht weiter behandelt werden können.

Erwähnt sei aber, dass gem. Art. 31 GG das entsprechende Landesrecht gegenüber dem BGB grundsätzlich nachrangig ist. Nach Art. 124 S. 1 EGBGB bleiben aber landesnachbarschaftsrechtliche Regeln vom vorrangigen BGB nur insofern unberührt, wie sie „ ... das Eigentum an Grundstücken noch anderen als den im BGB bestimmten Beschränkungen unterwerfen".

Hieraus folgt, dass das Landesnachbarschaftsrecht nur weiter gehende Beschränkungen des Grundstückseigentums einführen, nicht aber die bereits bestehenden Beschränkungen aus dem BGB verkürzen kann.[92]

3. Begrenzung durch § 905 S. 2 BGB

§ 905 S. 1 BGB

Mangelndes Eigeninteresse in diesem Sinne liegt vor, wenn zwar Einwirkungen in dem zum Grundstückseigentum zählenden Raum über oder unter dem Grundstück (§ 905 S. 1 BGB) vorliegen, diese aber so hoch oder tief vorgenommen werden, dass ein Interesse des Eigentümers nicht betroffen ist (§ 905 S. 2 BGB). Beispiele hierfür wären das hohe Überfliegen mit einem Flugzeug oder Ausschachtungen für den Bau einer U-Bahn in großer Tiefe sowie ein überschwenkender Baukran.[93] Nach der h.M. steht dem duldungspflichtigen Eigentümer im Fall des § 905 S. 2 BGB entsprechend § 906 II S. 2 BGB ein Ausgleichsanspruch zu.[94]

---

92 Palandt, Art. 124 EGBGB, Rn. 1 m.N. zum Landesnachbarschaftsrecht.
93 OLG Düsseldorf, NJW-RR 1989, 1421 = **juris**byhemmer; OLG Karlsruhe, NJW-RR 1993, 91 = **juris**byhemmer.
94 Palandt, § 905 BGB, Rn. 2.

analoge Anwendung von § 906 II S. 2 BGB?

Zweifelhaft ist diese entsprechende Anwendung des § 906 II S. 2 BGB auf die Duldungspflicht aus § 905 S. 2 BGB aber deshalb, weil § 906 II BGB einen Fall des überwiegenden Fremdinteresses regelt, § 905 S. 2 BGB hingegen auf mangelndes Eigeninteresse abstellt.

Insofern fehlt genau genommen die für eine Analogie nötige vergleichbare Regelungslage. In der Klausur kann der Streit regelmäßig unentschieden bleiben, weil der Ausgleich nach § 906 II S. 2 BGB immer eine über das zumutbare Maß hinausgehende Beeinträchtigung der Eigentümerinteressen erfordert. Dies wird bei § 905 S. 2 BGB kaum zutreffen, da dort gerade das Fehlen entgegenstehender Eigentümerinteressen vorausgesetzt wird.

> **hemmer-Methode:** Bei der Frage der analogen Anwendung des § 906 II S. 2 BGB auf die Duldungspflicht aus § 905 S. 2 BGB zeigt sich, dass die Kenntnis der nachbarschaftsrechtlichen Abgrenzungsmaßstäbe (überwiegendes Fremdinteresse des Einwirkenden - Fehlen von Eigentümerinteressen des Betroffenen) hilfreich sein kann.

4. Begrenzung durch Notstand, §§ 904, 228 BGB

Notstand nach den §§ 904, 228 BGB

Der rechtfertigende aggressive Notstand des § 904 BGB begründet hinsichtlich der Einwirkung auf Sachen eine Duldungspflicht für den Unbeteiligten, d.h. für denjenigen, von dessen Sache auch keine Gefahr ausgeht (Umkehrschluss aus § 228 BGB). Der Eigentümer muss hier die Beeinträchtigung allein deshalb dulden, weil er der Inhaber des Gegenmittels ist.

Da der Eingriff durch § 904 BGB gerechtfertigt ist, ist gegen ihn selbst keine Notwehr möglich. Dass erst recht eine Duldungspflicht aufgrund der Notstandslage nach § 228 BGB bestehen muss, wenn von der Sache, auf die eingewirkt wird, selbst die Gefahr ausgeht, ist offensichtlich.

Schadensersatzanspruch des Eigentümers, § 904 S. 2 BGB

Da die Duldungspflicht dem Eigentümer im Interesse eines anderen auferlegt wird, kann dieser gem. § 904 S. 2 BGB Ersatz seines Schadens verlangen.

Da § 904 S. 2 BGB einen verschuldensunabhängigen Schadensersatzanspruch für rechtmäßige Einwirkungen gibt, führt auch eine Einwilligung des Eigentümers nicht zum Fortfall des Anspruchs.[95] Denn die Einwilligung lässt lediglich die für § 904 S. 2 BGB ohnehin irrelevante Rechtswidrigkeit der Einwirkung entfallen. Auf § 904 S. 2 BGB ist aber § 254 BGB anwendbar, sodass der Anspruch bei schuldhafter Verursachung der Notstandslage durch den Eigentümer entsprechend beschränkt bzw. ganz ausgeschlossen sein kann.[96]

h.M.: Ersatzpflicht des Einwirkenden

Dem Wortlaut des § 904 S. 2 BGB ist allerdings nicht zu entnehmen, wer der Ersatzpflichtige ist, wenn - wie im obigen Fall - Eingreifender und Begünstigter auseinanderfallen. Nach der h.M.[97] trifft die Ersatzpflicht den Einwirkenden.

Argumente der h.M.

Hierfür spricht die Überlegung, dass für den durch den Ersatzanspruch geschützten Eigentümer der Einwirkende am leichtesten festzustellen ist. Außerdem betrifft § 904 S. 1 BGB gerade das Verhältnis gegenüber dem Einwirkenden. Der Eigentümer ist aus seiner Sicht gegenüber dem Einwirkenden, nicht gegenüber dem Begünstigten zur Duldung verpflichtet.

---

95 Palandt, § 904 BGB, Rn. 5.
96 Palandt, § 904 BGB, Rn. 5 m.w.N.
97 Vgl. Palandt, § 904 BGB, Rn. 5 m.w.N. zum Streitstand.

Schließlich ist es dem Einwirkenden im Innenverhältnis gegen den Begünstigten unbenommen, einen Ersatz- und Freistellungsanspruch aus Auftrag (§ 670 BGB) oder GoA (§§ 683, 670 BGB) oder den §§ 812 ff. BGB geltend zu machen.[98]

Folge hiervon ist allerdings die Verlagerung des Insolvenzrisikos auf den in guter Absicht handelnden Einwirkenden. Daher besteht für Unbeteiligte in den Fällen des § 904 BGB grundsätzlich keine hohe Motivation zur eigentlich erwünschten Hilfe. Konsequent ist es daher, in den Fällen der Handlungspflicht aus § 323c StGB den Einwirkenden mit der h.M. nicht haften zu lassen.[99]

5. Begrenzung durch Schikaneverbot, § 226 BGB

§ 226 BGB

Kein schützenswertes Interesse des Grundstückseigentümers ist auch in Fällen des § 226 BGB (Schikaneverbot) gegeben. Voraussetzung ist, dass die Ausübung der Eigentümerbefugnisse nach Lage der Umstände objektiv allein die Schadenszufügung bezweckt.[100]

§ 226 BGB zieht dem Eigentümer beim Fehlen der Voraussetzungen anderer Duldungspflichten gewissermaßen eine letzte Schranke.

> *Bsp.:* Der Vater verbietet dem Sohn jeglichen Zutritt zu dem auf seinem Grundstück befindlichen Grab der Mutter.[101]

IV. Rechtsgeschäftlich-dingliche Begrenzungen

Konkretisierung des Nachbarrechts durch Dienstbarkeiten

Nachbarn haben über die abstrakte Ausgestaltung durch das gesetzliche Nachbarschaftsrecht hinaus die Möglichkeit, ihr dingliches Verhältnis zueinander zu konkretisieren. Hierzu bieten sich die Grunddienstbarkeit, §§ 1018 ff. BGB, die beschränkte persönliche Dienstbarkeit, §§ 1090 ff. BGB, und der Nießbrauch (§§ 1030 ff. BGB) an.[102]

Ausschluss von Handlungen auf Grundstück

Inhalt einer Grunddienstbarkeit kann nämlich nach § 1018 BGB, auf den § 1090 I BGB für die beschränkte persönliche Dienstbarkeit verweist, unter anderem der Ausschluss von gewissen Handlungen auf einem Grundstück sein. Der Inhaber der Dienstbarkeit kann so Handlungen, welche die Ursache von Immissionen von dem belasteten Grundstück auf sein Grundstück wären und die er nach dem Nachbarschaftsrecht des BGB zu dulden hätte, verhindern.

Ausschluss der Ausübung von Eigentümerrechten

Zudem kann Inhalt einer Dienstbarkeit nach den §§ 1018, 1090 I BGB der Ausschluss der Ausübung von Rechten sein, die sich aus dem Grundstückseigentum ergeben. Damit kann sich der Inhaber der Dienstbarkeit vor allem die Möglichkeit zu Immissionen eröffnen, die der Eigentümer des belasteten Grundstücks nach dem Gesetz eigentlich abwehren könnte.

> *Bsp.:* U betreibt auf einem von mehreren, sämtlich ihm gehörenden Grundstücken eine Fabrik, von der Lärm auf die übrigen Grundstücke ausgeht, der nicht mehr i.S.v. § 906 II BGB ortsüblich ist. Als U beschließt, die übrigen Grundstücke zu veräußern, befürchtet er Unterlassungsansprüche der neuen Eigentümer aus § 1004 BGB wegen des Lärms. Er lässt sich daher an den zu veräußernden Grundstücken dahingehende Eigentümergrunddienstbarkeiten[103] eintragen, dass die Eigentümer der belasteten Grundstücke nicht berechtigt sind, gegen Immissionen der Fabrik, die über § 906 II BGB hinausgehen, vorzugehen.

---

98 Zu der i.R.d. § 904 BGB oft relevanten Problematik der Kausalität vgl. Von Caemmerer, Das Problem der überholenden Kausalität im Schadensersatzrecht, 1963
99 Palandt, § 904 BGB, Rn. 5 m.w.N.
100 Palandt, § 226 BGB, Rn. 2.
101 RGZ 72, 251.
102 Zu den Dienstbarkeiten näher unter Rn. 250 ff.
103 Der Berechtigte kann zugleich Eigentümer des mit der Dienstbarkeit belasteten Grundstücks sein, vgl. Palandt, § 1018 BGB, Rn. 3 m.w.N.

§ 3 SONDERFORMEN DES GRUNDSTÜCKSEIGENTUMS

Eigentum an Grundstücken ist in verschiedenen Varianten möglich.

A) Mehrheit von Berechtigten

Das Eigentum steht als subjektives Recht in erster Linie einem einzigen Berechtigten zu (Alleineigentum). Eigentum an einem einzelnen Grundstück kann aber auch mehreren Berechtigten als Gesamthands- oder Miteigentümern nach Bruchteilen zustehen.

I. Gesamthandseigentum

keine Verfügung über Anteil am Gesamthandseigentum

Bei Gesamthandseigentum kann der einzelne berechtigte Gesamthandseigentümer nicht über seinen Anteil an der Sache verfügen (§§ 719 I, 1419 I, 2033 II BGB). Die Gesamthandseigentümer können vielmehr nur gemeinschaftlich über die Sache im Ganzen verfügen.

> *Bsp.: M und F bilden eine GbR mit dem Zweck der Bewohnung und des Erwerbs eines Hauses. Die Wohnungseinrichtung ist hier Gesamthandseigentum. Auch das Grundstück, welches im Eigentum der GbR steht, unterliegt der Beschränkung des § 719 I BGB, die zwingendes Recht darstellt. Daher kann ein Gesellschafter nicht über seinen Anteil an dem Grundstück verfügen. Nur die GbR selbst kann das Grundstück veräußern.[104]*

II. Miteigentum nach Bruchteilen

Bruchteilseigentum

Beim Miteigentum nach Bruchteilen steht mehreren Personen das Eigentum an einer Sache dergestalt zu, dass jede nur zu einem rechnerischen Bruchteil an der Sache berechtigt ist. Geregelt ist das Miteigentum in den §§ 741 ff. BGB, ergänzt durch die §§ 1008 ff. BGB.

Miteigentum besteht in einem gedanklich-rechnerischen Anteil am Eigentum (ideeller Bruchteil), der sich auf die ganze Sache erstreckt und zugleich durch die Berechtigung der anderen Miteigentümer beschränkt wird. Über das Eigentum an der Sache können gem. § 747 S. 2 BGB nur alle Miteigentümer gemeinsam verfügen. Anders als beim Gesamthandseigentum (einzige Ausnahme ist § 2033 I S. 1 BGB) kann aber der einzelne Miteigentümer über seinen ideellen Anteil frei und unabhängig von den anderen Berechtigten verfügen, § 747 S. 1 BGB.

Eintragung im Grundbuch

Bei Miteigentum an einem Grundstück sollen gem. § 47 I GBO die mehreren Berechtigten mit der Angabe des jeweiligen ideellen Bruchteils ins Grundbuch eingetragen werden (etwa X, Y, Z „als Miteigentümer zu je $^1/_3$" oder „in Bruchteilsgemeinschaft zu gleichen Anteilen").

B) Land- und forstwirtschaftliches Grundeigentum

landwirtschaftliche Grundstücke

Der Verkehr mit land- und forstwirtschaftlich genutzten Grundstücken ist durch das - erfahrungsgemäß wenig examensrelevante und daher nur knapp zu behandelnde GrdstVG - gewissen Beschränkungen unterworfen.

---

104 Zur Problematik rund um die Grundbuchfähigkeit der GbR vgl. unten, Rn. 85a.

Veräußerung und Verpflichtung hierzu bedarf Genehmigung

Die Veräußerung des Grundeigentums ist nach dem BGB grundsätzlich keiner staatlichen Einwirkung unterworfen. Um aber auf dem volkswirtschaftlich wichtigen Gebiet der Landwirtschaft eine unwirtschaftliche Zerstückelung der Nutzflächen zu vermeiden, ist unter den Voraussetzungen der §§ 2 I, 4 GrdstVG die rechtsgeschäftliche Veräußerung land- oder forstwirtschaftlich genutzter Grundstücke (Begriffsbestimmung in § 1 GrdstVG) sowie die schuldrechtliche Verpflichtung hierzu von einer behördlichen Genehmigung abhängig. Bis zur Erteilung der Genehmigung ist die Veräußerung schwebend unwirksam; bei ihrer Verweigerung ist die Veräußerung ex tunc nichtig. Die Genehmigungsvoraussetzungen ergeben sich aus den §§ 8 ff. GrdstVG.

C) Die „Wohnung"

gem. §§ 93 f. BGB grds. kein besonderes Recht an Wohnungen

Aufgrund der §§ 93 f. BGB, die Gebäude als wesentliche Grundstücksbestandteile dem Grundstückseigentum zuordnen, sind besondere dingliche Rechte an Gebäuden oder Gebäudeteilen grundsätzlich ausgeschlossen. Damit laufen die §§ 93 f. BGB einer rechtlichen Trennung von Grund und Gebäude oder einer horizontalen Teilung von Gebäuden in einzelne, eigentumsfähige Wohnungen entgegen. Dies hätte zur Folge, dass ein „Eigenheim" nur derjenige erwerben könnte, der auch über die Mittel zum Erwerb des Grundstücks verfügt.

48

Überwindung der §§ 93 ff. BGB

Zur Überwindung dieses sozialpolitisch offensichtlich unbefriedigenden Zustandes setzt der Gesetzgeber in verschiedener Hinsicht an.

Eigentumsrechte am Wohnraum

Auf der einen Seite bestehen mit dem Wohnungseigentum (WEG) und dem Erbbaurecht (ErbbauRG) Rechtsformen, die ein vom Grundstück getrenntes Eigentumsrecht an Wohnungen bzw. Gebäuden ermöglichen. Dabei schafft das Wohnungseigentum echtes Eigentum an einer Wohnung.[105]

Das Erbbaurecht ist ein sogenanntes grundstücksgleiches Recht zum Bauen oder Halten eines ganzen Gebäudes auf weiterhin fremdem Boden.[106] Insofern bieten diese aus sozialstaatlichen Erwägungen heraus (vgl. etwa § 27 II ErbbauRG) geschaffenen Institute die Möglichkeit, das Verbot der horizontalen Teilung eines Grundstücks nach § 94 BGB zu überwinden, um so auch ein billiger zu erwerbendes Eigentumsrecht an Gebäuden oder an Teilen von ihnen zu ermöglichen.[107]

beschränkte dingliche Rechte an der Wohnung

Andere Rechtsformen vermitteln zur Stärkung des Wohnungsinhabers ein beschränktes dingliches Recht am Wohnraum, der selbst weiter in fremdem Eigentum verbleibt.

Hierzu gehören jedenfalls die unterschiedlichen Ausformungen der dinglichen Wohnrechte. Zudem weist auch die eigentlich schuldrechtliche Wohnraummiete über ein bloßes Besitzrecht hinaus deutlich verdinglichte Züge auf.

So rücken namentlich die erschwerte Kündigung (§§ 573 I, 574a ff., BGB), der Eintritt von Familienangehörigen in das Mietverhältnis beim Tod des Mieters (§ 563 BGB) sowie insbesondere der Eintritt des Erwerbers des Grundstückseigentums in die Rechte und Pflichten des Vermieters (§ 566 BGB) das Wohnraummietverhältnis stark in die Nähe der dinglichen Wohnrechte. Die genannten Vorschriften lösen das Wohnraummietverhältnis wie ein dingliches Recht von den jeweiligen Vertragsparteien und nähern die Miete damit dem absolut wirkenden Recht an.

---

105 Einzelheiten zum Wohnungseigentum siehe unter Rn. 264 ff.
106 Einzelheiten zum Erbbaurecht siehe unter Rn. 268 ff.
107 Palandt, Einleitung zum ErbbauRG, Rn. 1 ff.

D) Unternehmenseigentum?

kein Unternehmenseigentum

Eine wie das Sacheigentum zu behandelnde Sonderform in Gestalt eines „Unternehmenseigentums" gibt es hingegen nicht.

zulässig ist Verpflichtung zur Unternehmensübertragung

Zwar kann ein Unternehmen selbst Gegenstand des Rechtsverkehrs sein, wie sich etwa aus § 22 HGB ergibt. Unproblematisch kann sich daher ein schuldrechtliches Grundgeschäft („Unternehmenskaufvertrag") auf die Verpflichtung zur Übertragung eines Unternehmens beziehen.

Auswirkung des Spezialitätsprinzips

Zu beachten ist hier aber hinsichtlich der dinglichen Übertragung „des Unternehmens" der sachenrechtliche Spezialitätsgrundsatz. In diesem Rahmen gelten bezüglich des Unternehmens die allgemeinen Grundsätze des bürgerlichen Rechts zur Übertragung von Gegenständen. Das bedeutet, dass in Erfüllung des Unternehmenskaufvertrages jeder Einzelbestandteil des Unternehmens umständlich nach den für ihn geltenden Vorschriften (§§ 929 ff., 873, 925, 398, 413 BGB) gesondert übertragen werden muss.

Erleichterungen: §§ 1120, 926, 314, 613a BGB

Gewisse Erleichterungen der damit verbundenen Probleme gewährt einmal § 1120 BGB, der in der Zwangsversteigerung einen über das Grundstück hinausgehenden Haftungsverband begründet.

Aufgrund des Haftungsverbandes erwirbt der Ersteiger wegen § 1120 BGB gem. der §§ 90 II, 55, 20 II ZVG auch das Eigentum am Grundstückszubehör. Vergleichbar ist die Vorschrift des § 926 BGB, wonach im Zweifel der rechtsgeschäftliche Grundstückserwerber mit dem Grundstück auch das Zubehör erwirbt. Dementsprechend erstreckt sich die Verpflichtung zur Übertragung des Grundstücks gem. § 311c BGB ebenfalls auf das Zubehör. In die Rechte und Pflichten aus den Arbeitsverhältnissen der in dem übertragenen Unternehmen beschäftigten Arbeitnehmer tritt der Erwerber zudem kraft Gesetzes ein, § 613a I BGB.

körperschaftlich strukturiertes Unternehmen

Außerdem erleichtert sich der Übertragungsakt, wenn das Unternehmen in Form einer juristischen Person organisiert ist. Hier bedarf es zumindest für die mittelbare Unternehmensübertragung keiner Einzelübertragungen, wenn zwar die juristische Person selbst Rechtsträger bleibt, aber die gesellschaftsrechtliche Beteiligung wechselt (Übertragung der GmbH-Geschäftsanteile oder Aktien einer AG).

Erbfolge

Ist der die Einzelrechte tragende Unternehmer eine natürliche Person und tritt in seiner Person die Erbfolge ein, rückt schließlich der Erbe nach § 1922 BGB ohne besondere Übertragungsakte unmittelbar in die Rechtspositionen ein, die der Erblasser bezüglich der Einzelgegenstände hatte, die sein Unternehmen ausmachten.

§ 4 RECHTSÄNDERUNGEN AN GRUNDSTÜCKEN

§§ 873 ff. BGB

Für Rechtsänderungen an Grundstücken stellt das Gesetz in den §§ 873 ff. BGB allgemeine Vorschriften auf, die für einzelne Grundstücksrechte durch besondere Vorschriften ergänzt oder modifiziert werden. Rechtsänderungen an Grundstücken können allgemein auf die Begründung, Übertragung, Inhaltsänderung und Aufhebung von Grundstücksrechten gerichtet sein.

A) Begründung und Übertragung von Grundstücksrechten, § 873 I BGB

Grundtatbestand: § 873 BGB

Grundtatbestand für die rechtsgeschäftliche Übertragung des Eigentums an Grundstücken, die Begründung von Rechten am Grundstück sowie für die Übertragung und Belastung solcher Rechte ist § 873 BGB.

hemmer-Methode: Bei grundstücksbezogenen Verfügungen ist also grundsätzlich § 873 BGB zu prüfen. Dabei ist aber immer darauf zu achten, inwiefern das Gesetz bei den einzelnen Grundstücksrechten modifizierende oder ergänzende Spezialvorschriften aufstellt. Die nachfolgenden Ausführungen zu § 873 BGB gelten dementsprechend für alle Verfügungen über Grundstücke. Sie werden bei der späteren Darstellung des Erwerbs der einzelnen Rechte vorausgesetzt.

I. Anwendungsbereich des § 873 BGB

Anwendungsbereich des § 873 BGB

In den Anwendungsbereich des § 873 BGB fallen:

⇨ die Übertragung des Grundstückseigentums (i.V.m. § 925 BGB),

⇨ die Belastung des Grundstücks mit einem beschränkten dinglichen Recht,

⇨ die Übertragung von beschränkt dinglichen Rechten an einem Grundstück sowie

⇨ die Belastung eines beschränkt dinglichen Rechts an einem Grundstück.

§ 873 BGB erfordert Rechtsgeschäft

§ 873 BGB gilt nur für die rechtsgeschäftliche Begründung und Übertragung von Grundstücksrechten, nicht jedoch für Rechtsänderungen kraft Gesetzes oder durch Staatsakt. Zudem ist für § 873 BGB immer ein Wechsel des Rechtsträgers erforderlich.[108]

hemmer-Methode: Problematisch kann die Feststellung einer rechtsgeschäftlichen Rechtsänderung vor allem im Gesellschaftsrecht werden, wenn zum Gesellschaftsvermögen ein in § 873 BGB genanntes Recht zählt und gesellschaftsrechtliche Vorgänge somit zumindest mittelbar die Rechtsverhältnisse an Grundstücken berühren.

Anwendungsfälle des § 873 BGB

§ 873 BGB findet daher etwa Anwendung bei der Übertragung eines Grundstücksrechts von[109]

⇨ einer Gesamthandsgemeinschaft auf einen ihrer Gesamthänder und umgekehrt,

---

108 Vgl. Palandt, § 873 BGB, Rn. 5.
109 Vgl. Sie zum Nachfolgenden die Beispielsfälle bei Palandt, § 873 BGB, Rn. 5 m.w.N.

⇨ einer Personengemeinschaft (Güter-/Gesamthands-/Erbengemeinschaft) bzw. Personengesellschaft auf eine andere personengleiche Personengemeinschaft bzw. Personengesellschaft und

⇨ einer Personengesellschaft auf eine Kapitalgesellschaft mit gleichen Anteilseignern und umgekehrt.

kein Wechsel des Rechtsträgers

Mangels Rechtsträgerwechsels findet § 873 BGB keine Anwendung bei der Übertragung von Anteilen an einem Gesamthandsvermögen, das ein in § 873 BGB genanntes Recht umfasst.

Hierzu zählt die Übertragung von Erbengemeinschafts- oder Personengesellschaftsanteilen. § 873 BGB greift also allgemein nicht ein, wenn der gesellschaftsrechtliche Vorgang bei gleich bleibender Rechtsform nur einen Wechsel im personellen Bestand betrifft. Gleiches gilt für den Fall einer formwechselnden Umwandlung eines Rechtsträgers in eine andere Rechtsform, §§ 190 ff. UmwG, da dieser Rechtsträger in anderer Rechtsform fortbesteht (§ 202 I Nr. 1 UmwG).

keine rechtsgeschäftliche Übertragung

Mangels rechtsgeschäftlicher Übertragung findet § 873 BGB keine Anwendung, wenn der Erwerb i.R.d. Gesamtrechtsnachfolge (§§ 1922, 2139 BGB) erfolgt, selbst wenn eines der in § 873 BGB genannten Grundstücksrechte der einzige Vermögensgegenstand ist. Gleiches gilt bei einer Vermögensübertragung von einem Rechtsträger auf einen anderen nach den §§ 174 ff. UmwG (übertragende Umwandlung), wenn zum Vermögen eines der in § 873 BGB genannten Rechte zählt. Nicht anwendbar ist § 873 BGB auch bei An- oder Abwachsung des Gesellschaftsvermögens infolge Ein- bzw. Austritts eines Gesellschafters.[110] Ein Rechtsgeschäft fehlt auch bei Eigentumserwerb durch Zuschlag bei der Zwangsversteigerung eines Grundstücks gem. § 90 ZVG (Erwerb durch Staatsakt).

hemmer-Methode: Ähnliche Fragen tauchen auf, wenn es darum geht, ob ein Rechtsgeschäft in Form eines Verkehrsgeschäfts i.R.d. § 892 BGB vorliegt. Nur dann nämlich kommt ein gutgläubiger Erwerb vom Nichtberechtigten in Betracht![111]

II. Einigung und Eintragung

Grundsatz: Einigung und Eintragung

Die Begründung und die Übertragung von Grundstücksrechten erfolgt nach § 873 I BGB grundsätzlich nur durch die Einigung über den Eintritt einer Rechtsänderung und die Eintragung der Rechtsänderung im Grundbuch.

Vergleich zur Übereignung von beweglichen Sachen

Wie bei der Übereignung oder Belastung beweglicher Sachen (vgl. die §§ 929 S. 1, 1032 S. 1, 1205 I S. 1 BGB) müssen sich die Parteien daher auch nach § 873 I BGB zur Begründung und Übertragung von Grundstücksrechten entsprechend geeinigt haben.

keine Übergabe, aber Eintragung im Grundbuch

Im Unterschied zum Fahrnisrecht gilt für die Begründung und Übertragung von Grundstücken jedoch nicht das Traditionsprinzip. Anders als bei den §§ 929 S. 1, 1032 S. 1, 1205 I S. 1 BGB ist für die Rechtsänderungen nach § 873 I BGB neben der Einigung keine Übergabe des Grundstücks nötig. An deren Stelle tritt als Publizitätsakt die Eintragung der Rechtsänderung in das Grundbuch. Erst Einigung und Eintragung zusammen bewirken die fragliche Rechtsänderung.

---

110 Palandt, § 873 BGB, Rn. 6.
111 Vgl. Sie ausführlich Rn. 84 f.

1. Die Einigung

Einigung ist Vertrag

§ 873 I BGB erfordert eine Einigung „über den Eintritt der Rechtsänderung". Nötig sind dafür der Rechtsentäußerungswille des einen Teils und der entsprechende Rechtserwerbswille des anderen Teils. Die Einigung nach § 873 I BGB besteht mithin aus zwei übereinstimmenden Willenserklärungen und stellt somit einen dinglichen Vertrag dar. Eine Einigung ist aber weder möglich noch nötig bei der Bestellung von Eigentümerrechten. Anstelle der Einigung tritt hier die einseitige Erklärung des Eigentümers.[112]

BGB-AT grundsätzlich anwendbar

Auf die Einigung des § 873 I BGB sind deshalb auch die Vorschriften des Allgemeinen Teils des BGB über Verträge und Rechtsgeschäfte anwendbar. Die Einigung kann etwa durch einen Stellvertreter erfolgen, aufgrund von Willensmängeln anfechtbar oder mangels Geschäftsfähigkeit unwirksam sein, ausgelegt oder umgedeutet werden und grundsätzlich - was sich im Umkehrschluss aus den besonderen Vorschriften der § 925 II BGB, § 11 ErbbauRG, § 4 II WEG ergibt - bedingt und befristet sein.[113]

Anwendung sachenrechtlicher Grundsätze

Auf die Einigung nach § 873 I BGB finden auch die allgemeinen sachenrechtlichen Grundsätze, etwa der Spezialität und Bestimmtheit, Anwendung. Insbesondere bestimmt der numerus clausus des Sachenrechts den zulässigen Inhalt der nach dem Gesetz zulässigen Grundstücksrechte.

Einigung nach § 873 I BGB formfrei

Die Einigung nach § 873 I BGB erfordert nicht die Einhaltung einer besonderen Form. Formbedürftig ist sie hingegen in den besonderen Fällen des § 925 S. 1 BGB und des § 4 II S. 1 WEG.

grundsätzlich keine Bindung an Einigung nach § 873 I BGB

Als Rechtsgeschäft, das unmittelbar auf eine Rechtsänderung zielt, fehlt der Einigung nach § 873 I BGB ein verpflichtendes Element. Sie ist deshalb anders als das ihr zugrunde liegende schuldrechtliche Verpflichtungsgeschäft nicht bindend, sondern grundsätzlich frei widerruflich.[114] Die fehlende Bindungswirkung ergibt sich aus einem Umkehrschluss aus § 873 II BGB, der nur in bestimmten Fällen eine Bindung an die dingliche Einigung des § 873 I BGB anordnet.

Die Wirksamkeit der Einigung bleibt gem. § 130 II BGB durch den Tod einer der Parteien unbeeinflusst.[115] Allerdings kann der Erbe bis zum Eintritt der Bindungswirkung widerrufen.

Ausnahme: Bindung nach § 873 II BGB

In den abschließenden[116] Fällen des § 873 II BGB wird die Einigung unwiderruflich, wobei das Vorliegen einer Alternative („oder") genügt. Dabei zählt § 873 II BGB zunächst vier Fälle auf, denen gemeinsam ist, dass der Einigungswille in besonderer Form nach außen offenbart worden ist.[117] Eine Bindung besteht daher bei einer Einigung:

⇨ die notariell beurkundet oder

⇨ vor dem Grundbuchamt abgegeben oder

⇨ beim Grundbuchamt eingereicht worden ist oder

⇨ zu welcher der Berechtigte dem anderen Teil eine Eintragungsbewilligung nach den §§ 19 f. GBO ausgehändigt hat.

---

112 Palandt, § 873 BGB, Rn. 3.
113 Vgl. Palandt, § 873 BGB, Rn. 9.
114 Vgl. Palandt, § 873 BGB, Rn. 15.
115 BGHZ 32, 367 (369); 48, 351.
116 BGHZ 46, 398 = **juris**byhemmer; Palandt, § 873 BGB, Rn. 16 f.
117 BGHZ 46, 398 = **juris**byhemmer.

§ 4 RECHTSÄNDERUNGEN AN GRUNDSTÜCKEN

Bindung ab Rechtsänderung

Zudem ergibt sich aus § 873 II BGB, dass eine Bindung an die Einigung jedenfalls mit der Eintragung der Rechtsänderung im Grundbuch eintritt.[118] Eine bereits eingetretene Rechtsänderung kann daher nicht mehr durch Widerruf der Einigung beseitigt werden.

Eine bindende Einigung kann aber auch in den Fällen der formbedürftigen Einigung bis zur Eintragung durch einen formlosen Vertrag aufgehoben werden.[119] Nach der Eintragung bleibt nur noch die Rückübertragung oder Aufhebung des Rechts nach § 875 BGB.

keine Verfügungsbeschränkung

Die bindende Wirkung nach § 873 II BGB schützt den Erwerber nicht gegen anderweitige Verfügungen des Veräußerers, da § 873 II BGB keine Verfügungsbeschränkung bewirkt. Zudem kann der Berechtigte auch bei bindender Einigung seinen Eintragungsantrag (§ 13 GBO) noch zurücknehmen.[120]

Trennungs- und Abstraktionsprinzip

Die Einigung ist von dem schuldrechtlichen Verpflichtungsgeschäft zu unterscheiden (Trennungsprinzip) und in ihrem Bestand von Inhalt und Wirksamkeit des Verpflichtungsgeschäfts unabhängig (Abstraktionsprinzip).[121] Unwirksamkeits- oder Anfechtungsgründe, die sich auf das Grundgeschäft beziehen, berühren demnach die Einigung des § 873 I BGB grundsätzlich nicht. Etwas anderes gilt, wenn das schuldrechtliche Grundgeschäft und die dingliche Einigung von demselben Fehler (Fehleridentität) oder je für sich von einem besonderen Fehler betroffen sind.

hemmer-Methode: Soweit in einem Sachverhalt also Hinweise auf Unwirksamkeits- oder Anfechtungstatbestände enthalten sind, ist immer sauber zu prüfen, ob sich diese auf das Grundgeschäft, die Einigung nach § 873 I BGB oder eventuell auf beide beziehen.

2. Die Eintragung

Eintragung und Einigung müssen sich entsprechen

Erst mit ihrer Eintragung tritt die Rechtsänderung ein. Dabei müssen sich Einigung und Eintragung inhaltlich entsprechen.[122] Fallen Einigung und Eintragung auseinander, ist die Verfügung grundsätzlich unwirksam.

Eine Teilunwirksamkeit der Verfügung lässt aber bei entsprechendem Parteiwillen die Wirksamkeit der restlichen Eintragung gem. § 139 BGB regelmäßig unberührt.[123] Es entsteht dann das Recht im Umfang der Übereinstimmung als „kongruentes Minus".[124]

Für die Wirksamkeit der materiellen Rechtsänderung ist hingegen nicht erforderlich, dass auch die formellen Vorschriften des Grundbuchrechts (insbesondere die §§ 13, 19, 20, 29, 39 GBO) eingehalten werden.[125]

Bsp. 1: V vereinbart mit K zu dessen Gunsten Rechtsänderungen bezüglich der Grundstücke x und y, wobei K für jedes Grundstück eigenständige Zwecke verfolgt. Es wird nur die Rechtsänderung bezüglich Grundstück x eingetragen. Inwiefern ist eine Rechtsänderung eingetreten?

---

118 Das ergibt sich aus der Formulierung „Vor der Eintragung (...) an die Eintragung nur gebunden" in § 873 II BGB.
119 OLG Bremen, OLGZ 76, 92.
120 BGHZ 49, 200 = **juris**byhemmer.
121 Palandt, Einl v § 854 BGB, Rn. 13.
122 Vgl. Palandt, § 873 BGB, Rn. 12.
123 BGH, NJW 1966, 1656 = **juris**byhemmer.
124 Nach a.A. soll hierfür § 140 BGB analog maßgeblich sein, vgl. Palandt, § 873 BGB, Rn. 12.
125 Vgl. Palandt, § 873 BGB, Rn. 13.

Bsp. 2: E und H vereinbaren die Bestellung einer Buchhypothek (§ 1116 II BGB), eingetragen wird eine Briefhypothek. Welches Recht ist entstanden? Wie wäre es im umgekehrten Fall?

In Beispiel 1 decken sich Eintragung und Einigung zumindest bezüglich des Grundstücks x. Für eine Vollunwirksamkeit nach § 139 BGB ist kein Raum, da die Einigung so auszulegen ist, dass K keinen Einheitlichkeitswillen hatte und zumindest die Rechtsänderung bezüglich Grundstück x unabhängig von derjenigen bezüglich y eintreten sollte.

Briefhypothek als Minus zur Buchhypothek

In Beispiel 2 entsprechen sich Einigung und Eintragung teilweise, da zwischen Buch- und Briefhypothek ein Stufenverhältnis besteht, weil erstere als weiteres Tatbestandsmerkmal den Ausschluss der Brieferteilung voraussetzt, § 1116 II BGB. Somit entsprechen sich Einigung und Eintragung nur bezüglich der Bestellung der eingetragenen und damit auch wirksam entstandenen Briefhypothek.[126] Im umgekehrten Fall (Einigung auf Briefhypothek, Eintragung als Buchhypothek) decken sich Einigung und Eintragung ebenfalls nur bezüglich einer Briefhypothek, sodass wieder nur eine Briefhypothek entstanden und das Grundbuch hinsichtlich des Ausschlusses der Brieferteilung falsch wäre.[127]

Reihenfolge

Eine zeitliche Reihenfolge von Einigung und Eintragung ist in § 873 BGB nicht vorgeschrieben. Folgt die Einigung der Eintragung nach, ist der Rechtserwerb erst in diesem Augenblick vollendet.[128] Die Einigung muss sich dann auf die bereits vorhandene Eintragung beziehen, um wirksam zu sein. Die Eintragung muss bei zeitlich nachfolgender Einigung noch bestehen. Ist die Einigung genehmigungsbedürftig und deshalb bis zur Genehmigung schwebend unwirksam, hilft auch die Rückwirkung der Genehmigung nach § 184 I BGB nichts, wenn zuvor die Eintragung wieder beseitigt wurde.[129] Einigung und Eintragung müssen daher tatsächlich nebeneinander vorliegen.

hemmer-Methode: Beim Eigentumserwerb und bei Erbbaurechten ist die vorgehende Eintragung aus formell-rechtlichen Gründen praktisch kaum möglich, da die Eintragung nach § 20 GBO erst vorgenommen werden darf, wenn die Auflassung nach § 925 S. 1 BGB bzw. die Einigung nach § 11 ErbbauRG erfolgt ist.

Eintragungsvorgang

Der Eintragungsvorgang selbst richtet sich nach formellem Grundbuchrecht.

Antrag und Bewilligung

Das Grundbuchamt nimmt Eintragungen vor, wenn ein entsprechender Antrag nach § 13 GBO und eine Eintragungsbewilligung nach § 19 GBO vorliegen. Antragsberechtigt sind nach § 13 I S. 2 GBO wahlweise der von der Rechtsänderung Betroffene oder der von der Eintragung Begünstigte, mithin grundsätzlich die an der Einigung nach § 873 I BGB Beteiligten. Die Eintragungsbewilligung nach § 19 GBO kann hingegen nur der erteilen, dessen Recht von der Eintragung betroffen wird, d.h. der „verlierende" Teil.

§ 20 GBO

Nach § 20 GBO darf im Falle der Übereignung die Eintragung erst nach der Auflassungserklärung erfolgen. Auch im Fall des § 20 GBO ist die Bewilligung nach § 19 GBO nötig, wobei eine Auslegung regelmäßig ergeben wird, dass die sachenrechtliche Einigung die verfahrensrechtliche Eintragungsbewilligung enthält.

---

126 Vgl. Palandt, § 1116 BGB, Rn. 3.
127 Vgl. Palandt, § 1116 BGB, Rn. 3.
128 Vgl. Palandt, § 873 BGB, Rn. 2.
129 BGH, MDR 1971, 380 = **juris**byhemmer.

Nachweise	Die Eintragungsbewilligung und die Auflassung sind gem. § 29 GBO durch öffentliche, § 415 ZPO, oder öffentlich beglaubigte Urkunden, § 129 I BGB, nachzuweisen, wobei gem. § 129 II BGB die öffentliche Beglaubigung durch die oft vorliegende notarielle Beurkundung ersetzt wird.
Voreintragung des Betroffenen	Nach § 39 I GBO soll mit Ausnahme der Briefrechte (§ 39 II GBO) eine Eintragung nur erfolgen, wenn der Betroffene als der Berechtigte voreingetragen ist. Eine Erleichterung bringt § 40 GBO für den Erben des eingetragenen Berechtigten.

> **hemmer-Methode:** Das Grundbuchamt prüft grundsätzlich nicht die Einigung. Ausreichend ist vielmehr die einseitige Bewilligung der Eintragung durch den Betroffenen nach § 19 GBO (formelles Konsensprinzip). Dem liegt die Überlegung zugrunde, dass niemand grundlos eine belastende Eintragung bewilligt.
> Eine Ausnahme davon enthält § 20 GBO für die Auflassung und die Bestellung, Inhaltsänderung und Übertragung eines Erbbaurechts. Bei diesen als besonders folgenschwer eingestuften Geschäften wird die Richtigkeit des Grundbuchs gesichert, indem die Einigung in der Form des § 29 GBO nachgewiesen werden muss (materielles Konsensprinzip).

III. Berechtigung und Verfügungsbefugnis

Berechtigung	Der Veräußerer oder Inhaber des zu belastenden Rechts muss bis zum Zeitpunkt der Vollendung des Rechtserwerbs nach § 873 I BGB berechtigt und verfügungsbefugt sein.[130] Berechtigt und befugt zur Verfügung über das Grundstück ist grundsätzlich der Eigentümer, bei beschränkten dinglichen Rechten deren Inhaber.
beschränkte Verfügungsbefugnis	Der Berechtigte kann in der Verfügungsbefugnis beschränkt sein. Beispiele der beschränkten Verfügungsbefugnis sind die §§ 80 f. InsO (Schuldner im Insolvenzverfahren), § 1984 I S. 1 BGB (Erbe bei Nachlassverwaltung), § 2113 I, II BGB (Vorerbe bei bestimmten Geschäften) und § 2211 I BGB (Erben bei Testamentsvollstreckung). Verfügungsbefugt sind hier der Insolvenzverwalter nach § 80 InsO, der Nachlassverwalter gem. § 1985 BGB und der Testamentsvollstrecker nach § 2205 I S. 2 BGB.
Überwindung fehlender Berechtigung	Fehlt dem Verfügenden die Berechtigung, so ist der Erwerb gleichwohl möglich, wenn der Berechtigte der Verfügung nach § 185 BGB zustimmt oder die Voraussetzungen eines gutgläubigen Erwerbs nach § 892 I S. 1 BGB vorliegen.
Überwindung fehlender Verfügungsbefugnis	Fehlt dem Berechtigten die Verfügungsbefugnis, so ist ein Erwerb möglich, wenn

⇨ der Verfügungsbefugte gem. § 185 BGB zustimmt oder

⇨ die Voraussetzungen des § 878 BGB vorliegen

⇨ oder § 892 I S. 2 BGB eingreift.

> **hemmer-Methode:** An dieser Stelle gilt es nur, Ihnen einen Überblick über die Rechtsänderungen an Grundstücken bzw. Grundstücksrechten zu verschaffen.
> Die Probleme der fehlenden Berechtigung bzw. der Beschränkung in der Verfügungsbefugnis etc. werden ausführlich i.R.d. Grundstücksveräußerung dargestellt, da diese in der Klausur am häufigsten vorkommt.

---

130 Palandt, § 873 BGB, Rn. 11.

B) Aufhebung von Grundstücksrechten, § 875 BGB

Aufhebung von Grundstücksrechten

Unter den Voraussetzungen des § 875 I BGB kann der Berechtigte ein am Grundstück bestehendes Recht durch Aufgabeerklärung und Löschung des Rechts im Grundbuch ganz oder teilweise aufheben.

Aufgabeerklärung

Die Aufgabeerklärung nach § 875 BGB ist eine einseitige empfangsbedürftige und formfreie Willenserklärung. Zur Löschung selbst ist weiter eine hiervon verschiedene Löschungsbewilligung nach § 19 GBO nötig, die aber regelmäßig in der Aufgabeerklärung (und umgekehrt) mit enthalten ist.[131] Unter den Voraussetzungen des § 875 II BGB ist die an sich bis zur Löschung frei widerrufliche Aufgabeerklärung für den Rechtsinhaber bindend.

Beteiligte

Erklärungsberechtigt ist der tatsächliche Rechtsinhaber oder derjenige, der für ihn verfügungsbefugt ist. Ist das fragliche Recht mit dem Recht eines Dritten belastet, ist zur Aufgabe zudem die Zustimmung des Dritten nötig, § 876 BGB. Erklärungsempfänger ist neben dem Grundbuchamt jeder von der Rechtsaufgabe Begünstigte: Das kann außer dem Eigentümer jeder Inhaber eines anderen, nichtvorrangigen Rechts am Grundstück sein.

Löschungsvermerk, § 46 I GBO

Die Löschung setzt neben dem Eintragungsantrag nach § 13 GBO eine Löschungsbewilligung des Rechtsinhabers nach § 19 GBO voraus. Ausgeführt wird die Löschung durch die Eintragung eines Löschungsvermerks, § 46 I GBO.

Wirkung der Aufgabe nach § 875 BGB

Das Grundstücksrecht erlischt nach § 875 I BGB, sobald Aufgabeerklärung des Berechtigten und Löschung zusammentreffen. Das Fehlen der Verfügungsbefugnis kann über § 878 BGB oder § 185 BGB überwunden werden.[132] Mit dem Recht erlöschen zugleich sämtliche an ihm bestehende Rechte.[133] Die Eintragung des Löschungsvermerks ohne Aufgabeerklärung macht das Grundbuch falsch.

bei Eigentumsaufgabe wird § 875 BGB durch § 928 BGB verdrängt

Hinsichtlich der Aufgabe des Grundstückseigentums wird § 875 BGB vom spezielleren § 928 BGB verdrängt, der - strukturell ähnlich wie § 875 BGB - eine Verzichtserklärung durch den Eigentümer gegenüber dem Grundbuchamt sowie die Eintragung des Verzichts im Grundbuch erfordert.

Das Grundstück, die wesentlichen Bestandteile sowie diejenigen nichtwesentlichen Bestandteile, die dem bisherigen Grundstückseigentümer gehören, werden damit herrenlos, Grundstückszubehör hingegen nur unter den Voraussetzungen des § 959 BGB.[134] Rechte Dritter am Grundstück bleiben bestehen, Eigentümerrechte werden zum entsprechenden Fremdrecht.[135]

Aneignungsrecht, § 928 II BGB

Nach Eigentumsaufgabe steht dem jeweiligen Bundesland das Recht zu, sich das Grundstück durch Eintragung im Grundbuch anzueignen, § 928 II BGB. Verzichtet das Bundesland auf die Aneignung, kann sich das Grundstück jeder über § 927 BGB aneignen.[136]

---

131 OLG Hamm, DNotZ 1977, 35 = **juris**byhemmer; BayObLG, DNotZ 1975, 685.
132 Einzelheiten zu § 878 BGB siehe unter Rn. 73 ff.
133 Vgl. Palandt, § 876 BGB, Rn. 1.
134 Vgl. Palandt, § 928 BGB, Rn. 3.
135 Vgl. Palandt, § 928 BGB, Rn. 3.
136 BGHZ 108, 278 = **juris**byhemmer.

C) Inhaltsänderung von Grundstücksrechten, § 877 BGB

Inhaltsänderung von Grundstücksrechten

Nach § 877 BGB kann unter den Voraussetzungen der §§ 873, 874, 876 BGB der Inhalt eines Rechts am Grundstück geändert werden.

Inhalt = Summe der Befugnisse

Der Inhalt eines Rechts i.S.v. § 877 BGB ergibt sich aus allen dem Inhaber zustehenden Befugnissen.

Eine Inhaltsänderung liegt daher in jeder Änderung der Befugnisse, die nicht Übertragung oder Belastung (§ 873 BGB), Aufhebung (§ 875 BGB) oder Rangänderung (§ 880 BGB) ist.[137]

> **Bspe.:** Hierunter fallen etwa der Ausschluss der Übertragbarkeit, die Änderung einer Kündigungsvereinbarung, die Bestellung eines dinglichen Vorkaufsrechts für mehrere oder alle Verkaufsfälle (§ 1097 HS 2 BGB) oder die Verlängerung der Nießbrauchszeit.[138]

nicht: Änderung im Umfang oder Umwandlung des Rechts

Keine Änderung des Inhalts eines Rechts i.S.v. § 877 BGB ist aber die Umwandlung eines Grundstücksrechts an sich in ein anderes. In einzelnen Vorschriften ist eine solche Umwandlung von Grundstücksrechten aber vorgesehen, so etwa bei den Grundpfandrechten, §§ 1116 II S. 2, 1186 S. 1, 1198 S. 1, 1203 S. 1 BGB. Ebenfalls nicht unter § 877 BGB fallen Änderungen des Rechtsumfangs (etwa Änderung der Zinsen oder der Geldsumme eines Grundpfandrechts). Hierfür wäre jeweils eine Teilneubestellung oder eine Teilaufgabe notwendig.[139]

Einigung und Eintragung, §§ 877, 873 I BGB

Die Inhaltsänderung erfordert gem. der §§ 877, 873 I BGB eine Einigung zwischen Rechtsinhaber und dem Eigentümer des belasteten Grundstücks sowie eine entsprechende Eintragung im Grundbuch. Ebenfalls nötig ist gem. §§ 877, 876 BGB die Zustimmung Drittberechtigter.

---

[137] Palandt, § 877 BGB, Rn. 3.
[138] Weitere Fälle bei Palandt, § 877 BGB, Rn. 3.
[139] Palandt, § 877 BGB, Rn. 4 m.w.N.

§ 5 DIE ÜBEREIGNUNG VON GRUNDSTÜCKEN

Erwerb gem. §§ 873 ff., 925 ff. BGB

Die Übereignung von Grundstücken richtet sich nach den allgemeinen Vorschriften über Rechtsänderungen an Grundstücken (§§ 873 ff. BGB) und den speziellen Vorschriften über Erwerb und Verlust des Eigentums an Grundstücken (§§ 925 ff. BGB).

Grundsatz: Einigung und Eintragung

Demnach erfordert auch die Übereignung von Grundstücken gem. § 873 I BGB grundsätzlich die Einigung über die Rechtsänderung (Eigentumsübergang) sowie die Eintragung des Eigentumsübergangs in das Grundbuch. Die vorangegangenen Ausführungen zu § 873 BGB gelten damit grundsätzlich auch für die Übereignung von Grundstücken.

Besonderheiten

Darüber hinaus enthält das Gesetz in § 925 BGB Sondervorschriften für Form (§ 925 I BGB) und Inhalt (§ 925 II BGB) der nach § 873 I BGB notwendigen Einigung sowie für weitere Wirkungen der Übereignung (§ 926 BGB). Zudem ist die Übereignung von Grundstücken verschiedentlich von einer staatlichen Genehmigung abhängig.

> **hemmer-Methode:** Nachfolgend werden nur die über § 873 I BGB hinaus bestehenden Besonderheiten der Grundstücksübereignung dargestellt. Im Übrigen gelten die Ausführungen zu § 873 BGB.

A) Die Auflassung

Legaldefinition der Auflassung

Nach der Legaldefinition in § 925 I S. 1 BGB bezeichnet das Gesetz die auf die Übereignung eines Grundstücks bezogene dingliche Einigung nach § 873 I BGB als Auflassung. Veräußerer und Erwerber müssen dahingehend einig sein, dass das Eigentum am Grundstück übergehen soll.

> **hemmer-Methode:** Daher ist der Sprachgebrauch, der mit dem Begriff „Auflassung" die Übereignung des Grundstücks bezeichnet, unzutreffend. Erst Auflassung und Eintragung ergeben den Doppeltatbestand der Grundstücksübereignung nach §§ 873 I, 925 I BGB. In der Klausur ist sauber zwischen Auflassung und Eintragung zu differenzieren.

I. Form der Auflassung, § 925 I BGB

Form der Auflassung, § 925 I BGB; gleichzeitige Anwesenheit notwendig

Nach der allgemeinen Vorschrift des § 873 I BGB ist die dingliche Einigung bei Grundstücksverfügungen grundsätzlich formfrei. Abweichend hiervon bestimmt die Formvorschrift des § 925 I S. 1 BGB, dass die nach § 873 I BGB nötige Einigung (Auflassung) bei gleichzeitiger Anwesenheit beider Teile vor einer zuständigen Stelle zu erklären ist. Widrigenfalls ist die Auflassung (und damit die Übereignung) unheilbar nichtig, § 125 S. 1 BGB.

1. Zuständige Stelle

Notare, § 925 I S. 2 BGB

Zuständige Stelle zur Entgegennahme der Auflassung ist nach § 925 I S. 2 BGB neben weiteren Stellen jeder Notar.

weitere Stelle, § 925 I S. 2 BGB

Weitere Stelle i.S.v. § 925 I S. 2 BGB ist nach den §§ 12 Nr. 1, 19 II Nr. 2 KonsG[140] jeder Konsularbeamte.

---

[140] Sartorius, Nr. 570.

§ 5 DIE ÜBEREIGNUNG VON GRUNDSTÜCKEN

gerichtlicher Vergleich, § 925 I S. 3 BGB

Daneben ist nach § 925 I S. 3 BGB die Auflassung auch vor einem deutschen Gericht i.R. eines gerichtlichen Vergleiches in allen Instanzen möglich, auch wenn die Grundstücksübereignung nicht Verfahrensgegenstand ist.[141]

2. Gleichzeitige Anwesenheit

gleichzeitige Willenserklärungen

Die Auflassung muss gem. § 925 I S. 1 BGB bei gleichzeitiger Anwesenheit beider Teile erklärt werden. Sukzessive Willenserklärungen, die nach den §§ 128, 152 BGB etwa bei notarieller Beurkundung zulässig wären, sind damit im Bereich des § 925 BGB ausgeschlossen. Im Übrigen aber würde eine enge Auslegung des § 925 I S. 1 BGB zu praktischen Schwierigkeiten führen.

> ***Bsp.:*** *Kaufmann V und K haben formgerecht einen Grundstückskaufvertrag geschlossen. V schickt seinen Prokuristen P mit einer Vollmacht nach § 49 II HGB zum notariellen Auflassungstermin. Für K erscheint die Notariatsangestellte A, der K telefonisch Vollmacht erteilt hat. Kann eine wirksame Auflassung erfolgen?*

gleichzeitige Anwesenheit „beider Teile"

Da die Auflassung lediglich eine gleichzeitige Anwesenheit beider Teile erfordert, ist nicht nötig, dass sich Erwerber und Veräußerer persönlich im gleichen Raum aufhalten müssen.[142] Erforderlich für § 925 I S. 1 BGB ist nur, dass die Einigungserklärungen beider Teile gleichzeitig (§§ 128, 152 BGB gelten nicht) vor dem Notar etc. abgegeben werden.

Vertretung bei der Auflassung möglich

Daraus folgt, dass eine Stellvertretung bei der Auflassung möglich ist, da der Stellvertreter eine eigene Willenserklärung abgibt und so das Erfordernis der Gleichzeitigkeit der Abgabe der Willenserklärungen gewahrt wird.[143] Der bei der Auflassung vertretene Erwerber muss aber zumindest bestimmbar sein.[144] Gleichzeitigkeit liegt auch vor, wenn die vollmachtlos erklärte Auflassung rückwirkend genehmigt wird, § 184 I BGB. Die Genehmigung bedarf dabei wegen § 182 II BGB nicht der Form des § 925 I S. 1 BGB.

keine Gleichzeitigkeit der Erklärung bei Abgabe durch Boten

Aus der Erforderlichkeit der gleichzeitigen Abgabe der Willenserklärungen folgt, dass ein Bote bei der Auflassung nicht eingeschaltet werden kann. Denn ein Bote übermittelt lediglich eine fremde Willenserklärung, indem er diese weiterreicht. Die Willenserklärung ist aber bereits in dem Zeitpunkt abgegeben, in dem sie dem Boten anvertraut wurde.

> Da im Fall oben V und K von A und P jeweils wirksam nach §§ 164 ff. BGB vertreten wurden, liegt insoweit auch eine wirksame Auflassung vor. Die Vollmacht für A konnte trotz des Formerfordernisses des § 925 I S. 1 BGB formlos erteilt werden, § 167 II BGB.

3. Kein Schriftform- und Beurkundungserfordernis

keine Beurkundung oder Schriftform der Auflassung nach § 925 BGB

Da in § 925 BGB eine dem § 311b I BGB entsprechende Bestimmung fehlt, ist eine besondere Beurkundung der Auflassung oder Schriftform nicht erforderlich. Es genügt eine mündliche[145] Erklärung vor dem amtsbereiten Notar. Nach anderer Ansicht genügt sogar jedes Erklärungsmittel, das die Einigung unmissverständlich ausdrückt.

---

141 Zu Einzelheiten vgl. Palandt, § 925 BGB, Rn. 8; zum Prozessvergleich siehe **Hemmer/Wüst, ZPO I, Rn. 300 ff.**
142 Palandt, § 925 BGB, Rn. 4.
143 Vgl. Palandt, § 925 BGB, Rn. 5; BayObLG, Rpfleger 1984, 11 = **juris**byhemmer.
144 BayObLG, Rpfleger 1984, 11.
145 H.M., vgl. Sie zum Streitstand Palandt, § 925 BGB, Rn. 3 m.w.N.

> **hemmer-Methode:** Die laienhafte Vorstellung, dass zur Übereignung materiell eine notarielle Beurkundung nötig ist, ist also falsch. Die notarielle Beurkundung des gesamten Vorgangs ist aber aus praktischen Gründen der Regelfall:
> ⇨ Die Eintragung erfolgt nur, wenn die Auflassung und Eintragungsbewilligung durch öffentliche oder öffentlich beglaubigte Urkunden nachgewiesen wird, §§ 19, 20, 29 GBO.
> ⇨ Der Kaufvertrag muss ohnehin notariell beurkundet sein, § 311b I S. 1 BGB (praktisch auch wegen § 925a BGB).
> ⇨ Die notarielle Beurkundung schließt den Widerruf der Auflassung aus, § 873 II Alt. 1 BGB.
> ⇨ Ab Bindungswirkung des § 873 II BGB kann der Erwerber sich durch den Eintragungsantrag vor Verfügungsbeschränkungen schützen, § 878 BGB.

§ 925a BGB

Eine Verbindung der Auflassung zu § 311b I S. 1 BGB wird über § 925a BGB hergestellt. Danach soll die Auflassung nur entgegengenommen werden, wenn das schuldrechtliche Verpflichtungsgeschäft den Anforderungen des § 311b I S. 1 BGB entspricht. § 925a BGB will daher über die Einhaltung des § 311b BGB Kondiktionsfälle wegen formnichtiger Kausalgeschäfte vermeiden. Ein Verstoß gegen § 925a BGB ist aber unschädlich, da es sich um eine bloße Ordnungsvorschrift handelt.[146]

fehlerhafte Beurkundung ist materiell unschädlich

Sollte die aus praktischen Erwägungen erfolgte Beurkundung aus formellen Gründen fehlerhaft sein (etwa §§ 6 f. BeurkG), so hindert dies nicht die materiell-rechtliche Wirksamkeit der Auflassung.[147]

II. Zulässiger Inhalt der Auflassung

Ausschluss von Bedingung und Befristung, § 925 II BGB

Allgemein können Rechtsgeschäfte bedingt oder befristet sein, §§ 158 ff. BGB. Daher kann insbesondere die Einigung nach § 873 I BGB bedingt oder befristet erfolgen. Für den Spezialfall der Auflassung ordnet § 925 II BGB aber eine dahingehende Inhaltsbeschränkung an, dass eine unter Bedingung oder Befristung erfolgte Auflassung unwirksam ist. § 925 II BGB bezweckt dabei, dass das Grundbuch über den Eigentümer sichere Auskunft gibt und vermeidet so willkürliche Schwebezustände. Unwirksam ist deshalb auch die unter Widerrufsvorbehalt erfolgte Auflassung, was insbesondere bei - an sich oftmals unter Widerrufsvorbehalt geschlossenen - gerichtlichen Vergleichen (§ 925 I S. 3 BGB) zu beachten ist.[148]

> **hemmer-Methode:** Denken Sie daran, dass auch beim Erbbaurecht die Übertragung bedingungs- und befristungsfeindlich ist, § 11 I S. 2 ErbbauRG. Dagegen kann die Bestellung des Erbbaurechts befristet werden, § 27 I ErbbauRG (§ 925 BGB gilt gem. § 11 I S. 1 ErbbauRG nicht). Eine auflösend bedingte Bestellung ist aber gem. § 1 IV S. 1 ErbbauRG unzulässig. Gerade bei einer Aufgabenstellung zum „bedingten Erbbaurecht" bestünde in der Klausur die Chance, durch Auslegung der vorgenannten, übersichtlichen Normen anhand ihres Wortlauts und der Systematik sowie durch lediglich allgemeine Kenntnisse des Grundstücksrechts zu einem schlüssigen Ergebnis zu gelangen. Verstehen, auslegen und argumentieren ist allemal besser als bloße Wissenswiedergabe.

trotz § 925 II BGB wirksame Sicherungsbestrebungen

Um dem Sicherungsbestreben der Parteien gerecht zu werden, hat die Vertragspraxis Gestaltungsmöglichkeiten entwickelt, die nicht über § 925 II BGB zur Unwirksamkeit der Auflassung führen.

---

146 Palandt, § 925a BGB, Rn. 1.
147 BGH, NJW 1992, 1101 = **juris**byhemmer.
148 Vgl. Palandt, § 925 BGB, Rn. 19.

So erfasst § 925 II BGB nur echte Bedingungen, nicht aber gesetzliche Voraussetzungen für das Zustandekommen und die Wirksamkeit eines Rechtsgeschäfts (sog. Rechtsbedingungen) wie behördliche Genehmigungen oder solche nach den §§ 185 II, 177 BGB.[149]

Zulässig ist weiter die Weisung an den Notar, den Eintragungsantrag erst bei Vorliegen bestimmter Voraussetzungen zu stellen, sowie der Abschluss eines bedingten Kaufvertrages in Verbindung mit einer Rückauflassungsvormerkung. Schließlich kann der Verkäufer den Zahlungsanspruch durch eine (Restkaufpreis-)Hypothek sichern und beim Eintragungsantrag gem. § 16 II GBO bestimmen, dass die Eintragung des Eigentumsübergangs nicht ohne die Eintragung der Hypothek erfolgen soll.

> **hemmer-Methode:** Wegen § 925 II BGB gibt es also keinen Grundstückskaufvertrag unter Eigentumsvorbehalt.
> **Ähnliche Ergebnisse können aber praktisch durch die Bewilligung und Eintragung einer Vormerkung erreicht werden, was zur Folge hat, dass vormerkungswidrige Verfügungen des Eigentümers (des Verkäufers) dem Berechtigten (dem Käufer) gegenüber unwirksam sind, vgl. § 883 II BGB.**[150]

B) Umfang der Übereignung, § 926 BGB

§ 926 I BGB

Mit dem Eigentum an dem Grundstück geht bei Vorliegen von Auflassung und Eintragung (§§ 873 I, 925 I BGB) gem. § 926 I S. 1 BGB bei entsprechender Einigung auch das Eigentum an solchen Zubehörstücken (§ 97 BGB) auf den Erwerber über, die zum Zeitpunkt des Grundstückserwerbs dem Veräußerer gehören. Nach der Auslegungsvorschrift in § 926 I S. 2 BGB soll sich die Veräußerung im Zweifel auf das Zubehör erstrecken.

Normzweck

Aus der Definition des Zubehörs in § 97 I S. 1 BGB (u.a. Zusammenhang mit dem wirtschaftlichen Zweck des Grundstücks) ergibt sich der Sinn des § 926 BGB, der vornehmlich die wirtschaftliche Einheit des Grundstücks erhalten will. Als bewegliche Sache müsste an sich jedes Zubehörstück nach §§ 929 ff. BGB umständlich gesondert übereignet werden, sodass § 926 BGB auch der Vereinfachung und Beschleunigung dient. Hinsichtlich des Verpflichtungsgeschäftes wird § 926 BGB durch § 311c BGB ergänzt.

gutgläubiger Erwerb nur nach den §§ 932 ff. BGB

Zubehörstücke können neben § 926 BGB wie gewöhnlich auch nach den §§ 929 ff. BGB übereignet werden. Zubehörstücke, die beim Übergang des Grundstückseigentums nicht im Eigentum des Veräußerers standen, können gutgläubig nur unter den Voraussetzungen der §§ 932 ff. BGB erworben werden, § 926 II BGB.[151]

C) Behördliche Genehmigungen

Abhängigkeit von behördlicher Genehmigung

Wegen der staatlichen Bodenpolitik ist die Wirksamkeit von Kauf und/oder Übereignung eines Grundstücks teilweise von einer behördlichen Genehmigung abhängig. Als Beispiel sind etwa die Genehmigung von Verkauf und Auflassung land- oder forstwirtschaftlicher Grundstücke nach § 2 GrdstVG oder die Genehmigungen nach § 51 BauGB zu nennen.[152]

---

149 Palandt, § 925 BGB, Rn. 20 m.w.N.
150 Ausführlich hierzu unter Rn. 117 ff.
151 Vgl. Sie dazu Palandt, § 926 BGB, Rn. 3.
152 Vgl. Sie weitergehend die Übersicht bei Palandt, Überbl v § 873 BGB, Rn. 17 ff. m.w.N.

Demgegenüber führt das Fehlen der nach § 22 GrdEStG notwendigen steuerlichen Unbedenklichkeitsbescheinigung nicht zur Unwirksamkeit der Auflassung.[153]

D) Berechtigung und Verfügungsbefugnis des Veräußerers

Verfügung ohne Berechtigung bzw. Befugnis grds. unwirksam

Der Veräußerer des Grundstücks muss grundsätzlich bis zum Zeitpunkt der Vollendung der Übereignung nach den §§ 873 I, 925 I BGB berechtigt und verfügungsbefugt sein.[154] Berechtigt und befugt zur Übereignung des Grundstücks ist grundsätzlich der voll verfügungsberechtigte Eigentümer.

Einer Verurteilung zur Auflassung steht die rechtsvernichtende Einwendung der nachträglichen Unmöglichkeit nicht entgegen, wenn der Schuldner im Zeitpunkt der letzten mündlichen Verhandlung im Grundbuch noch als Eigentümer eingetragen ist. Ist das Eigentum im Grundbuch auf einen Dritten umgeschrieben, muss der Gläubiger, der vom nicht mehr berechtigten Schuldner weiterhin die Auflassung verlangt, darlegen und beweisen, dass die Auflassung Wirksamkeit erlangen wird.[155]

Dementsprechend ist eine Übereignung durch einen Nichtberechtigten oder einen Nichtverfügungsbefugten im Regelfall unwirksam.

Überwindung fehlender Berechtigung/Befugnis möglich

Die im maßgeblichen Zeitpunkt der Vollendung des Erwerbs fehlende Berechtigung oder Verfügungsbefugnis kann jedoch auf verschiedene Weise überwunden werden.

I. Überwindung fehlender Berechtigung über § 185 BGB

hemmer-Methode: Die folgenden Ausführungen zu § 185 BGB gelten nicht nur für den Fall der Grundstücksübereignung, sondern entsprechend auch bei anderen grundstücksbezogenen Verfügungen durch einen Nichtberechtigten/Nichtverfügungsbefugten.

§ 185 BGB bei Verfügung im eigenen Namen

Ein Nichtberechtigter kann wirksam im eigenen Namen ein Grundstück übereignen, wenn der Berechtigte in die Übereignung gem. § 185 I BGB vorher einwilligt (§ 183 BGB), sie gem. § 185 II S. 1 Alt. 1 BGB später genehmigt (§ 184 I BGB) oder ein Fall des § 185 II S. 1 Alt. 2 oder 3 BGB eintritt. Die vorhergehende Einwilligung in die Verfügung nach § 185 I BGB verschafft dem Nichtberechtigten die als Ermächtigung bezeichnete Rechtsmacht, über das fremde Grundstück im eigenen Namen wirksam zu verfügen.

Nichtberechtigter i.S.v. § 185 BGB

Für die Berechtigung i.S.v. § 185 BGB ist nicht allein die Rechtsinhaberschaft maßgeblich. Entscheidend ist vielmehr die Frage nach der Verfügungsmacht.[156] Nichtberechtigter ist daher neben demjenigen, der selbst nicht, noch nicht oder nicht mehr Rechtsinhaber ist, auch derjenige, der zwar Rechtsinhaber ist, dem aber die für die Verfügung notwendige Verfügungsmacht fehlt (etwa wegen § 80 InsO).[157]

---

153 Palandt, § 925 BGB, Rn. 31 m.w.N.
154 Palandt, § 873 BGB, Rn. 11.
155 BGH in **Life&Law 1999, 567 ff.**
156 Palandt, § 185 BGB, Rn. 5.
157 OLG Hamm, OLGZ 81, 282 = **juris**byhemmer. Zu Einzelfällen fehlender Verfügungsmacht vgl. Palandt, § 185 BGB, Rn. 5, 5a.

§ 5 DIE ÜBEREIGNUNG VON GRUNDSTÜCKEN

Zustimmungsberechtigter

Berechtigter und damit Zustimmungsberechtigter i.S.v. § 185 BGB ist neben dem voll verfügungsbefugten Rechtsinhaber auch derjenige, dessen Verfügungsmacht den Rechtsinhaber zum Nichtberechtigten macht. Berechtigter und Nichtberechtigter entsprechen sich damit bei § 185 BGB spiegelbildlich.[158]

Anwendbarkeit der §§ 182 ff. BGB

Die Zustimmung kann ausdrücklich oder konkludent erklärt werden und bedarf keiner Form, § 182 II BGB.[159] Auf die Zustimmung nach § 185 BGB finden allgemein die §§ 182 - 184 BGB Anwendung. Der Widerruf der Einwilligung nach § 183 BGB ist jedoch ab Eintritt der Bindung nach § 873 II BGB ausgeschlossen.[160]

Nach der h.M. beinhaltet etwa die Auflassung regelmäßig die schlüssige Ermächtigung nach § 185 I BGB, über das Grundstückseigentum in eigenem Namen zu verfügen.[161] Zu einer Belastung des Grundstücks hingegen ermächtigt die Auflassung nicht ohne weiteres.[162]

Wirksamwerden (ex nunc) nach § 185 II S. 1 BGB

Neben dem Fall der Genehmigung (§ 185 II S. 1 Alt. 1 BGB) wird die Übereignung eines Grundstücks durch einen Nichtberechtigten auch in den im Gesetz aufgeführten Fällen der Alt. 2 und 3 des § 185 II S. 1 BGB ex nunc wirksam. Ein Erwerb des Gegenstandes im Sinne des § 185 II S. 1 Alt. 2 BGB durch den Verfügenden liegt ausgehend von obiger Definition der Berechtigung auch vor, wenn der nicht verfügungsbefugte Rechtsinhaber die zunächst fehlende Verfügungsbefugnis wieder erlangt.[163]

mehrere kollidierende Verfügungen des Nichtberechtigten

Hat der Nichtberechtigte mehrfach (unwirksam) und widersprüchlich über das Grundstück verfügt, kann der Berechtigte nach seinem Belieben eine der Verfügungen nach § 185 II S. 1 Alt.1 BGB genehmigen. Im Fall der Alt. 2 und 3 des § 185 II S. 1 BGB hingegen gilt gem. § 185 II S. 2 BGB zwingend das Prioritätsprinzip, hier wird dann nur die frühere Verfügung wirksam.

§§ 164 ff. BGB bei Verfügung im fremden Namen

Auf die Übereignung eines Grundstücks durch einen Nichtberechtigten im fremden Namen ist hingegen nicht § 185 BGB anwendbar, sondern ausschließlich Stellvertretungsrecht, §§ 164 ff. BGB. Unanwendbar sind dann insbesondere die Alt. 2 und 3 des § 185 II S. 1 BGB.[164] Ob bei vorher erteilter Zustimmung eine Ermächtigung oder Bevollmächtigung vorliegt, ist anhand der §§ 133, 157 BGB durch Auslegung der fraglichen Erklärung zu ermitteln.

II. Der Erwerb vom Nichtverfügungsbefugten, § 878 BGB

hemmer-Methode: Die folgenden Ausführungen zu § 878 BGB gelten wiederum nicht nur bei der Übereignung, sondern auch bei anderen grundstücksbezogenen Verfügungen durch einen Nichtberechtigten/Nichtverfügungsbefugten.

Erwerb vom zwischenzeitlich Nichtverfügungsberechtigten

Wird der Verfügende, der Eigentümer ist und bei der Auflassung noch verfügungsbefugt war, vor Vollendung des Rechtserwerbs in der Verfügungsbefugnis beschränkt (etwa nach § 80 InsO), ist die Übereignung an sich unwirksam, da die Verfügungsbefugnis grundsätzlich bis zum Abschluss des Rechtserwerbs vorliegen muss (vgl. § 80 I InsO).

---

158 Palandt, § 185 BGB, Rn. 6.
159 Auch bei der Auflassung nicht, Palandt, § 925 BGB, Rn. 5 a.E.
160 BGH, NJW 1963, 36.
161 RGZ 135, 382; BayObLG, NJW-RR 1991, 465.
162 BayObLG, NJW 1971, 514.
163 BGHZ 46, 229 = **juris**byhemmer.
164 Palandt, § 185 BGB, Rn. 1 m.w.N.

Das Eigentum kann dann aber ausnahmsweise unter den Voraussetzungen des § 878 BGB (ohne Zustimmung des nunmehr Verfügungsbefugten nach § 185 I BGB) erworben werden.

1. Normzweck des § 878 BGB

Normzweck des § 878 BGB

Der Normzweck des § 878 BGB ergibt sich aus den Besonderheiten des Grundstücksrechts. Auf den zum Rechtserwerb nötigen Grundbuchvorgang (Eintragung, § 873 I BGB) hat der Erwerber ab dem Eintragungsantrag (§ 13 GBO) keinen Einfluss mehr. Daher muss derjenige geschützt werden, der bereits alles ihm zur Herbeiführung der Rechtsänderung Mögliche getan hat.

Insofern ordnet § 878 BGB an, dass eine Rechtsänderung, die nur noch von der Grundbucheintragung abhängt, nicht mehr von nachträglichen Verfügungsbeschränkungen beeinträchtigt wird.[165] Zweck des § 878 BGB ist damit der Schutz vor Nachteilen des Eintragungsgrundsatzes.

allein die Eintragung darf fehlen

Daraus ergibt sich die ungeschriebene Voraussetzung des § 878 BGB, dass zum Eigentumserwerb nur noch die Eintragung fehlen darf. Fehlen weitere Voraussetzungen des Eigentumserwerbs (etwa behördliche Genehmigung), ist § 878 BGB nicht einschlägig, da der Erwerber in dieser Konstellation nicht in gleichem Maße schutzwürdig ist.[166]

> **Bsp.:** *E lässt sein Grundstück in notariell beurkundeter Form an K auf, der am 06.03. einen Antrag auf Eintragung des Eigentumsübergangs beim Grundbuchamt stellt. Am 09.04. wird über das Vermögen des E das Insolvenzverfahren eröffnet. Am 12.04. wird K als Eigentümer in das Grundbuch eingetragen.*

2. Tatbestandliche Voraussetzungen

Bindung nach § 873 II BGB, Antrag nach § 13 GBO

Gem. § 878 BGB wird eine Verfügungserklärung nach § 873 BGB[167] nicht dadurch unwirksam, dass der Berechtigte in seiner Verfügung beschränkt wird, nachdem die Erklärung für ihn bindend (§ 873 II BGB) und der Antrag auf Eintragung beim Grundbuchamt gestellt wurde (nach § 13 I GBO).

Person des Antragstellers

Einen Eintragungsantrag kann nach § 13 I S. 2 GBO grundsätzlich der Erwerber wie der Veräußerer stellen. Teilweise wird für § 878 BGB einschränkend verlangt, dass der Antrag vom Erwerber gestellt sein müsse, da wegen der möglichen Antragsrücknahme auf einen Veräußererantrag nicht vertraut werden könne.

Darüber, dass bei § 878 BGB den Eintragungsantrag zwingend der Erwerber stellen muss, gibt der im Passiv formulierte Wortlaut („ ... gestellt worden ist.") aber keinen Hinweis. Zudem ist die Antragsrücknahme durch den Veräußerer wegen der gem. § 31 GBO erforderlichen Form ohnehin erschwert.

Schließlich ist auch beim Veräußererantrag der Normzweck des § 878 BGB, wonach Schutz dann gewährt wird, wenn nur noch die Eintragung fehlt, betroffen.

---

165 Palandt, § 878 BGB, Rn. 1.
166 Palandt, § 878 BGB, Rn. 15.
167 § 878 BGB bezieht sich zudem auf die Erklärungen nach den §§ 875, 877 BGB.

Überzeugend ist es daher, § 878 BGB unabhängig davon anzuwenden, wer den Antrag nach § 13 I GBO gestellt hat.[168]

Folgen einer Antragsrücknahme

Eine Rücknahme des Eintragungsantrags über § 31 GBO lässt den Schutz des § 878 BGB wieder entfallen; die Verfügungserklärung ist dann unwirksam.[169]

3. Sachlicher Anwendungsbereich

Verfügungsbeschränkungen

§ 878 BGB gilt bei relativen und absoluten Verfügungsbeschränkungen. Als Verfügungsbeschränkung gelten alle gesetzlichen (§ 135 BGB), behördlichen (§ 136 BGB) und rechtsgeschäftlichen Verfügungsbeschränkungen, etwa nach den §§ 1984, 2211 BGB, § 80 I InsO, § 23 ZVG, §§ 829 I, 935, 938 ZPO, § 5 ErbbauRG, § 12 WEG.[170]

rechtsgeschäftliche Verfügungserklärungen

§ 878 BGB findet nach seinem Wortlaut Anwendung auf die rechtsgeschäftlichen Erklärungen nach §§ 873, 875, 877 BGB, auch wenn diese nach den §§ 894 f. ZPO ersetzt werden. Daneben ist die Anwendung des § 878 BGB in verschiedenen Vorschriften vorgeschrieben.[171]

Nach der h.M.[172] findet § 878 BGB entsprechende Anwendung auf andere rechtsgeschäftliche Erklärungen, die eine Verfügung enthalten und die eine entsprechende Verfügungsbefugnis voraussetzen, z.B. die Vormerkungsbewilligung oder den Verzicht nach § 928 BGB.

> Im obigen Beispiel hat K mit der Eintragung Eigentum am Grundstück erworben. Zwar hatte E zum Zeitpunkt der Eintragung die grundsätzlich nötige Verfügungsbefugnis wegen der Eröffnung des Insolvenzverfahrens verloren (§ 80 I InsO). K hatte aber zuvor gem. § 13 I GBO den Antrag auf Eintragung gestellt. Zudem war die Auflassungserklärung (§§ 873 I, 925 I BGB) des E vor Eröffnung des Insolvenzverfahrens wegen der notariellen Beurkundung gem. § 873 II BGB bindend. Zum Erwerb fehlte daher bei Eröffnung des Insolvenzverfahrens lediglich die Eintragung. Die fehlende Verfügungsbefugnis des E wurde folglich durch § 878 BGB, der gem. § 91 II InsO Anwendung findet, überwunden.

keine Anwendung auf Erwerb durch Zwangsvollstreckung

Umstritten ist, ob § 878 BGB auf den Erwerb in der Zwangsvollstreckung anwendbar ist. Teilweise wird dies bejaht, da auch hier der Normzweck des § 878 BGB einschlägig sei. Eine Einschränkung auf rechtsgeschäftliche Verfügungen sei wegen der zahlreichen Verweisungen im BGB auf § 878 BGB fernliegend.[173] Nach der wohl zutreffenden h.M.[174] ist § 878 BGB beim Erwerb in der Zwangsvollstreckung unanwendbar. Dies ergibt der Wortlaut des § 878 BGB, der sich mit den Erklärungen nach den §§ 873, 875, 877 BGB auf rechtsgeschäftlichen Erwerb bezieht. Zudem führen die besonderen gesetzlichen Verweisungen auf § 878 BGB zu dem systematischen Schluss, diese Verweisungen auch als abschließend anzusehen.

---

168 Palandt, § 878 BGB, Rn. 14; Medicus, BR, Rn. 468.
169 Palandt, § 878 BGB, Rn. 14; Medicus, BR, Rn. 468.
170 Übersicht bei Bülow, JuS 1994, 1.
171 Übersicht bei Palandt, § 878 BGB, Rn. 4.
172 Palandt, § 878 BGB, Rn. 4.
173 So z.B. Wacke, ZZP 82, 377.
174 BGHZ 9, 252 = **juris**byhemmer; Palandt, § 878 BGB, Rn. 4 a.E.

Gemeinsamkeiten von § 878 BGB und § 892 BGB	§ 878 BGB hat von der Rechtsfolge her insofern mit § 892 BGB Gemeinsamkeiten, als dass beide Normen eine Beschränkung der zum Rechtserwerb grundsätzlich nötigen Verfügungsbefugnis überwinden können. Von ihren Voraussetzungen her unterscheiden sich beide Vorschriften aber deutlich.
Unterschiede	§ 878 BGB ermöglicht einen Erwerb (anders als § 892 I S. 2 BGB) auch bei absoluten Verfügungsbeschränkungen und fehlender Gutgläubigkeit.[175]
	Entsteht die Verfügungsbeschränkung vor Bindung (§ 873 II BGB) und Antrag (§ 13 I GBO), ist § 878 BGB immer ausgeschlossen; ein Erwerb über § 892 I S. 2 BGB bleibt aber möglich, solange die Verfügungsbeschränkung weder eingetragen noch dem Erwerber bekannt ist (§ 892 II BGB). Entsteht die Verfügungsbeschränkung nach Bindung und Antrag und fehlt zum Erwerb nur noch die Eintragung, greift immer § 878 BGB; auf die (strengeren) Anforderungen des § 892 I S. 2, II BGB kommt es nicht an. Weder § 878 BGB noch § 892 I S. 2 BGB überwinden eine Verfügungsbeschränkung, die vor Bindung und Antrag vorliegt und vor Vollendung des Rechtserwerbs auch im Grundbuch eingetragen wird.[176]

4. Persönlicher Anwendungsbereich

wirklicher Rechtsinhaber	§ 878 BGB erfordert eine bei dem Berechtigten eintretende Verfügungsbeschränkung. Berechtigter ist jedenfalls der bislang in seiner Verfügungsmacht unbeschränkte wirkliche Rechtsinhaber.
	An der Veräußerung können auf Veräußererseite aber auch andere Personen als der Berechtigte (Insolvenzverwalter, Nichtberechtigte, Ermächtigte) beteiligt sein. Fraglich ist dann, inwieweit § 878 BGB anwendbar ist, wenn in solchen Fällen eine Verfügungsbeschränkung den Berechtigten oder den auf seiner Seite Beteiligten trifft.[177]
eingetragener Nichtberechtigter	Ergeht gegen den als Rechtsinhaber eingetragenen Nichtberechtigten eine Verfügungsbeschränkung, ist § 878 BGB auf die Verfügungserklärung des Nichtberechtigten grundsätzlich anwendbar, da sonst der Gutgläubige schlechter stünde als beim Erwerb vom Berechtigten. Zuvor ist aber zu klären, ob die Verfügungsbeschränkung das betreffende Grundstück überhaupt betrifft. So betrifft § 80 I InsO nur das dem Gemeinschuldner gehörende Vermögen. Das hier fragliche Grundstück gehört hingegen gar nicht zum Vermögen des falsch eingetragenen Nichtberechtigten.
Ermächtigung, § 185 I BGB	Ergeht gegen den nach § 185 I BGB ermächtigten Nichtberechtigten eine Verfügungsbeschränkung, ist § 878 BGB eröffnet, da die Verfügung des Ermächtigten derjenigen des Berechtigten gleichsteht. Unterliegt der Berechtigte einer Verfügungsbeschränkung, nachdem der Ermächtigte die Voraussetzungen des § 878 BGB herbeigeführt hat, ist § 878 BGB ebenfalls anwendbar.
Genehmigung, § 185 II BGB	Ergeht gegen denjenigen, der als Nichtberechtigter eine genehmigte (§ 185 II BGB) Verfügungserklärung tätigt, eine Verfügungsbeschränkung, ist § 878 BGB eröffnet. Allerdings muss die Genehmigung vor Eintritt der Verfügungsbeschränkung erfolgen, da ansonsten mit der Genehmigung neben der Eintragung eine weitere Erwerbsvoraussetzung fehlt.

---

[175] Palandt, § 878 BGB, Rn. 10.

[176] Vgl. Palandt, § 878 BGB, Rn. 3; § 892 BGB, Rn. 9.

[177] Vgl. Sie hierzu Palandt, § 878 BGB, Rn. 5 ff. m.w.N.

Unterliegt der Berechtigte einer Verfügungsbeschränkung, nachdem der Nichtberechtigte die Voraussetzungen des § 878 BGB herbeigeführt hat, ist § 878 BGB ebenfalls nur anwendbar, wenn die Genehmigung vor Eintritt der Verfügungsbeschränkung erfolgte.

Partei kraft Amtes

Als Berechtigter nach § 878 BGB gilt außerdem auch derjenige, der kraft Gesetzes anstelle des Rechtsinhabers verfügungsbefugt ist (etwa Insolvenzverwalter, § 80 I InsO; Nachlassverwalter, § 1985 BGB; Testamentsvollstrecker, § 2205 I S. 2 BGB).[178]

Damit kann eine Verfügung, vor deren Vollendung etwa der handelnde Insolvenzverwalter seine Verfügungsbefugnis wieder verloren hat, unter den Voraussetzungen des § 878 BGB dennoch zum Eigentumsübergang führen.

hemmer-Methode: Belasten Sie sich an dieser Stelle nicht mit Detailwissen. Maßgeblich ist bei diesen Fällen immer wieder der Normzweck des § 878 BGB (Schutz vor Folgen des Eintragungsgrundsatzes). Soweit Sie diesen beachten und mit ihm argumentieren, werden Sie bei § 878 BGB allgemein zu vertretbaren Ergebnissen gelangen.

---

178 Palandt, § 878 BGB, Rn. 5; § 873 BGB, Rn. 11 m.w.N.

§ 6 DER ERWERB VOM NICHTBERECHTIGTEN

gutgläubiger Erwerb, § 892 BGB

Die fehlende Berechtigung des Verfügenden sowie eine der Verfügung entgegenstehende Beschränkung der Verfügungsbefugnis können auch unter den Voraussetzungen der §§ 892 f. BGB überwunden werden.

> **hemmer-Methode:** § 892 BGB ermöglicht nicht nur den gutgläubigen Erwerb des Grundstückseigentums, sondern findet auch auf andere Grundstücksrechte Anwendung, wird dabei aber teilweise noch durch Spezialvorschriften ergänzt, vgl. etwa § 1138 BGB oder § 1155 BGB.

A) Grundlagen des Erwerbs vom Nichtberechtigten nach den §§ 891 ff. BGB

Vergleich mit dem gutgläubigen Erwerb bei beweglichen Sachen

Wie beim gutgläubigen Erwerb von Rechten an beweglichen Sachen (etwa nach den §§ 932 ff., 1207 BGB) ist als Anknüpfungspunkt des guten Glaubens ein Rechtsscheintatbestand erforderlich. Maßgeblich ist hierzu bei Grundstücken aber (anders als bei beweglichen Sachen) nicht der Besitz, sondern das Vorliegen einer Grundbucheintragung.

Unterschied: *Auch guter Glaube an die Verfügungsbefugnis geschützt*

Zudem schützen die §§ 892 f. BGB, anders als die §§ 932 ff. BGB, auch den guten Glauben an die Verfügungsbefugnis. Diese muss sich freilich aus dem Grundbuch ergeben, damit der gute Glaube daran schutzwürdig ist.

Bösgläubigkeit erfordert positive Kenntnis

Schließlich schadet dem Erwerber bei den §§ 892 f. BGB nur die Kenntnis der unrichtigen Grundbucheintragung, bei den §§ 932 ff. BGB hingegen schon die grob fahrlässige Unkenntnis.

Vermutungswirkung des § 891 BGB

Das aufwendige Grundbuchverfahren bietet eine gewisse Gewähr dafür, dass das Grundbuch die dinglichen Rechtsverhältnisse am Grundstück richtig wiedergibt. Hieran anknüpfend stellt § 891 BGB die Vermutung auf, dass der als Rechtsinhaber Eingetragene auch wirklich der Berechtigte ist. Wer im Grundbuch eingetragen ist, muss daher wegen der Beweislastregelung in § 891 BGB nicht sein Recht beweisen; vielmehr muss derjenige sein Recht beweisen, der die Richtigkeit der Eintragung bestreitet.

§ 891 BGB begründet die sogenannte Vermutungswirkung, die dem Eingetragenen zugutekommt. Diese (widerlegbare)[179] Vermutung geht in zwei Richtungen. Von einem eingetragenen Recht wird vermutet, dass es besteht und dem Eingetragenen zusteht (§ 891 I BGB), von einem gelöschten Recht hingegen, dass es nicht besteht (§ 891 II BGB).

Die Vermutungswirkung erstreckt sich auch auf den sich aus dem Liegenschaftskataster ergebenden Grenzverlauf.[180] Im Rechtsverkehr muss Klarheit darüber bestehen, auf welchen konkreten Teil der Erdoberfläche sich ein eingetragenes Recht bezieht.

> **hemmer-Methode:** In der entsprechenden Entscheidung wurde im 19. Jahrhundert eine Grundstücksteilung vorgenommen, indem von zwei Grenzpunkten aus eine Linie gezogen wurde. Diese Linie läuft ein paar Meter parallel zu einer Mauer, die die tatsächlichen Besitzverhältnisse der Grundstücke heute widerspiegelt. Der Grundstückserwerber des Teils, auf dem sich die Linie nicht befindet, beanspruchte die Fläche hinter der Mauer bis zur Linie für sich, weil entsprechend der Eintragungen im Liegenschaftskataster diese Fläche zu seinem Grundstück gehöre.

---

179 Palandt, § 891 BGB, Rn. 1.
180 BGH, NJW-RR 2006, 662 ff. = **juris**byhemmer.

> Der BGH hat die Zugehörigkeit bejaht, weil der gute Glaube an die Richtigkeit des Grundbuchs sich auf den Verlauf der Grenze erstrecke. Aber Achtung: Das ist irrelevant, wenn sich die dingliche Einigung nicht ebenfalls auf diesen Grundstücksstreifen bezieht. Hier können die Grundsätze der falsa demonstratio eine Rolle spielen, wenn die Parteien übereinstimmend davon ausgingen, die Grenze verläuft an der Mauer und nicht an der katastermäßigen Grenzlinie. Im vorliegenden Fall hatten die Parteien allerdings im Kaufvertrag nicht auf den Verlauf der Mauer, sondern auf die katastermäßigen Eintragungen Bezug genommen, worauf sich dann auch die Auflassung bezog.

Gutglaubenswirkung der §§ 892 f. BGB

Die Vermutung für die Richtigkeit des Grundbuchs kommt aber nicht nur dem Eingetragenen zugute. Das BGB schützt vielmehr auch denjenigen, der sich als Teilnehmer am Rechtsverkehr auf die Richtigkeit des tatsächlich falschen Grundbuchs verlassen konnte. Insofern können unrichtig eingetragene Rechte von Dritten gutgläubig erworben werden, sogenannte Gutglaubenswirkung.

Nach den §§ 892 f. BGB ersetzt daher der Rechtsschein das fehlende Recht. Nicht geschützt wird hingegen ein gutgläubiger Erwerb, wenn für den Erwerber nicht die Gutglaubenswirkung des Grundbuchs streitet. Notwendig ist somit als Vertrauensgrundlage bis zur Vollendung des Erwerbs[181] immer das unrichtige Grundbuch.

B) Schutzbereich der §§ 892 f. BGB

„Inhalt des Grundbuchs"

§ 892 I BGB spricht vom „Inhalt des Grundbuchs", der unrichtig sein muss. Von daher könnte erwogen werden, dass von der Gutglaubenswirkung und damit der Möglichkeit des gutgläubigen Erwerbs alles erfasst sein soll, was sich als Angabe im Grundbuch findet.

Das Grundbuch enthält aber neben der Bezeichnung des Grundstücks, des Eigentümers und der rechtlichen Belastungen noch zahlreiche tatsächliche Angaben. Fraglich ist somit, ob auch solche Angaben von der Gutglaubenswirkung erfasst sein sollen.

guter Glaube nur bzgl. rechtlichen Inhalts

Unter Berücksichtigung der Tatsache, dass allein derjenige geschützt werden soll, der auf die Richtigkeit des unrichtigen Grundbuchs vertrauen durfte, ergibt sich, dass der Anwendungsbereich der §§ 892 f. BGB nur solche Umstände umfassen kann, deren Eintragung zur Unrichtigkeit des Grundbuchs führen können. Der Schutzbereich des § 892 BGB bezieht sich damit auf die dinglichen Rechtsverhältnisse, insbesondere auf Bestand, Inhalt und Berechtigung bei dinglichen Grundstücksrechten oder Rechten an Grundstücksrechten.

Der Schutzbereich der §§ 891, 892 BGB erstreckt sich also auf

⇨ das Bestehen der im Grundbuch eingetragenen dinglichen Rechte (positive Funktion des § 891 I BGB),

⇨ das Nichtbestehen nicht eingetragener (oder gelöschter), aber eintragungsfähiger dinglicher Rechte (negative Funktion des § 891 II BGB),

Schutzbereich eröffnet

⇨ das Nichtbestehen nicht eingetragener (oder gelöschter), aber eintragungsfähiger relativer Verfügungsbeschränkungen (negative Funktion des § 892 I S. 2 BGB).

---

181 Vgl. Palandt, § 892 BGB, Rn. 9.

> **hemmer-Methode:** Relative Verfügungsbeschränkungen i.S.v. § 892 I S. 2 BGB ergeben sich aus den Verfügungsverboten gem. §§ 135, 136 BGB, insbesondere i.R. einer einstweiligen Verfügung i.V.m. § 938 II ZPO oder i.R.d. Zwangsvollstreckung. Nicht anwendbar ist § 892 I S. 2 BGB bei absoluten Verfügungsbeschränkungen wie etwa § 1365 BGB.[182]
>
> Weiterhin liegen Verfügungsbeschränkungen vor, wenn die Verfügungsbefugnis auf eine andere Person übertragen worden ist, aber ein gutgläubiger Erwerb ermöglicht wird, so im Insolvenzverfahren nach §§ 80, 81 InsO, bei der angeordneten Nachlassverwaltung nach §§ 1984 I, 1985 BGB, bei der Testamentsvollstreckung nach §§ 2205 S. 2, 2211 I, BGB und im Falle der Nacherbschaft nach §§ 2112, 2113 I, III BGB.

Schutzbereich nicht eröffnet

Nicht in den Schutzbereich der §§ 892 f. BGB fallen daher selbst bei entsprechender Eintragung im Grundbuch

- ⇨ tatsächliche Angaben zum Grundstück, etwa über die Fläche oder die Art und Größe einer Bebauung,

- ⇨ Eintragungen, aus denen auf persönliche Verhältnisse, etwa die Geschäftsfähigkeit des Berechtigten, geschlossen werden kann (vgl. zum Sonderfall des § 899a BGB Rn. 85a) und

- ⇨ Rechte, Belastungen und Beschränkungen, die nicht eintragungsfähig sind, sowie inhaltlich unzulässige Eintragungen.[183]

Doppelbuchung

Enthält das Grundbuch im Bereich der Gutglaubenswirkung einander widersprechende Angaben, so darf sich der Erwerber nicht auf den Rechtsscheintatbestand des Grundbuchs verlassen.[184]

Eine derartige widersprüchliche Buchung hebt ebenso wie eine Doppelbuchung die Vermutungswirkung des § 891 BGB und damit auch die Gutglaubenswirkung des § 892 BGB auf.[185] Eine Doppelbuchung liegt etwa vor, wenn ein Grundstück versehentlich auf zwei verschiedenen Grundbuchblättern geführt und jeweils ein anderer Eigentümer eingetragen ist.

C) Geschützte Erwerbsvorgänge

I. Rechtsgeschäftlicher Erwerb von Grundstücksrechten

rechtsgeschäftlicher Erwerb von Grundstücksrechten

Erfasst von § 892 BGB werden nur rechtsgeschäftliche Erwerbsvorgänge. Das Rechtsgeschäft muss sich bei § 892 BGB auf den Erwerb eines Grundstücksrechts bzw. eines Rechts an einem solchen Recht beziehen.[186]

Auf § 892 BGB kann sich daher jedenfalls nicht berufen, wer mit dem Bucheigentümer bloß einen schuldrechtlichen Vertrag über das Grundstück geschlossen hat.[187] Kein rechtsgeschäftlicher Erwerb liegt im Falle des gesetzlichen Erwerbs, insbesondere der Erbfolge gem. § 1922 BGB, und des Erwerbs kraft Hoheitsakts, etwa durch Zuschlag nach § 90 ZVG im Wege der Zwangsvollstreckung, vor.

---

182 BGH, FamRZ 1964, 25; Reinicke, NJW 1957, 890; weitere Beispiele bei Palandt, § 892 BGB, Rn. 18 m.w.N.
183 Palandt, § 892 BGB, Rn. 9 ff. m.w.N.
184 Vgl. Tiedtke, JURA 1983, 518; Palandt, § 891 BGB, Rn. 2; RGZ 56, 58 (61).
185 Vgl. Sie dazu auch Palandt, § 892 BGB, Rn. 11.
186 Vgl. Wiegand, JuS 1975, 206; Palandt, § 892 BGB, Rn. 2 ff.
187 Vgl. Wiegand, JuS 1975, 206.

§ 6 DER ERWERB VOM NICHTBERECHTIGTEN

vorweggenommene Erbfolge

Überträgt der Bucheigentümer ein Grundstück gem. §§ 873 I, 925 BGB auf einen späteren Erben im Wege vorweggenommener Erbfolge,[188] läge eigentlich eine rechtsgeschäftliche Übereignung vor. Ohne eine derart vorweggenommene Erbfolge würde beim Erbfall ein gutgläubiger Erwerb über § 892 BGB jedoch mangels Rechtsgeschäft scheitern. Ein Eigentumserwerb träte zudem nicht gem. § 1922 BGB ein, da das Grundstück nicht zum Vermögen des Bucheigentümers gehörte.

Der spätere Erbe stünde bei Annahme eines gutgläubigen Erwerbs i.R.d. vorweggenommenen Erbfolge also besser als beim Erbfall. § 892 BGB soll daher zur Vermeidung von Wertungswidersprüchen nach der h.M.[189] hier nicht anwendbar sein. Ein Argument für die fehlende Schutzwürdigkeit ist zudem die Unentgeltlichkeit des Rechtserwerbs.

Erweiterung durch § 893 BGB

§ 893 BGB erweitert den Kreis der vom Gutglaubensschutz erfassten Rechtsgeschäfte über § 892 BGB hinaus auf Leistungen aufgrund von Rechten sowie auf Verfügungen, die nicht auf den Erwerb von Rechten gerichtet sind. Leistungen aufgrund eines Rechtes sind solche, die dem Rechtsinhaber aus dem dinglichen Recht zustehen, also vor allem Sach- und Geldleistungen zur Tilgung des dinglichen Anspruchs.[190]

II. Erwerb durch Verkehrsgeschäft

Verkehrsgeschäft

Weiterhin muss bei den §§ 892 f. BGB das Rechtsgeschäft nach einhelliger Ansicht ein sogenanntes Verkehrsgeschäft sein, obwohl der Wortlaut der genannten Normen dafür nichts hergibt.

Ein Verkehrsgeschäft liegt vor, wenn auf der Erwerberseite mindestens eine Person beteiligt ist, die nicht auch der Veräußererseite angehört.[191]

Begründen lässt sich das Erfordernis eines Verkehrsgeschäfts mit dem ansonsten drohenden Missbrauch der §§ 892 f. BGB.

kein Verkehrsgeschäft bei persönlicher oder wirtschaftlicher Identität

Kein in den Anwendungsbereich der §§ 892 f. BGB fallendes Verkehrsgeschäft liegt insbesondere vor, wenn Erwerber- und Veräußererseite persönlich oder wirtschaftlich identisch sind.[192] Ein Bucheigentümer kann sich daher nicht gutgläubig ein Eigentümerrecht bestellen.[193]

Bei Personenmehrheiten fehlt es wegen wirtschaftlicher Identität an einem Verkehrsgeschäft, wenn auf beiden Vertragsseiten dieselben Personen beteiligt sind, selbst wenn die jeweilige Personenverbindung einen unterschiedlichen rechtlichen Charakter hat. Bei einer Übereignung durch die A & B-OHG an die A & B-GbR oder durch die ABC-GmbH auf die ABC-Erbengemeinschaft scheidet ein Verkehrsgeschäft und damit die Anwendung der §§ 892 f. BGB also aus.[194]

Gleiches gilt bei Beteiligung einer Einmann-GmbH und dem Alleingesellschafter als natürlicher Person.

---

188 BGH, JuS 1986, 911 = **juris**byhemmer.
189 Str.; Palandt, § 892 BGB, Rn. 3 m.w.N.; Medicus, BR, Rn. 549; Tiedtke, JURA 1983, 518.
190 Palandt, § 893 BGB, Rn. 2 f.
191 Vgl. Palandt, § 892 BGB, Rn. 5.
192 Palandt, § 892 BGB, Rn. 6 f. m.w.N.
193 KG, OLGZ 46, 61.
194 Palandt, § 892 BGB, Rn. 6 f. ;Tiedtke, JURA 1983, 518.

Erbauseinandersetzung

Ebenfalls kein Verkehrsgeschäft liegt vor, wenn ein Grundstück i.R.d. Erbauseinandersetzung von einem der Miterben erworben wird, da dann der erwerbende Miterbe auch der Veräußererseite angehört.[195]

Ein Verkehrsgeschäft liegt aber dann vor, wenn eine Grundstücksübertragung auf einen Dritten zur Erfüllung eines Vermächtnisses erfolgt.[196]

Im betreffenden Fall war ein im Eigentum des Erblassers stehendes Grundstück auf den Erben übergegangen. Im Grundbuch war zuvor eine Grundschuld versehentlich gelöscht worden. Sodann wurde das Grundstück auf den Vermächtnisnehmer übertragen. Als der Inhaber der Grundschuld später seine Eintragung im Grundbuch verlangte, ging es um die Frage, ob ein lastenfreier Erwerb stattgefunden hatte. Da ein Verkehrsgeschäft stattgefunden hatte, konnte der Vermächtnisnehmer gutgläubig lastenfrei gem. § 892 BGB das Grundstück erwerben.

Achtung: Nach der h.M. gilt etwas anderes, wenn im Zuge eines Vorausvermächtnisses auf einen Miterben übertragen wird![197] Damit wird ein Dritter als Vermächtnisnehmer besser gestellt als ein Miterbe als Vorausvermächtnisnehmer.

Verkehrsgeschäft (+) bei Übertragung eines Miteigentumsanteils auf den anderen Miteigentümer

Ein Verkehrsgeschäft liegt vor, wenn ein Miteigentümer seinen Miteigentumsanteil auf den anderen Miteigentümer überträgt, selbst wenn er als Eigentümer im Grundbuch steht und das Grundbuch auch bezogen auf seinen Miteigentumsanteil falsch ist.[198]

Bsp.: Der unerkannt geisteskranke X überträgt das Eigentum an einem Grundstück auf die Eheleute M und F.

Hier werden M und F trotz Gutgläubigkeit nicht Eigentümer, weil die dingliche Einigung scheitert. Überträgt nun F ihren Anteil auf M, kann dieser den Anteil seiner Frau F nach Ansicht des BGH gutgläubig erwerben.

Schon definitionsgemäß steht ja eine Partei nicht auf beiden Seiten. Es liegt keine wirtschaftliche bzw. rechtliche Identität vor. Im Übrigen ist auch unschädlich, dass M i.R. derselben unwirksamen Veräußerung in das Grundbuch eingetragen wurde. Denn andernfalls würde die Nichtigkeit des ersten Geschäfts beim zweiten Geschäft fortwirken. Ein Grund, warum ein Dritter den Anteil von F erwerben könnte, und M selbst nicht, ist nicht ersichtlich.

Rückerwerb des Nichtberechtigten grundsätzlich möglich

Ob ein Verkehrsgeschäft vorliegt, wenn der gutgläubige Erwerber das Grundstückseigentum aufgrund der Rückabwicklung eines Vertrages oder aufgrund eines eigenständigen Vertrages an den vormals Nichtberechtigten, von dem er gutgläubig erworben hatte, zurück überträgt, ist umstritten. Ein Fall des gutgläubigen Erwerbs durch den vormals Nichtberechtigten liegt hier nicht vor und ist auch für den Rückerwerb nicht nötig, da zuvor der gutgläubige Erwerber Eigentümer und somit Berechtigter geworden ist.[199] Der ehemals Nichtberechtigte könnte daher grundsätzlich Eigentum vom Berechtigten erwerben.

Einschränkungen

Ein Rückerwerb des ehemals nichtberechtigten Veräußerers nach §§ 873, 925 BGB scheidet nach der h.M. aber dann aus, wenn sich die Rückübertragung als bloße Rückabwicklung darstellt[200] (wie etwa beim Rücktritt, der Kondiktion bei unwirksamem Grundgeschäft oder gar geplanter „Hin-und-Her-Übereignung").

---

195 Vgl. RGZ 117, 257; 123, 56; 136, 150.
196 OLG Naumburg, NJW 2003, 3209 = **Life&Law 2004, 11 ff.**
197 Vgl. Palandt, § 892 BGB, Rn. 2 ff.
198 BGH, **Life&Law 2007, 741 ff.**
199 OLG Königsberg, OLGE 25, 378 (380).
200 Vgl. Hemmer/Wüst, Sachenrecht II, Rn. 110 ff.

§ 6 DER ERWERB VOM NICHTBERECHTIGTEN

Auf diese Weise soll eine Umgehung und ein Missbrauch des § 892 BGB verhindert werden. Teilweise wird ein Eigentumserwerb des vormals Nichtberechtigten hingegen auch hier zugelassen und dem ursprünglichen wahren Eigentümer nur ein Schadensersatzanspruch gewährt.[201] Begründet wird dies damit, dass ansonsten unter Verstoß gegen das Abstraktionsprinzip die Rückabwicklungsvereinbarung die dingliche Rechtsfolge bestimme.

Unentgeltlichkeit

Das Vorliegen eines Verkehrsgeschäftes scheitert jedoch nicht an der Unentgeltlichkeit des Rechtsgeschäftes.[202]

III. § 899a BGB

Anerkennung der Grundbuchfähigkeit

Der BGH hat Ende 2008[203] die Grundbuchfähigkeit der GbR, d.h. die Fähigkeit, diese als Eigentümerin im Grundbuch eintragen zu können, anerkannt. Da es anders als bei OHG und KG aber kein Register gibt, aus dem sich die Vertretungsverhältnisse der Personengesellschaft ergeben, könnte man über § 892 BGB zwar in dem guten Glauben daran geschützt werden, dass die eingetragene GbR tatsächlich Eigentümerin des Grundstücks ist. Man hätte aber keine Sicherheit, dass die dingliche Einigung wirksam ist, weil man nicht überprüfen könnte, ob die sich als vertretungsberechtigter Gesellschafter ausweisende Person tatsächlich Gesellschafter ist und auch tatsächlich (alleinige) Vertretungsbefugnis hat. Faktisch wäre ein Grundstücksgeschäft mit einer GbR daher nicht durchführbar.

85a

Konsequenz

Der Gesetzgeber hat daraufhin an zwei Stellen Änderungen vorgenommen:

47 II GBO

Zum einen wurde in § 47 II GBO eine Verpflichtung normiert, bei Eintragung einer GbR alle Gesellschafter eintragen zu lassen. Das hatte der BGH zumindest für den Fall, dass die GbR einen Namen hat, nicht gefordert. Jetzt gilt dies aber für alle Gesellschaften bürgerlichen Rechts, die als Eigentümerin eingetragen werden sollen.

899a BGB

Über § 899a BGB wird sodann ein Vertrauensschutz dahingehend geschaffen, dass sich der Erwerber darauf verlassen können soll, dass alle eingetragenen Personen tatsächlich noch Gesellschafter sind und dass es keine weiteren Gesellschafter gibt.[204]

Wenn der Erwerber (u.U. nach Hinweis durch den Notar) darauf besteht, dass alle als Gesellschafter eingetragenen Personen unterschreiben, ist unabhängig von der tatsächlichen Gesellschafter- und Vertretungsstruktur der GbR gewährleistet, dass der Erwerb jedenfalls nicht daran scheitert, dass die Unterzeichner gar keine Gesellschafter sind bzw. gar keine Vertretungsmacht haben.

Damit wird der eigentliche Anwendungsbereich des Gutglaubensschutzes (siehe unter B.) stark ausgedehnt. Faktisch läuft die Vorschrift darauf hinaus, dass der gute Glaube an die Vertretungsbefugnis sowie an die Eigenschaft, Gesellschafter zu sein, geschützt.

Problem: schuldrechtlicher Vertrag

Höchst problematisch und bislang völlig ungeklärt ist die Frage, welche Relevanz § 899a BGB auf schuldrechtlicher Ebene entfaltet.[205] In diesem Zusammenhang wird bereits vertreten, die Vorschrift müsse analoge Anwendung finden.

---

201 Vgl. etwa Palandt, § 932 BGB, Rn. 17.
202 Medicus, BR, Rn. 548.
203 BGH, Urteil vom 04.12.2008, NZG 2009, 288 = **Life&Law 2009, 158 ff.** = juris*byhemmer*.
204 Dogmatisch darf die Norm wohl als misslungen beschrieben werden, vgl. Altmeppen, NJW 2011, 1905 ff.
205 Krüger, NZG 2010, 801 (805), welcher die Ansicht vertritt, dass auf Basis des geltenden Rechts eine Lösung des Problems nicht möglich ist.

Denn wenn der oben beschriebene Schutz nur die Auflassung betrifft, könnte der Erwerber zwar Eigentümer werden, liefe aber Gefahr, dieses Eigentum ohne Rechtsgrund erlangt zu haben, wenn sich herausstellt, dass zwischenzeitlich, d.h. nach Eintragung der GbR, ein weiterer Gesellschafter eingetreten ist und in der Gesellschaft Gesamtvertretung besteht. Das erworbene Grundstückseigentum müsste dann nach §§ 812 I S. 1 Alt. 1, 818 I BGB wieder herausgegeben werden.

Ebenfalls relevant kann diese Frage im Rahmen des Vormerkungserwerbs sein. Die Bestellung würde dann u.U. nicht an der fehlenden Berechtigung scheitern, sondern wegen der strengen Akzessorietät an einem schuldrechtlichen Anspruch.

> **hemmer-Methode:** Machen Sie sich klar, dass es bei § 899a BGB nicht um gutgläubigen Erwerb geht. Die eingetragene GbR hat ja das Eigentum, es geht nur um die Frage, wer auf Seiten der GbR handeln kann, damit das Grundstück auch wirksam aufgelassen werden kann. Freilich ist auch eine Kombination mit dem direkten Anwendungsbereich des § 892 BGB denkbar, nämlich dann, wenn die GbR gar nicht Eigentümerin geworden ist. Dann haben Sie in der Klausur § 892 BGB einmal über § 899a BGB bei der dinglichen Einigung zu prüfen, und noch einmal direkt, wenn Sie die fehlende Berechtigung der GbR feststellen.

Problem: Existenz der GbR

Ein weiteres Problem ergibt sich in Fällen, in denen gar nicht klar ist, ob es die GbR überhaupt (noch) gibt. Hier stellt sich die Frage, wie im Rahmen des Erwerbsgeschäfts der Nachweis der Existenz geführt werden kann.

Es ist grundsätzlich anerkannt, dass es keinen Gutglaubenserwerb von einer nicht existierenden Person geben kann. Geschützt wird der Redliche in seinem Vertrauen darauf, dass der Eingetragene Inhaber des veräußerten Rechts ist, nicht dass es ihn tatsächlich als Rechtspersönlichkeit gibt.[206]

> **hemmer-Methode:** Peinlich: der Gesetzgeber hat das Problem gesehen, war aber der Meinung, dass sich die Existenz der Gesellschaft mittelbar aus der Existenz der Gesellschafter ergibt. Anders: wo ein Gesellschafter, da auch eine Gesellschaft. Dies ist ein netter Gedanke, der aber in dem Fall, dass es die Gesellschaft gleichwohl nicht gibt, nicht weiterhilft. So z.B. Krüger in NZG 2010, 801 (805): *„Der Gesetzgeber mag sich vielerlei denken. Wenn er das Gedachte nicht zum Gegenstand einer gesetzlichen Regelung macht, bleiben die in der Gesetzesbegründung niedergelegten Gedanken folgenlos."*

Das OLG München[207] ist zu dem Ergebnis gekommen, dass der Nachweis der Existenz den Vorgaben der GBO genügen müsste, der entsprechende Nachweis aber sehr häufig nicht zu führen sein wird. Nach § 29 I GBO soll eine Grundbucheintragung nur vorgenommen werden, wenn die Eintragungsbewilligung oder die sonstigen zu der Eintragung erforderlichen Erklärungen durch öffentliche oder öffentlich beglaubigte Urkunden nachgewiesen werden kann. Es steht nicht im Belieben des Grundbuchamtes, von diesen dem Legalitätsprinzip der Eintragung dienenden Bestimmungen abzuweichen.

Daher müsse auch die Existenz der GbR auf diese Art nachgewiesen werden, was z.B. durch einen notariell beurkundeten Gesellschaftsvertrag geschehen könne, der unmittelbar im Zusammenhang mit dem Grundstücksgeschäft abgeschlossen werde. Daran werde es in der Regel jedoch fehlen, so dass der Gesetzgeber aufgerufen sei, das Problem zu beheben.[208]

---

206 Krüger, NZG 2010, 801 (805).
207 Beschluss vom 20.07.2010, NZG 2010, 1065.
208 Fallbeispiele zu § 899a BGB finden Sie in JuS 2010, 1048 ff.

§ 6 DER ERWERB VOM NICHTBERECHTIGTEN

Exkurs für Referendare:

Wenn die gem. § 899a BGB, 47 II GBO erforderliche Eintragung stattgefunden hat und später ein Gesellschafterwechsel stattfindet, ist diese Änderung gem. § 82 S.3 GBO einzutragen. Zwar ändert sich nicht der Eigentümer bzw. Rechtsinhaber (dies bleibt die GbR selbst); allerdings ist in den Augen des Gesetzgebers das identitätsstiftende Moment bei der GbR nicht deren Bezeichnung (Name), sondern die Nennung all ihrer Gesellschafter. Wenn sich nun in einer notariellen Urkunde die GbR der sofortigen Zwangsvollstreckung aus einer Grundschuld unterwirft und in der Urkunde auch die Gesellschafter benannt wurden, stellt sich die Frage, ob aus diesem Titel eine Vollstreckung auch dann möglich ist, wenn zwischenzeitlich ein Gesellschafterwechsel stattgefunden hat, welcher auch zwischenzeitlich gem. §§ 82 S.3, 47 II GBO ins Grundbuch eingetragen wurde. Der BGH (NJW 2011, 615 f.) hat entschieden, dass in **entsprechender Anwendung** des § 727 ZPO eine „Umschreibung des Titels stattzufinden hat, welcher den neuen Gesellschafter benennt". Eine direkte Anwendung scheidet aus, weil nach wie vor die GbR Eigentümerin ist. Das formale Zwangsvollstreckungsverfahren verlangt nach Rechtsklarheit hinsichtlich der Vollstreckbarkeit eines Titels, welche bei Beteiligung einer GbR dadurch erreicht werden soll, dass eine Identifizierung des Schuldners durch die Nennung aller Gesellschafter problemlos möglich ist. Handelt es sich bei dem Titel um eine notarielle Urkunde, erfolgt die Umschreibung durch den Notar, vgl. § 797 II ZPO.

Exkurs Ende

Der BGH hat die Frage nach der Grundbuchfähigkeit im Hinblick auf den nicht eingetragenen Verein dahingehend entschieden, dass die Eintragung stets die Nennung aller Mitglieder erforderlich macht.[209]

D) Redlichkeit des Erwerbers

Kenntnis der Unrichtigkeit

Schützenswert ist beim Erwerb vom Nichtberechtigten nur der redliche Erwerber. Ein gutgläubiger Erwerb vom Nichtberechtigten ist daher nach § 892 I S. 1 BGB einerseits ausgeschlossen, wenn dem Erwerber die Unrichtigkeit des Grundbuchs bekannt oder ein Widerspruch gegen die Richtigkeit des Grundbuchs eingetragen ist.

Bei § 892 I S. 2 BGB ist der gutgläubige Erwerb ausgeschlossen, wenn dem Erwerber die nicht aus dem Grundbuch ersichtliche Verfügungsbeschränkung bekannt ist. Auch bei § 892 I S. 2 BGB kommt es mithin auf die Kenntnis der Unrichtigkeit an.

I. Keine Kenntnis der Unrichtigkeit

schädlich ist nur positive Kenntnis der Unrichtigkeit

Im Gegensatz zu § 932 BGB stellt § 892 I BGB allein auf die positive Kenntnis der Unrichtigkeit des Grundbuchs, also auf unbedingten Vorsatz ab. Eine grob fahrlässige Unkenntnis der Unrichtigkeit ist daher ebenso unschädlich wie die billigende Inkaufnahme der Unrichtigkeit oder bloße Zweifel.[210] Das BGB sieht im Grundbuch mithin eine stärkere Vertrauensbasis als im Besitz.

---

209   BGH, Life&Law 2016, 687 ff. = **juris**byhemmer.
210   Palandt, § 892 BGB, Rn. 24 m.w.N.

E) Wirkungen des § 892 BGB

Folgen der Gutglaubenswirkung bei Rechten ...

Im Hinblick auf Rechte (§ 892 I S. 1 BGB) führt der Gutglaubensschutz der §§ 892 f. BGB dazu, dass der Eingetragene als wahrer Berechtigter gilt. Zudem gilt ein eingetragenes und zugleich eintragungsfähiges Recht als nach Gegenstand und Inhalt bestehend. Schließlich gilt das Grundbuch insofern als vollständig, als dass nicht eingetragene oder wieder gelöschte eintragungsfähige Rechte als nicht bestehend gelten.[235] Der Erwerber erhält daher im Anwendungsbereich des § 892 I S. 1 BGB die Rechtsposition, die er erlangen würde, wenn das Grundbuch insofern die Rechtslage richtig wiedergeben würde. Bei dinglichen Rechten besteht daher sowohl ein positiver als auch ein negativer Vertrauensschutz.

> **Bsp.:** Zugunsten des H bestand an dem Grundstück des E eine Hypothek. Diese wurde versehentlich gelöscht. E übereignet nun das Grundstück formgerecht an den gutgläubigen K. H erwägt, ob er gegen K hinsichtlich der Hypothek einen Anspruch auf Berichtigung des Grundbuchs nach § 894 BGB hat.

Das würde ein unrichtiges Grundbuch erfordern, mithin das Fortbestehen der versehentlich gelöschten Hypothek, woran es hier aber fehlt. Da H keine Erklärung nach § 875 I BGB abgegeben hat, führte zwar die bloße Löschung nicht zur Aufhebung der Hypothek.

Da die Hypothek ein eintragungsfähiges, hier aber gelöschtes Recht darstellt, gilt sie gem. § 892 I S. 1 BGB aufgrund der Gutgläubigkeit des K als nicht bestehend. K hat somit lastenfreies Eigentum erworben.

... und bei Verfügungsbeschränkungen

Im Hinblick auf Verfügungsbeschränkungen (§ 892 I S. 2 BGB) führt der Gutglaubensschutz allein dazu, dass eine nie eingetragene oder wieder gelöschte Verfügungsbeschränkung als nicht oder nicht mehr bestehend gilt. Nicht geschützt wird hingegen der gute Glaube an das Fortbestehen einer Verfügungsbefugnis (etwa des Insolvenzverwalters, § 80 I InsO), die als Spiegelbild aus der Eintragung einer Verfügungsbeschränkung (etwa § 80 I InsO) entstanden ist.[236]

Der Vertrauensschutz bezogen auf Verfügungsbeschränkungen ist daher nur negativer Art.[237] Der Erwerber erwirbt damit so, als ob keine Verfügungsbeschränkung bestünde.

> **Bsp.:** Erbe E ist als Eigentümer im Grundbuch eingetragen. Eine angeordnete Testamentsvollstreckung (§§ 2197 ff. BGB) war im Grundbuch nicht eingetragen. E übereignet das Grundstück an den gutgläubigen K.

Hier fehlte dem Eigentümer E die zur Übereignung nötige Verfügungsbefugnis, § 2211 I BGB. § 878 BGB hilft nicht weiter, da diese Verfügungsbeschränkung bereits vor Stellung des Eintragungsantrags bestand. Die Verfügungsbeschränkung war aber, obwohl eintragungsfähig (§ 52 GBO), nicht im Grundbuch eingetragen. Da K diesbezüglich auch gutgläubig war, war die Verfügungsbeschränkung wegen § 892 I S. 2 BGB ihm gegenüber unwirksam. K hat über die §§ 892 I S. 2, 2211 II BGB gutgläubig das Eigentum erworben.

hemmer-Methode: Mit dem gutgläubigen Erwerb wird der Erwerber tatsächlich Inhaber des Rechts und ist damit selbst bei weiteren Verfügungen Berechtigter. Das bislang falsche Grundbuch ist deshalb mit der Eintragung des gutgläubigen Erwerbers nunmehr richtig. Der (nicht eingetragene) bisherige Berechtigte verliert sein Recht in dem Umfang des gutgläubigen Erwerbs.[238]

---

235 Vgl. Palandt, § 892 BGB, Rn. 13 ff. m.w.N.
236 Vgl. Palandt, § 892 BGB, Rn. 16 ff. m.w.N.
237 Vgl. Palandt, § 892 BGB, Rn. 16.
238 Vgl. Palandt, § 892 BGB, Rn. 20 mit Beispielen.

§ 6 DER ERWERB VOM NICHTBERECHTIGTEN

> Der Nichtberechtigte selbst erlangt keine Rechte, ist aber aufgrund der wirksamen Verfügung einer Reihe von Ausgleichsansprüchen des verlierenden Rechtsinhabers ausgesetzt (jedenfalls nach § 816 I S. 1 BGB, eventuell auch aus dem Eigentümer-Besitzer-Verhältnis, dem Deliktsrecht oder der angemaßten Eigengeschäftsführung).

F) Grundbuchberichtigungsanspruch gem. § 894 BGB

I. Einführung

Der Erwerb vom Nichtberechtigten steht in engem Zusammenhang mit dem Grundbuchberichtigungsanspruch gem. § 894 BGB. Wenn es keinen gutgläubigen Erwerb gäbe, könnte es dem wahren Eigentümer eines Grundstücks insoweit egal sein, wer als Eigentümer oder Rechtsinhaber fälschlicherweise im Grundbuch steht.

Verhinderung gutgläubigen Erwerbs

Gerade weil es die Gefahr des gutgläubigen Erwerbs gibt, muss der wahre Eigentümer die Möglichkeit haben, diesen zu verhindern, um seine Rechtsposition zu erhalten. In diesem Kontext ist auch der Widerspruch gem. § 899 BGB von Bedeutung. Wenn der Eigentümer seinen Berichtigungsanspruch einklagt, kann während des Verfahrens noch ein gutgläubiger Erwerb stattfinden.

Durch die Eintragung eines Widerspruchs, der notfalls im Wege einstweiligen Rechtsschutzes erreicht werden muss, § 899 II BGB, kann diese Gefahr vermieden werden.

keine Berichtigung v.A.w.

Die Notwendigkeit dieser Anspruchsgrundlage ergibt sich des Weiteren daraus, dass eine Unrichtigkeit in aller Regel nicht von Amts wegen korrigiert wird. Nur ausnahmsweise sieht die GBO dies vor, vgl. §§ 51, 52, 82a, 84 ff. GBO.

Problem: Rechtsschutzbedürfnis

Das bedeutet aber auch: Soweit die GBO den Betroffenen bei Unrichtigkeiten ausreichend schützt, bedarf es des Anspruchs aus § 894 BGB nicht, einer entsprechenden Leistungsklage kann dann das Rechtsschutzbedürfnis fehlen.

So kann z.B. bei Vorliegen eines Unrichtigkeitsnachweises gem. § 22 GBO eine Berichtigung beantragt werden, ohne dass es der Zustimmung des Eingetragenen bedürfte.[239]

II. Voraussetzungen

Nachfolgend soll ein Überblick über die Voraussetzungen des Grundbuchberichtigungsanspruchs gegeben werden.

1. Unrichtigkeit

Diskrepanz von Buch- und wahrer Rechtslage

Das Grundbuch ist unrichtig, wenn die durch den Grundbuchinhalt dargestellte Rechtslage hinsichtlich des Eigentums oder hinsichtlich anderer dinglicher Rechte oder eingetragener Verfügungsbeschränkungen mit der wahren Rechtslage nicht übereinstimmt. Eine Nichtübereinstimmung liegt vor, wenn das Recht nicht oder mit anderem Inhalt besteht.

---

[239] Nachweise bei Palandt, § 894 BGB, Rn. 1.

Nach h.M. gilt § 894 BGB auch bei nicht existierenden Vormerkungen oder Widersprüchen, obwohl diese keine Rechte an Grundstücken darstellen.[240]

Verhältnis zu § 888 I BGB

Nicht unrichtig ist das Grundbuch, wenn eine vormerkungswidrige Verfügung eingetragen wurde. Denn diese ist gem. § 883 II BGB nur relativ unwirksam gegenüber dem Vormerkungsberechtigten. Objektiv betrachtet ist das Grundbuch aber nicht falsch. Hier gilt § 888 I BGB.

Ebenfalls nicht unrichtig i.S.d. § 894 BGB ist das Grundbuch, wenn bei der Eintragung Schreibfehler oder Ungenauigkeiten auftreten. Diese werden im Grundbuchverfahren korrigiert.

Sofern eine inhaltlich unzulässige Eintragung erfolgt, ist die Löschung gem. § 53 I S. 2 GBO vorrangig.

2. Gläubiger

unmittelbare Beeinträchtigung

Berichtigung kann nur verlangen, wer durch die unrichtige Eintragung unmittelbar beeinträchtigt ist.

> **Bsp.:** Kommt es im Rahmen einer Grundschuldübertragung gem. §§ 1192 I, 1154 III BGB zur Unrichtigkeit, ist der Eigentümer nicht tangiert, wenn die Unrichtigkeit nicht darin besteht, dass die Grundschuld unrichtig in zu großem Umfang eingetragen wird.

Bei Miteigentümern oder Miterben kann jeder einzelne unabhängig von den anderen die Berichtigung verlangen.[241]

Berichtigung kann nicht verlangen, wer nur schuldrechtliche Ansprüche auf Einräumung von Rechtspositionen hat. Er muss seinen Anspruch zunächst durchsetzen und erhält so die Aktivlegitimation.

Obwohl das Grundbuch unrichtig ist, kann ein Berichtigungsanspruch nicht von demjenigen geltend gemacht werden, der zu Unrecht eingetragen ist, um so die Beseitigung der Grundbuchstellung zu verlangen.[242] Das ergibt sich letztlich schon aus der Intention der Vorschrift, nämlich den materiell Berechtigten zu schützen.

3. Schuldner

Die Zustimmung zur Berichtigung schuldet derjenige, dessen (falsch) eingetragenes Recht von der Berichtigung betroffen ist, weil die Berichtigung es beseitigen oder schmälern würde.[243]

Die Zustimmung ist erforderlich, weil und soweit das Grundbuchverfahrensrecht diese verlangt.

Schulden mehrere die Berichtigungszustimmung, sind sie notwendige Streitgenossen, weil die GBO die Zustimmung aller verlangt.[244]

---

240 Palandt, § 894 BGB, Rn. 2.
241 Palandt, § 894 BGB, Rn. 6.
242 BGH, **Life&Law 2005, 818 ff.**; meint der zu Unrecht Eingetragene, nicht Eigentümer geworden zu sein, so kann er die Unwirksamkeit des entsprechenden Übertragungsgeschäfts im Wege der Feststellungsklage geltend machen, sofern ein Feststellungsinteresse besteht.
243 BGH, NJW 1996, 1890 = **juris**byhemmer.
244 OLG Naumburg, NJW-RR 1998, 307.

III. Inhalt der Zustimmung

§ 19 GBO: Achtung: formale Anforderungen!

Die Zustimmung dient dem Zweck, im Grundbuchverfahren eine Änderung herbeiführen zu können. Sie ist daher Eintragungsbewilligung i.S.d. § 19 GBO (wobei formal § 29 I S. 1 GBO zu beachten ist).

Nach h.M. kann abweichend von diesem Inhalt der wahre Eigentümer auch die Auflassung verlangen. Auf welche Weise es letztlich zur Richtigstellung im Grundbuch kommt, ist irrelevant.[245]

Vergleichbares gilt, wenn noch eine Fremdhypothek eingetragen ist, obwohl bereits eine Eigentümergrundschuld besteht. Hier kann der Eigentümer auch Zustimmung zur Löschung verlangen.[246]

IV. Konkurrierende Ansprüche

§§ 987 ff. BGB analog

Nach h.M. sind auf das Verhältnis des wahren Eigentümers zum Bucheigentümer die Vorschriften der §§ 987 ff. BGB entsprechend anwendbar. Es kann daher gem. §§ 989, 990 BGB i.V.m. § 249 I BGB Beseitigung der vom Bucheigentümer veranlassten Belastung verlangt werden bzw. Schadensersatz in Form von Wertersatz, wenn es zum gutgläubigen Erwerb gekommen ist. Ist der Bucheigentümer auch Besitzer, ergäbe sich dieser Anspruch auch aus einer direkten Anwendung der §§ 989, 990 BGB.

§ 985 BGB

Da neben dem Berichtigungsanspruch häufig auch der Herausgabeanspruch aus § 985 BGB steht, kann auch gegenüber dem Anspruch aus § 894 BGB ein Zurückbehaltungsrecht gem. § 1000 BGB geltend gemacht werden.

§ 812 BGB

Die Grundbuchposition stellt auch ein erlangtes Etwas i.S.d. Bereicherungsrechts dar.[247]

> *Bsp.:* A verkauft und übereignet sein Grundstück an B. Kaufvertrag und Auflassung sind nichtig.
>
> B hat hier das Eigentum nicht erlangt und schuldet Herausgabe gem. §§ 985, 812 I S. 1 Alt. 1 BGB. Wegen der Eintragung des B als Eigentümer ist das Grundbuch falsch. Er kann Berichtigung gem. § 894 BGB verlangen. Dieses Begehren kann aber auch auf § 812 I S. 1 Alt. 1 BGB gestützt werden, da die Grundbuchposition ohne Rechtsgrund erlangt wurde. Rechtsfolge ist Herausgabe gem. § 818 I BGB, was durch Zustimmung zur Änderung zu erfolgen hat.

§ 823 BGB i.V.m. § 249 I BGB

Sofern die Grundbuchposition deliktisch erlangt wurde, kommt auch eine Wiederherstellung des ursprünglichen Zustands über das Deliktsrecht in Betracht. Wegen der Anwendbarkeit der §§ 987 ff. BGB ist aber § 992 BGB zu beachten!

V. Prozessuales

§ 894 ZPO

Wird die Zustimmung nicht freiwillig erteilt, ist der Anspruch gerichtlich geltend zu machen. Die Vollstreckung erfolgt über § 894 ZPO. Mit Vorlage des rechtskräftigen Urteils kann der Kläger sodann beim Grundbuchamt die Umschreibung erreichen. Die Bewilligung gem. § 19 GBO wird so fingiert.

---

245 BGH, VIZ 2003, 36 = **juris**byhemmer.
246 BGHZ 41, 30 = **juris**byhemmer.
247 BGH, ZflR 2003, 728.

Rechtskraftprobleme

Wird der Klage stattgegeben, wird das dingliche Recht auch für andere Ansprüche rechtskräftig festgestellt, soweit die Grenzen der Rechtskraft reichen. Das gilt beispielsweise für einen Anspruch aus § 1004 BGB bzw. § 985 BGB.

Bei Abweisung der Klage gilt spiegelbildlich dasselbe.

Davon ist aber nicht die schuldrechtliche Grundlage erfasst, sodass eine Klage auf Rückübereignung aus § 812 BGB der Rechtskraft des abweisenden Urteils bezüglich der Berichtigung nicht im Wege steht.

§ 7 DIE VORMERKUNG

A) Allgemeines zur Vormerkung[248]

I. Regelungszweck

Regelungszweck der Vormerkung

Der Regelungszweck der Vormerkung nach den §§ 883 ff. BGB lässt sich am besten anhand eines Beispielsfalles verdeutlichen.

> **Bsp.:** K kauft von V ein Grundstück; zugleich wird die Auflassung erklärt und die Eintragung beantragt. Wegen einer haushaltsrechtlichen Stellenbesetzungssperre im Geschäftsbereich der Justiz ist das Grundbuchamt überlastet und nimmt die Eintragung ohne Grund zunächst nicht vor.
>
> Auf welche Weise kann der Eigentumserwerb des K gesichert werden? Welche Auswirkungen hätte es, wenn V zwischenzeitlich das Grundstück an den mehrbietenden D auflässt und dieser vom Grundbuchamt, das mittlerweile kostensparend gem. § 2 V RPflG Referendare einsetzt, unter Verstoß gegen § 17 GBO vor K eingetragen wird?

bis Vollendung kann Rechtserwerb beeinträchtigt werden

Bis zur Erfüllung eines Grundstückskaufvertrages sowie bei Grundstücksbelastungen vergeht wegen der Grundbucheintragung eine längere Zeit. Bis zur Eintragung (§ 873 BGB) ist der Verkäufer als Rechtsinhaber weiterhin zu Verfügungen über das Grundstück berechtigt. Insofern wäre der Übereignungsanspruch des Käufers, der auf das Grundbuchverfahren kaum einwirken kann, gefährdet, wenn der Verkäufer das Grundstück zwischenzeitlich belasten oder anderweitig übereignen würde.

Der Käufer wäre auf seine schuldrechtliche Ansprüche bei Unmöglichkeit bzw. auf seine Rechtsmängelansprüche (etwa auf Rückzahlung infolge Rücktritts aus den §§ 437 Nr. 2, 326 V, 323 BGB oder auf Schadensersatz gem. §§ 437 Nr. 3, 280 I, III, 283 BGB) gegen den Verkäufer verwiesen, da sein Anspruch auf Verschaffung des Eigentums (frei von Rechten Dritter, §§ 433 I S. 2, 435 BGB) mangels absoluter Wirkung die anderweitige Verfügung unberührt ließe.

Auch kann über das Vermögen des Verkäufers zwischenzeitlich das Insolvenzverfahren eröffnet werden, wobei der vorleistende Käufer auf die Quote beschränkt bliebe, ohne die Rechtsänderung verlangen zu können.[249]

Möglichkeiten zum Schutz des Erwerbers

Ein entsprechender Schutz wäre auf verschiedene Weise möglich. Das eine Extrem wäre eine Grundbuchsperre mit absoluter Unwirksamkeit zwischenzeitlicher Verfügungen, was aber den bisherigen Eigentümer wirtschaftlich sehr beeinträchtigen würde. Das andere Extrem wäre eine Erstreckung des Anspruchs auf den Erwerb des Eigentums frei von Rechten auf den zwischenzeitlich erwerbenden Dritten, was aber systemfremd einem schuldrechtlichen Anspruch quasi absolute Wirkung zubilligen würde.

Mittelweg: relative Unwirksamkeit von zwischenzeitlichen Verfügungen

Das BGB geht deshalb mit der Vormerkung nach den §§ 883 ff. BGB einen Mittelweg, indem es in § 883 II BGB eine relative Unwirksamkeit von zwischenzeitlichen Verfügungen des Eigentümers allein im Verhältnis zwischen ihm und dem Vormerkungsinhaber anordnet. Die Vormerkung dient somit der Sicherung des schuldrechtlichen Anspruchs auf eine dingliche Rechtsänderung,[250] ist aber kein so radikales Mittel wie die Grundbuchsperre. Der Rechtserwerb eines Dritten bleibt somit grundsätzlich möglich.

---

[248] Zur Vertiefung lesen Sie auch Stamm in JuS 2003, 48 ff. – „Die examensrelevanten Probleme der Vormerkung in der Falllösung".
[249] Hager, JuS 1990, 429.
[250] Vgl. Knöpfle, JuS 1981, 157 ff.

hemmer-Methode: Die Formulierung „relative Unwirksamkeit" sollte im Examen für den Korrektor als „Signalwort" verwendet werden. Neben der Akzessorietät handelt es sich zugleich um das examenstypische Problemfeld der Vormerkung!

Im obigen Fall könnte deshalb für K eine Auflassungsvormerkung, die seinen schuldrechtlichen Anspruch auf Eigentumserwerb sichert, eingetragen werden. Die spätere Veräußerung an D wäre dann zwar dinglich wirksam, wegen der Vormerkung aber im Verhältnis zu K relativ unwirksam, § 883 II BGB. K könnte von V dann weiter aus § 433 I S. 1 BGB die Auflassung und von D die Zustimmung zu seiner Eintragung als Eigentümer verlangen, § 888 I BGB.

II. Rechtsnatur der Vormerkung

Rechtsnatur str., aber für Falllösung letztlich irrelevant

Die Rechtsnatur der Vormerkung ist umstritten, da sie eine Zwitterstellung zwischen obligatorischem und dinglichem Recht einnimmt.

Eine Mindermeinung[251] betrachtet die Vormerkung als dingliches Recht und wendet insbesondere § 892 BGB direkt an. Grund dafür ist, dass die Vormerkung - wie für dingliche Rechte typisch - Wirkungen im Verhältnis zu Dritten entfaltet. Die h.M.[252] sieht dagegen in der Vormerkung ein Sicherungsmittel eigener Art, das mit gewissen dinglichen Wirkungen ausgestattet ist. Die Bewilligung einer Vormerkung wird als Belastung des Grundstücks und damit – im Falle der Bewilligung durch einen Nichtberechtigten - als Verfügung im Sinne der §§ 893 Alt. 2, 892 BGB angesehen.[253]

hemmer-Methode: Die Rechtsnatur ist allenfalls beim gutgläubigen Erwerb der Vormerkung von Bedeutung, führt aber auch dort nur dazu, dass § 892 BGB entweder unmittelbar oder über § 893 BGB anwendbar ist, was im Ergebnis gleich bleibt.

III. Erscheinungsformen

Auflassungsvormerkung

Häufigster Fall, insbesondere in Klausuren, ist die sogenannte Auflassungsvormerkung. Sie sichert einen schuldrechtlichen Anspruch auf Verschaffung des Grundstückseigentums und nicht nur den Anspruch auf Auflassung. Die Bezeichnung „Auflassungsvormerkung" ist daher ungenau.[254] Im Übrigen können alle Ansprüche auf Verschaffung, Änderung und Belastung sonstiger dinglicher Rechte an einem Grundstück durch Vormerkung gesichert werden, § 883 I S. 1 BGB.

hemmer-Methode: Bei Vormerkungen, die auf andere dingliche Rechte am Grundstück als das Eigentum abzielen, ergeben sich keine Besonderheiten.

Löschungsvormerkung, §§ 1179, 1179a BGB

Die Löschungsvormerkung und der Löschungsanspruch nach den §§ 1179 f. BGB sollen für das etwaige Zusammenfallen von Eigentum und Grundpfandrecht schon jetzt einen Löschungsanspruch zugunsten der nachrangigen Gläubiger sichern.[255] Dem nachrangigen Grundpfandrechtsgläubiger soll der rangmäßige Aufstieg gesichert werden.

---

251 Kempf, JuS 1961, 21; Wunner, NJW 1969, 113.
252 Schwerdtner, JURA 1985, 318; Tiedtke, JURA 1981, 370; Knöpfle, JuS 1981, 158; BGHZ 60, 49; 57, 343 = **juris**by**hemmer**.
253 Tiedtke, JURA 1983, 522 und 1981, 361 f.; Wiegand, JuS 1975, 211 f.; Knöpfle, JuS 1981, 165.
254 Vgl. Hager, JuS 1990, 430; Tiedtke, JURA 1981, 354.
255 Schwerdtner, JURA 1985, 317.

§ 7 DIE VORMERKUNG

§ 18 II GBO

Die Vormerkung von Amts wegen gem. § 18 II GBO wird eingetragen, wenn der Rang einer beantragten Eintragung, die noch nicht erfolgen konnte, dadurch gefährdet wird, dass später ein anderer, unbeanstandeter Antrag in Bezug auf dasselbe Recht eingeht.[256]

dingliches Vorkaufsrecht
§ 1098 II BGB

Vormerkungswirkung hat auch die Eintragung eines dinglichen Vorkaufsrechts nach § 1098 II BGB.

IV. Verhältnis Vormerkung – Widerspruch

Gemeinsamkeiten

Die Vormerkung nach den §§ 883 ff. BGB und der Widerspruch gem. § 899 BGB haben grundsätzlich gemeinsam, dass der Begünstigte vor den Folgen einer Verfügung über das Grundstück geschützt ist. In Anwendungsbereich und Funktion unterscheiden sich beide aber deutlich.

Unterschiede

In den Fällen des § 894 BGB kann nach § 899 I BGB ein Widerspruch gegen die Richtigkeit des Grundbuchs eingetragen werden. Der Widerspruch schützt dann den materiell Berechtigten vor Verfügungen des nichtberechtigten Bucheigentümers, indem ein gutgläubiger Erwerb nach § 892 I S. 1 BGB verhindert wird. Die Vormerkung hingegen setzt kein unrichtiges Grundbuch voraus, sondern sichert die in § 883 I BGB genannten Ansprüche auf dingliche Rechtsänderung vor weiteren Verfügungen des Berechtigten. Die Vormerkung kündigt somit eine künftige Rechtsänderung an und schützt anders als der Widerspruch nicht den Eigentümer, sondern den obligatorisch Berechtigten.

Merksatz

hemmer-Methode: Schlagwortartig gilt damit Folgendes: Die Vormerkung prophezeit, der Widerspruch protestiert.[257]

B) Entstehung der Vormerkung

Entstehungsvoraussetzungen

Die Entstehung einer Vormerkung setzt voraus:
⇨ Vormerkungsfähiger Anspruch, § 883 I BGB
⇨ Bewilligung bzw. einstweilige Verfügung, § 885 I S. 1 BGB
⇨ Eintragung ins Grundbuch, § 883 I BGB
⇨ Berechtigung bzw. gutgläubiger Erwerb

I. Vormerkungsfähige Ansprüche, § 883 I BGB

1. Schuldrechtlicher Anspruch, § 883 I S. 1 BGB

schuldrechtlicher Anspruch

Nach § 883 I S. 1 BGB wird eine Vormerkung zur Sicherung eines Anspruchs auf dingliche Rechtsänderung eingetragen. Erfasst werden daher nur schuldrechtliche Ansprüche.[258] Bei dinglichen Ansprüchen auf Rechtsänderungen (vgl. etwa § 1169 BGB) ist bei Anspruchskonkurrenz allenfalls ein zugleich gegebener schuldrechtlicher Anspruch auf Rechtsänderung, etwa aus § 812 BGB, vormerkungsfähig; ansonsten bleibt als Sicherungsmittel der Widerspruch.[259]

---

256 Vgl. Schwerdtner, JURA 1986, 317; Westermann, JURA 1979, 235.
257 Vgl. Tiedtke, JURA 1981, 369.
258 Hager, JuS 1990, 430; Palandt, § 883 BGB, Rn. 5 f., anders Palandt, § 1169 BGB, Rn. 2.
259 Vgl. Palandt, § 883 BGB, Rn. 6 m.w.N.

SACHENRECHT III

Akzessorietät

Ohne das Vorliegen eines Anspruchs kann die Vormerkung nicht entstehen. Die Vormerkung ist somit streng akzessorisch.

Eine Forderungsauswechslung wie bei der Hypothek gem. § 1180 BGB ist bei der Vormerkung nicht vorgesehen. Wegen der strengen Akzessorietät der Vormerkung ist § 1180 BGB auch nicht analog anwendbar.[260] Dem Grundsatz der Akzessorietät wird allerdings genügt, wenn eine erloschene Auflassungsvormerkung durch erneute Bewilligung ohne Grundbuchberichtigung und inhaltsgleiche Neueintragung wieder zur Sicherung eines neuen deckungsgleichen Anspruchs verwendet wird.[261] Die Bewilligung der Vormerkung ist gem. §§ 879 II, 892 II BGB analog nämlich auch nach Eintragung möglich.[262]

Ebenso ist es grundsätzlich möglich, einen bedingten Anspruch (dazu unter Rn. 108) hinsichtlich seiner Entstehungsbedingungen zu erweitern, ohne erneut eine Eintragung vornehmen lassen zu müssen. Ist der gesicherte Anspruch z.B. ein durch Rücktritt bedingter Rückübereignungsanspruch, können die Parteien die Rücktrittsgründe nachträglich erweitern, indem die Erweiterung bewilligt wird.[263] Da sich aus dem Grundbuch generell nichts über die Reichweite und Wirksamkeit des gesicherten Anspruchs entnehmen lässt, bestehen gegen diese Sichtweise auch keine grundbuchrechtlichen Bedenken. Es ist hinsichtlich der Rangwirkung allerdings darauf zu achten, dass diese für die neuen Rücktrittsgründe erst mit erneuter Bewilligung greift.

hemmer-Methode: Die Vormerkung setzt einen vormerkungsfähigen Anspruch voraus. Deshalb werden bei der Vormerkung alle auf das schuldrechtliche Grundgeschäft bezogenen Nichtigkeitsgründe relevant und so mit dem Sachenrecht verknüpft. Wenn die Vormerkung den Anspruch auf Grundstücksübereignung sichert, entsteht daher z.B. keine Vormerkung, wenn das Grundgeschäft nach §§ 311b I S. 1, 125 BGB nichtig ist.
Die nach § 311b I S. 2 BGB mögliche Heilung reicht nach der h.M. auch für die Annahme eines zukünftigen Anspruchs nicht aus.[264]

nicht vormerkungsfähige Ansprüche

Vormerkungsfähig sind nach § 883 I S. 1 BGB Ansprüche auf Einräumung oder Aufhebung von dinglichen Grundstücksrechten. Ansprüche, die sich auf dingliche Rechte an beweglichen Sachen beziehen oder nur zur Besitzübertragung verpflichten (Vermietung oder Verpachtung), sind hingegen nicht vormerkungsfähig.[265]

Schuldgrund gleichgültig

Der Schuldgrund, aus dem sich der zu sichernde Anspruch ergibt, ist für § 883 BGB gleichgültig. Er kann sich gleichermaßen aus Vertrag (etwa § 433 I S. 1 BGB oder §§ 311 I, 241 I BGB), Gesetz (etwa § 812 BGB) oder aus einem einseitigen Rechtsgeschäft (etwa aus einem durch Testament begründeten Vermächtnis, §§ 2174, 1939 BGB) ergeben.[266]

2. Künftiger und bedingter Anspruch, § 883 I S. 2 BGB

Sicherung künftiger oder bedingter Ansprüche

Nach § 883 I S. 2 BGB kann eine Vormerkung auch zur Sicherung künftiger oder bedingter Ansprüche eingetragen werden.

---

260 Palandt, § 1180 BGB, Rn. 1.
261 Vgl. Sie die sehr examensrelevante Entscheidung des BGH in **Life&Law 2000, 455 ff.** = NJW 2000, 805. Der Rang der neu bewilligten Vormerkung bestimmt sich aber nicht nach dem Zeitpunkt der Eintragung, sondern nach dem Zeitpunkt der Neubewilligung!
262 Palandt, § 885 BGB, Rn. 8.
263 BGH, **Life&Law 2008, 308 ff.**
264 Vgl. Rn. 107.
265 Hager, JuS 1990, 430.
266 Vgl. Schwerdtner, JURA 1985, 317.

§ 7 DIE VORMERKUNG

Die Vormerkung wirkt sich aber erst dann aus, wenn der Anspruch vollwirksam entsteht. Nach der Entstehung schützt die Vormerkung den Inhaber aber rückwirkend ab dem Zeitpunkt der Eintragung (insbesondere für die Rangwirkung relevant).[267]

a) Künftiger Anspruch

strenge Anforderungen an „künftigen" Anspruch

An das Vorliegen eines vormerkungsfähigen künftigen Anspruchs werden allgemein strenge Anforderungen gestellt. Begründet wird diese Eingrenzung damit, dass sonst durch die Vielzahl vormerkungsfähiger künftiger Ansprüche eine faktische Grundbuchsperre entstünde, was gerade nicht Ziel der Vormerkung ist.[268]

feste Rechtsgrundlage

Ein i.S.v. § 883 I S. 2 BGB künftiger Anspruch liegt daher nur vor, wenn für seine Entstehung eine feste Rechtsgrundlage geschaffen ist.[269] Streitig ist, ob dies bereits der Fall ist, wenn der künftige Schuldner die Rechtsgrundlage nicht mehr einseitig beseitigen kann oder ob weitergehend verlangt werden muss, dass die Anspruchsentstehung nur noch vom Willen des Vormerkungsberechtigten (des künftigen Gläubigers) abhängt.[270] Ausgehend vom Zweck der engen Auslegung des § 883 I S. 2 BGB (keine faktische Grundbuchsperre) dürfte es ausreichend sein, darauf abzustellen, dass der Schuldner die Rechtsgrundlage nicht mehr einseitig beseitigen kann.

Bereits dann ist seine Bindung derart gefestigt, dass er kein schützenswertes Interesse mehr an einer ungehinderten anderweitigen Verfügung hat. Nicht ausreichend ist jedenfalls, wenn die Entstehung ausschließlich vom Willen des künftigen Schuldners abhängt.[271]

> **hemmer-Methode:** Dieser Streitstand zum „künftigen Anspruch" muss zwar angesprochen werden, kann aber - wie so oft – offen bleiben, sofern beide Meinungen zum gleichen Ergebnis führen. Vom Kandidaten wird dann verlangt, dass er sich nicht unnötig festlegt. Die souveräne Klausur offenbart dann zwar Detailwissen, lässt aber bei gleichen Ergebnissen den Streit „dahinstehen".

Beispiele „künftiger Ansprüche" i.S.v. § 883 I S. 2 BGB

Ein künftiger Anspruch i.S.v. § 883 I S. 2 BGB liegt etwa vor bei einem bindenden formgültigen Grundstücksverkaufsangebot, einem Kaufvertrag, der noch der behördlichen Genehmigung bedarf oder der zugunsten eines noch nicht bestimmten Dritten abgeschlossen ist, nicht aber im Fall eines nicht bindenden Vorvertrags.[272]

kein „künftiger Anspruch" bei § 311b I S. 1 und 2 BGB

Zu erwägen ist, ob bei einem nach § 311b I S. 1 BGB formnichtigen, nach § 311b I S. 2 BGB aber heilbaren Grundstückskaufvertrag vor Heilung ein künftiger Anspruch i.S.v. § 883 I S. 2 BGB vorliegt. Ein gegenwärtiger Anspruch scheidet jedenfalls vor (§§ 311b I S. 1, 125 S. 1 BGB) und nach Heilung aus, da § 311b I S. 2 BGB (vgl. den Wortlaut „ ... wird ... gültig ... ") ohnehin erst ab Heilung ex nunc wirkt. Weil die Heilung auch nicht allein vom Willen des Käufers abhängt und der Verkäufer die Heilung beliebig verhindern kann (die Übereignung steht in seinem Belieben), fehlt es vor Heilung nach allen Ansichten für einen künftigen Anspruch i.S.v. § 883 I S. 2 BGB an einer gesicherten Rechtsgrundlage.[273]

---

267 Vgl. Tiedtke, JURA 1981, 354.
268 Palandt, § 883 BGB, Rn. 14 ff. m.w.N.; BGH, NJW 1997, 862.
269 Palandt, § 883 BGB, Rn. 14 m.w.N.
270 Vgl. Palandt, § 883 BGB, Rn. 14 ff. und BGH, NJW 1997, 862, jeweils m.w.N.
271 BGH, NJW 1997, 862 m.w.N. = **juris**byhemmer.
272 Vgl. Sie hierzu Palandt, § 883 BGB, Rn. 15 f. m.w.N.
273 Tiedtke, JURA 1981, 355; Schwerdtner, JURA 1985, 317; BGHZ 54, 64.

hemmer-Methode: Da dann die Heilung erst mit Übereignung des Grundstücks eintritt, hat sich im Zeitpunkt der Heilung der Vormerkungszweck ohnehin erübrigt.

falsus procurator

Problematisiert wird auch, ob ein künftiger Anspruch i.S.v. § 883 I S. 2 BGB vorliegt, wenn ein Vertreter ohne Vertretungsmacht am Abschluss des Grundstückskaufvertrages beteiligt war. Hier ist zu differenzieren. Handelte der falsus procurator für den Käufer, dann ist der Rechtsboden nach allen Ansichten hinreichend fest, da der Käufer seinen Anspruch aus § 433 I S. 1 BGB einseitig und frei durch Genehmigung nach § 177 I BGB herbeiführen und der Verkäufer die Genehmigung nicht hindern kann.

Handelte der vollmachtlose Vertreter für den Verkäufer, fehlt nach allen Ansichten ein künftiger Anspruch, da der Übereignungsanspruch allein durch die Genehmigung des Verkäufers entstehen könnte, die dieser beliebig verweigern und damit der zu sichernde Anspruch nicht nach dem Belieben des Käufers entstehen kann.[274]

Vertrag zugunsten Dritter

Bei einem Vertrag zugunsten Dritter (§ 328 BGB) kann neben dem Vertragspartner auch der Dritte als zukünftiger Anspruchsinhaber vorgemerkt werden.[275] Soll der Dritte erst später benannt werden, kann nur der Versprechensempfänger (§ 335 BGB), nicht aber der - namentlich gar nicht bekannte - Dritte vorgemerkt werden.[276]

b) Bedingter Anspruch

weniger strenge Anforderungen bzgl. bedingten Anspruchs

Die Anforderungen an einen bedingten Anspruch i.S.v. § 883 I S. 2 BGB sind weniger streng. Eine genügend gesicherte Grundlage ist jedenfalls auch dann vorhanden, wenn der Eintritt der Bedingung nicht ausschließlich vom Willen des Käufers abhängt.[277]

Zulässig ist sogar, dass die Bedingung im Belieben des Schuldners steht.[278] Ebenso wird eine mehrfache Bedingtheit als zulässig angesehen.[279] Entscheidend ist, dass die auch hier geforderte feste Rechtsgrundlage durch das bereits erfolgte Rechtsgeschäft, das den Inhalt des künftigen Anspruchs sicher bestimmt, gegeben ist.[280]

> **Bsp.:** E vereinbart mit X ein dingliches Vorkaufsrecht an seinem Grundstück. Für den Fall, dass X von seinem Vorkaufsrecht Gebrauch macht, ist ein Kaufpreis von 300.000,- € vereinbart. E bewilligt und beantragt die Eintragung des Vorkaufsrechts im Grundbuch. Liegt ein vormerkungsfähiger Anspruch vor?

Hier könnte ein dingliches Vorkaufsrecht mit Vormerkungswirkung nach § 1098 II BGB entstanden sein. Die Vereinbarung eines dinglichen Vorkaufsrechts zu einem festen Preis ist aber gem. §§ 1098 I, 464 II BGB unwirksam, weil die über § 1098 I BGB geltenden Vorschriften der §§ 463 ff. BGB wegen des numerus-clausus-Prinzips des Sachenrechts nicht abdingbar sind.[281] Zulässig ist jedoch die Umdeutung in ein schuldrechtliches Vorkaufsrecht, bei dem § 464 II BGB abdingbar ist.

---

274 Hager, JuS 1990, 432.
275 Palandt, § 883 BGB, Rn. 11.
276 Vgl. BGH, NJW 1983, 1543 = **juris**byhemmer.
277 Vgl. Tiedtke, JURA 1981, 354 f.
278 BGH, NJW 1997, 862 = **juris**byhemmer.
279 BGH, NJW 1997, 862; BayObLG, DNotZ 1996, 374 = **juris**byhemmer; vgl. Sie auch **Life&Law 2001, 762 ff.**: Der zu sichernde Anspruch stand in diesem Fall zulässigerweise unter drei Bedingungen.
280 Palandt, § 883 BGB, Rn. 16; BGH, NJW 1997, 862 m.w.N.
281 RGZ 104, 123.

§ 7 DIE VORMERKUNG

Aus diesem schuldrechtlichen Vorkaufsrecht ergibt sich ein Anspruch des X auf Übereignung des Grundstücks, dessen Rechtswirkungen aber im Sinne des § 158 BGB von zwei zukünftigen, ungewissen Ereignissen abhängig sind, nämlich dem Eintritt des Vorkaufsfalles und der Ausübung des Vorkaufsrechts. Mithin liegt der Vormerkung ein doppelt bedingter Anspruch auf Übereignung des Grundstücks zugrunde, der i.S.v. § 883 I S. 2 BGB vormerkungsfähig ist.[282]

Im Einzelfall ist aber zu prüfen, ob die Bedingung zulässig ist oder gegen sachenrechtliche Grundsätze verstößt.

doppelt bedingter Rückauflassungsanspruch

Bsp.: *Die Eheleute E wollen ihrer Tochter T ein Grundstück schenken, aber einen vorschnellen Weiterverkauf verhindern. Der Notar schlägt hierzu eine Vereinbarung vor, nach der E im Falle der Veräußerung durch T von der Schenkung zurücktreten und das Grundstück zurückverlangen können. Zur Sicherung soll eine Vormerkung eingetragen werden.*

str., ob unzulässige Umgehung des § 137 S. 1 BGB

Teilweise wird für diesen Fall eines doppelt bedingten Rückauflassungsanspruchs (bedingt durch Verkauf und Rücktritt) die Vormerkungsfähigkeit verneint, da tatsächlich ein Veräußerungsverbot vorliege, welches nach § 137 S. 1 BGB nicht dinglich wirke.[283] Die Vormerkung, die einen solchen doppelt bedingten Rückauflassungsanspruch absichere, habe aber dingliche Wirkung, was eine unzulässige Umgehung des § 137 S. 1 BGB darstelle.

Nach zutreffender Ansicht[284] liegt aber keine Umgehung des § 137 S. 1 BGB vor. § 137 S. 1 BGB schützt nicht die Verfügungsfreiheit, sondern den numerus clausus der Sachenrechte. Eine Umgehung des § 137 S. 1 BGB scheidet daher aus, weil dieser Zweck nicht betroffen ist.

Zulässig ist außerdem, eine gesetzlich mögliche Gestaltungsmöglichkeit zu wählen, um eine Weiterveräußerung zu verhindern. Zudem kann eine nach § 137 S. 2 BGB zulässige Verpflichtung durch ein gerichtliches Veräußerungsverbot gesichert und dieses gem. §§ 938 II, 941 ZPO eingetragen werden, was dann ohnehin Vormerkungswirkungen entfaltet. Auch von daher kann die Konstruktion zur Sicherung des Rückauflassungsanspruchs mittels einer Vormerkung kaum § 137 S. 1 BGB entgegenlaufen.

Eine unterschiedliche Behandlung des gerichtlichen und eines rechtsgeschäftlichen Verfügungsverbotes wäre nicht gerechtfertigt.[285] Die weitere Bedingung, nämlich die Ausübung des Rücktrittsrechts, ist als Potestativbedingung ohne weiteres zulässig.

hemmer-Methode: Das Erfordernis des sicheren Rechtsbodens dient dazu, eine Überlastung des Grundbuchamtes vorzubeugen. Es soll verhindert werden, dass das Grundbuch aufgrund einer unüberschaubaren Zahl gesicherter Ansprüche, die möglicherweise nie entstehen, unübersehbar wird. Würden auch solch unsichere Aussichten für eine Vormerkung genügen, wäre die Sicherheit des Rechtsverkehrs zu stark belastet. Da niemand feststellen könnte, ob die Ansprüche irgendwann entstehen, hätte die Zulassung faktisch eine Grundbuchsperre zur Folge.

Ein wichtiges bislang umstrittenes Problem in diesem Zusammenhang war die Frage, ob der Anspruch auf Rückübereignung wegen groben Undanks i.S.v. § 530 BGB vormerkungsfähig ist. Problematisch ist hier, ob dieser Anspruch genügend bestimmt ist.

---

282 Vgl. RGZ 72, 392.
283 Vgl. Timm, JZ 1989, 21.
284 BGH, NJW 1997, 862; BGH, ZIP 2000, 1446 = **Life&Law 2000, 769 ff.; zuletzt BGH Life&Law 12/2012 = juris**byhemmer; Kohler, DNotZ 1989, 339
285 Vgl. Sie zur Argumentation und den Nachweisen BGH, NJW 1997, 862 unter III 2 b der Entscheidungsgründe sowie K. Schmidt, JuS 1997, 564.

Bsp.[286]: *Zwei Miteigentümer übertrugen ihr Grundstück unter gleichzeitiger Auflassung mit notariellem Vertrag vom 14.12.2000 ihrem Sohn. Dabei behielten sie sich neben einem lebenslangen Nießbrauch das Recht vor, die Rückübereignung u.a. dann verlangen zu können, wenn sich der Erwerber oder dessen Gesamtrechtsnachfolger als grob undankbar i.S.v. § 530 BGB erweisen sollten. Zur Sicherung der Rückübertragungsansprüche bewilligten und beantragten die Beteiligten die Eintragung von Auflassungsvormerkungen zu Gunsten der Veräußerer.*

Gemäß § 883 I S. 1 u. 2 BGB kann zur Sicherung eines künftigen Anspruchs eine Vormerkung eingetragen werden. Fraglich ist, welche Anforderungen an den vorzumerkenden Anspruch zu stellen sind.

Ein künftiger oder bedingter Anspruch kann mit einer Vormerkung gesichert werden, wenn eine feste, die Gestaltung des Anspruchs bestimmende Rechtsgrundlage vorhanden ist. Eine wenig aussichtsreiche tatsächliche Möglichkeit, dass der Anspruch entsteht, genügt hingegen nicht. Es ist zu klären, ob hier ein solcher sicherer Rechtsboden für den Anspruch besteht.

Hier liegt eine doppelte Bedingung vor, nämlich erstens, dass sich der Beschenkte durch eine schwere Verfehlung groben Undankes schuldig macht und zweitens der Schenker die Schenkung deshalb widerruft. Ein bedingt abgeschlossenes Rechtsgeschäft bietet genügend Sicherheit bzgl. des erforderlichen sicheren Rechtsbodens für das künftige Wirksamwerden des Anspruchs.

Denn die Beteiligten können sich der rechtlichen Bindung nicht mehr einseitig entziehen. Dem sicheren Rechtsboden steht auch nicht entgegen, dass der Beschenkte es durch sein künftiges Verhalten verhindern kann, dass die Bedingung eintritt. Es genügt auch eine Potestativbedingung. Auch wenn der Beschenkte den Eintritt der Bedingung frei bestimmen kann, tritt die Rechtsfolge unabhängig davon ein, ob sie in diesem Zeitpunkt noch gewollt ist.

Der Anspruch müsste aber ferner dem grundbuchrechtlichen Bestimmtheitsgrundsatz genügen. Hierzu ist erforderlich, dass der vorgemerkte Anspruch nach Inhalt und Gegenstand genügend bestimmt oder bestimmbar ist.

Ausreichend ist, dass das Ereignis, mit dessen Eintritt der bedingte Rückübertragungsanspruch wirksam werden soll, aufgrund objektiver Umstände, die auch außerhalb des Grundbuchs liegen können, bestimmbar ist, sofern sie nachprüfbar und wenigstens in der Eintragungsbewilligung angedeutet sind.

Problematisch ist hier, dass mit grobem Undank ein **unbestimmter Rechtsbegriff** verwendet wird. Die Bestimmbarkeit wird aber nicht dadurch in Frage gestellt, dass der Eintritt der Bedingung erst durch eine richterliche Entscheidung festgestellt werden kann.

Zwar ist die Frage, ob sich eine schwere Verfehlung als grober Undank gegenüber dem Schenker darstellt, weitgehend nach den Umständen des jeweiligen Einzelfalls vom Tatrichter zu beurteilen. In der Rechtsprechung ist der unbestimmte Rechtsbegriff jedoch durch Fallgruppen und eine anerkannte Definition präzisiert worden.

Eine schwere Verfehlung, durch die sich der Beschenkte groben Undanks schuldig macht setzt demnach objektiv ein gewisses Maß an Schwere und subjektiv eine tadelnswerte Gesinnung voraus, die einen Mangel an Dankbarkeit gegenüber dem Schenker erkennen lässt.

Sollten im Einzelfall Unsicherheiten bezüglich des Vorliegens des groben Undanks bestehen, so können diese durch eine richterliche Entscheidung geklärt werden. Die Bestimmbarkeit des vorgemerkten Anspruchs ist somit gegeben.

---

286 Zur Vertiefung lesen Sie BGH in **Life&Law 2002, 798 ff.**

§ 7 DIE VORMERKUNG

Der Vormerkbarkeit des Anspruchs scheitert auch nicht daran, dass die Bedingung erst nach dem Tod des Beschenkten eintreten kann und die Bedingung von einem Verhalten der Erben abhängig sein kann. Gem. § 1967 II BGB haften nämlich die Erben für die Nachlassverbindlichkeiten. Bei bedingten Ansprüchen handelt es sich um Nachlassverbindlichkeiten. Die Vormerkung wirkt gem. § 884 BGB gegenüber den Erben fort.

Ergebnis: Der Anspruch ist hinreichend bestimmt und damit i.S.d. § 883 I BGB vormerkungsfähig. Die Beschwerden gegen die Entscheidung des Grundbuchamtes sind daher begründet.

c) Erwerbsaussichten

Erwerbsaussichten

Weniger Sicherheit als ein Anspruch bietet dem Begünstigten die bloße Erwerbsaussicht. Es bestünde daher erst recht ein Bedürfnis nach Sicherung durch eine Vormerkung.

kein fester Rechtsboden

Erwerbsaussichten begründen aber nur eine vage Hoffnung auf Erwerb. Sie können jederzeit ohne Zutun des Berechtigten wieder zerstört werden. Erwerbsaussichten bieten daher einen noch weniger festen Rechtsboden als ein bedingter oder künftiger Anspruch.

Eine Erwerbsaussicht genügt daher nicht den Anforderungen eines künftigen Anspruchs i.S.v. § 883 I S. 2 BGB.[287]

> **Bsp.:** E vermacht seiner Tochter T in einem formgültigen Erbvertrag ein Grundstück. Kann E der T eine Auflassungsvormerkung bewilligen?
>
> Vor dem Erbfall besteht kein rechtlich gesicherter Anspruch, da eine Verfügung über das Grundstück vor Eintritt des Erbfalles durch den Erblasser jederzeit möglich ist (§§ 2286 ff. BGB). Ein Vermächtnisnehmer kann seine Erwerbsinteressen daher erst nach Eintritt des Erbfalles durch Vormerkung sichern lassen, und zwar dann als gegenwärtigen Anspruch gegen den Erben, § 2174 BGB.

hemmer-Methode: Vormerkbar als künftiger bzw. bedingter Anspruch ist aber der Rückübertragungsanspruch des Übergebers aus einem auf den Tod des Übernehmers befristeten Grundstücksübergabevertrag. Nicht vormerkbar ist dagegen der Rückübertragungsanspruch dann, wenn dieser Anspruch von der (unsicheren) Bedingung abhängig gemacht wird, dass das Grundstück sich beim Tode des Übernehmers noch in dessen Vermögen befindet. In diesem Fall ist der Übernehmer keiner stärkeren Bindung als durch ein Vermächtnis gebunden.
Lesen Sie dazu unbedingt BGH, NJW 2002, 2874, kommentiert von K. Schmidt in JuS 2002, 1229 f.

II. Bewilligung/einstweilige Verfügung, § 885 BGB

§ 885 I S. 1 BGB setzt für die Eintragung einer Vormerkung eine Bewilligung des Betroffenen oder eine einstweilige Verfügung voraus.

Bewilligung

Die Bewilligung ist eine einseitige empfangsbedürftige Willenserklärung gegenüber dem Vormerkungsberechtigten oder dem Grundbuchamt. Es ist also keine Einigung gem. § 873 I BGB erforderlich. Die Bewilligung ist materiell-rechtlich formfrei und von der Bewilligung nach § 19 GBO verschieden.[288] Lediglich bei der Bewilligung nach § 19 GBO, die für die Eintragung der Vormerkung erforderlich ist, ist die Form des § 29 GBO (Nachweis durch öffentliche oder öffentlich beglaubigte Urkunde) einzuhalten.

---

287 Vgl. Schwerdtner, JURA 1985, 318; BGHZ 12, 115 (117) = jurisbyhemmer.
288 Vgl. Schwerdtner, JURA 1985, 318; Tiedtke, JURA 1981.

Bewilligungsberechtigt ist derjenige, dessen dingliches Recht durch die Eintragung des vorgemerkten Rechts beeinträchtigt wird.[289]

einstweilige Verfügung

Die Eintragung kann nach § 885 I S. 1 BGB auch aufgrund einer einstweiligen Verfügung (§ 935 ZPO) erfolgen. Der Käufer muss dabei nur glaubhaft machen (§§ 936, 920 II ZPO), dass ihm ein Anspruch auf Übereignung des Grundstücks zusteht, nach § 885 I S. 2 BGB aber abweichend von § 920 II ZPO nicht auch die Anspruchsgefährdung.

Die Gefährdung ergibt sich bereits daraus, dass der Verkäufer bis zur Eintragung jederzeit Verfügungen über das Grundstück vornehmen kann. Nach der h.M.[290] darf der zu sichernde Anspruch im Falle der einstweiligen Verfügung jedoch kein künftiger sein. Begründet wird dies damit, dass die Voraussetzungen des § 257 ZPO für eine Klage auf künftige Leistung bei der erzwingbaren Hauptsacheklage (§§ 936, 926 ZPO) außer im Falle des noch nicht fälligen Anspruchs nicht gegeben wären.

Anspruch auf Bewilligung

Die Frage, ob der Käufer ohne besondere Vereinbarung die Bewilligung einer Vormerkung vom Verkäufer verlangen kann, wird teilweise verneint, da es an einer gesetzlichen oder vertraglichen Grundlage fehle.[291]

Die h.M.[292] folgt dem zu Recht nicht. Der Verkäufer ist nach verpflichtet, alles zu tun, um den Rechtserwerb des Käufers zu sichern, was sich zumindest aus ergänzender Vertragsauslegung ergibt. Ein Anspruch auf Bewilligung ergibt sich zudem aus dem Gesetz, da § 885 I BGB selbst von der Möglichkeit ausgeht, die Eintragung durch eine einstweilige Verfügung zu erreichen. Dem würde es widersprechen, wenn der Verkäufer eine Bewilligung, die er ohne besondere vertragliche Verpflichtung unter dem Eindruck einer (kostenträchtigen) einstweiligen Verfügung erklärte, mangels Rechtsgrund nach § 812 I BGB kondizieren könnte.[293]

> **hemmer-Methode:** Dieser Streit wird insbesondere bei der Frage, ob die Bewilligung nach § 812 BGB kondizierbar ist, relevant sein, da der Käufer, dem gem. § 885 I BGB die erleichterte einstweilige Verfügung eröffnet ist, kaum zur langwierigen Klage auf Bewilligung greifen wird. Sollten Sie einmal die Erfolgsaussichten des Antrags auf Erlass einer einstweiligen Verfügung zu thematisieren haben, müsste die Diskussion beim Punkt „Verfügungsanspruch" geprüft werden.

III. Eintragung, §§ 883 I, 885 BGB

Eintragung ist konstitutiv

Die Vormerkung ist nach §§ 883 I S. 1, 885 BGB in das Grundbuch einzutragen. Die Eintragung wirkt konstitutiv. Gläubiger, Art und Umfang des gesicherten Anspruchs sind in den Eintragungsvermerk aufzunehmen, nicht aber der Schuldgrund, aus dem der Anspruch erwächst. Im Übrigen kann bei der Eintragung gem. § 885 II BGB auf die Bewilligung oder die einstweilige Verfügung Bezug genommen werden.

> **hemmer-Methode:** § 885 BGB ist „lex specialis" gegenüber § 873 BGB.

---

[289] Palandt, § 885 BGB, Rn. 10.
[290] Vgl. Tiedtke, JURA 1981, 356; RGZ 74, 158.
[291] Tiedtke, JURA 1981, 335.
[292] Hager, JuS 1990, 433.
[293] Hager, JuS 1990, 433.

IV. Bewilligungsberechtigung

Berechtigung

Hinsichtlich Berechtigung und Verfügungsbefugnis zur Bewilligung gelten die allgemeinen sachenrechtlichen Regelungen.

Berechtigt ist damit der verfügungsbefugte Rechtsinhaber bzw. der kraft Amtes zur Verfügung Befugte (z.B. Insolvenzverwalter, § 80 I InsO).[294]

§ 878 BGB entsprechend bei der Vormerkung

Beim Erwerb eines Grundstücks kann die fehlende Verfügungsbefugnis auch unter den Voraussetzungen des § 878 BGB überwunden werden. Da die Vormerkung gerade den Erwerbsanspruch absichern soll, findet nach einhelliger Ansicht[295] § 878 BGB wegen der gleichen Interessenlage entsprechende Anwendung auf die Vormerkung, wenn die Vormerkung bewilligt und der Antrag auf Eintragung der Vormerkung beim Grundbuchamt eingegangen ist.

Eine nach diesem Zeitpunkt eintretende Verfügungsbeschränkung hindert weder die Eintragung der Vormerkung noch die spätere Entstehung des vorgemerkten Rechts.[296]

Bsp. 1: V verkauft K am 01.03. sein Grundstück. Die Auflassung soll nach Kaufpreiszahlung erfolgen. Am 14.03. wird eine Auflassungsvormerkung zugunsten von K bewilligt und eingetragen. Am 10.05. zahlt K den Kaufpreis. Am 14.05. erfolgt die Auflassung. Am 16.05. wird unter Beifügung der schriftlichen Auflassung der Antrag auf Eintragung gestellt. Am 30.05. wird K eingetragen. Wer ist Eigentümer, wenn am 28.05. über das Vermögen des V das Insolvenzverfahren eröffnet wird?

Bsp. 2: Das Insolvenzverfahren wird bereits am 15.05. eröffnet und zugleich ist gem. §§ 21 II Nr. 2, 23 III, 32, 33 InsO der Insolvenzvermerk ins Grundbuch eingetragen.

Bsp. 3 (bis zum 14.03. wie Ausgangsfall)*:* Die Eröffnung des Insolvenzverfahrens sowie die Eintragung des Insolvenzvermerks erfolgen am 03.04. Am 10.04. verkauft der Insolvenzverwalter das Grundstück an D und lässt es an ihn auf. Am 20.04. wird D als Eigentümer eingetragen. Als K später zur Auflassung erscheint, erfährt er von der Insolvenz und der anderweitigen Verfügung.

Zu Bsp. 1: Da Auflassung und Eintragung des K erfolgt sind, könnte er gem. §§ 873, 925 BGB Grundstückseigentümer geworden sein, wenn V bei der Eintragung noch verfügungsberechtigt war. Die Verfügungsbeschränkung, § 80 I InsO, trat erst ein, als die dingliche Einigung nach § 873 II BGB bereits bindend war (Einreichung der Auflassung beim GBA am 16.05., § 873 II BGB) und der Eintragungsantrag gestellt war. Hinsichtlich des Eigentumserwerbs des K ist daher die spätere Verfügungsbeschränkung nach § 878 BGB unbeachtlich. Auf die Vormerkung kommt es in diesem Fall nicht an.

In Bsp. 2 greift § 878 BGB in direkter Anwendung nicht ein, da der Antrag auf Eintragung als Eigentümer (16.05.) noch nicht gestellt war, als am 15.05. die Verfügungsbeschränkung nach § 80 I InsO eintrat. Wegen des Insolvenzvermerks im Grundbuch ist auch ein gutgläubiger Erwerb des Eigentums durch § 892 I S.2 BGB ausgeschlossen. Der Insolvenzvermerk vom 15.05. erfolgte jedoch erst nach Bewilligung und Eintragung der Vormerkung (14.03.). Daher hindert er nach § 878 BGB entsprechend weder den Erwerb der Vormerkung noch den Erwerb des Eigentums. Gem. § 106 InsO kann K die Auflassung vom Insolvenzverwalter bzw. dessen Zustimmung verlangen.

---

[294] Vgl. Palandt, § 885 BGB, Rn. 10.
[295] Tiedtke, JURA 1981, 363; Schwerdtner, JURA 1985, 318; BGHZ 28, 185; 33, 129 = **juris**byhemmer.
[296] Palandt, § 885 BGB, Rn. 11.

In Bsp. 3 ist D Eigentümer des Grundstücks geworden, da die Vormerkung einer Verfügung durch den Insolvenzverwalter nicht entgegensteht. Die Vormerkung führt nicht zu einer Grundbuchsperre. V wurde jedoch durch diese Verfügung eine Auflassung an K nicht unmöglich, da die Verfügung nach § 883 II S. 2 BGB in diesem Verhältnis relativ unwirksam ist. Daher kann K von V (bzw. dem Insolvenzverwalter) gem. § 433 I S. 1 BGB die Auflassung und von D nach § 888 I BGB die Zustimmung zur Eintragung verlangen.

V. Gutgläubiger Ersterwerb nach §§ 892, 893 BGB[297]

h.M.: Vormerkung ist Verfügung, deshalb §§ 893, 892 BGB

Nach der h.M. ist die Bewilligung der Vormerkung eine Verfügung gem. § 893 Alt. 2 BGB, sodass § 892 BGB entsprechend anwendbar ist.

Der gutgläubige Ersterwerb einer Vormerkung ist somit grundsätzlich möglich. Geschützt wird über §§ 892, 893 BGB nur der gute Glaube an die Berechtigung des Bewilligenden, nicht aber an das Bestehen des durch die Vormerkung zu sichernden Anspruchs.[298] Scheitert bereits die Entstehung des Anspruchs, kann daher eine Vormerkung mangels Anspruchs nicht, auch nicht gutgläubig, erworben werden.

hemmer-Methode: Es geht hier nur um den guten Glauben hinsichtlich der Berechtigung. Wegen der Akzessorietät der Vormerkung ist das Bestehen der Forderung, für die § 892 BGB nicht gilt, unerlässlich![299] Entscheidender Zeitpunkt für die Gutgläubigkeit ist die Vollendung des Vormerkungserwerbs. Bei einer Vormerkung für eine künftige Forderung muss nach der h.M. der gute Glaube aber nicht bis zur Entstehung des Anspruchs vorliegen. D.h., dass nach Bewilligung und Eintragung der Vormerkung der böse Glaube vor Entstehung des Anspruches nicht mehr schadet.[300]

VI. Rechtsfolgen des gutgläubigen Ersterwerbs nach §§ 892, 893 Alt. 2 BGB

Bösgläubigkeit vor Erwerb des vorgemerkten Rechts

Umstritten sind die Folgen des gutgläubigen Erwerbs der Vormerkung auf den späteren Erwerb des von der Vormerkung betroffenen Rechts.

Nach der „kleinen Lösung"[301] ist zum Erwerb des vorgemerkten Rechts die Gutgläubigkeit gem. § 892 II BGB auch noch im Zeitpunkt des Antrags auf Eintragung des vorgemerkten Rechts erforderlich. Der gutgläubige Erwerb der Vormerkung würde den Erwerber daher nicht vor späterer Bösgläubigkeit schützen.

Gutgläubigkeit bei Vormerkungserwerb ausreichend

Nach der sog. „großen Lösung" der h.M.[302] genügt der gute Glaube allein bei Erwerb der Vormerkung auch für den späteren Erwerb des vorgemerkten Rechts.

späterer böser Glaube analog § 883 II BGB unbeachtlich

Der Erwerber muss daher nur bei Stellung des Antrags auf Eintragung der Vormerkung gutgläubig sein. Ein späterer böser Glaube ist analog § 883 II BGB unbeachtlich und hindert nach Eintragung der Vormerkung den Erwerb des vorgemerkten Rechts daher nicht mehr. Begründet wird dies damit, dass nur so der von der Vormerkung bezweckte umfassende Schutz des Erwerbers möglich ist. Der Erwerb der Vormerkung führt so zu einer Vorverlagerung des für den gutgläubigen Erwerb des Rechts relevanten Zeitpunktes.[303]

---

297 Zum rein dogmatischen Streit, welche Vorschrift für den gutgläubigen Ersterwerb der Vormerkung maßgeblich ist, vgl. Stamm in JuS 2003, 48 (50).
298 Vgl. Palandt, § 885 BGB, Rn. 12.
299 Palandt, § 885 BGB, Rn. 12.
300 Vgl. Sie dazu Stamm in JuS 2003, 48 (51).
301 Wiegand, JuS 1975, 212.
302 Tiedtke, JURA 1981, 361 f.; RGZ 121, 47; BGHZ 57, 343 = **juris**byhemmer.
303 Palandt, § 892 BGB, Rn. 25.

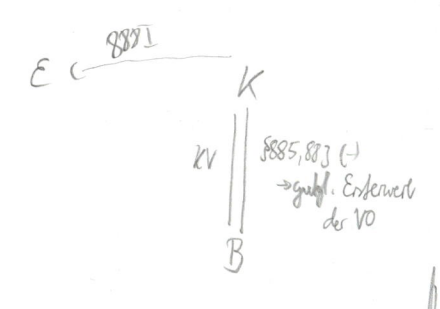

Bsp.: Bucheigentümer B verkauft dem gutgläubigen K ein Grundstück, lässt es ihm auf und bewilligt eine Vormerkung. Nach Eintragung der Vormerkung stellt sich heraus, dass das Grundstück dem E gehört. E wird im Wege der Grundbuchberichtigung mit Zustimmung des B als Eigentümer im Grundbuch eingetragen. Kann K seine Eintragung als Eigentümer erreichen?

Variante: B war zudem beim Kaufvertragsschluss nicht geschäftsfähig.

Möglicherweise kann K gem. § 433 I S. 1 BGB von B Übereignung verlangen. Im Ausgangsfall hat K nach §§ 892, 893 BGB gutgläubig eine Vormerkung erworben. Die berichtigende Eintragung des E ist zwar keine Verfügung über das Grundstück, aber analog § 883 II BGB im Verhältnis B - K relativ unwirksam. Eine analoge Anwendung ist nach Sinn und Zweck des § 883 II BGB geboten, da es für den Geschützten keinen Unterschied macht, ob eine Eintragung konstitutiven oder berichtigenden Charakter hat. Da somit im Verhältnis zu K der B nach § 883 II BGB analog noch als Eigentümer gilt, ist ihm die Erfüllung des Kaufvertrages nicht gem. § 275 I Alt. 1 BGB unmöglich geworden. B muss K das Grundstück auflassen. Von E kann K gem. § 888 BGB die Zustimmung zu seiner Eintragung als Eigentümer verlangen.

In der Variante ist bereits der Anspruch auf Übereignung mangels Geschäftsfähigkeit nicht entstanden (§ 105 I BGB). Über einen solchen Mangel helfen auch die §§ 892, 893 BGB nicht hinweg. K steht gegen B kein Auflassungsanspruch und gegen E folglich auch kein Anspruch aus § 888 I BGB zu.

hemmer-Methode: Merken Sie sich: **Der gute Glaube kann immer nur die fehlende Berechtigung des Veräußerers überwinden. Auch beim gutgläubigen Ersterwerb einer Hypothek ist stets Voraussetzung, dass die Forderung besteht. Fehlt es hieran, kann auch eine Hypothek nicht nach §§ 892, 893 BGB vom vermeintlichen Eigentümer erworben werden.**

erzwungene Vormerkungsbewilligung, §§ 894 ff. ZPO

Wurde die Bewilligung der Vormerkung durch ein rechtskräftiges Urteil nach § 894 ZPO fingiert, ist nach der h.M.[304] der gutgläubige Erwerb der Vormerkung nach §§ 892, 893 BGB ebenfalls möglich, da über § 898 ZPO die Vorschriften des gutgläubigen Erwerbs Anwendung finden. Insoweit gilt die Bewilligung als Rechtsgeschäft.

Ob Gleiches vor Eintritt der Rechtskraft gelten soll, wenn der Verkäufer aufgrund eines vorläufig vollstreckbaren Urteils zur Auflassung verurteilt ist, wird uneinheitlich beurteilt. Hier gilt nach § 895 ZPO die Eintragung einer Vormerkung als bewilligt.

Da aber § 895 ZPO in § 898 ZPO nicht aufgezählt ist, wird konsequenterweise ein gutgläubiger Erwerb einer Vormerkung zu verneinen sein.[305] Nach anderer Ansicht, die sich über den eindeutigen Wortlaut hinwegsetzt, sei auch bei § 895 ZPO ein gutgläubiger Erwerb der Vormerkung möglich, da bei Inkrafttreten der §§ 894 ff. ZPO der gutgläubige Erwerb der Vormerkung anders als heute noch nicht anerkannt gewesen sei.[306]

hemmer-Methode: Hier ist genau zu differenzieren. § 894 ZPO betrifft den (eher seltenen) Fall, dass der Verkäufer auf Abgabe der Bewilligung nach § 885 I S. 1 BGB verklagt und verurteilt worden ist. Ziel der Klage ist dann die Bewilligung der Vormerkung selbst. § 895 ZPO hingegen betrifft den häufigeren Fall einer Verurteilung zur Abgabe der Auflassungserklärung. Das Gesetz ordnet dabei wegen der vor Rechtskraft bestehenden vorläufigen Vollstreckbarkeit zur Sicherung des Auflassungsanspruchs die Bewilligung einer Vormerkung an. Ziel der Klage ist dabei nicht die Bewilligung der Vormerkung, sondern die Auflassung.

---

304 Vgl. Tiedtke, JURA 1981, 363; ders. JURA 1983, 522; Knöpfle, JuS 1981, 165; Palandt, § 885 BGB, Rn. 12.
305 Palandt, § 885 BGB, Rn. 12.
306 Vgl. Tiedtke, JURA 1981, 363; Reinicke, NJW 1964, 2379; so auch Thomas/Putzo, § 898 ZPO, Rn. 1 seit der 22. Auflage.

kein gutgläubiger Erwerb bei einstweiliger Verfügung

Nach der h.M.[307] scheidet dagegen ein gutgläubiger Erwerb aus, wenn die Vormerkung aufgrund einer einstweiligen Verfügung eingetragen wird. Hier liegt kein rechtsgeschäftlicher Erwerb vor, auf den § 892 BGB Anwendung finden könnte.

§ 2367 BGB bei Scheinerbe

Erfolgt die Bewilligung der Vormerkung durch einen Scheinerben und war der Erblasser Eigentümer, so erwirbt der gutgläubige Käufer die Vormerkung gem. §§ 2367 Alt. 2, 2366 BGB, wenn ihm die Unrichtigkeit des Erbscheins nicht bekannt war.[308]

> **hemmer-Methode:** Ein „doppelt gutgläubiger Erwerb" ist zu prüfen, wenn der Scheinerbe eine Vormerkung bewilligt und der Erblasser lediglich Bucheigentümer war. Nur die Kombination von § 893 Alt. 2 BGB und § 2367 Alt. 2 BGB kann dazu führen, dass der doppelte Mangel der Berechtigung durch den guten Glauben überwunden werden kann.

C) Wirkung der Vormerkung

I. Sicherungswirkung

Sicherungswirkung

Die Sicherungswirkung der Vormerkung ergibt sich aus den §§ 883 II, 888 BGB.

1. Relative Verfügungsbeschränkung

relative Verfügungsbeschränkung: §§ 883 II, 888 BGB

Die Vormerkung bewirkt eine relative Verfügungsbeschränkung. Verfügungen, die nach Eintragung der Vormerkung über das Grundstück getroffen wurden, sind daher nur insoweit unwirksam, als sie den durch die Vormerkung gesicherten Anspruch vereiteln oder beeinträchtigen würden. Die relative Unwirksamkeit bedeutet, dass die vormerkungswidrige Verfügung gegenüber jedermann wirksam ist mit Ausnahme gegenüber dem Vormerkungsberechtigten.

Die Vormerkung führt also nicht zu einer Grundbuchsperre. Die relative Unwirksamkeit besteht von Anfang an und muss nicht erst geltend gemacht werden.[309]

relative Unwirksamkeit: kein Anspruchsuntergang gem. § 275 I BGB

Aufgrund der relativen Unwirksamkeit bleibt der vormerkungswidrig Verfügende also (nur) gegenüber dem Vormerkungsberechtigten weiterhin Berechtigter. Er kann daher im Verhältnis zum Vormerkungsberechtigten weiterhin die nach dem gesicherten Anspruch geschuldete dingliche Rechtsänderung vornehmen. Demzufolge kann er sich aufgrund der Vormerkungswirkung nicht darauf berufen, dass ihm die Erfüllung des gesicherten Anspruchs durch die vormerkungswidrige Verfügung subjektiv unmöglich geworden sei, § 275 I Alt. 1 BGB.

> **hemmer-Methode:** Für den Klausuraufbau ergibt sich damit: Der Vormerkungsberechtigte könnte einen Anspruch aus § 433 I S. 1 BGB auf Eigentumsverschaffung haben. (...)
> Dieser Anspruch könnte aber untergegangen sein, wenn dem Verpflichteten die Eigentumsverschaffung subjektiv unmöglich geworden wäre, § 275 I Alt. 1 BGB, was sich aus einer anderweitigen Veräußerung ergeben könnte. Wegen § 883 II BGB greift § 275 I Alt. 1 BGB aber nicht ein.

---

[307] Vgl. Tiedtke, JURA 1983, 522; Knöpfle, JuS 1981, 165; RGZ 68, 153.
[308] Vgl. Tiedtke, JURA 1981, 363; BGHZ 57, 341 = **juris**byhemmer.
[309] Vgl. Knöpfle, JuS 1981, 162.

2. Vormerkungswidrige Verfügung

vormerkungswidrige Verfügung

Diese relative Unwirksamkeit des § 883 II S. 1 BGB tritt nur ein, wenn **nach Eintragung** der Vormerkung eine Verfügung über das Grundstück erfolgt, die den gesicherten Anspruch vereiteln oder beeinträchtigen würde.

Vergleich „Inhalt des gesicherten Anspruchs" - „Inhalt der Verfügung"

Ob eine Verfügung in diesem Sinne vormerkungswidrig ist, hängt sowohl von ihrem Inhalt als auch von demjenigen des gesicherten Anspruchs ab. Erforderlich ist, dass der gesicherte Anspruch von der Verfügung überhaupt betroffen ist.[310] Auszugehen ist von der Grundbuchsituation im Zeitpunkt der Vormerkungseintragung. Vormerkungswidrig ist jede Verfügung, die aus Sicht des Vormerkungsberechtigten diesen Stand verschlechtert. **Ausscheiden müssen** daher jedenfalls solche **Verfügungen**, die ihrerseits **vor Eintragung der Vormerkung** vollständig abgeschlossen waren.[311]

Beispiele vormerkungswidriger Verfügungen

Gegenüber einer Auflassungsvormerkung ist daher vor allem eine Übereignung, aber auch jede Begründung von beschränkten dinglichen Rechten vormerkungswidrig, da der gesicherte Anspruch gem. §§ 433 ff. BGB die Übereignung, und zwar frei von Rechten Dritter (vgl. §§ 433 I S. 2, 435 S. 1 BGB), umfasst.

Umgekehrt ist bei einer Vormerkung, die einen Anspruch auf Einräumung eines beschränkten dinglichen Rechts am Grundstück sichert, die Übereignung vormerkungswidrig.[312] Hier ist der gesicherte Anspruch insofern vereitelt, als der Verfügende die Berechtigung zur Bestellung des Rechts verliert. Nicht vormerkungswidrig ist hingegen die Abtretung eines Grundpfandrechts, das bereits bei Eintragung der Vormerkung bestand.[313]

§ 883 II S. 2 BGB

Einer rechtsgeschäftlichen Verfügung sind nach § 883 II S. 2 BGB Verfügungen im Wege der Zwangsvollstreckung, durch den Insolvenzverwalter und Arrestvollziehung gleichgestellt. Auch diese Verfügungen sind somit gegenüber dem Vormerkungsberechtigten relativ unwirksam.

Widerspruch (§ 899 BGB) keine Verfügung; hindert aber Erwerb nicht

Keine Verfügung stellt zwar die Eintragung eines Widerspruches gem. § 899 BGB nach Eintragung der (gutgläubig erworbenen) Vormerkung dar.

Die h.M.[314] lässt aber den Widerspruch ohnehin nicht gegenüber dem Vormerkungsberechtigten wirken. Beim gutgläubigen Ersterwerb der Vormerkung muss daher im Zeitpunkt des späteren Rechtserwerbs weder guter Glaube vorliegen, noch hindert der spätere Widerspruch den Erwerb des Rechts vom Nichtberechtigten.

Begründet wird diese sog. **„große Lösung"** (vgl. Rn. 114a) damit, dass die Vormerkung ihre Aufgabe nur erfüllen kann, wenn sie den vorgemerkten Anspruch nicht nur gegen abweichende Verfügungen schützt, sondern auch gegen andere Beeinträchtigungen des Erwerbs.

---

[310] Hager, JuS 1990, 434; Palandt, § 883 BGB, Rn. 20 ff.
[311] RGZ 113, 403.
[312] Vgl. Hager, JuS 1990, 434 m.w.N.
[313] BGHZ 64, 316 = **juris**byhemmer.
[314] Vgl. Medicus, BR, Rn. 554; a.A. etwa Palandt, § 883 BGB, Rn. 20.

> **hemmer-Methode:** Nach der „großen Lösung" bei der Vormerkung sind nach Eintragung einer Vormerkung analog § 883 II BGB unbeachtlich:
> 1. der spätere böse Glaube,
> 2. der Widerspruch gegen die Richtigkeit des Grundbuchs
> 3. sowie die „Zerstörung" des Rechtsscheins des Grundbuchs durch die grundbuchberichtigende Eintragung des wahren Eigentümers.

Abschluss von Miet- oder Pachtvertrag: Verfügung i.S.v. § 883 II BGB?

Fraglich ist, ob § 883 II BGB auch Schutz gegenüber einer Vermietung oder Verpachtung eines Grundstücks nach Eintragung der Vormerkung bietet. Diese Frage ist praktisch besonders bedeutsam, weil ein Grundstückserwerber nach §§ 578 I, 566 BGB (der über die §§ 581 II, 593b BGB auf die Pacht bzw. Landpacht anwendbar ist) in einen bestehenden Mietvertrag eintritt, also zunächst selbst keinen Gebrauch von dem Grundstück machen kann.

Allerdings erfasst § 883 II BGB nach seinem eindeutigen Wortlaut nur Verfügungen. Da der schuldrechtliche Mietvertrag keine Verfügung über ein Grundstück darstellt, scheidet eine direkte Anwendung des § 883 II BGB aus.

analoge Anwendung des § 883 II BGB wegen § 566 BGB?

Teilweise wird wegen § 566 BGB eine analoge Anwendung des § 883 II BGB auf den Abschluss eines Mietvertrages befürwortet.[315] Das erscheint insofern konsequent, als dass der bloß obligatorisch berechtigte Mieter sonst stärker geschützt wäre als derjenige, der (durch Verfügung) ein eigentlich stärkeres dingliches Wohnrecht nach § 1093 BGB erwirbt und wegen der §§ 883 II, 888 I BGB jedenfalls verlöre.

Außerdem steht der Abschluss eines Mietvertrages gerade wegen § 566 BGB, der gewissermaßen zu einer absoluten Wirkung des Mietvertrages führt und diesem damit dinglichen Charakter verleiht, einer Verfügung besonders nahe.

abzulehnen wegen Schutzzweck des § 566 BGB

Die Rspr.[316] lehnt eine analoge Anwendung des § 883 II BGB allerdings ab. Entscheidendes Argument hierfür ist der Zweck des § 566 BGB. Aus sozialpolitischen Erwägungen heraus soll die relative Wirkung des Mietvertrages überwunden werden, indem dazu der Erwerber in den Mietvertrag eintritt.

§ 566 BGB ist somit auf einen besonderen Schutz des Mieters vor einer Veräußerung der Mietsache gerichtet, der verfehlt würde, wenn man den Abschluss eines Mietvertrages einer Verfügung gleichstellte.

Zudem wiegt der angesprochene Wertungswiderspruch zwischen dinglichem Wohnrecht und Mietvertrag wenig schwer, da neben dem Wohnrecht des § 1093 BGB zugleich ein Mietvertrag abgeschlossen werden kann.[317]

3. Zustimmung des Erwerbers, § 888 I BGB

Zustimmungsanspruch gegen den Erwerber gem. § 888 I BGB

Um das durch die Vormerkung gesicherte Recht zu erwerben, muss der Vormerkungsberechtigte noch ins Grundbuch eingetragen werden. Formell-rechtlich erforderlich ist hierzu nach § 19 GBO eine Bewilligung desjenigen, dessen Recht durch diese Eintragung betroffen wird. Betroffen ist der durch die vormerkungswidrige Verfügung Begünstigte.

---

315 Tiedtke, JURA 1981, 365; Reinicke, NJW 1954, 1237; Palandt, § 883 BGB, Rn. 20.
316 BGHZ 13, 5; Knöpfle, JuS 1981, 162; Schwerdtner, JURA 1985, 320.
317 Vgl. Palandt, § 1093 BGB, Rn. 2 a.E. m.w.N.

§ 7 DIE VORMERKUNG

Daher kann der Vormerkungsberechtigte von dem Dritten die zur Verwirklichung des durch die Vormerkung gesicherten Anspruchs jeweils erforderliche Zustimmung gem. § 888 I BGB verlangen.

Dabei setzt der Anspruch aus § 888 I BGB nicht voraus, dass der Vormerkungsberechtigte bereits als Eigentümer eingetragen wurde. Denn die Bewilligung gem. § 888 I BGB soll die Umschreibung ja erst ermöglichen.

Eintragung des Vormerkungsberechtigten keine Voraussetzung

Auch bei einer nur beeinträchtigenden Verfügung (z.B.: Eintragung eines Wegerechts zugunsten des Dritten), bei der die Eintragung des Vormerkungsberechtigten als Eigentümer ohne Zustimmung nach § 888 I BGB möglich wäre, ist diese Eintragung als Eigentümer aber keine Voraussetzung für den Anspruch aus § 888 I BGB.[318] Denn es besteht kein Grund, eine vereitelnde Verfügung anders zu behandeln als eine nur beeinträchtigende.

Sollte der Dritte befürchten, dass es später gar nicht zur Umsetzung des gesicherten Anspruchs kommen wird, ist er doppelt geschützt. Materiell-rechtlich setzt der Anspruch aus § 888 I BGB die relative Unwirksamkeit gem. § 883 II BGB voraus, welche es wiederum aber nur bei Existenz des sicherungsfähigen Anspruchs geben kann. Sollte der Anspruch nicht bestehen, könnte sich der Dritte damit unmittelbar gegen den Anspruch aus § 888 I BGB verteidigen.

Sollte der Dritte befürchten, dass nach seiner Zustimmung der Anspruch aufgehoben wird, ist er ausreichend dadurch geschützt, dass der Hilfsanspruch aus § 888 I ZPO nicht isoliert geltend gemacht werden kann, sondern nur im Zusammenhang mit der Geltendmachung des schuldrechtlichen Anspruchs.

keine Grundbuchberichtigung gem. § 894 BGB

Eine Grundbuchberichtigung nach § 894 BGB scheidet dagegen aus, da der Vormerkungsberechtigte durch die Eintragung erst Inhaber des Rechts werden will. Zudem hat der nach § 888 I BGB verpflichtete Erwerber durch die vormerkungswidrige Verfügung wirksam ein Recht erworben. Das Grundbuch ist daher nicht falsch.[319]

II. Rangwirkung[320]

Rangwirkung, § 883 III BGB

Die Vormerkung selbst steht zu eingetragenen Rechten in einem Rangverhältnis, § 879 BGB. Nach § 883 III BGB bestimmt sich der Rang eines durch eine Vormerkung gesicherten Rechts nach der Eintragung (dem Rang) der Vormerkung.

123

Die Rangwirkung tritt aber nur bei Verwirklichung des vorgemerkten Anspruchs ein. Ist dieser erloschen, kann sich der Gläubiger die alte Rangstelle nicht mehr zunutze machen, auch wenn es sich um eine (andere) Forderung aus demselben Vertrag handelt. Dies folgt aus dem Grundsatz der strengen Akzessorietät der Vormerkung.[321]

Wird der gesicherte Anspruch durch Herbeiführung der dinglichen Rechtsänderung erfüllt, verwirklicht sich die Rangwirkung, indem das Recht kraft Gesetzes den Rang der Vormerkung erhält.[322]

---

318 BGH, **Life&Law 2010, 657 ff.**
319 Vgl. Knöpfle, JuS 1981, 163.
320 Zur Rangordnung vgl. Sie auch Rn. 149 ff.
321 Vgl. **Life&Law 2002, 16 ff.**: Der Rang einer Vormerkung zur Sicherung des Anspruchs auf Einräumung einer Bauhandwerkersicherungshypothek für erbrachte Teilleistungen kann nicht für eine Hypothek zur Sicherung nachfolgender Leistungen genutzt werden.
322 Schwerdtner, JURA 1983, 321; Palandt, § 883 BGB, Rn. 30.

III. Vollwirkung

Insolvenzverfahren

Bedeutsam ist die Vormerkung im Insolvenzverfahren über das Vermögen des Veräußerers. Gewöhnlich hat ein Grundstückskäufer vor seiner Eintragung als Eigentümer den Kaufpreis nicht an den Verkäufer, sondern zunächst den Notar gezahlt und diesen zur Auszahlung bei Eigentumsübergang angewiesen. Der Kaufvertrag ist dann i.S.v. § 103 I InsO von beiden Seiten noch nicht vollständig erfüllt. Nach Eröffnung des Insolvenzverfahrens könnte der Insolvenzverwalter deshalb grundsätzlich gem. § 103 InsO die Übereignung ablehnen. Der Käufer hätte dann lediglich einen Schadensersatzanspruch statt der Leistung (etwa gem. §§ 280 I, III, 281, 283 BGB), der wegen § 103 II InsO aber als Insolvenzforderung nach den §§ 35 ff. InsO auf die Quote beschränkt wäre.

Wirkung der Vormerkung nach § 106 InsO

Anders ist dies nach § 106 InsO, wenn vor Eröffnung des Insolvenzverfahrens eine Vormerkung eingetragen wurde. Gem. § 106 I S. 1 InsO kann der Vormerkungsberechtigte abweichend von § 103 I InsO vom Insolvenzverwalter Erfüllung des vorgemerkten Anspruchs auf dingliche Rechtsänderung verlangen. Dies gilt nach § 106 I S. 2 InsO auch dann, wenn der Insolvenzverwalter im Übrigen die Erfüllung eines nicht allein auf Übereignung gerichteten Vertrages (zusätzlich etwa Errichtung eines Hauses) zu Recht nach § 103 I InsO abgelehnt hat.

hemmer-Methode: Die Vormerkung führt damit über § 106 InsO zu einer Beschneidung des Wahlrechts des Insolvenzverwalters aus § 103 I InsO.

Zwangsvollstreckung

Geht die Vormerkung dem Recht eines die Zwangsvollstreckung betreibenden Gläubigers vor, fällt sie in das geringste Gebot und bleibt beim Zuschlag bestehen (§§ 44, 52 ZVG). Der alte Eigentümer bleibt berechtigt, das Grundstück an den Vormerkungsberechtigten aufzulassen (§ 883 II BGB); der neue Eigentümer ist nach § 888 BGB trotz hoheitlichen Erwerbs zur Zustimmung der Grundbucheintragung verpflichtet.

Ein Dritter wird daher ein Grundstück, das mit einer bestehen bleibenden Vormerkung belastet ist, kaum ersteigern.[323]

Geht die Vormerkung dem Recht des die Zwangsvollstreckung betreibenden Gläubigers nach, erlischt die Vormerkung mit dem Zuschlag. An ihre Stelle tritt nach § 92 I ZVG der Anspruch auf Ersatz des Wertes aus dem Versteigerungserlös.[324]

hemmer-Methode: Die Wirkung im Insolvenzverfahren und bei der Zwangsvollstreckung zeigt die umfassende Schutzfunktion der Vormerkung, die dafür spricht, mit der h.M. die sog. große Lösung zu bejahen.[325]

Nach § 884 BGB kann sich der Erbe des Veräußerers gegenüber dem Vormerkungsberechtigten nicht auf eine Beschränkung seiner Haftung berufen. Auf welche Weise der Erbe in seiner Haftung beschränkt ist, ist dabei unerheblich.

---

323 Vgl. Tiedtke, JURA 1981, 360.
324 Vgl. Tiedtke, JURA 1981, 360.
325 S.o. Rn. 114 und Rn. 120.

IV. Verhältnis Vormerkungsberechtigter - Dritterwerber

gegenüber § 888 BGB Zurückbehaltungsrecht aus §§ 273, 994 ff. BGB

Im Verhältnis des Vormerkungsberechtigten zum Erwerber sind die §§ 987 ff. BGB entsprechend anwendbar, soweit dies dem gesicherten Anspruch nicht widerspricht.[326] So kann der Erwerber Ersatz seiner Verwendungen nach §§ 994 ff. BGB analog verlangen, was ihm ein Zurückbehaltungsrecht gegenüber dem Zustimmungsverlangen des Vormerkungsberechtigten nach § 888 BGB verschafft, § 273 II BGB.[327]

Auch sollen dem Erwerber die Einreden des Schuldners zustehen, was sich aus der analogen Anwendung der §§ 768, 1137 BGB ergibt.[328] I.R.d. §§ 990 ff. BGB (analog) bezieht sich die Bösgläubigkeit auf die Kenntnis von der Vormerkung.[329] Von daher dürfte den Erwerber, der die Vormerkung aus dem Grundbuch ohne weiteres ersehen kann, regelmäßig der Vorwurf grober Fahrlässigkeit treffen.[330]

> *Bsp.:*[331] *V übertrug ein Hausgrundstück an seine Tochter T. Der Vertrag enthält die Klausel, dass das Grundstück zu seinen Lebzeiten ohne seine Zustimmung weder verkauft, noch beliehen werden darf, widrigenfalls es an ihn zurückübertragen werden solle. Zur Sicherung wurde eine Rückauflassungsvormerkung in das Grundbuch eingetragen. T belastete später das Grundstück und übertrug es am 14. März 1989 an ihren Sohn S, der die aus dem Grundbuch ersichtliche Vormerkung sowie das Zustimmungserfordernis durch V kannte.*
>
> *V hatte seine Zustimmung dazu nicht erteilt und setzte mit einer am 21. Januar 1990 rechtshängig gewordenen Klage den Rückauflassungsanspruch gegen T durch. Am 08. September 1992 wurde er als Eigentümer eingetragen. Im vorliegenden Rechtsstreit hat er einen Anspruch auf Nutzungsherausgabe für die Zeit von Februar 1990 bis einschließlich August 1992 geltend gemacht, und zwar in Höhe der Mieterträge, die S gezogen bzw. zu ziehen unterlassen hat. Für den Fall der Begründetheit des Klageantrags erklärte S die Aufrechnung mit einem angeblichen Anspruch auf Ersatz von nützlichen Verwendungen, die T auf das Grundstück getätigt hat und ihm als Rechtsnachfolger zu ersetzen seien.*
>
> *Hat V einen durchsetzbaren Anspruch gegen S?*
>
> *I. Anspruch aus § 987 BGB*
>
> *Die Anwendbarkeit des § 987 BGB setzt jedoch voraus, dass für den geltend gemachten Zeitraum ein Eigentümer-Besitzer-Verhältnis, also eine Vindikationslage zwischen den Parteien bestand.*
>
> *Im vorliegenden Fall hat es aber für den geltend gemachten Zeitraum an einer Vindikationslage gefehlt. Der Beklagte war nicht nichtberechtigter Besitzer, sondern Eigentümer des Hausgrundstücks. Eine direkte Anwendung des § 987 BGB scheidet damit aus.*
>
> *II. Anspruch aus § 292 BGB i.V.m. § 987 BGB*
>
> *Der Anspruch könnte sich jedoch über die Verweisung des § 292 BGB auf § 987 BGB ergeben. § 292 BGB verweist für rechtshängige Herausgabeansprüche auf die Haftungs- bzw. Nutzungsherausgabevorschriften des Eigentümer-Besitzer-Verhältnisses.*

---

326 BGHZ 87, 301 = **juris**byhemmer.
327 BGHZ 75, 288 = **juris**byhemmer.
328 BGH, NJW 1989, 220 f. = **juris**byhemmer.
329 BGH, NJW 1983, 2024 = **juris**byhemmer.
330 Hager, JuS 1990, 435 f. m.w.N.
331 BGH, ZIP 2000, 1446 = **Life&Law 2000, 769 ff**. = **juris**byhemmer.

Eine Anwendung des § 292 BGB scheidet hier aber aus, weil der Rückauflassungsanspruch, auch wenn darin die Begründung einer Herausgabeverpflichtung im Sinne des § 292 BGB zu sehen ist, nicht – wie von der Norm gefordert – gegen S gerichtlich geltend gemacht worden ist, sondern gegen T. Das Gesetz macht die verschärfte Haftung aber davon abhängig, dass der Herausgabepflichtige gerichtlich in Anspruch genommen wird.

III. Anspruch aus entsprechender Anwendung des § 987 BGB

Fraglich ist aber, ob ein Nutzungsersatzanspruch aus einer entsprechenden Anwendung des § 987 BGB hergeleitet werden kann. Voraussetzung für eine Analogie ist zunächst eine vergleichbare Interessenlage.

Im Verhältnis Vormerkungsberechtigter – Dritterwerber müsste also die Interessenlage ähnlich der sein, die zwischen Eigentümer und herausgabepflichtigem Besitzer besteht.

Der BGH stellt hierbei zunächst fest, dass für das Verhältnis zwischen wahrem Eigentümer und Buchberechtigtem die Anwendung der §§ 987 ff. BGB anerkannt sind. Problematisch ist jedoch, ob der Dritterwerber hier wie ein nichtberechtigter Bucheigentümer (vgl. § 987 BGB) behandelt werden kann. Im Gegensatz zum Bucheigentümer hat der Dritterwerber das Grundstück sowohl zum Eigentum als auch vom Berechtigten erworben.

Die Vormerkungswirkung besteht nun darin, dass der Vormerkungsberechtigte vom Veräußerer des Grundstücks weiterhin die Eigentumsverschaffung verlangen kann. Die Einwendung des § 275 I Alt. 1 BGB greift nicht durch. Trotz der Veräußerung an den Dritterwerber bleibt eine Veräußerung an den Vormerkungsberechtigten möglich. Dies folgt daraus, dass die Veräußerung an den Dritterwerber als vormerkungswidrige Verfügung dem Vormerkungsberechtigten gegenüber nach § 883 II S. 1 BGB unwirksam ist.

Zum Eigentumserwerb des Vormerkungsberechtigten ist jedoch noch dessen Eintragung im Grundbuch notwendig (§§ 873 I, 925 I BGB). Diese Eintragung erfolgt aber nur, wenn der bisher eingetragene Dritterwerber sie bewilligt (§ 19 GBO). Hierfür gibt § 888 I BGB dem Vormerkungsberechtigten einen Anspruch gegen den Dritterwerber.

Diese relative Unwirksamkeit der Verfügung gegenüber dem Vormerkungsberechtigten (§ 883 II S. 1 BGB) nimmt nun der BGH zur Begründung, im Verhältnis zwischen Dritterwerber und Vormerkungsberechtigten Ersteren wie einen Bucheigentümer zu behandeln. Gegenüber dem Vormerkungsberechtigten weist das Grundbuch den Dritterwerber zu Unrecht als Eigentümer aus.

Entschieden ist damit aber noch nicht, auch – in Analogie zu den §§ 987 ff. BGB – den Vormerkungsberechtigten wie den wahren Eigentümer zu behandeln. Eine dingliche Rechtsposition steht dem Vormerkungsberechtigten aber gerade nicht zu. Er ist nur schuldrechtlich berechtigt, abhängig von der Durchsetzbarkeit seines Anspruchs gegenüber dem Auflassungsschuldner. In diesem Verhältnis gebühren aber die Nutzungen nach der Wertung des § 446 BGB noch dem Schuldner, nicht dem Vormerkungsberechtigten.

Die Bedenken aus der Wertung des § 446 BGB könnten jedoch dann zurücktreten, wenn dem Vormerkungsberechtigten auch gegenüber dem Auflassungsschuldner die Nutzungen zustünden. Diese Voraussetzungen liegen hier vor. Im Verhältnis Vormerkungsberechtigter – Auflassungsschuldner waren die Voraussetzungen des § 292 BGB gegeben. Mit der Klage gegen T vom 21. Januar 1990 war der (Rück-)Auflassungsanspruch des Vormerkungsberechtigten (V) rechtshängig geworden.

Zwischenergebnis: V kann somit für den geltend gemachten Zeitraum den Nutzungsherausgabeanspruch in entsprechender Anwendung der §§ 987, 990 I BGB geltend machen.

Von der Bösgläubigkeit des S bei Besitzerwerb ist hier deswegen auszugehen, weil dieser ein Besitzrecht nur aufgrund Eigentumserwerbs annehmen konnte, ein Eigentumserwerb gegenüber dem Vormerkungsberechtigten aber – wie aus dem Grundbuch ersichtlich – nicht möglich war.[332] Er kannte die Zustimmungspflicht aus § 888 I BGB.

IV. Erlöschen des Anspruchs durch Aufrechnung?

Möglicherweise ist der von V geltend gemachte Nutzungsersatzanspruch aber infolge der von S hilfsweise erklärten Aufrechnung mit einem Verwendungsersatzanspruch erloschen, § 389 BGB.

1. Nachdem S die Aufrechnung hilfsweise erklärt hat und die innerprozessuale Bedingung (Begründetheit der Klageforderung) eingetreten ist, stellt sich die Frage, ob S eine aufrechenbare Gegenforderung zusteht.

In Frage stehen Ansprüche aus §§ 994 ff. BGB analog. Nach dem oben Gesagten hat der Dritterwerber gegen den Vormerkungsberechtigten einen Anspruch auf Ersatz von Verwendungen, die er auf das Grundstück gemacht hat, in entsprechender Anwendung der §§ 994 ff. BGB. Hier macht S aber nicht Ansprüche auf Ersatz solcher Verwendungen geltend, die er selbst während seiner Zeit als Eigentümer getätigt hat. Geltend gemacht werden vielmehr Ersatzansprüche wegen Verwendungen, welche T als Rückauflassungsschuldnerin getätigt hat.

Hier ist offensichtlich eine Abtretung dieser Ansprüche erfolgt. Auch wäre im vorliegenden Fall § 999 I BGB (entsprechend) anwendbar. Nach § 999 I BGB können auch Verwendungen eines Vorbesitzers ersatzfähig sein, wenn der Anspruchsteller dessen Rechtsnachfolger geworden ist.

2. Mithin ist weiter zu prüfen, ob T als rückübertragungspflichtige Eigentümerin solche Ansprüche gegen den Vormerkungsberechtigten (V) hatte.

a) Ein Eigentümer-Besitzer-Verhältnis bestand zwischen T und V nicht. T war Eigentümerin und war auch in keiner Rechtsstellung, die mit der eines nichtberechtigten Besitzers vergleichbar ist.

b) Die Stellung der T war aber mit der Lage desjenigen vergleichbar, der infolge eines vertraglichen Rücktrittsrechts damit rechnen muss, die Sache wieder herausgeben zu müssen.

Für diesen Fall normiert § 347 II S. 1 BGB einen Anspruch auf Ersatz notwendiger Verwendungen. Da der Beklagte nur nützliche Verwendungen geltend gemacht hat, entfällt dieser Ersatzanspruch. Gemäß § 347 II S. 2 BGB sind andere als notwendige Verwendungen zu ersetzen, soweit der Gläubiger durch diese bereichert ist. Dafür enthält der Sachverhalt jedoch keine Anhaltspunkte.

Ergebnis: Ein aufrechenbarer Gegenanspruch des S bestand nicht, sodass der von V geltend gemachte Nutzungsersatzanspruch nicht durch Aufrechnung erloschen ist. V hat daher gegen S den geltend gemachten Anspruch auf Nutzungsersatz.

D) Übertragung der Vormerkung

I. Übertragung

Übertragung, §§ 398, 401 BGB

Die Vormerkung ist streng akzessorisch und steht immer dem Gläubiger des zu sichernden Anspruchs zu. Die Vormerkung ist daher nicht als solche übertragbar, sondern geht kraft Gesetzes gem. § 401 BGB (u.U. i.V.m. § 412 BGB) mit Abtretung des gesicherten Anspruchs nach § 398 BGB auf den Zessionar über.[333]

126

---

332 Palandt, § 888 BGB, Rn. 8.
333 Vgl. BGHZ 25, 23 = **juris**byhemmer; BGH, NJW 1994, 2947 = **juris**byhemmer.

Eine Eintragung im Grundbuch ist nicht erforderlich. Die Abtretung der gesicherten Forderung nach § 398 BGB sowie die Verpflichtung hierzu sind formlos, auch wenn für die Begründung der gesicherten Forderung § 311b I S. 1 BGB einschlägig ist.[334] Eine Eintragung erfolgt dann nur zur nötigen Grundbuchberichtigung gem. § 894 BGB.

II. Gutgläubiger Erwerb der Vormerkung bei der Übertragung (gutgläubiger „Zweiterwerb")

Besteht der zu sichernde Anspruch, kann eine Vormerkung unstreitig vom vermeintlichen Eigentümer nach §§ 893 Alt. 2, 892 BGB gutgläubig erworben werden (sog. gutgläubiger Ersterwerb = Erwerb vom vermeintlichen Eigentümer bei der Bestellung des Rechts). Viel brisanter ist dagegen die Frage, ob ein gutgläubiger Erwerb auch bei **Übertragung** der Vormerkung in Betracht kommt (gutgläubiger Zweiterwerb = Erwerb vom vermeintlichen Rechtsinhaber bei der Übertragung des Rechts).

Bei der nun zu diskutierenden Problematik des **gutgläubigen Zweiterwerbs**[335] einer Vormerkung ist zu unterscheiden, ob die gesicherte Forderung entstanden ist oder nicht.

1. Der gesicherte Anspruch besteht nicht

Anspruch besteht nicht

Besteht der gesicherte Anspruch nicht, ist eine gleichwohl eingetragene Vormerkung aufgrund ihrer Akzessorietät nicht entstanden. Fraglich ist, ob hier die falsch eingetragene Vormerkung von einem gutgläubigen Dritten erworben werden kann.

guter Glaube an Forderung nicht geschützt

Das Grundbuch schützt nicht den guten Glauben an das Bestehen der gesicherten Forderung.

Da zudem ein gutgläubiger Forderungserwerb außer nach § 405 BGB ausgeschlossen ist, die Vormerkung aber nur mit Abtretung der Forderung übergeht, ist in diesem Fall kein gutgläubiger Zweiterwerb möglich.[336]

> **Bsp.:** E verkauft K sein Grundstück und bewilligt ihm eine Vormerkung. E war bei Abschluss des Kaufvertrages aber nicht geschäftsfähig. K tritt nun den Anspruch aus dem Kaufvertrag an den gutgläubigen D ab. Hat D die Vormerkung erworben?
>
> Im Fall ist aufgrund von § 105 I BGB kein wirksamer Kaufvertrag und damit kein wirksamer Übereignungsanspruch entstanden. Mangels Anspruch konnte K keine Vormerkung - auch nicht gutgläubig - erwerben. Da ein gutgläubiger Forderungserwerb nicht möglich ist, erwarb auch D weder Forderung noch Vormerkung.

2. Sonstige Entstehungshindernisse

Anspruch entstanden, nicht aber die Vormerkung

Umstritten ist die Frage des gutgläubigen Zweiterwerbs, wenn zwar die Forderung besteht, aber die eingetragene Vormerkung aus anderen Gründen nicht entstanden ist.

h.L. lehnt gutgl. Zweiterwerb mit unterschiedlicher Begründung ab

Die h.L.[337] lehnt einen gutgläubigen Zweiterwerb der Vormerkung über die §§ 892 f. BGB mit unterschiedlicher Begründung ab.

---

334 Palandt, § 398 BGB, Rn. 6 f.
335 Zu den wesentlichen Grundstrukturen vgl. Thomas Göppel, „Gedanken zum… ‚gutgläubigen Zweiterwerb'", **Life&Law 2001, 365 ff.**
336 Vgl. Tiedtke, JURA 1981, 366 f.; ders. JURA 1983, 522; BGHZ 25, 16 ff. = **juris**byhemmer; Wiegand, JuS 1975, 213.
337 Tiedtke, JURA 1981, 366 ff.; ders. JURA 1983, 522; Wiegand, JuS 1975, 212; Medicus, BR, Rn. 557; Knöpfle, JuS 1981, 166.

§ 7 DIE VORMERKUNG

Argument: kein rechtsgeschäftlicher Erwerb

Teilweise[338] wird bereits das Vorliegen eines für die §§ 892 f. BGB nötigen rechtsgeschäftlichen Erwerbs verneint, da die Vormerkung kraft Gesetzes nach §§ 412, 401 BGB übergehe.

Dem wird entgegnet, dass jedenfalls die Forderungsabtretung rechtsgeschäftlich erfolge, also mittelbar auch der Erwerb der Vormerkung. Vergleichbar sei dies mit dem gutgläubigen Erwerb der Hypothek, der ebenfalls nur mittelbar auf einem Rechtsgeschäft beruhe.

Gegen diesen Vergleich spricht aber das sachenrechtliche Publizitätsprinzip. Während die Abtretung einer durch die Vormerkung gesicherten Forderung nach § 398 BGB formlos erfolgt, fordert § 1154 BGB bei der hypothekarisch gesicherten Forderung die Briefübergabe bzw. Grundbucheintragung. Damit fehlt es bei der Abtretung eines durch eine Vormerkung gesicherten Anspruchs an einem Rechtsscheinträger, der einen gutgläubigen Erwerb legitimieren könnte.

Argument: kein Bedürfnis für gutgl. Zweiterwerb

Andere[339] lehnen schon das Bedürfnis eines gutgläubigen Zweiterwerbs ab. Die Vormerkung sichert nur den Zeitraum bis zur Eintragung und stellt nur ein vorläufiges Sicherungsmittel dar. Der Übergang der Vormerkung vollzieht sich nach rein schuldrechtlichen Grundsätzen.

Damit hat der Gesetzgeber zum Ausdruck gebracht, dass eine mit einer Vormerkung gesicherte Forderung anders als eine hypothekarisch gesicherte Forderung nicht zum Umlauf geeignet ist. Die Verkehrsfähigkeit muss daher nicht dadurch gesteigert werden, dass ein redlicher Zweiterwerb zugelassen wird.

BGH lässt gutgläubigen Zweiterwerb eingeschränkt zu

Der BGH[340] dagegen bejaht einen gutgläubigen Zweiterwerb über die §§ 892 f. BGB, wenn der Bucheigentümer dem bösgläubigen Käufer eine Vormerkung bewilligt hat und dieser dann den Anspruch mit der vermeintlichen Vormerkung an einen Gutgläubigen abtritt.

Begründet wird diese Ansicht mit dem Argument, dass auch der Übergang der Vormerkung nach § 401 BGB letztlich auf einem Rechtsgeschäft, nämlich der Abtretung der Forderung beruhe. Zudem sei auch bei der Hypothek ein gutgläubiger Erwerb möglich, obwohl diese auch nur durch rechtsgeschäftlichen Erwerb der Forderung übergehe.

Kritik an der Auffassung des BGH

Nach der h.L. besteht aber kein einleuchtender Grund, der eine solche Differenzierung rechtfertigen würde.[341]

Das entscheidende Argument für die Ablehnung eines gutgläubigen Vormerkungserwerbs dürfte sein, dass sich der Übergang gem. §§ 398, 401 BGB außerhalb des Grundbuchs vollzieht und somit keine Publizität wie bei Übergabe oder Eintragung gegeben ist.[342]

> **Bsp.:** Bucheigentümer B verkauft dem bösgläubigen K ein Grundstück des E und bewilligt K eine Vormerkung, die eingetragen wird. K tritt seinen Übereignungsanspruch aus dem Kaufvertrag an den gutgläubigen D ab. E wird nun mit Zustimmung des B wieder als Eigentümer eingetragen. Welche Rechte hat D nach Zahlung des Kaufpreises?
>
> K hatte wegen seiner Bösgläubigkeit keine Vormerkung vom Nichtberechtigten erworben. Fraglich ist deshalb, ob nach K ein gutgläubiger Zweiterwerb der eingetragenen, aber nicht entstandenen Vormerkung in Betracht kommt.

---

[338] Knöpfle, JuS 1981, 166; Palandt, § 885 BGB, Rn. 19.
[339] Tiedtke, JURA 1981, 369; ders. JURA 1983, 522; Medicus, BR, Rn. 557.
[340] BGHZ 25, 23 f. = **juris**byhemmer; Kempf, JuS 1961, 21 ff.; Wunner, NJW 1969, 116
[341] Vgl. Görmer, JuS 1991, 1011 f.; Reinicke, NJW 1964, 2378 f.
[342] Görmer, JuS 1991, 1011 (1013).

Im Fall hat D nach Ansicht des BGH eine Vormerkung gutgläubig nach den §§ 892 f. BGB erworben und kann von B die Auflassung aus § 433 I S. 1 BGB und von E nach § 888 BGB die Zustimmung zu seiner Eintragung als Eigentümer verlangen. Nach der h.L. hat D dagegen keine Vormerkung erworben.

E) Erlöschen der Vormerkung

bei Untergang des gesicherten Anspruchs

Die wirksam entstandene Vormerkung erlischt aufgrund ihrer Akzessorietät zum einen mit Untergang des gesicherten Anspruchs. Besteht nur eine dauernde Einrede gegen den gesicherten Anspruch, etwa aus § 214 I BGB, erlöschen zwar weder Anspruch noch Vormerkung. Der von der Vormerkung betroffene Rechtsinhaber kann dann aber gem. § 886 BGB die Beseitigung der Vormerkung verlangen.

bei Aufhebung der Vormerkung

Daneben kann die Vormerkung durch Erklärung ihres Inhabers aufgehoben und im Grundbuch gelöscht werden (§§ 875 f. BGB analog).[343] Die versehentliche Löschung im Grundbuch führt dagegen nicht zum Erlöschen der Vormerkung, sondern macht das Grundbuch unrichtig (Folge: § 894 BGB).[344]

Eine aufgrund einstweiliger Verfügung eingetragene Vormerkung erlischt auch bei Aufhebung der einstweiligen Verfügung.[345]

Aufgebotsverfahren, § 887 BGB

Ein unbekannter Berechtigter kann nach § 887 S. 1 BGB im Aufgebotsverfahren mit seinem Recht aus der Vormerkung ausgeschlossen werden; nach § 887 S. 2 BGB erlischt die Vormerkung dann mit dem Ausschlussurteil. Nicht betroffen hiervon ist aber der gesicherte Anspruch.[346]

F) Einzelprobleme

§§ 823, 1004 BGB

Gegen tatsächliche Beeinträchtigungen und Verschlechterungen des Grundstücks durch den vormerkungswidrig Eingetragenen ist der Vormerkungsberechtigte über die Beseitigungs- und Unterlassungsansprüche aus §§ 823 I, 1004 BGB geschützt.

Die Vormerkung wird im Rahmen dieser Vorschriften wie ein absolutes sonstiges Recht behandelt.

Dies gilt jedoch nicht, wenn die Vormerkung nur einen bedingten oder künftigen Anspruch absichert, da bei unsicherer Entstehung des Auflassungsanspruchs, also vor dem Entstehen des Anspruchs aus § 888 BGB, dem Eigentümer eine Verwertung seines Grundstücks nicht verboten werden kann.[347]

Gegenüber anderen Personen ist der Vormerkungsberechtigte hingegen erst ab seinem Eigentumserwerb geschützt.

zwei sich widersprechende Vormerkungen

Ein weiteres Problem stellt sich, wenn im Grundbuch zugunsten einer Person eine wirksame und zugunsten einer anderen Person eine unwirksame Vormerkung eingetragen ist.

In diesem Fall steht dem wahren Vormerkungsberechtigten gegen den zu Unrecht als Vormerkungsberechtigter Eingetragenen ein Löschungsanspruch analog § 894 BGB zu.[348]

---

343 Vgl. BGHZ 60, 53 f ; 77, 151 = **juris**byhemmer; Schwerdtner, JURA 1985, 312.
344 Vgl. BGHZ 60, 53 f.; Tiedtke, JURA 1981, 369.
345 BGHZ 39, 21 ff.; Tiedtke, JURA 1981, 369.
346 BGH, DNotZ 1994, 214.
347 Vgl. Tiedtke, JURA 1981, 366.
348 Vgl. Palandt § 894 BGB, Rn. 6; BGH, NJW 2000, 2021 ff. = **juris**byhemmer.

§ 8 DAS DINGLICHE VORKAUFSRECHT

A) Übersicht

Rechtsinhalt

Das dingliche Vorkaufsrecht nach den §§ 1094 ff. BGB soll dem Berechtigten ermöglichen, vom Verpflichteten das belastete Grundstück zu den Bedingungen (vgl. § 464 II BGB) zu kaufen, zu denen der Verpflichtete es an einen Dritten verkauft hat.[349]

Der Berechtigte hat - bildlich und ungenau gesprochen - so die Möglichkeit, in einen Kaufvertrag des Verpflichteten mit einem Dritten „einzusteigen".[350] Ohne einen Kaufvertrag zwischen dem Verpflichteten und einem Dritten hat der Berechtigte, anders als bei der Vormerkung, keine sichere Erwerbsaussicht.

hemmer-Methode: Das Vorkaufsrecht schafft daher kein beliebiges Erwerbsrecht, sondern nur eine Bindung des Verpflichteten. Die Bindung aktualisiert sich erst, wenn sich der Eigentümer von seiner Sache trennen will, §§ 1098 I, 463 BGB.[351]

Rechtsnatur nach h.M.: doppelt bedingter Kauf

Die Rechtsnatur des dinglichen Vorkaufsrechts ist umstritten. Das dingliche Vorkaufsrecht stellt jedenfalls als beschränktes dingliches Recht eine dingliche Belastung des Grundstücks dar.[352] Nach wohl h.M.[353] bedeutet das dingliche Vorkaufsrecht darüber hinaus einen doppelt bedingten Kauf.

Die erste Bedingung liegt im Eintritt des Vorkaufsfalles, die zweite in der fristgerechten Ausübung des Vorkaufsrechts.

Nach a.A.[354] stellt das dingliche Vorkaufsrecht eine dingliche Anwartschaft dar. Dagegen lässt sich jedoch anführen, dass das Vorkaufsrecht als solches selbst bereits ein dingliches Recht ist.[355] Eine dritte Ansicht[356] sieht als Inhalt der dinglichen Rechtsposition ein Gestaltungsrecht.

hemmer-Methode: Die Rechtsnatur des dinglichen Vorkaufsrechts ist in der Klausur regelmäßig irrelevant. Es ist ausreichend, die Grundstruktur des dinglichen Vorkaufsrechts zu kennen und dann bei der Falllösung allein auf die übersichtliche gesetzliche Regelung sowie allgemeine Prinzipien des Sachenrechts abzustellen.

schuldrechtliches und dingliches Vorkaufsrecht

In den §§ 463 ff. BGB regelt das BGB ein schuldrechtliches Vorkaufsrecht. Nach § 1098 I S. 1 BGB gelten die §§ 463 ff. BGB auch für das dingliche Vorkaufsrecht.

hemmer-Methode: Dies bedeutet nicht, dass dem dinglichen Vorkaufsrecht schuldrechtlich ein persönliches Vorkaufsrecht zugrunde liegen muss. Dies kann der Fall sein, muss aber nicht.

---

[349] Vgl. Palandt, Überblick vor § 1094 BGB, Rn. 1.
[350] Zwei interessante Fälle finden Sie von Armbruster in JuS 1991, 485 und von Kern in JuS 1991, 116.
[351] Vgl. Palandt, Überbl v § 1094 BGB, Rn. 1.
[352] Vgl. Palandt, § 1094 BGB, Rn. 1.
[353] RGZ 110, 333; RGRK, § 1094 BGB, Rn. 1.
[354] Soergel, § 1094 BGB, Rn. 1.
[355] Vgl. Palandt, Überbl v § 1094 BGB, Rn. 2, § 1094 BGB, Rn. 1.
[356] OLG Karlsruhe, NJW-RR 1990, 935 = **juris**byhemmer.

Das dingliche Vorkaufsrecht kann etwa durch Schenkung, Vermächtnis oder entgeltlichen Vertrag begründet sein; eine schuldrechtliche Grundlage kann auch ganz fehlen (Abstraktionsprinzip).

Abgrenzung

Trotz der Verweisung auf die §§ 463 ff. BGB unterscheiden sich beide Formen des Vorkaufsrechts teilweise. Das dingliche Vorkaufsrecht kann nur an Grundstücken, Erbbaurechten (§ 11 ErbbauRG) und Wohnungseigentum, das persönliche Vorkaufsrecht an allem bestellt werden, was Gegenstand eines Kaufvertrages sein kann.

Das Verpflichtungsgeschäft bedarf daher beim dinglichen Vorkaufsrecht immer der Form des § 311b I S. 1 BGB, das schuldrechtliche Vorkaufsrecht nur dann, wenn Kaufgegenstand ein Grundstück ist. Verpflichtet wird durch das dingliche (absolute) Vorkaufsrecht der jeweilige Eigentümer, durch das persönliche nur der Verpflichtete.

Auch kann nach § 1097 BGB das dingliche Vorkaufsrecht für mehrere oder alle Vorkaufsfälle bestellt werden, das persönliche nur für einen, was aus der fehlenden Bindung des Käufers und einem Umkehrschluss zum speziellen § 1097 BGB folgt.

Andererseits kann beim dinglichen Vorkaufsrecht wegen des sachenrechtlichen Typenzwangs nicht abweichend von den §§ 1098 I, 464 II BGB ein bestimmter Kaufpreis vereinbart werden, während § 464 II BGB beim persönlichen Vorkaufsrecht abbedungen werden kann.

hemmer-Methode: Ist das dingliche Vorkaufsrecht wegen Verstoßes gegen die §§ 1098, 464 II BGB unwirksam, so ist umstritten, ob das dingliche Vorkaufsrecht in ein schuldrechtliches, das durch eine Vormerkung gesichert ist, umgedeutet werden kann.[357]
Detailkenntnisse werden von Ihnen an diesem Punkt mit Sicherheit nicht verlangt. Schöpfen Sie die Hinweise im Sachverhalt aus, und bemühen Sie sich um eine nachvollziehbare Argumentation. Bei solchen Spezialproblemen sind Sie damit schon auf der sicheren Seite.

Nach § 1098 II BGB wirkt nur das dingliche Vorkaufsrecht gegenüber Dritten wie eine Vormerkung.[358]

gesetzliche Vorkaufsrechte

Dingliches und persönliches Vorkaufsrecht des BGB werden rechtsgeschäftlich bestellt und durch Willenserklärung des Berechtigten ausgeübt. Es gibt aber auch im BGB gesetzliche Vorkaufsrechte, wie z.B. das des Mieters gem. § 577 BGB[359] und das der Miterben gem. § 2034 BGB.

Daneben enthalten Bundes- und Landesrecht praktisch besonders bedeutsame gesetzliche Vorkaufsrechte, die staatlicher Bodenpolitik dienen, so z.B. § 66 BNatSchG, §§ 24 ff. BauGB. Gesetzliche Vorkaufsrechte werden durch Verwaltungsakt ausgeübt (vgl. etwa § 28 II S. 1 BauGB).

---

357 Vgl. Sie hierzu die Nachweise bei Palandt, § 1098 BGB, Rn. 1.
358 Vgl. Palandt, Vorb v § 463 BGB, Rn. 5 ff., § 1098 BGB, Rn. 5.
359 Bei dem auf Basis des § 577 BGB erfolgten Eigentumserwerb wird dem Mieter unter Ersetzung der bisherigen mietrechtlichen Befugnisse eine dem Inhalt des Kaufvertrages entsprechende Rechtsposition erfasst. Daher kann er sich gegenüber anderen Wohnungseigentümern auch nicht mehr auf Befugnisse berufen, die ihm aus dem (alten) Mietverhältnis zustanden, BGH, Life&Law 2016, 532 ff. = **juris**byhemmer.

§ 8 DAS DINGLICHE VORKAUFSRECHT

> **hemmer-Methode:** Zu unterscheiden ist das dingliche Vorkaufsrecht auch von sog. Ankaufsrechten, also - je nach Ausgestaltung - einem auf ein Grundstück bezogenes Optionsrecht (erst die Ausübung der Option führt dann den Kaufvertrag herbei),[360] einem aufschiebend bedingten Kaufvertrag (der von Anfang an vorliegt und durch Eintritt einer (Potestativ-)Bedingung unbedingt wird) oder einem bindenden Verkaufsangebot (dessen Annahme den Vertrag herbeiführt).[361]
> Solche Ankaufsrechte sind nicht einzutragen und haben auch keine absolute Wirkung wie das dingliche Vorkaufsrecht. Generell wird beim Ankaufsrecht ein fester Kaufpreis vereinbart.[362] Zudem setzen Ankaufsrechte anders als Vorkaufsrechte keinen Vertrag zwischen dem Verpflichteten und einem Dritten voraus.

Vorkaufsrecht als Mittel zur Steuerung und Gewinnerzielung

In der Praxis ist das dingliche Vorkaufsrecht als ein Mittel gebräuchlich, mit dem ein Grundstücksveräußerer, der sich bei der Veräußerung das Vorkaufsrecht bestellen lässt, auf den späteren Grundstücksverkehr Einfluss nehmen kann. Anzutreffen ist es auch bei langjährigen Miet- oder Pachtverträgen über Grundstücke.

Zudem kann der Eigentümer durch die regelmäßig entgeltliche Bestellung des Vorkaufsrechts Gewinn erzielen, ohne jemals verkaufen zu müssen.

B) Entstehung des dinglichen Vorkaufsrechts

Entstehung

Das dingliche Vorkaufsrecht entsteht wie jedes andere dingliche Recht gem. § 873 I BGB durch Einigung mit dem Inhalt des § 1094 I BGB und Eintragung ins Grundbuch.

Unterbleibt die Vereinbarung (versehentlich), stellt sich die Frage, ob der Berechtigte dann zumindest Inhaber eines schuldrechtlichen Vorkaufsrechts geworden ist. Dies ist eine Frage der Auslegung: Ein schuldrechtliches Vorkaufsrecht gilt als zusätzlich zum dinglichen vereinbart, wenn die Vorkaufsberechtigung bereits vom Zeitpunkt des schuldrechtlichen Vertragsschlusses an gelten und unabhängig von der Eintragung bestehen soll.[363]

Einigung

Verpflichteter und Berechtigter müssen sich nach den §§ 873 I, 1094 I, 1098 I S. 1, 463 ff. BGB einig sein, dass der Verpflichtete für den Fall des Verkaufs an einen Dritten und der Ausübung des Vorkaufsrechts durch den Berechtigten verpflichtet sein soll, das Eigentum zu den mit dem Dritten vereinbarten Bedingungen auf den Berechtigten zu übertragen.

Form

Die dingliche Einigung ist formfrei, da eine dem § 925 BGB entsprechende Vorschrift beim Vorkaufsrecht fehlt und § 311b I S. 1 BGB auf die dingliche Einigung nicht anwendbar ist.[364] Der Form des § 311b I S. 1 BGB bedarf aber der zugrunde liegende schuldrechtliche Vertrag. Durch Eintragung des dinglichen Vorkaufsrechts in das Grundbuch wird das formunwirksame Kausalgeschäft nach der h.M. geheilt, § 311b I S. 2 BGB analog. Die Vorschrift ist allerdings nur entsprechend anwendbar, weil die Eintragung des Vorkaufsrechts allein noch keinen Eigentumswechsel bedeutet.[365]

---

360 Allgemein zum Optionsvertrag Weber, JuS 1990, 249.
361 Zur Abgrenzung der verschiedenen Ankaufsrechte, vgl. Palandt, Vorb v § 463 BGB, Rn. 14 ff., Einf v § 145 BGB, Rn. 19 ff.
362 Vgl. Rüffert, JuS 1992, 664 ff.
363 BGH, **Life&Law 2014, 161 ff**. = jurisbyhemmer. Dies kann freilich nur dann gelten, wenn der schuldrechtliche Vertrag auch der Form des § 311b I S.1 BGB entspricht, vgl. dazu Palandt, § 463, Rn.2, 3.
364 BGH, Life&Law 2016, 464 ff. = **juris**byhemmer.
365 Palandt, § 1094 BGB, Rn. 5.

Gegenstand

Belastungsgegenstand kann nur ein Grundstück, Wohnungseigentum oder ein Erbbaurecht sein. Nach § 1096 BGB erstreckt sich das Vorkaufsrecht auch auf das Grundstückszubehör (§§ 97 f. BGB), das der Berechtigte dann gem. § 926 BGB erwirbt. Nach § 1095 BGB ist auch ein Miteigentumsanteil belastbar.

Berechtigter

Berechtigter kann nach **§ 1094 I BGB** eine bestimmte Person **(subjektiv-persönliches Vorkaufsrecht)** oder nach **§ 1094 II BGB** der jeweilige Eigentümer eines anderen Grundstücks sein **(subjektiv-dingliches Vorkaufsrecht)**.

hemmer-Methode: Beide Alternativen schließen sich gegenseitig aus!

Wurde ein subjektiv-persönliches Recht bewilligt, aber ein subjektiv-dingliches eingetragen, so entsteht das erstere als „minderes Recht", nicht aber im umgekehrten Fall.[366]

Auch eine Umwandlung der einen in die andere Form ist unzulässig, § 1103 BGB. Hierfür muss zunächst das bestehende Vorkaufsrecht aufgehoben und anschließend mit der gewünschten Berechtigung neu bestellt werden.[367] Das Vorkaufsrecht kann auch zugunsten von Miteigentümern bestellt werden, die dann ihr Recht nach den §§ 1098 I S. 1, 472 BGB nur gemeinsam ausüben können.

§ 1097 BGB

Nach § 1097 S. 1 BGB beschränkt sich das dingliche Vorkaufsrecht grundsätzlich auf einen Vorkaufsfall in der Person des Verpflichteten oder dessen Erben. Das Vorkaufsrecht kann jedoch auch für mehrere oder alle Vorkaufsfälle bestellt werden, § 1097 S. 2 BGB.

mehrere Vorkaufsrechte

An einem Grundstück können mehrere Vorkaufsrechte bestehen. Im Vorkaufsfall setzt sich dann das vorrangige Vorkaufsrecht durch, § 879 BGB. Das nachrangige Vorkaufsrecht kann erst ausgeübt werden, wenn der Berechtigte aus dem rangbesseren Vorkaufsrecht auf die Ausübung verzichtet.

Das nachrangige Vorkaufsrecht erlischt bei Ausübung des rangbesseren, sofern es nicht für mehrere Vorkaufsfälle bestellt ist.[368] Umstritten ist die Zulässigkeit der Bestellung gleichrangiger Vorkaufsrechte.

Nach einer Ansicht[369] ist eine gleichrangige Bestellung zulässig, was von der Gegenmeinung[370] aufgrund der unhandlichen praktischen Konsequenzen abgelehnt wird. Ein Gesamtvorkaufsrecht an mehreren Grundstücken wird dagegen allgemein abgelehnt.[371]

Berechtigung

Der Vorkaufsverpflichtete muss bei Bestellung des Vorkaufsrechts verfügungsberechtigt sein.

C) Verfügungen über das Vorkaufsrecht und sein Erlöschen

I. Übertragung und Belastung

subjektiv-persönliches Vorkaufsrecht

Ein subjektiv-persönliches Vorkaufsrecht (§ 1094 I BGB) ist nach §§ 1098 I S. 1, 473 S. 1 BGB grundsätzlich nicht übertrag- oder vererbbar.

---

366 Vgl. Palandt, § 1094 BGB, Rn. 3.
367 Vgl. Palandt, § 1103 BGB, Rn. 1.
368 BGHZ 35, 146; NJW 1961, 1669.
369 Vgl. Palandt, § 1094 BGB, Rn. 1; OLG Hamm, NJW-RR 1989, 912.
370 LG Darmstadt, MDR 1958, 35.
371 BayObLG 1974, 365.

§ 8 DAS DINGLICHE VORKAUFSRECHT

Eine abweichende Vereinbarung ist jedoch durch Einigung und Eintragung nach §§ 873, 877 BGB möglich, §§ 1098 I S. 1, 473 S. 1 BGB.[372] Die Übertragung erfolgt dann nach § 873 BGB. Auch eine Verpfändung ist nach § 1274 II BGB (bzw. Pfändung nach § 851 I ZPO) grundsätzlich ausgeschlossen,[373] wenn nicht das Vorkaufsrecht als übertragbar ausgestaltet ist.

subjektiv-dingliches Vorkaufsrecht

Ein subjektiv-dingliches Vorkaufsrecht (§ 1094 II BGB) ist untrennbar mit dem Eigentum verbunden, § 1103 I BGB, und daher für sich nicht übertragbar. Aufgrund der Unübertragbarkeit ist es in keinem Fall belast- oder (ver-)pfändbar. Die Veräußerung oder Belastung des herrschenden Grundstücks erfasst nach § 96 BGB auch das Vorkaufsrecht.[374]

II. Erlöschen

Erlöschen

Das für einen Vorkaufsfall bestellte Vorkaufsrecht erlischt mit Ausübung, Verzicht auf die Ausübung, mit Ablauf der Ausübungsfrist des § 469 II BGB, durch Ausschluss nach § 1104 BGB oder durch Übereignung des Grundstücks an einen Dritten ohne Eintritt des Vorkaufsfalles (vgl. Wortlaut des § 1097 HS 1 BGB).[375]

Das Vorkaufsrecht erlischt zudem durch Aufhebung nach den §§ 875 f. BGB oder Eintritt einer zum Rechtsinhalt gemachten auflösenden Bedingung.[376]

D) Ausübung des Vorkaufsrechts

Voraussetzungen

Der Vorkaufsberechtigte hat gegen den Vorkaufsverpflichteten einen Anspruch auf Übereignung und Übergabe (§ 433 I S. 1 BGB i.V.m. §§ 463 ff., 464 II, 1094, 1098 I BGB) des Grundstücks, wenn der Vorkaufsfall eintritt und das Vorkaufsrecht ausgeübt wird.

I. Vorkaufsfall

§§ 1098 I S. 1, 463 BGB

Nach den §§ 1098 I S. 1, 463 BGB liegt ein Vorkaufsfall vor, wenn der Vorkaufsverpflichtete mit einem Dritten einen wirksamen Kaufvertrag abschließt.[377]

keine Vorkaufsfälle

Kein Vorkaufsfall liegt daher vor bei Tausch,[378] Schenkung,[379] Verkauf im Wege der Zwangsvollstreckung (§§ 1098 I, 471 BGB) oder durch den Insolvenzverwalter (§§ 1098 I S. 1, 471 BGB, Ausnahme bei Verkauf „aus freier Hand", § 1098 I S. 2 BGB), im Zweifel bei Verkauf an einen gesetzlichen Erben (§§ 1098 I S. 1, 470 BGB) oder dessen Ehegatten,[380] bei Erbauseinandersetzung[381] und nach wohl h.M.[382] bei Übertragung eines Miteigentumsanteils auf einen anderen Miteigentümer, da dieser kein Dritter ist.

---

372 Palandt, § 1094 BGB, Rn. 6 m.w.N.
373 Ein Recht ist nur (ver-)pfänd- oder belastbar, wenn es übertragbar ist, vgl. etwa §§ 1069 II, 1274 II BGB, § 851 I ZPO.
374 Vgl. Palandt, § 1094 BGB, Rn. 6.
375 Vgl. Palandt, § 1094 BGB, Rn. 7, 3 a.E.
376 Dazu Näheres Palandt, § 1094 BGB, Rn. 7.
377 Vgl. Palandt, § 1097 BGB, Rn. 1.
378 BGH, NJW 1964, 541 = **juris**byhemmer.
379 RGZ 101, 101.
380 RG, JW 1925, 2128.
381 BGH, DNotZ 1970, 423.
382 Vgl. Palandt, § 1095 BGB, Rn. 2; BGHZ 13, 133; 48, 1.

> **hemmer-Methode:** Interessant ist auch ein Fall des BGH in NJW 2003, 3769 f. Hier hatte der Vorkaufsverpflichtete einem Dritten eine beschränkte persönliche Dienstbarkeit eingeräumt, die den Dritten für die Dauer von 99 Jahren berechtigte, das Grundstück als Steinbruch auszubeuten. Der Vorkaufsverpflichtete sah in der Verpflichtung zur Bestellung der beschränkten persönlichen Dienstbarkeit einen kaufähnlichen Vertrag und übte sein Vorkaufsrecht aus.
>
> Zu Unrecht, wie der BGH richtig entschieden hat. Zwar ist die Dauer von 99 Jahren eine lange Zeit, jedoch ist eine Ausbeutung als Steinbruch nur solange möglich, wie das Vorkommen reicht. Ein vorzeitiges Erlöschen des Nutzungsrechts sei daher möglich. Außerdem verliere der Vorkaufsverpflichtete zu keiner Zeit sein Eigentumsrecht. Die Verpflichtung zur Bestellung einer beschränkten persönlichen Dienstbarkeit ist damit kein kaufähnlicher Vertrag und damit kein Vorkaufsfall.

Wurde das Vorkaufsrecht gem. § 1097 BGB nur für den („einen") Fall des Verkaufs durch den Eigentümer, dem es zur Zeit der Bestellung des Vorkaufsrechtes gehört, bestellt, erlischt es auch bei einer Übereignung, bei der unter den oben genannten Umständen kein Vorkaufsfall eintritt.[383]

Denn dann entfällt ein weiterer Verkauf durch diesen Eigentümer. Anderer Ansicht ist für den Fall der Veräußerung unter Miteigentümern das BayObLG,[384] das einen Vorkaufsfall verneint, um die Miteigentümer davor zu schützen, sich mit einer fremden Person auseinandersetzen zu müssen. Dafür soll im Gegenzug das Vorkaufsrecht nicht erlöschen, weil der Schutz der Miteigentümer nach Ansicht des BayObLG nicht zum Nachteil für den Vorkaufsberechtigten führen darf.

> **hemmer-Methode:** Diese Argumentation sollte angesprochen werden, da so Verständnis für die Interessenlage - Schutz der Miteigentümer, Schutz des Vorkaufsberechtigten - gezeigt werden kann.
>
> Diese Problematik ist schon häufiger Gegenstand von Klausuren gewesen, vgl. z.B. Klausur Nr. 3 im Ersten Staatsexamen, Termin 2004 / I in Bayern.

II. Wirksame Ausübung

formfreie Ausübung, §§ 1098 I S. 1, 464 I BGB

Nach §§ 1098 I S. 1, 464 I S. 1 BGB wird das Vorkaufsrecht durch einseitige empfangsbedürftige Willenserklärung gegenüber dem Vorkaufsverpflichteten ausgeübt, die nach §§ 1098 I S. 1, 464 I S. 2 BGB nicht formbedürftig ist.

Erfolgt die Ausübung durch einen Vertreter, sind die Regelungen der §§ 174, 180 BGB zu beachten. Die Vorschriften betreffen jeweils unterschiedliche Situationen. Während bei § 180 BGB die Vertretungsmacht fehlt, kann sie bei § 174 BGB lediglich nicht nachgewiesen werden. Wird die Ausübung dem Vertreter gegenüber zurückgewiesen, kann darin jedoch sowohl eine Beanstandung i.S.d. § 180 BGB als auch eine Zurückweisung i.S.d. § 174 BGB liegen, wenn das Bestehen der Vertretungsmacht bestritten wird und gleichzeitig eine Vollmachtsurkunde nicht vorgelegt wird.[385]

Dies gilt nach Ansicht des BGH[386] auch für das gesetzliche Verkaufsrecht des Mieters nach § 577 BGB.

---

383 Vgl. Palandt, § 1097 BGB, Rn. 5.
384 BayObLG, MittBayNot 1981, 18 = **juris**byhemmer.
385 BGH, **Life&Law 2013, 81 ff.** = **juris**byhemmer.
386 BGH, NJW 2000, 2665 = **Life&Law 2000, 774 ff.** = **juris**byhemmer.

§ 8 DAS DINGLICHE VORKAUFSRECHT

Ausübungsfrist

Das Vorkaufsrecht kann nur innerhalb einer Frist von zwei Monaten (§§ 1098 I S. 1, 469 II BGB) nach Mitteilung des Vorkaufsfalles ausgeübt werden. Nach §§ 1098 I S. 1, 469 I S. 1 u. 2 BGB muss der Vorkaufsverpflichtete oder der Dritte dem Vorkaufsberechtigten den Inhalt des mit dem Dritten geschlossenen Vertrages unverzüglich mitteilen. Ohne die Mitteilung beginnt die Frist des § 469 II BGB nicht zu laufen. Gem. § 469 II S. 2 BGB kann auch eine von der gesetzlichen Frist abweichende Ausübungsfrist vereinbart werden.

hemmer-Methode: § 469 I S. 2 BGB kann im Hinblick auf eine wirksame Mitteilung durch Dritte als abschließend angesehen werden, sodass eine anderweitige Mitteilung des Vorkaufsfalles, z.B. durch das Grundbuchamt, nicht tatbestandsmäßig wäre. Bei dieser Argumentation würde auch eine Analogie ausscheiden, weil dann die ausdrückliche Regelung in § 469 I BGB eine planwidrige Lücke ausschließt.

Problem: Grundsatz der Vertragsidentität

Problematisch ist die Ausübung des Vorkaufsrechts dann, wenn der Verkäufer den Gegenstand, an dem ein Vorkaufsrecht besteht, zusammen mit anderen Sachen in einem einheitlichen Vertrag zu einem Gesamtpreis veräußert. Im Grundsatz soll der Verkäufer durch den Grundsatz der Vertragsidentität geschützt werden. Er soll sich darauf verlassen können, dass ihm der Inhalt des Vertrages, den er mit dem Dritten ausgehandelt hat, durch die Ausübung des Vorkaufsrechts nicht genommen werden kann.

§ 467 S. 1 BGB sieht für diesen Fall aber eine Durchbrechung vor. Da der Berechtigte nur ein Vorkaufsrecht an einer der veräußerten Sachen hat, kann er dieses auch nur bezogen auf diese Sache ausüben. Er schuldet daher nur einen verhältnismäßigen Teil des Kaufpreises. Würde der Grundsatz der Vertragsidentität durch § 467 S. 1 BGB nicht durchbrochen, könnte der Verkäufer die Ausübung des Vorkaufsrechts stets verhindern, indem er weitere Sachen zu einem Gesamtpreis mitveräußert.

Die Interessen des Verkäufers werden dadurch gewahrt, dass er unter bestimmten Voraussetzungen die Erstreckung auf alle Sachen, die Gegenstand des Vertrages mit dem Dritten sind, verlangen kann.

Problem: zwei Vorkaufsrechte an zwei Grundstücken

Fraglich ist, ob diese Rechtslage auch dann gilt, wenn der Berechtigte an zwei Grundstücken jeweils ein Vorkaufsrecht hat und der Verpflichtete beide Grundstücke einheitlich verkauft. Umstritten ist, ob der Berechtigte hier verpflichtet ist, das Vorkaufsrecht bezogen auf beide Grundstücke auszuüben. Das hat der BGH zu Recht verneint.[387] Der Berechtigte kann die Ausübung auf ein Grundstück beschränken. Die Interessen des Verkäufers werden genügend dadurch berücksichtigt, dass er in entsprechender Anwendung des § 467 S. 2 BGB die Erstreckung des Vorkaufs auch auf das andere Grundstück verlangen kann.

III. Wirkung

inhaltliche Bindung

Mit Ausübung des Vorkaufsrechts kommt nach den §§ 1098 I S. 1, 464 II BGB zwischen dem Vorkaufsberechtigten und -verpflichteten ein Kaufvertrag zu den Bedingungen zustande, die mit dem Dritten vereinbart wurden.

Die inhaltliche Bindung kann aber nur so weit gehen, wie die Erfüllung dem Vorkaufsberechtigten nach Ausübung seines Rechts möglich ist.[388] Sonst könnten der Verpflichtete und der Dritte durch entsprechende Gestaltung ihrer Vereinbarung die Ausübung des Vorkaufsrechts beeinträchtigen.

---

387 Vgl. BGH, **Life&Law 2006, 808 ff.**
388 Vgl. BGH, WM 1982, 1410 = **juris**byhemmer.

Bsp.: V verkauft sein Grundstück an D, wobei der Kaufpreis erst vierzehn Tage später, nämlich am 01.01., fällig sein soll. Der vorkaufsberechtigte B erfährt hiervon erst am 01.06. durch V und übt sofort sein Vorkaufsrecht aus. Hier ist die Fälligkeitsregelung so anzupassen, dass B nicht sofort, sondern ebenfalls erst innerhalb von vierzehn Tagen nach Ausübung seines Vorkaufsrechts zahlen muss.

hemmer-Methode: Wann im Beispielsfall für den Vorkaufsberechtigten Fälligkeit eintreten soll, ist durch Auslegung zu ermitteln. Vertretbar wäre die hier getroffene Auslegung, dass ihm genau wie dem Dritten eine entsprechende Frist ab Ausübung des Vorkaufsrechts zustehen soll. Denkbar wäre auch eine Auslegung, dass der Kaufpreis sofort mit Ausübung des Vorkaufsrechts fällig wird, weil die kurze Frist zeigt, dass der Vorkaufsverpflichtete ein Interesse an einer möglichst schnellen Abwicklung hat.

E) Schutz des Vorkaufsberechtigten

I. Vormerkungswirkung

Vormerkungswirkung, § 1098 II BGB

Nach § 1098 II BGB hat das dingliche Vorkaufsrecht gegenüber Dritten die Wirkung einer Vormerkung nach § 883 II BGB. **Nach Eintritt des Vorkaufsfalles** getroffene Verfügungen des Vorkaufsverpflichteten sind daher gegenüber dem Vorkaufsberechtigten relativ unwirksam, soweit sie das Vorkaufsrecht vereiteln oder beeinträchtigen.[389]

Anspruch gegen Dritten auf Zustimmung, §§ 1098 II, 888 BGB

Wurde der Dritte bereits in das Grundbuch als neuer Eigentümer eingetragen, steht dem Vorkaufsberechtigten nach den §§ 1098 II, 888 BGB gegenüber dem Dritten ein Anspruch auf Zustimmung zur Grundbuchänderung zu.

Gleiches gilt für Belastungen, z.B. durch eine Hypothek oder Grundschuld, sofern diese nach Eintritt des Vorkaufsfalles vorgenommen wurden.[390] Hier muss der Inhaber der Belastung nach den §§ 1098 II, 888 BGB der Löschung zustimmen. **Unberührt bleiben** dagegen **Belastungen**, die **vor Eintritt des Vorkaufsfalles** erfolgt sind.

hemmer-Methode: Diese „vormerkungsgleiche Wirkung" ist eine wesentliche Wirkung des Vorkaufsrechts. Nach § 464 II BGB kommt ein schuldrechtlicher Kaufvertrag zwischen Vorkaufsberechtigtem und -verpflichtetem zustande, aus dem der Berechtigte Übereignung verlangen kann.
Wegen der Vormerkungswirkung der §§ 1098 II, 883 II BGB („relative Unwirksamkeit") ist dem Verpflichteten auch nach Übereignung an den Dritten die Eigentumsverschaffung nicht unmöglich (§ 275 I Alt. 1 BGB). Für die Übereignung an den Berechtigten bedarf es wie bei der Vormerkung noch der Zustimmung des Dritten (§ 19 GBO) zur Eintragung, die der Berechtigte gem. §§ 1098 II, 888 BGB verlangen kann.

II. Herausgabeanspruch

Herausgabeanspruch § 1100 BGB, wenn kein § 985 BGB

Besitzt der Dritte das Grundstück, muss dem Vorkaufsberechtigten auch ein Herausgabeanspruch zustehen. Falls der Berechtigte bereits als Eigentümer eingetragen wurde, gilt § 985 BGB. Ist der Berechtigte noch nicht Eigentümer, scheidet § 985 BGB aus.

---

389 Vgl. Palandt, § 1098 BGB, Rn. 5, § 888 BGB, Rn. 3, 5.
390 Vgl. Palandt, § 1098 BGB, Rn. 5, § 888 BGB, Rn. 3, 5; BGHZ 60, 275 = jurisbyhemmer.

§ 8 DAS DINGLICHE VORKAUFSRECHT

Allerdings ergibt sich aus § 1100 BGB trotz fehlender ausdrücklicher Regelung ein eigenständiger Herausgabeanspruch des Berechtigten gegen den Dritten.[391]

Denn wenn nach § 1100 S. 1 BGB der als Eigentümer eingetragene Dritte gegenüber dem Berechtigten die Herausgabe des Grundstücks verweigern kann, wird im Gesetz - da andere Herausgabeansprüche fehlen - zwingend auch ein Herausgabeanspruch der Vorkaufsberechtigten (eben aus § 1100 S. 1 BGB selbst) vorausgesetzt.

III. §§ 987 ff. BGB

§§ 987 ff. BGB

Ist der Berechtigte als Eigentümer eingetragen, sind die §§ 987 ff. BGB gegenüber dem besitzenden Dritten direkt anwendbar.

§§ 987 ff. BGB analog bis Eintragung

Ist der Berechtigte noch nicht als Eigentümer eingetragen, wäre eine entsprechende Anwendung der §§ 987 ff. BGB zu erwägen.[392] Der BGH[393] hat dies früher verneint. Heute wenden Rspr. und h.L.[394] die §§ 987 ff. BGB analog auf das Verhältnis des noch nicht eingetragenen Berechtigten zum besitzenden, noch eingetragenen Dritten an.

Dabei gilt der Dritte schon dann als bösgläubig, wenn er das Grundstück in Kenntnis oder grob fahrlässiger Unkenntnis des Bestehens des Vorkaufsrechts vor Ablauf der Ausübungsfrist in Besitz nimmt. Die Bösgläubigkeit muss sich also nicht auch auf die Ausübung des Vorkaufsrechts beziehen.[395]

> **hemmer-Methode:** Darüber hinaus genießt das dingliche Vorkaufsrecht den Schutz des Deliktrechts, da es als sonstiges Recht i.S.d. § 823 I BGB anerkannt ist.

---

391 Vgl. Palandt, § 1098 BGB, Rn. 6, § 1102 BGB, Rn. 4.
392 Fall hierzu bei Göpfert, JuS 1991, 485 ff.
393 Vgl. BGH, WM 1964, 298
394 Vgl. BGH, NJW 1980, 833; BGH, NJW 1983, 2024; BGHZ 87, 296; Palandt, § 1098 BGB, Rn. 6; vgl. auch BGH, ZIP 2000, 1446 = **Life&Law 2000, 769**: alle Entscheidungen = **juris**byhemmer.
395 Vgl. Palandt, § 1098 BGB, Rn. 6.

§ 9 ANWARTSCHAFTSRECHTE AN GRUNDSTÜCKEN

A) Anwartschaft und Anwartschaftsrecht

Einordnung

Anwartschaften und Anwartschaftsrechte sind Durchgangsstadien bei mehraktiger Entstehung von Vollrechten. Sie stehen zwischen der Möglichkeit eines Rechtserwerbs (bloßes Kaufangebot, Aussicht auf Versorgungsausgleich, Stellung des Erben vor Erbfall) und dem späteren Vollrecht.

Im Bereich dazwischen liegt allgemein die Anwartschaft. Von einer bestimmten Zwischenstufe an ist es angemessen, eine Rechtsposition anzuerkennen, sofern der Erwerb des Vollrechts so gesichert ist, dass dem Erwerber gleichsam schon ein „wesensgleiches Minus" des Vollrechts gebührt. Dann liegt ein Anwartschaftsrecht vor.[396]

Definition AnwR

Das Anwartschaftsrecht lässt sich folglich dahingehend definieren, dass von einem mehraktigen Entstehungstatbestand eines Rechts bereits so viele Erfordernisse erfolgt sind, dass von einer gesicherten Rechtsposition des Erwerbers gesprochen werden kann, die der andere an der Entstehung des Rechts Beteiligte nicht mehr einseitig zu zerstören vermag.[397]

Verschiedentlich wird enger als nur auf die nicht mehr gegebene Möglichkeit zur einseitigen Zerstörung darauf abgestellt, dass die Entstehung des Rechts sogar nur noch vom Erwerber abhängen darf.[398]

hemmer-Methode: Gegenüber dem Anwartschaftsrecht hat eine bloße Anwartschaft noch keine sichere Verwirklichungsstufe erreicht. Sie bedeutet also eine ungesicherte Aussicht auf Erwerb.[399]

entspr. Anwendung der Vorschriften über das Vollrecht

Liegt ein Anwartschaftsrecht vor, sind die Vorschriften über das spätere Vollrecht, etwa die §§ 873, 925, 929 ff. BGB für die Übereignung oder die §§ 823, 1004 BGB für den deliktischen Schutz, auf dieses entsprechend anzuwenden.

B) Anwartschaftsrecht des Grundstückerwerbers

Anwartschaftsrecht bei Grundstückserwerb

Einen Fall des Anwartschaftsrechts stellt die Position des Erwerbers bei bedingter Übereignung vor Bedingungseintritt dar.[400] Eine durch die Kaufpreiszahlung bedingte Auflassung wäre jedoch unwirksam, § 925 II BGB.

Andererseits kann zwischen Kauf, Einigung und Eintragung (bis zur Klärung der Finanzierung) ein so langer Zeitraum liegen, dass der Erwerber angesichts der Finanzierung des meist hohen Kaufpreises schutzbedürftig ist.

Zudem könnte der Erwerber das Grundstück schon vor seiner Eintragung weiter veräußern wollen. Aus diesen Gründen wird grundsätzlich ein Anwartschaftsrecht des Grundstückerwerbers unter bestimmten Voraussetzungen zugelassen. Maßgeblich ist immer die obige Definition des Anwartschaftsrechts.

---

396 Ausführlicher bei Krüger, JuS 1994, 905.
397 Palandt, Einf v § 158 BGB, Rn. 9 m.w.N.
398 Medicus, BR, Rn. 456.
399 Medicus, BR, Rn. 456.
400 Vgl. Palandt, Einf v § 158 BGB, Rn. 9.

§ 9 ANWARTSCHAFTSRECHTE AN GRUNDSTÜCKEN

> **hemmer-Methode:** Im Bereich des Immobiliarsachenrechts ist nicht nur an ein Anwartschaftsrecht bezüglich des Grundeigentums (= Auflassungsanwartschaft) zu denken. Grundsätzlich können bei jedem dinglichen Recht an Grundstücken, das mehraktig zustande kommt, die Voraussetzungen eines Anwartschaftsrechts vorliegen. Beispiel ist etwa die Stellung des „Hypothekars vor Valutierung".[401] In der Klausur steht aber die Auflassungsanwartschaft im Vordergrund.

mehraktiger Erwerbstatbestand

Die Übereignung eines Grundstücks erfolgt nach den §§ 873, 925 BGB durch Auflassung und Eintragung; damit liegt ein mehraktiger (gestreckter) Erwerbstatbestand vor. Ein Teil hiervon ist ab Vorliegen der Auflassung erfüllt.[402] Ohne Eintragung ist der Vollrechtserwerb jedoch nicht eingetreten, § 873 BGB. Die erste Voraussetzung für die Annahme eines Anwartschaftsrechts liegt daher vor. Fraglich ist weiter, ob der Erwerber in diesem Fall bereits eine gesicherte, vom Veräußerer nicht mehr zerstörbare Rechtsstellung hat.

I. Auflassung und Auflassungsvormerkung

AnwR, wenn Auflassung und Auflassungsvormerkung

Ist die **Auflassung** erfolgt **und** eine **Vormerkung** eingetragen, ist nicht nur der Erwerbstatbestand teilweise erfüllt, sondern der Erwerber durch die §§ 883 II, 888 BGB gegen Verfügungen des Veräußerers auch so geschützt, dass letzterer den Eigentumserwerb nicht mehr verhindern kann.

149

Der Erwerber ist dann nach der h.M. Inhaber eines Anwartschaftsrechts.[403] Zu verneinen wäre dies aber, wenn man verlangen würde, dass der Anwartschaftsberechtigte ohne Mitwirkung des Veräußerers Eigentümer werden kann, sofern noch die zur Eintragung nötige Bewilligung der Eintragung durch den Veräußerer nach § 19 GBO fehlt.

II. Auflassung und Eintragungsantrag des Erwerbers, § 17 GBO

AnwR wegen § 17 GBO, str.

Im Umkehrschluss folgt aus § 873 II BGB, der in den aufgezählten Fällen eine Bindung an die Einigung anordnet, dass die Einigung bzw. Auflassung nach den §§ 873 I, 925 BGB an sich widerruflich ist.[404] Wegen der §§ 20, 29 GBO wird die Auflassung aber regelmäßig notariell beurkundet, sodass in der Praxis eine nicht widerrufliche Einigung vorliegt, § 873 II BGB. Schutz vor Verfügungsbeschränkungen wird dann ab dem Eintragungsantrag (§ 13 GBO) über § 878 BGB gewährt.

150

Einen formal-rechtlichen Schutz gibt zugleich § 17 GBO, nach dem mehrere dasselbe Recht betreffende Eintragungsanträge nur in ihrer zeitlichen Reihenfolge erfolgen dürfen. Somit kann der Erwerber im Normalfall erwarten, dass zuerst er eingetragen wird und eine weitere Verfügung des Veräußerers damit nicht mehr möglich ist. Ab diesem Zeitpunkt wäre der Veräußerer auch nicht mehr formell zur Rechtsänderung berechtigt, § 39 GBO.

§ 17 GBO beinhaltet nur formellen Schutz

Umstritten ist aber, ob dies zur Annahme eines Anwartschaftsrechts ausreicht. Zum einen ist der Schutz aus § 17 GBO formeller Natur. Bei einem Verstoß gegen § 17 GBO ist die weitere Verfügung materiell wirksam, sodass nur Schadensersatzansprüche gegen den Veräußerer oder den Staat aus Amtshaftung bleiben.

---

401 Vgl. dazu Medicus, BR, Rn. 470 f.
402 Hager, JuS 1991, 1.
403 BGHZ 83, 395 = **juris**byhemmer; zur berechtigten Kritik hieran vgl. Habersack in JuS 2000, 1145 ff. (1147).
404 Vgl. Palandt, § 925 BGB, Rn. 29, § 873 BGB, Rn. 15 - 17.

Zum anderen kann die Erledigung nach § 17 GBO auch eine Zurückweisung nach § 18 I S. 1 Alt. 1 GBO sein, womit wiederum der Eintragung der weiteren Verfügung nichts im Wege stünde.

kein AnwR ab Zurückweisung oder Rücknahme des Eintragungsantrags

Deshalb liegt zumindest ab der Erledigung des Antrags durch Zurückweisung oder Rücknahme kein Anwartschaftsrecht mehr vor.[405] Solange der formelle Schutz des § 17 GBO aber wirkt, soll nach der Rspr. ein Anwartschaftsrecht bestehen.[406]

In der Literatur[407] wird dies teilweise wegen der Konsequenzen verneint, weil ein Verfahrensakt wie die Zurückweisung des Eintragungsantrags nach § 18 GBO ein Anwartschaftsrecht nicht zum Erlöschen bringen könne. Zudem fällt der Schutz der GBO viel schwächer aus als derjenige, den § 161 I BGB dem Vorbehaltskäufer bietet. Schließlich kann sich der Erwerber einseitig bereits über § 885 I Alt. 1 BGB durch die Eintragung einer Vormerkung mittels einstweiliger Verfügung umfangreich absichern.

> **hemmer-Methode:** Die Unterscheidung der beiden Auffassungen zur Voraussetzung des Anwartschaftsrechts („keine Zerstörung durch Veräußerer mehr möglich" oder [enger] „Abhängen des Erwerbs nur noch vom Erwerber") wird nur relevant, wenn zwar der Veräußerer einseitig den Rechtserwerb nicht mehr verhindern kann, andererseits aber seine Mitwirkung noch notwendig ist. Beispiel hierfür wäre der Fall, dass der Eintragungsantrag (§ 13 GBO) mit der Wirkung des § 17 GBO gestellt, aber die Eintragung noch nicht bewilligt ist, § 19 GBO.

III. Bloße Auflassung

kein AnwR bei bloßer Auflassung

Liegt lediglich die Auflassung nach § 925 BGB vor, nicht aber eine Auflassungsvormerkung oder ein Eintragungsantrag des Erwerbers, ist der Erwerber nach dem Vorstehenden noch nicht vor einer anderweitigen Verfügung des Veräußerers geschützt. Bei bloßer Auflassung scheidet folglich ein Anwartschaftsrecht aus.[408]

C) Verfügungen über das Anwartschaftsrecht

I. Übertragung

Übertragung durch Auflassung und Eintragungsantrag

Die Übertragung des Anwartschaftsrechts vollzieht sich außerhalb des Grundbuchs allein durch Auflassung gem. §§ 873, 925 BGB. Eine Eintragung ist weder nötig noch möglich![409] Da aber das Vollrecht der Eintragung bedarf, muss für den Anwartschaftserwerber zum Erwerb des Vollrechts ein Antrag auf Eintragung gestellt werden.

Mit seiner Eintragung erwirbt der Anwartschaftsrechtserwerber dann ohne Zwischenerwerb des ersten Anwartschaftsrechtsinhabers beim Vorliegen der noch ausstehenden Erwerbsakte unmittelbar vom Veräußerer das Vollrecht.[410] Die Verpflichtung zur Übertragung des Anwartschaftsrechts bedarf bei der Auflassungsanwartschaft der Form des § 311b I S. 1 BGB.

---

405 BGHZ 45, 186 ff. = **juris**byhemmer.
406 BGHZ 49, 197 f.; 83, 395 ff.; 106, 108 ff. = **juris**byhemmer; auch dies wird in der Literatur berechtigterweise kritisiert, vgl. Habersack in JuS 2000, 1445 ff. (1146).
407 Medicus, BR, Rn. 469; vgl. auch Reinicke/Tiedtke, NJW 1982, 2281 ff.; Habersack in JuS 2000, 1145 ff.
408 Vgl. Palandt, § 925 BGB, Rn. 23 ff.
409 BGHZ 83, 395 = **juris**byhemmer; Palandt, § 925 BGB, Rn. 26.
410 Palandt, § 925 BGB, Rn. 26 m.w.N.

§ 9 ANWARTSCHAFTSRECHTE AN GRUNDSTÜCKEN

II. Verpfändung

Verpfändung

Das auf Eigentumserwerb an einem Grundstück bezogene Anwartschaftsrecht ist als Recht grundsätzlich nach den §§ 1274 ff. BGB verpfändbar. Allerdings ist anders als beim Vollrecht Eigentum die Bestellung eines Grundpfandrechts aus Gründen der Publizität nicht möglich (das Anwartschaftsrecht ist nicht im Grundbuch eingetragen), sodass nur eine Verpfändung des Anwartschaftsrechts als Recht nach den §§ 925, 1274 BGB in der Form einer Auflassungserklärung erfolgt.[411] Mit Erstarkung des Anwartschaftsrechts zum Eigentum wird der Pfandgläubiger kraft Gesetzes Inhaber einer Sicherungshypothek, § 1287 BGB analog (dingliche Surrogation).[412]

154

III. Pfändung des Anwartschaftsrechts

Das Anwartschaftsrecht wird nach der h.M.[413] nach § 857 I ZPO gepfändet. Mit Eigentumserwerb des Vollstreckungsschuldners erlangt der Vollstreckungsgläubiger analog § 848 II S. 2 ZPO eine Sicherungshypothek am Grundstück.

154 a

IV. Aufhebung des Anwartschaftsrechts

Erlöschen des Anwartschaftsrechts

Das Anwartschaftsrecht erlischt, wenn eine seiner Voraussetzungen wegfällt, also etwa durch Rücknahme des Eintragungsantrags gem. § 13 GBO oder durch Fortfall der Vormerkung. Zudem können die Parteien zum Erlöschen des Anwartschaftsrechts auch nach Eintritt der Bindung aus § 873 II BGB die Auflassung einvernehmlich durch formlosen Vertrag, für den § 925 BGB nicht gilt, wieder aufheben.[414]

155

§ 311b I S. 1 BGB nach h.M. für Verpflichtung zur Aufhebung des AnwR

Fraglich ist, ob die schuldrechtliche Verpflichtung zur Aufhebung des Anwartschaftsrechts der Form des § 311b I S. 1 BGB bedarf. Nach der h.M.[415] ist die Verpflichtung zur Aufhebung wegen § 311b I S. 1 BGB formbedürftig, wenn der Käufer schon Anwartschaftsberechtigter ist. Maßgeblich ist dabei der Gedanke, dass das Anwartschaftsrecht als Vorstufe den Schutzvorschriften für das Vollrecht unterliegt.

§ 311b BGB gilt aber dann, wenn die Aufhebungsvereinbarung vertragliche Pflichten zur Rückabwicklung enthält, nicht aber, wenn die Rückabwicklung nach den §§ 812 ff. BGB erfolgt.[416]

> **hemmer-Methode:** Damit kann eine Klausur abweichend vom gewöhnlichen Schema (Erwerb, Schutz oder Übertragung des Anwartschaftsrechts) auch einmal auf die Frage der Formbedürftigkeit eines schuldrechtlichen Vertrages über die Aufhebung des Anwartschaftsrechts abzielen.

a.A.: § 311b I S. 1 BGB unanwendbar

Teilweise[417] wird die Anwendbarkeit des § 311b I S. 1 BGB auf die Verpflichtung zur Aufhebung der Auflassungsanwartschaft abgelehnt. Zweck des Anwartschaftsrechts sei, den Erwerber vor Handlungen des Veräußerers zu schützen, nicht aber vor eigener Unüberlegtheit.

---

411 Vgl. Palandt, § 1274 BGB, Rn. 4; § 925 BGB, Rn. 27.
412 Palandt, § 1287 BGB, Rn. 5; § 925, Rn. 27.
413 BGHZ 106, 108 (111) = **juris**byhemmer.
414 BayObLGZ 54, 147.
415 BGHZ 83, 395 ff. = **juris**byhemmer; BGH, NJW-RR 1988, 265 = **juris**byhemmer; Palandt, § 311b BGB, Rn. 40 m.w.N.
416 BGHZ 127, 173 = **juris**byhemmer.
417 Reinicke/Tiedtke, NJW 1982, 2281 (2286 ff.); Medicus, BR, Rn. 469a; Tiedtke, Betr. 1991, 2273 ff.

Genau genommen wird bei dieser Argumentation aber schon der Zweck des Anwartschaftsrechts mit dem Zweck des § 311b I S. 1 BGB vermengt. Zudem lässt sich einwenden, dass das Anwartschaftsrecht als Vorstufe zum Eigentum auch schon den diesbezüglichen Vorschriften unterfallen muss.

Gegen die Anwendbarkeit des § 311b I S. 1 BGB wird auch angeführt, dass dessen Schutz ohnehin nicht konsequent sei, weil der Käufer zunächst (dinglich) sein Anwartschaftsrecht aufheben und dann den Kauf formlos rückgängig machen könne. Dieses Argument betrifft aber den Schutz aus § 311b I S. 1 BGB generell und nicht nur den Fall des Anwartschaftsrechts. Zudem entfällt auch nach der Rechtsprechung das Formerfordernis, wenn zunächst das Anwartschaftsrecht aufgegeben wird.[418]

---

[418] BGH, NJW 1993, 3325 = **juris**byhemmer.

§ 10 GRUNDPFANDRECHTE - EINLEITUNG

Bedeutung für die Kreditwirtschaft

Grundstücke haben vor allem in der Kreditwirtschaft eine überragende Bedeutung als Sicherungsmittel. Dies ist auf den meist erheblichen wirtschaftlichen Wert der Immobilie, die Sicherheit, die sich gerade aus der Unbeweglichkeit ergibt, die Vorteile der Publizität des Grundbuchs und die Absolutheit dinglicher Rechte zurückzuführen. Sicherungsrechte an Grundstücken sind die Grundschuld, die Hypothek und die Rentenschuld.

kein Anspruch auf Zahlung, sondern auf Duldung der ZVS

Allen gemeinsam ist, dass sie keine Zahlungsverpflichtung zum Inhalt haben. Grundpfandrechte begründen vielmehr ein Recht des Inhabers, von dem Grundstückseigentümer die Duldung der Zwangsvollstreckung zu verlangen, § 1147 BGB. Der Eigentümer haftet also nicht persönlich mit seinem ganzen Vermögen, sondern nur mit dem belasteten Grundstück.

> **hemmer-Methode:** Für die Klausur bedeutet das, dass Sie auch (und gerade), wenn persönlicher Schuldner und Eigentümer identisch sind, zwingend zwischen der persönlichen Schuld (z.B. § 488 I BGB) und dem Anspruch auf Duldung der Zwangsvollstreckung (§ 1147 BGB) unterscheiden müssen.
> Wie Sie bald sehen werden, können beide Klagen sehr unterschiedliche Wege gehen. Eventuell wird der Gläubiger mit der persönlichen Klage abgewiesen, der Klage auf Duldung der Zwangsvollstreckung wird dagegen stattgegeben.
> Für eine Hypothekenrechtsklausur wäre das ein geradezu typisches Ergebnis!

Vorteile der Grundpfandrechte

Was ist aber der Sinn eines Grundpfandrechts, wenn der Gläubiger der persönlichen Forderung doch sowieso i.R.d. Zwangsvollstreckung in alle Vermögensgegenstände des Schuldners, also auch in dessen Grundstücke, vollstrecken könnte? Der Vorteil der Grundpfandrechte ist die oben genannte Rangwirkung und die Dinglichkeit der Sicherheit. Denn zum einen weiß der ungesicherte Gläubiger nicht, ob der Schuldner nicht seine Vermögensgegenstände veräußert und somit die Haftungsmasse gefährdet. Dies kann dem Inhaber eines eingetragenen Grundpfandrechts nicht passieren, da sein Recht auch weiterhin bestehen bleibt. Zum anderen weiß der Inhaber eines Grundpfandrechts schon von Anfang an, in welchem Rang sein Recht eingetragen ist. Hat er also eine erstrangige Sicherheit inne, so weiß er, dass sein durch das Grundpfandrecht gesicherter Anspruch bei entsprechendem Wert des Grundstücks in vollem Umfang befriedigt werden kann, auch wenn der Schuldner bspw. zahlungsunfähig geworden ist. Der ungesicherte Gläubiger wäre i.R.d. Insolvenzverfahrens dagegen auf die Quote angewiesen. Durch das Grundpfandrecht wird dem Inhaber das Grundstück für die Verwertung quasi „reserviert".

Unterschied zwischen Grundschuld und Hypothek: Akzessorietät

Der entscheidende Unterschied zwischen Grundschuld und Hypothek ist die Abhängigkeit von der zu sichernden Forderung. Während die Hypothek in Entstehung, Übertragung und Erlöschen akzessorisch an die Forderung angelehnt ist, §§ 1153 II, 1154 BGB, ist die Grundschuld sachenrechtlich von der Forderung unabhängig, § 1192 I BGB. Die Verknüpfung von Forderung und Sicherungsmittel (denn in den meisten Fällen dient auch die Grundschuld der Sicherung eines Anspruchs) geschieht bei der Grundschuld nicht durch die Akzessorietät, sondern durch den sog. Sicherungsvertrag oder die sog. Sicherungsabrede, die allerdings nur schuldrechtliche Wirkung hat.

Gerade wegen der dinglichen Unabhängigkeit der Grundschuld von der Forderung stellt diese heute das bevorzugte Institut dar, da so im Rahmen längerer Geschäftsbeziehungen die Grundschuld für immer wieder neue Forderungen genutzt werden kann, ohne dass es einer neuen Bestellung oder Forderungsauswechslung (vgl. § 1180 BGB) bedarf.

Achtung: Risikobegrenzungsgesetz

Der Gesetzgeber hat mit dem Risikobegrenzungsgesetz, in Kraft getreten am 19.08.2008, erheblich in diese Differenzierung zwischen Hypothek und Grundschuld eingegriffen. Zwar bleibt es im Grundsatz dabei, dass die Grundschuld nicht akzessorisch ist. I.R.d. Übertragung der Grundschuld wurde mit der Einfügung des § 1192 Ia BGB allerdings eine Regelung getroffen, die Forderung und Grundschuld stärker aneinander bindet als dies bei der Hypothek der Fall ist! Die Vorschrift schränkt die Möglichkeit des gutgläubig einredefreien Erwerbs erheblich ein. Näheres dazu später.

§ 11 DIE HYPOTHEK

A) Allgemeines

I. Rechtsnatur der Hypothek

Hypothek: dingliche Belastung

Die Hypothek stellt eine dingliche Belastung des Grundstücks des Sicherungsgebers (also des Eigentümers) mit einem Verwertungsrecht des Gläubigers (§ 1113 I BGB) dar. Der Gläubiger kann bei Fälligkeit der Hypothek das Grundstück im Wege der Zwangsvollstreckung verwerten und sich auf diese Weise wegen der gesicherten Forderung befriedigen, § 1147 BGB.

Anspruch auf Duldung der ZVS, nicht auf Zahlung

Der Eigentümer schuldet dem Gläubiger niemals die Erfüllung der gesicherten Forderung. Der Gläubiger kann ihn nicht auf Zahlung verklagen, sondern nur auf Duldung der Zwangsvollstreckung.[419] Dagegen hat der Sicherungsgeber gem. § 1142 I BGB das Recht, die Zwangsvollstreckung durch Befriedigung des Gläubigers abzuwenden.

II. Der Grundsatz der Akzessorietät

Akzessorietät: Forderung ist Entstehungsvoraussetzung

Die Hypothek entsteht nicht ohne die zu sichernde Forderung. Sie ist wie die Bürgschaft in Entstehung und Bestand von der Forderung abhängig. Entsteht die Forderung nicht oder erlischt sie, verwandelt sich die Hypothek in eine Eigentümergrundschuld, vgl. §§ 1163 I, 1177 I BGB.

Diese strenge Akzessorietät wird nur bei der Übertragung der Verkehrshypothek gem. § 1138 BGB und im Fall des § 1156 BGB zugunsten der Umlauffähigkeit durchbrochen. Bei der Sicherungshypothek hingegen bleibt es bei der Akzessorietät, vgl. §§ 1184, 1185 II BGB.

nicht die Hypothek, sondern die hypothekarisch gesicherte Forderung wird übertragen

Der Grundsatz der Akzessorietät führt weiterhin dazu, dass nie die Hypothek selbst, sondern immer die hypothekarisch gesicherte Forderung übertragen wird, was den Übergang der Hypothek automatisch zur Folge hat, vgl. §§ 1154 I, 1153 I BGB.

> **hemmer-Methode:** An welchen Stellen die Akzessorietät eine Rolle spielt, soll hier nur angedeutet werden.
> Es sollte Ihnen aber schon auffallen, dass alle akzessorischen Sicherheiten (Bürgschaft, Pfandrecht) nach demselben Muster „gestrickt" sind.
> Eine Besonderheit besteht bei der Hypothek nur insofern, als die Forderung gem. § 1154 BGB nach sachenrechtlichen Grundsätzen übertragen wird. Man sagt: „Die Dienerin zwingt der Herrin ihre Form auf"
> Beachten Sie schließlich noch Folgendes: Auch bei der Hypothek besteht ein Sicherungsvertrag, der die causa für den dinglichen Bestellungsakt bildet. Ganz im Gegensatz zur Grundschuld spielt dieser bei der Hypothek aber kaum eine Rolle, da sich beinahe alle Probleme mit der Akzessorietät lösen lassen.

---

419 Medicus, BR, Rn. 443.

III. Arten der Hypothek

Brief- und Buchhypothek

Zu unterscheiden sind zum einen die Brief- und die Buchhypothek. Über die Briefhypothek wird ein Brief erteilt, der der besseren Verkehrsfähigkeit der Hypothek dienen soll, vgl. §§ 1154 I, 1155 BGB.

Die Buchhypothek ist schwerer zu übertragen, da bei ihr statt der Übergabe des Briefes eine Eintragung in das Grundbuch erfolgen muss, vgl. § 1154 III BGB.

Verkehrs- und Sicherungshypothek

Das Gesetz differenziert zwischen der Verkehrs- und der Sicherungshypothek. Die Verkehrshypothek kann entweder als Brief- oder als Buchhypothek ausgestaltet sein. Der Begriff der Sicherungshypothek ist hierbei irreführend. Denn auch die Verkehrshypothek dient der Sicherung einer Forderung, jedoch ist bei ihr die Akzessorietät (die Abhängigkeit von der Forderung) zugunsten einer besseren Verkehrsfähigkeit gelockert.

Bei der Sicherungshypothek, die gem. § 1185 I BGB nur als Buchhypothek möglich ist, gilt dagegen die Akzessorietät uneingeschränkt, § 1184 BGB. Der Gläubiger kann sich bei der Geltendmachung seines Rechts in Ansehung der Forderung nicht auf das Grundbuch berufen. Maßgebend ist immer der tatsächliche Umfang der Forderung.

> **hemmer-Methode:** Beachten Sie, dass die Sicherungsgrundschuld mit der Sicherungshypothek nichts gemein hat.
> Die Sicherungsgrundschuld entspricht vielmehr der Verkehrshypothek. Durch die Bezeichnung „Sicherungsgrundschuld" soll nur zum Ausdruck kommen, dass die Grundschuld der Sicherung einer Forderung dient und somit die Funktion erfüllt, die im Hypothekenrecht regelmäßig der Verkehrshypothek zufällt.
> Dagegen ist die rechtsgeschäftliche Bestellung einer Sicherungshypothek selten. Sie entsteht in einigen Fällen kraft Gesetzes (vgl. § 1287 BGB, § 848 II S. 2 ZPO) oder i.R.d. Zwangsvollstreckung (vgl. § 866 I ZPO).

Fremd- und Eigentümerhypothek

Hinsichtlich des Inhalts der Hypothek kann man noch zwischen der (Fremd-)Hypothek und der Eigentümerhypothek unterscheiden. Jedoch wird letztere für die Dauer der Konfusion von dinglichem Recht und persönlicher Forderung in der Hand des Eigentümers nach den für die Grundschuld geltenden Vorschriften (wichtig ist insbesondere § 1197 BGB!) behandelt, § 1177 II BGB.

Gesamthypothek

Dem Sicherungsgegenstand nach kann man zwischen der Hypothek an einem einzelnen Grundstück und der Gesamthypothek an mehreren Grundstücken, § 1132 BGB, differenzieren.

Höchstbetragshypothek

Des Weiteren bietet § 1190 BGB die Möglichkeit einer Höchstbetragshypothek, bei der die Feststellung der Forderung vorbehalten wird. Dies bedeutet besonders für Kontokorrentverhältnisse den Vorteil, dass nur ein Haftungsrahmen festgelegt werden muss. Ansonsten gilt auch hier der Grundsatz, dass die Hypothek erst mit der Forderung zusammen entsteht (und nicht mit der in § 1190 BGB genannten Feststellung). Praktisch ist die Höchstbetragshypothek durch die Grundschuld verdrängt worden, da diese dem Bedürfnis der Kreditwirtschaft nach Verkehrsfähigkeit entgegen kommt.

B) Die Entstehung der Hypothek

Voraussetzungen

Die Entstehung einer Hypothek setzt voraus:
- Einigung, §§ 873 I, 1113 I BGB
- Eintragung, §§ 873 I, 1115 I BGB
- Briefübergabe (§ 1117 BGB) oder Ausschluss der Brieferteilung (§ 1116 BGB)
- Berechtigung des Bestellers bzw. gutgläubiger Erwerb
- Forderung, § 1113 I BGB

I. Dingliche Einigung

dingliche Einigung notwendig, § 873 I BGB

Die dingliche Einigung zwischen dem Sicherungsgeber und dem Gläubiger ist gem. § 873 I BGB erforderlich. § 1113 BGB normiert lediglich den Inhalt dieser Vereinbarung.

Die Einigung mit dem Inhalt aus § 1113 I BGB ist ein abstrakter, auf dingliche Rechtsänderung gerichteter Vertrag.[420]

keine Form

Die dingliche Einigung i.R.d. § 873 I BGB ist formfrei. Die notarielle Beurkundung der Einigung wird aber in der Regel erfolgen, damit der Eigentümer seine Erklärung nicht mehr einseitig bis zur Eintragung widerrufen kann (§ 873 II BGB) und um dem Formerfordernis des § 29 I GBO zu genügen.

umstritten: Entsteht bei Einigungsmangel wenigstens eine EGS?

Umstritten ist, ob bei einem Mangel in der Einigung über die Hypothekenbestellung wenigstens eine Eigentümergrundschuld entstehen kann. Es kann hier nur um den Fall gehen, in dem die Einigung über die Bestellung des Fremdrechts zwar nicht zustande gekommen ist, das Recht aber eingetragen und die Willenserklärung des Eigentümers wirksam ist.

Man kann zwar die Bestellung der Eigentümergrundschuld nicht als Minus zur Einigung über die Hypothekenbestellung sehen.[421] Es kommt deshalb nur eine Umdeutung gem. § 140 BGB in Frage. Hierfür spricht das wirtschaftliche Interesse des Eigentümers, dass durch das Rechtsgeschäft zumindest die Rangstelle besetzt werden soll, um zu verhindern, dass nachrangige Grundpfandrechtsgläubiger ungerechtfertigt im Rang nachrücken.

Diese Umdeutung wird zwar heftig kritisiert, da ein zweiseitiges Rechtsgeschäft ggf. sogar gegen den Willen der einen Partei in ein einseitiges Rechtsgeschäft umgedeutet wird. Auch vollzieht sich die dingliche Einigung zwischen den Parteien, während die Eigentümergrundschuld durch Erklärung gegenüber dem Grundbuchamt entsteht, § 1196 II BGB.[422] Teilweise wird daher eine entsprechende Anwendung des § 1163 I S. 1, II BGB vorgeschlagen. Hierfür spricht, dass die Willenserklärung des Eigentümers auf die Bestellung eines Grundpfandrechts gerichtet war und diese Willenserklärung auch wirksam ist.

hemmer-Methode: Wenn Sie den Streit in der Klausur skizzieren und die Argumente ansprechen, die für und gegen eine Umdeutung sprechen, ist es gleichgültig, zu welchem Ergebnis Sie schließlich kommen. Die Punkte haben Sie sich bereits durch Ihre Argumentation verdient!

---

420 Palandt, § 873 BGB, Rn. 9 m.w.N.
421 RGZ 52, 111; 54, 83; 68, 101; 70, 353; 78, 64; 106, 136.
422 Palandt, § 1196 BGB, Rn. 5.

II. Eintragung

Eintragung notwendig, § 873 I BGB

§ 873 I BGB konstituiert auch das zweite Erfordernis für die Entstehung der Hypothek, die Eintragung. Der notwendige Inhalt der Eintragung in das Grundbuch ist § 1115 BGB zu entnehmen.

Grundbuchrechtlich setzt die Eintragung einen Antrag des Eigentümers oder des Gläubigers oder beider (§ 13 GBO) und die formalrechtliche Bewilligung durch den Eigentümer voraus (§ 19 GBO). Auch hier gilt wieder, dass der Erwerber den Antrag stellen sollte, damit nicht der Veräußerer den Eintragungsantrag zurücknehmen kann.

Abweichungen von Einigung und Eintragung

Inhaltlich müssen Einigung und Eintragung übereinstimmen. Ist die Abweichung qualitativ, wird die Hypothek z.B. statt für das Grundstück des Sicherungsgebers für das Grundstück eines Dritten eingetragen, kommt die Rechtsänderung nicht zustande.

Wenn die Abweichung dagegen nur quantitativer Art ist, ist zu unterscheiden: Haben sich z.B. Gläubiger und Sicherungsgeber auf die Bestellung einer Hypothek in Höhe von 10.000,- € geeinigt, ist aber nur eine Hypothek in Höhe von 5.000,- € eingetragen worden, so richtet sich der durch Auslegung (§§ 133, 157 BGB) zu ermittelnde übereinstimmende Parteiwille i.d.R. darauf, dass wenigstens das mindere Recht entsteht.[423]

Ist dagegen mehr eingetragen worden als das, auf was sich die Parteien geeinigt haben, so entsteht das dingliche Recht nur i.R.d. Einigung.[424] Haben die Parteien die Einigung nur bedingt abgeben wollen, ist die Hypothek aber als unbedingt ins Grundbuch eingetragen worden, so ist nur ein bedingtes Recht entstanden.[425] Auch hier herrscht zwischen unbedingtem und bedingtem Recht ein Mehr-Weniger-Verhältnis. Soweit die Eintragung über die Einigung hinausgeht, ist das Grundbuch unrichtig, der Eigentümer kann gem. § 894 BGB vom Gläubiger Berichtigung verlangen.

> **hemmer-Methode:** Merken Sie sich daher: Soweit Einigung und Eintragung übereinstimmen, entsteht das Recht als „kongruentes Minus".
> Denken Sie auch an die Möglichkeit des gutgläubigen Erwerbs, wenn das (weiter gehende) eingetragene Recht übertragen wird.
> Der Erwerber kann sich dann regelmäßig auf den öffentlichen Glauben des Grundbuchs berufen.

III. Briefübergabe oder Ausschluss der Brieferteilung

Die dritte Entstehungsvoraussetzung der Hypothek richtet sich danach, ob die Parteien des Sicherungsvertrages eine Brief- oder eine Buchhypothek vereinbart haben.

1. Briefhypothek

bei Briefhypothek Briefübergabe notwendig

Die Briefhypothek ist der Regelfall der Verkehrshypothek, § 1116 I BGB. Die Hypothek entsteht dann erst in dem Moment, in dem der Brief übergeben wird, § 1117 I BGB. Bis dahin steht das Recht dem Eigentümer als Eigentümergrundschuld zu, §§ 1163 II, 1177 I BGB. Der Zweck des § 1117 BGB ergibt sich aus dem Schutzbedürfnis des Eigentümers vor Auszahlung der Valuta.

---

[423] Dafür, dass statt der vereinbarten Verkehrshypothek die eingetragene Sicherungshypothek als minderes Recht entsteht: RGZ 123, 170 f.
[424] Palandt, § 873 BGB, Rn. 12.
[425] Palandt, a.a.O.

Zwar ist die Hypothek vor der Auszahlung des Kreditbetrages noch nicht wirksam entstanden (es liegt gem. §§ 1163 I S. 1, 1177 I BGB eine Eigentümergrundschuld vor).

Der zukünftige Gläubiger ist aber schon im Grundbuch eingetragen, sodass er bei einem reinen Buchrecht einem gutgläubigen Dritten bereits die Hypothek verschaffen könnte (vgl. §§ 1138, 892 BGB). Jedoch ist bei der Briefhypothek seine Legitimation gutgläubigen Dritten gegenüber ohne den Brief noch nicht perfekt, vgl. §§ 1154 I, 1140 BGB. Ein gutgläubiger Erwerb scheidet also regelmäßig aus. Der Eigentümer braucht den Brief nur Zug um Zug gegen Auszahlung der Kreditsumme auszuhändigen.

Entstehung mit Herstellung des Briefes, § 1117 II BGB

Wenn die Übergabe gem. § 1117 II BGB durch die Vereinbarung ersetzt wird, dass der Gläubiger berechtigt sein soll, sich den Brief vom Grundbuchamt aushändigen zu lassen, entsteht das Grundpfandrecht bereits mit dieser **Aushändigungsabrede**, nicht erst mit Ausstellung oder Aushändigung des Briefes. Das Eigentum an dem Brief erwirbt der Gläubiger in diesem Fall mit Herstellung.

> **hemmer-Methode:** Beachten Sie, dass i.R.d. § 1117 I BGB der Brief nicht übereignet, sondern nur übergeben wird. Das Eigentum an dem Hypothekenbrief steht dem Gläubiger mit Entstehung des Rechts automatisch zu, § 952 I, II BGB.
> Durch diese Vorschrift wird gewährleistet, dass Inhaberschaft bzgl. der Hypothek und Eigentum am Hypothekenbrief zu keinem Zeitpunkt auseinander fallen.

§ 1117 III BGB enthält eine besondere Beweislastregel für die Entstehungsvoraussetzung „Übergabe".[426] Sie kann z.B. durch den Nachweis entkräftet werden, dass sich der Gläubiger den Brief durch verbotene Eigenmacht verschafft hat. Dann ist die Hypothek nicht entstanden.

2. Buchhypothek

bei Buchhypothek ist Übergabe ausgeschlossen

Die Buchhypothek, bei der die Erteilung des Briefes ausgeschlossen worden ist (§ 1116 II BGB), entsteht schon mit der Eintragung dieses Ausschlusses. Die gewöhnliche Verkehrshypothek ist nur kraft besonderer „doppelter" Einigung und Eintragung Buchhypothek (vgl. Wortlaut des § 1116 II S. 3 BGB). Dagegen kann die Sicherungshypothek, die ohnehin nicht umlauffähig ist, nur als Buchhypothek bestellt werden, vgl. § 1185 I BGB.

172

3. Eintragung der falschen Hypothekenform

Problem: Eintragung der falschen Hypothekenform

Was gilt nun, wenn entgegen der Abrede zwischen Sicherungsgeber und Gläubiger statt einer Briefhypothek eine Buchhypothek oder umgekehrt statt einer Buchhypothek eine Briefhypothek eingetragen wird?

173

⇨ *Buchrecht erfordert ein „Mehr" an Einigung*

Die Frage ist einfach zu beantworten, wenn man sich einmal klar macht, dass das Buchrecht gegenüber dem Briefrecht ein Mehr an Einigung und Eintragung verlangt: Es entsteht nur, wenn sich die Parteien auch über den Briefausschluss geeinigt haben und wenn dieser im Grundbuch eingetragen worden ist, § 1116 II S. 3 BGB. Das bedeutet:

---

426 Vgl. Störmer, JuS 1994, 238 (239).

Haben sich die Parteien über einen Briefausschluss geeinigt, wurde aber ein Brief erteilt, ohne dass der Ausschluss eingetragen wurde, so ist eine Briefhypothek entstanden, die der Gläubiger nach § 1117 BGB erwerben kann.[427] Bis zur Briefübergabe steht die Hypothek dem Sicherungsgeber als vorläufige Eigentümergrundschuld zu, §§ 1163 II, 1177 I BGB entsprechend.

In der umgekehrten Konstellation (Einigung bzgl. Briefhypothek, aber Eintragung eines Briefausschlusses) entsteht wieder eine Briefhypothek.

Für eine Buchhypothek fehlt es an der Einigung. Hier ist das Grundbuch im Gegensatz zum ersten Beispiel unrichtig geworden. Wiederum gilt § 1163 II BGB, der Gläubiger kann das Grundpfandrecht erst mit Briefübergabe erwerben.[428]

IV. Berechtigung des Sicherungsgebers bzw. gutgläubiger Erwerb

mangelnde Berechtigung des Veräußerers

§ 873 I BGB setzt voraus, dass der Sicherungsgeber der Eigentümer des zu belastenden Grundstücks ist und in seiner Verfügungsbefugnis nicht beschränkt ist.

⇨ *gutgläubiger Erwerb nach § 892 BGB*

Anderenfalls kommt ein gutgläubiger Erwerb der Hypothek nach § 892 I BGB in Betracht. Die Ausführungen zum gutgläubigen Erwerb des Eigentums an Grundstücken gelten an dieser Stelle entsprechend.

Voraussetzung aber: Forderung ist entstanden

Hinzuweisen ist lediglich auf zwei Besonderheiten. Ein gutgläubiger Erwerb setzt immer voraus, dass die zu sichernde Forderung entstanden ist. Fehlt es schon hieran, so scheidet ein Erwerb über § 892 BGB sowohl bei der Sicherungs- als auch bei der Verkehrshypothek aus. Die unterschiedlich stark ausgebaute Akzessorietät beider Hypotheken wirkt sich erst bei der Übertragung aus. Zur Entstehung erfordert auch die Verkehrshypothek allemal eine Forderung.

Gutgläubigkeit bis zur Valutierung des Darlehens erforderlich

Schließlich kommt es bei der Hypothek häufiger vor, dass in Abweichung von § 892 II BGB ein späterer Zeitpunkt für die Gutgläubigkeit des Erwerbers maßgebend ist.

Zur Erinnerung: Die Stellung des Eintragungsantrags ist nach § 892 II BGB nur dann entscheidend, wenn mit Ausnahme der Eintragung alle Voraussetzungen für den Erwerb des Rechts vorliegen.[429] Da die Hypothek aber erst mit Valutierung entsteht, ist dieses Erfordernis häufig nicht gegeben. Der Sicherungsnehmer muss daher noch bei Auszahlung des Darlehens gutgläubig sein.[430]

Im Ergebnis liegt hierin auch keine Unbilligkeit, denn wenn der Sicherungsnehmer vor Auszahlung des Darlehens von der Unrichtigkeit des Grundbuchs erfährt, soll er die Auszahlung eben unterlassen. Nimmt er sie gleichwohl vor, handelt er auf eigene Gefahr.

hemmer-Methode: Unterscheiden Sie im Sachrecht generell (egal, ob es um eine Hypothek, eine Vormerkung, ein Faustpfand oder ein Anwartschaftsrecht geht) zwischen dem gutgläubigen Ersterwerb und dem gutgläubigen Zweiterwerb.

---

427 Wenn nicht die Einigung gemäß § 139 BGB nichtig sein sollte.
428 Palandt, § 1116 BGB, Rn. 3.
429 Palandt, § 892 BGB, Rn. 25.
430 Palandt, § 892 BGB, Rn. 25.

§ 11 DIE HYPOTHEK

> Vorliegend geht es um den **gutgläubigen Ersterwerb**, d.h. um die Konstellation, in der ein Recht vom vermeintlichen Eigentümer erworben wird. § 892 I BGB ist direkt anwendbar. Interessanter ist regelmäßig der gutgläubige Zweiterwerb, also die Frage, ob das Recht vom vermeintlichen Rechtsinhaber erworben werden kann.[431]

V. Die Forderung

Akzessorietät
⇨ *Existenz einer Forderung*

Die Hypothek setzt wegen ihrer Akzessorietät in der Entstehung eine Forderung voraus. Hierbei ist nicht erforderlich, dass der Sicherungsgeber (der Grundstückseigentümer) auch der persönliche Schuldner ist.

176

Der Eigentümer kann auch eine Hypothek für die Schuld eines anderen bestellen, vgl. § 1143 BGB. Auf der Aktivseite müssen Hypothekar (Sicherungsnehmer) und der Inhaber der persönlichen Forderung auf jeden Fall identisch sein. Die in § 1153 BGB zum Ausdruck kommende Akzessorietät lässt nichts anderes zu.

1. Sicherungsfähige Forderungen

Zahlungsanspruch jeglicher Art

Die Hypothek kann zur Sicherung eines Zahlungsanspruchs jeglicher Art bestellt werden, so z.B. auch für ein abstraktes Schuldversprechen.[432] Auch schließt der Wortlaut „eine ... Forderung" nicht aus, dass eine Hypothek für mehrere Forderungen bestellt wird. Es soll nur festgestellt werden, dass es sich um Forderungen immer des gleichen Gläubigers gegen den (die) gleichen Schuldner handeln muss.[433] Eine Mehrheit von Schuldnern soll zulässig sein, wenn es sich entweder um eine Verpflichtungsgemeinschaft (z.B. Gesamtschuldner) handelt oder ursprünglich eine einheitliche Forderung vorlag.[434]

177

§ 1113 II BGB: auch bedingte oder künftige Forderungen

Die Hypothek kann auch für eine bedingte oder künftige Forderung bestellt werden, § 1113 II BGB, wenn diese schon bestimmbar ist. Die zu sichernde Forderung kann auch noch nachträglich ausgewechselt werden, § 1180 BGB. Dies ist ein Unterfall der Inhaltsänderung eines beschränkten dinglichen Rechts.

Haftung auch für Zinsen

Die Haftung für die Forderung umfasst auch die gesetzlichen und eingetragenen vertraglich vereinbarten Zinsen, vgl. §§ 1115 I, 1118 BGB.

Eine Mehrheit von Hypotheken zur Sicherung einer Forderung soll nicht zulässig sein (Verbot der Doppelsicherung). Es kann in einem solchen Fall aber eine Gesamthypothek gem. § 1132 BGB vorliegen oder eine Ausfallhypothek an einem anderen Grundstück, die unter der Bedingung des Ausfalls der ersten Hypothek bestellt wird.[435]

2. Folgen der Nichtvalutierung, § 1163 I S. 1 BGB

bis zur Valutierung besteht eine EGS, § 1163 I S. 1 BGB

Die Hypothek kann nicht ohne Forderung entstehen. Sie kann aber bereits für eine künftige Forderung bestellt werden, § 1113 II BGB.

178

---

431 Dazu ausführlich unter Rn. 190 ff.
432 OLG Stuttgart, NJW 1979, 222 = **juris**byhemmer.
433 Die Möglichkeit der Bestellung einer Hypothek für mehrere Forderungen verschiedener Gläubiger wird von der h.M. abgelehnt, vgl. RGZ 75, 245; KG HRR 1932 Nr. 1561.
434 Vgl. Palandt, § 1113 BGB, Rn. 10.
435 Palandt, § 1113 BGB, Rn. 11.

SACHENRECHT III

Bis zur Entstehung der gesicherten Schuld besteht dann gem. §§ 1163 I S. 1, 1177 I S. 1 BGB eine Eigentümergrundschuld, unabhängig davon, ob der Sicherungsnehmer bereits als Gläubiger des Buchrechts eingetragen worden ist oder ob er als Gläubiger des Briefrechts den Hypothekenbrief bereits empfangen hat.

Der Eigentümer ist damit Inhaber einer (durch die Auszahlung) auflösend bedingten Eigentümergrundschuld, der künftige Hypothekar Inhaber eines Anwartschaftsrechts, da der Erwerb des Vollrechts, der Hypothek, nur noch von ihm abhängt. Der Hypothekar verfügt daher schon jetzt über eine gesicherte Rechtsposition.

Exkurs: Verfügung über das Anwartschaftsrecht

Verfügung über das AnwR gem. §§ 1154 f. BGB analog

Die Verfügung über das Anwartschaftsrecht vollzieht sich wie die Verfügung über das Vollrecht, §§ 398, 1154 f. BGB analog durch Abtretung der künftigen Forderung. Fraglich ist, ob ein gutgläubiger Erwerb des Anwartschaftsrechts möglich ist.

> *Bsp.:* Der unerkannt geisteskranke E bestellt G eine Hypothek für eine zukünftige Darlehensforderung. G tritt die Forderung nach §§ 398, 1154 f. BGB an D ab, der die Kreditsumme auszahlt.

Hier hat D keine Hypothek erworben, weil die zu sichernde Forderung nicht entstanden ist. Fraglich ist, ob D nach §§ 1154 f., 892 BGB das Anwartschaftsrecht gutgläubig erwerben konnte. Das Grundbuch weist G als Inhaber einer Hypothek aus. Da er allerdings D eine künftige Forderung abtreten wollte, also die Nichtvalutierung offenkundig machte, hat er damit den Rechtsschein einer Hypothek zerstört. Über das Bestehen eines Anwartschaftsrechts gibt das Grundbuch nämlich keine Auskunft. D hat somit kein Anwartschaftsrecht erworben, das sich durch Auszahlung zum Vollrecht wandeln könnte.[436]

hemmer-Methode: Hierbei handelt es sich zugegebenermaßen schon um ein sehr spezielles Problem. Sollte es Ihnen tatsächlich einmal in der Klausur begegnen, behalten Sie die Nerven und diskutieren Sie mit den allgemeinen Sachenrechtsgrundsätzen, was für und was gegen einen gutgläubigen Erwerb eines Anwartschaftsrechts spricht. Viel mehr werden der Klausurersteller und der Korrektor mit Sicherheit nicht erwarten!

Exkurs Ende

Verfügung über EGS

Für die Frage, ob der Eigentümer über sein vorläufiges Recht, die Eigentümergrundschuld, verfügen kann, ist zwischen Brief- und Buchhypothek zu differenzieren. Da jede Verfügung über die Buchhypothek einer Eintragung bedarf, §§ 1154 I, III, 873 BGB, verhindert hier § 39 GBO eigenmächtige Übertragungen durch den Eigentümer. Anders bei der Briefgrundschuld. Hier ist der Eigentümer materiell berechtigt und in der Lage, entweder dem Erwerber den Brief zu übergeben oder, wenn sich der Brief bereits in den Händen des zukünftigen Hypothekars befindet, die Übergabe durch die Abtretung seines Herausgabeanspruchs aus dem Sicherungsvertrag zu ersetzen, §§ 1154 I S. 1 HS 2, 1117 I S. 2, 931 BGB.

Exkurs: Probleme bei der Zwischenfinanzierung

Zwischenfinanzierung

Die vorläufige Eigentümergrundschuld, die dem Grundstückseigentümer bis zur Valutierung der gesicherten Schuld zusteht, wird häufig zur Zwischenfinanzierung genutzt.

---

436 Medicus, BR, Rn. 478.

§ 11 DIE HYPOTHEK

Bsp.: S will auf seinem Grundstück ein Haus bauen und nimmt bei der G-Bank ein Darlehen auf, für das er eine Briefhypothek bestellt. Die G-Bank will die Darlehenssumme aber erst auszahlen, wenn der Wert des Grundstücks (und somit der Haftungsmasse der Hypothek) durch die Fertigstellung des Rohbaus erhöht worden ist. S braucht aber sofort Geld und fragt sich, was er nun tun kann.

S kann bei einer Zwischenfinanzierungsbank (Z) einen Zwischenkredit aufnehmen, mit dem er die Kosten des Rohbaus deckt. Diesen Kredit kann er sichern, indem er der Z die vorläufige Eigentümergrundschuld abtritt, die ihm bis zur Auszahlung der Darlehenssumme durch G noch zusteht.

Die Abtretung der Eigentümergrundschuld erfolgt durch schriftliche Abtretungserklärung (§§ 1192 I, 1154 I BGB) und Übergabe des Briefes. Ist G schon im Besitz des Briefes, kann die Übergabe durch Abtretung des Herausgabeanspruchs gegen G ersetzt werden (§§ 1192 I, 1154 I, 1117 I S. 2, 931 BGB).

Eine Buchhypothek eignet sich nach der h.M. nicht zur Zwischenfinanzierung. Zwar entsteht auch hier vor der Valutierung eine Eigentümergrundschuld, aber die Übertragung dieses Rechts auf Z würde deren Eintragung ins Grundbuch erfordern (§§ 1154 III, 873 I BGB) und zu dieser Eintragung wäre nach § 19 GBO eine Bewilligung des eingetragenen Gläubigers erforderlich.

Vor der Valutierung der Briefhypothek ist das Grundbuch zwar objektiv unrichtig, der Anspruch des Eigentümers auf die Berichtigungsbewilligung (§ 894 BGB) ist aber durch den Kreditvertrag mit dem Gläubiger ausgeschlossen, da sich die vorläufige Eigentümergrundschuld nach Auszahlung des Darlehens in eine Buchhypothek verwandeln soll.[437] Der Zwischenfinanzierer lässt sich i.d.R. auch noch den Darlehensauszahlungsanspruch des Schuldners gegen den Gläubiger in der Höhe des Zwischenkredits abtreten.

Nach Fertigstellung des Rohbaus zahlt G dann die Darlehenssumme in der abgetretenen Höhe an Z aus, wodurch Z befriedigt ist. Damit entsteht gleichzeitig auch der Darlehensrückzahlungsanspruch des G gegen S, und die vorläufige Grundschuld wandelt sich in eine Verkehrshypothek um, die der G zusteht. Sollte sich die Valutierung seitens der Hypothekenbank aus irgendeinem Grunde zerschlagen, verwandelt sich die Grundschuld, die Z nur vorläufig erworben hat, in eine endgültige Sicherungs**grundschuld** für den Zwischenkredit um.[438]

Exkurs Ende

3. Nichtige Forderung

nichtige Forderung
⇨ *sichert Hypothek dann den Bereicherungsanspruch?*

Wie bei der Bürgschaft oder beim Pfandrecht kann die Frage auftauchen, was mit der Hypothek geschieht, wenn die zu sichernde Forderung nichtig ist, das Darlehen aber gleichwohl ausgezahlt worden ist.

Nach e.A. soll eine Eigentümergrundschuld entstehen, sodass der Kondiktionsanspruch aus § 812 I S. 1 Alt. 1 BGB nicht gesichert wäre.

Demgegenüber soll nach der h.M.[439] eine Fremdhypothek bestehen, die nun den Bereicherungsanspruch sichert, der sich quasi als Ersatz der nicht entstandenen Darlehensforderung darstellt.

---

437 Medicus, BR, Rn. 470.
438 Palandt, § 1163 BGB, Rn. 11.
439 BGHZ 114, 57 (72) = **juris**byhemmer; BGH, NJW 2003, 885 ff. = **juris**byhemmer.

> **hemmer-Methode:** Auch hier gilt wieder: Nicht das Ergebnis, sondern die Begründung zählt.
> Für die Sicherung des Bereicherungsanspruchs durch eine Hypothek spricht, dass der Anspruch aus § 812 BGB quasi denselben Inhalt wie der Darlehensrückzahlungsanspruch nach § 488 I S. 2 BGB hat. Auf der anderen Seite kann der Nichtigkeitsgrund so wichtig sein, dass eine dingliche Sicherung des Bereicherungsanspruchs nicht dem Sinn und Zweck der Norm entspricht.
> Für die Sicherungsgrundschuld hat der BGH zuletzt entschieden, dass die Sicherungsabrede auch einen Anspruch aus §§ 357, 346 BGB erfasst, wenn der Darlehensvertrag widerrufen wurde.[440]

C) Einwendungen und Einreden

zu unterscheiden: Einreden ggü. der Forderung ⇔ Einreden ggü. der Hypothek

Bei Klausuren im Hypothekenrecht spielen Einwendungen und Einreden der Beteiligten eine wichtige Rolle. Auch hier gilt es, genau zwischen Einwendungen/Einreden, die gegenüber der Forderung geltend gemacht werden können und solchen, die dem Eigentümer gegenüber der Inanspruchnahme aus der Hypothek zustehen, zu differenzieren.

I. Einwendungen/Einreden des persönlichen Schuldners

nur forderungsbezogene Einreden

Dem persönlichen Schuldner stehen gegenüber dem Gläubiger alle rechtshindernden und rechtsvernichtenden Einwendungen zu, die die Forderung betreffen. Insofern ergeben sich keine Unterschiede im Vergleich zu ungesicherten Forderungen.

Einwendungen des Eigentümers, die das Grundpfandrecht betreffen, kann der persönliche Schuldner nicht geltend machen, denn nicht die Forderung ist akzessorisch, sondern die Hypothek.

ggf. §§ 1160, 1161 BGB

Ist der persönliche Schuldner zugleich der Eigentümer, kann dieser auch bei der Geltendmachung der Forderung die Vorlage des Hypothekenbriefes verlangen, §§ 1160, 1161 BGB.

> **hemmer-Methode:** Diese Einrede dient dem Schutz des persönlichen Schuldners, der sich vergewissern können soll, ob sein Gläubiger tatsächlich noch Inhaber der Forderung und Hypothek ist. Denn ist die Forderung inzwischen abgetreten worden, kann der Schuldner nach § 407 I BGB zwar mit befreiender Wirkung an den Zedenten leisten, gegenüber der Inanspruchnahme aus der Hypothek versagt dieser Einwand aber wegen § 1156 BGB![441]

II. Einwendungen/Einreden des Eigentümers

An dieser Stelle ist zwischen forderungsbezogenen und pfandrechtsbezogenen Einwendungen zu unterscheiden.

1. Pfandrechtsbezogene Einwendungen/Einreden

Einwendungen bzgl. der Pfandrechtsbestellung

Dem Eigentümer stehen selbstverständlich die pfandrechtsbezogenen Einwendungen zu. Gegenüber der Inanspruchnahme aus der Hypothek kann er beispielsweise einwenden, er sei bei der Bestellung der Hypothek geschäftsunfähig gewesen.

---

440 Vgl. BGH, NJW 2004, 158 (159) zu § 3 HaustürWG = **juris**byhemmer.
441 Dazu ausführlich unter Rn. 189.

§ 11 DIE HYPOTHEK

Einreden nur gegen die Hypothek

Auch kann er geltend machen, der Gläubiger habe sich ihm gegenüber bereit erklärt, die Verwertung der Hypothek zu stunden, § 271 II BGB (eine Einrede, die aus dem Sicherungsvertrag herrührt!).

Die Existenz dieser pfandrechtsbezogenen Einwendungen/Einreden war für den Gesetzgeber so selbstverständlich, dass er eine explizite Regelung für nicht notwendig erachtete. In § 1157 S. 1 BGB, der erst nach der Übertragung der hypothekarisch gesicherten Forderung eingreift, wird sie gleichsam vorausgesetzt!

2. Forderungsbezogene Einwendungen/Einreden[442]

§ 1137 BGB: auch forderungsbezogene Einreden

Der Eigentümer kann sich gegenüber dem Anspruch auf Duldung der Zwangsvollstreckung auch mit den forderungs- oder schuldnerbezogenen Einreden verteidigen, § 1137 I S. 1 BGB.

Die Vorschrift entspricht den Regelungen, die der Gesetzgeber für die ebenfalls akzessorischen Sicherheiten Bürgschaft und Pfandrecht in den §§ 768 I S. 1, 1211 I S. 1 BGB getroffen hat.

Einwendungen, welche die Existenz der Forderung betreffen, wirken sich aufgrund der Akzessorietät ohnehin automatisch auf das Grundpfandrecht aus, weil dann nach § 1163 I BGB regelmäßig eine Eigentümergrundschuld entsteht.

> **hemmer-Methode:** Lernen Sie die verschiedenen Rechtsgebiete nicht isoliert. Wenn Sie die Hypothek verstanden haben, brauchen Sie sich um das Mobiliarpfandrecht an sich nicht mehr zu kümmern, denn das System ist genau das gleiche. In der Klausur gilt es dann noch, die parallelen Vorschriften zu finden. Klausuren im Hypothekenrecht und im Mobiliarpfandrecht haben den Vorteil, dass es auf das Verständnis des Systems ankommt und dass Sie eine äußerst detaillierte Regelung des Gesetzgebers vorfinden!

Einreden des Bürgen gem. § 770 BGB

Gem. § 1137 I S. 1 BGB kann der Eigentümer auch die Einreden des Bürgen gem. § 770 BGB geltend machen. Hierbei handelt es sich um die Fälle, in denen dem persönlichen Schuldner ein Gestaltungsrecht (Aufrechnung, Anfechtung) zusteht, dieses aber noch nicht ausgeübt wurde.

Da der Eigentümer einerseits nicht rechtsgestaltend auf das Verhältnis von Schuldner und Gläubiger einwirken kann, andererseits ihm aber auch nicht angesonnen werden soll, eine Leistung zu erbringen, die kurze Zeit später eventuell nach Bereicherungsrecht zurückzufordern wäre, schützt das Gesetz den Sicherungsgeber, indem es ihm eine eigenständige Einrede gibt.

Die Einrede der Gestaltbarkeit steht dem Bürgen/Eigentümer über den Wortlaut des § 770 BGB hinaus auch in anderen Fällen zu.[443] Klassisches Beispiel ist an dieser Stelle die Einrede, dass der Schuldner vom Kaufvertrag zurücktreten könne.

aber: Einrede der Verjährung ausgeschlossen, § 216 I BGB

Verglichen mit dem Bürgen ist die Stellung des Eigentümers nur insofern schlechter, als er sich **nicht auf** die **Verjährung** der gesicherten Forderung berufen kann, **§ 216 I BGB**.

> **hemmer-Methode:** Seien Sie bei der Einordnung bzw. Zuordnung der verschiedenen Einwendungen und Einreden genau. Bis jetzt ging es nur darum, wem welche Gegenrechte zustehen.
> Was mit den Einreden im Falle der Abtretung geschieht, ob und unter welchen Voraussetzungen sie auch gegenüber dem Zessionar geltend gemacht werden können, wird i.R.d. gutgläubigen Erwerbs erörtert.

---

[442] Vgl. Sie dazu Hemmer/Wüst, Kreditsicherungsrecht, Rn. 230 f.
[443] Palandt, § 770 BGB, Rn. 4.

D) Die Übertragung der Hypothek

I. Übertragung der Forderung

Übertragung der hypothekarisch gesicherten Forderung

Allen akzessorischen Sicherheiten ist gemein, dass nie das Sicherungsmittel selbst, sondern immer die Forderung übertragen wird, was den Übergang der Sicherheit automatisch zur Folge hat, vgl. §§ 401, 1153 I, 1250 I S. 1 BGB.

Bei diesem Grundsatz bleibt es auch bei der Hypothek. Für den Übergang der Hypothek ist die Abtretung der Forderung gem. § 398 BGB erforderlich.

> **hemmer-Methode:** Im Sachverhalt ist regelmäßig von der „Abtretung der Hypothek" die Rede. Der Korrektor erwartet von Ihnen, dass Sie dies nach entsprechender Auslegung in die juristische Fachsprache übersetzen. Richtig muss es heißen: Die Abtretung der hypothekarisch gesicherten Forderung!

aber: Abtretung nicht formlos

Allerdings kann es bei einer hypothekarisch gesicherten Forderung nicht bei der formlosen Abtretung nach § 398 BGB bleiben. Die Grundpfandrechte besitzen ihre wirtschaftliche Bedeutung gerade aufgrund der Publizität des Grundbuchs und des Grundpfandbriefes. Dies muss sich auch bei der Abtretung der Forderung auswirken.

sondern: § 1154 BGB

Gem. § 1154 BGB wird die hypothekarisch gesicherte Forderung daher nach sachenrechtlichen Grundsätzen übertragen. Man sagt: „Die Dienerin (die Hypothek) zwingt der Herrin (der Forderung) ihre Form auf." Die Anforderungen sind unterschiedlich, je nachdem, ob eine Brief- oder eine Buchhypothek übertragen werden soll.

Die Abtretung einer durch eine Buchhypothek gesicherten Forderung erfordert nach §§ 1154 III, 873 I BGB neben der (formlosen!) Einigung die Eintragung ins Grundbuch. Die Buchhypothek ist damit weniger umlauffähig und daher die Ausnahme, vgl. § 1116 II BGB.

Bei der Briefhypothek ist nach § 1154 I S. 1 BGB eine schriftliche Abtretungserklärung und die Übergabe des Hypothekenbriefes erforderlich. § 1154 I S. 1 HS 2 BGB erklärt die von § 1117 I S. 2 BGB erwähnten Übergabesurrogate für anwendbar.

Zu beachten ist, dass **nur die Erklärung des Zedenten schriftlich** zu erfolgen hat (Wortlaut des § 1154 I S. 1 BGB: „Abtretungserklärung"!), die Annahme kann der Zessionar mündlich erklären.

Die von § 1154 I S. 2 BGB erwähnte öffentliche Beglaubigung ist keine Wirksamkeitsvoraussetzung für die Abtretung. Bedeutung erlangt sie nur, wenn es um den Erwerb vom Nichtberechtigten geht, vgl. § 1155 BGB.[444]

> **hemmer-Methode:** Seien Sie bei der Anwendung der Vorschriften genau: Die durch eine Briefhypothek gesicherte Forderung wird nach § 398 BGB in der Form des § 1154 I S. 1 BGB abgetreten.
> Bei der Abtretung der durch eine Buchhypothek gesicherten Forderung ergibt sich die erforderliche Einigung dagegen aus § 873 I BGB, auf den § 1154 III BGB verweist. Die Abtretung ist hier im Ganzen formlos,[445] dafür wird die Rechtsänderung erst mit Eintragung ins Grundbuch perfekt.

---

[444] Dazu ausführlich unter Rn. 197.
[445] Palandt, § 1154 BGB, Rn. 10.

II. Schutz des Erwerbers nach der Abtretung

Schutz des Schuldners bei der Abtretung: § 407 BGB

Das Gesetz schützt den Schuldner im Falle der Abtretung der Forderung u.a. dadurch, dass er mit befreiender Wirkung an den Zedenten leisten kann, wenn er von der Abtretung der Forderung keine Kenntnis hat, § 407 I BGB.

bzgl. der Hypothek: § 1156 BGB

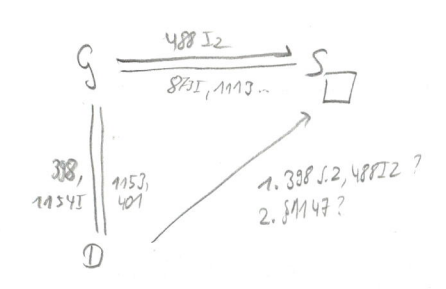

Aufgrund der Akzessorietät würde diese Regelung an sich auch auf die Hypothek ausstrahlen. Der Erwerber einer hypothekarisch gesicherten Forderung müsste es hinnehmen, auf diese Weise Forderung und Hypothek zu verlieren.

Da diese Gefahr der vom Gesetzgeber gewollten Umlauffähigkeit der Hypothek abträglich ist, bestimmt § 1156 BGB, dass die §§ 406 - 408 BGB in Ansehung der Hypothek keine Anwendung finden.

> **Bsp.:** G ist Inhaber einer Darlehensforderung gegen S, die dieser durch eine Hypothek an seinem Grundstück gesichert hat. Am 01.01. überträgt G Forderung und Hypothek wirksam auf D. Am 01.02. tilgt S die Kreditschuld gegenüber G. Am 01.03. verlangt D als neuer Gläubiger Zahlung von S, hilfsweise Duldung der Zwangsvollstreckung in das Grundstück. S beruft sich auf die Zahlung an G. Von der Abtretung habe er keine Kenntnis gehabt.
>
> Zu trennen sind die Ansprüche, die D als Gläubiger der persönlichen Forderung zustehen, und diejenigen, die aus der Stellung als Hypothekengläubiger folgen.
>
> D hat die gesicherte Forderung von G gem. §§ 1154 I, 398 BGB wirksam erworben. Weil S in Unkenntnis der Abtretung an den ursprünglichen Gläubiger gezahlt hat, wirkt die Zahlung gem. § 407 I BGB auch gegen den neuen Gläubiger, hier D. Damit ist die Darlehensforderung erloschen, D kann sich nur noch über § 816 II BGB an G halten.

§§ 406 - 408 BGB im Hinblick auf Hypothek nicht anwendbar

> Mit der gesicherten Forderung hat D gem. § 1153 I BGB die Hypothek erworben. Gäbe es den § 1156 BGB nicht, so hätte das Erlöschen der gesicherten Forderung zugleich die Folge, dass die Hypothek sich in eine Eigentümergrundschuld zugunsten des S verwandeln würde, §§ 1163 I S. 2, 1177 I BGB, und D außer der Forderung gegen den persönlichen Schuldner auch noch die Hypothek, die dingliche Sicherheit, verlieren würde. Die Verkehrsfähigkeit einer hypothekarisch gesicherten Forderung wäre beeinträchtigt, wenn der Erwerber ein solches Risiko eingehen würde. Aus diesem Grund erklärt § 1156 BGB die §§ 406 - 408 BGB auf das Verhältnis zwischen Eigentümer und neuem Gläubiger für unanwendbar, soweit die Hypothek betroffen ist. Die gesicherte Forderung mag daher zwar, wie im Fall, durch Zahlung an den Zedenten erloschen sein, der neue Hypothekengläubiger behält aber das (forderungsentkleidete) Sicherungsmittel. Der Zessionar kann also Duldung der Zwangsvollstreckung in das Grundstück des Schuldners verlangen, ohne gegen diesen aus der Darlehensforderung vorgehen zu können.
>
> S muss daher entweder die Zwangsvollstreckung durch den Dritten dulden (§ 1147 BGB) oder sie durch Zahlung der fiktiven gesicherten Forderung abwenden (§ 1142 BGB). S hätte sich davor schützen können, wenn er sich bei Zahlung auf die §§ 1161, 1160 BGB berufen hätte. Jetzt ist S nur noch auf Schadensersatzansprüche gegen den G beschränkt.

> **hemmer-Methode:** § 1156 BGB taucht in Hypothekenklausuren regelmäßig auf, weil an dieser Stelle eine genaue Differenzierung zwischen dem Schicksal der persönlichen Forderung und dem der Hypothek erforderlich ist.
> Auch das Ergebnis ist für Hypothekenklausuren typisch: Die persönliche Forderung kann nicht mehr durchgesetzt werden, der Anspruch auf Duldung der Zwangsvollstreckung geht dagegen durch!

Anders ist dies wiederum bei der Sicherungshypothek, bei der persönliche Forderung und Hypothek niemals verschiedene Wege gehen können. § 1156 BGB ist daher nicht anwendbar, § 1185 II BGB.[446]

E) Gutgläubiger Erwerb bei der Übertragung, sog. gutgläubiger „Zweiterwerb"

gutgläubiger Zweiterwerb einer Hypothek

Im nun folgenden Kapitel geht es um den gutgläubigen und gutgläubig einredefreien Erwerb der Hypothek bei der Übertragung.

Bzgl. der Forderung bleibt es grundsätzlich dabei, dass ein gutgläubiger Erwerb oder der „Wegerwerb" einer Einrede nicht stattfindet. Daran ändert auch die Sicherung durch eine Hypothek nichts![447]

Es geht an dieser Stelle nicht mehr um die Frage, unter welchen Voraussetzungen eine Hypothek vom vermeintlichen Grundstückseigentümer erworben werden kann (sog. gutgläubiger Ersterwerb; vgl. Sie dazu Rn. 174 f.).

In den nun zu erörternden Konstellationen ist die Hypothek selbst Gegenstand der Übertragung, Thema ist der gutgläubige Zweiterwerb vom vermeintlichen Rechtsinhaber.[448]

hemmer-Methode: Der gutgläubige Erwerb bei der Hypothek ist an sich nicht schwer, wenn Sie das System einmal verstanden haben. Wichtig ist vor allem, dass Sie genau danach unterscheiden, wo der zu überwindende Mangel herrührt, ob er seine Ursache in der zu sichernden Forderung, in der Hypothekenbestellung selbst oder in beiden hat. Hiernach richtet sich, welche Gutglaubensvorschriften Sie anwenden müssen!

I. Mangel in der Hypothek

nur Mangel in der Hypothek

In der ersten Fallgruppe ist der Gläubiger Inhaber der Forderung, nur die Hypothekenbestellung ist aus irgendeinem Grund unwirksam, beispielsweise weil der Eigentümer bei Bestellung der Hypothek geschäftsunfähig war.

⇨ Erwerb der Forderung vom Berechtigten, bzgl. der Hypothek: § 892 BGB

Hier erwirbt der Zessionar die Forderung vom Berechtigten, das dingliche Recht kann er gem. § 892 I BGB vom Nichtberechtigten erwerben, wenn dieser durch das Grundbuch bzw. durch den Hypothekenbrief gem. § 1155 BGB legitimiert ist.[449]

§ 1138 BGB nicht anwendbar

Die Vorschrift des § 892 BGB ist direkt (oder zumindest über § 1155 BGB) anwendbar, da die Übertragung der hypothekarisch gesicherten Forderung nach sachenrechtlichen Grundsätzen erfolgt. Auf § 1138 BGB kommt es nicht an.

hemmer-Methode: Vergleichen Sie die Rechtslage mit der Situation beim Mobiliarpfand. Die Abtretung der durch ein Pfandrecht gesicherten Forderung geschieht nach § 398 BGB formlos. Das ist auch der Grund, warum ein gutgläubiger Zweiterwerb hier nach überzeugender Ansicht nicht in Betracht kommt. Selbst wenn dem Zessionar die (vermeintliche) Pfandsache übergeben wird, erlangt dieser kein Pfandrecht, wenn die Pfandrechtsbestellung aus irgendwelchen Gründen unwirksam war. Sein guter Glaube hilft dem Erwerber nicht weiter.

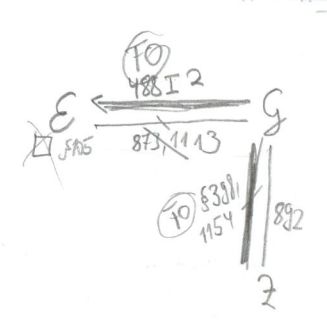

---

446 Vgl. Sie zur Rechtslage in Bezug auf § 1156 BGB bei der Grundschuld nach Inkrafttreten des Risikobegrenzungsgesetzes Rn. 233.
447 Zu der einzigen Ausnahme, die hiervon teilweise gemacht wird, s. unter Rn. 199.
448 Zu den wesentlichen Grundstrukturen vgl. Th. Göppel, „Gedanken zum... ‚gutgläubigen Zweiterwerb'", **Life&Law 2001, 365 ff.**
449 Zu den Besonderheiten des § 1155 BGB bei der Briefhypothek ausführlich unter Rn. 197.

Einrede gegen die Hypothek

Des Weiteren ist denkbar, dass dem Eigentümer gegen die Inanspruchnahme aus der Hypothek eine Einrede zusteht. Das ist zum Beispiel dann der Fall, wenn der Gläubiger nur die Verwertung der Hypothek, nicht aber die Forderung gestundet hat.

⇨ §§ 1157 S. 2, 892 BGB

Gem. § 1157 S. 1 BGB kann eine solche Einrede grundsätzlich auch dem Erwerber entgegen gehalten werden.

Indem § 1157 S. 2 BGB aber § 892 BGB für anwendbar erklärt, bleibt von diesem Grundsatz nicht viel übrig: Ist die Einrede nicht im Grundbuch eingetragen, erwirbt der Zessionar die Hypothek kraft seines guten Glaubens einredefrei. Auf § 1138 BGB kommt es wiederum nicht an.

> **hemmer-Methode:** Merken Sie sich: **Ein bloßer dinglicher Mangel kann über § 892 BGB (ggf. i.V.m. § 1155 BGB) direkt überwunden werden, eine Einrede gegen die Hypothek verliert der Eigentümer bei Gutgläubigkeit des Erwerbers nach den §§ 1157 S. 2, 892 BGB.**
> Diese Ausführungen gelten auch für die Sicherungshypothek, denn hier betrifft der Mangel ja nicht die zu sichernde Forderung, sondern nur das dingliche Recht. Ein gutgläubiger Erwerb findet bei der Sicherungshypothek nur dann nicht statt, wenn ein Mangel der Forderung über § 1138 BGB überwunden werden müsste, § 1185 II BGB.

II. Mangel in der Forderung

Nichtexistenz der Forderung

In der zweiten Fallgruppe besteht die Forderung, die der Gläubiger an den Dritten abtritt, nicht. Sonst waren aber alle Entstehungsvoraussetzungen für die Hypothek gegeben. Es bestand also eine Eigentümergrundschuld (§§ 1163 I S. 1, 1177 I S. 1 BGB).

⇨ § 1138 BGB: bzgl. der Hypothek gilt § 892 BGB

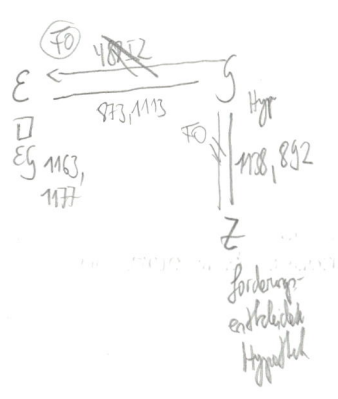

Der Abtretungsempfänger erwirbt die Hypothek kraft Gesetzes als Anhängsel der Forderung gem. § 1153 I BGB, wenn diese gem. §§ 398, 1154 BGB abgetreten wird.

Um den gutgläubigen Grundpfandrechtserwerb zu ermöglichen, fingiert § 1138 BGB das Bestehen einer Forderung, wenn der Übergang der Hypothek nur daran scheitern würde.

§ 1138 BGB löst den Konflikt, der durch die Kollision dreier sachenrechtlicher Grundsätze entstanden ist:

⇨ Der Grundsatz, dass ein gutgläubiger Erwerb einer Forderung gem. §§ 398 ff. BGB nicht möglich ist.

⇨ Der Grundsatz, dass ein im Grundbuch eingetragenes Recht gutgläubig erworben werden kann, § 892 BGB.

⇨ Der Grundsatz der Akzessorietät von Forderung und Hypothek bei Übertragung dieser Rechte, § 1153 II BGB.

§ 1138 BGB durchbricht den Grundsatz der Akzessorietät

§ 1138 BGB opfert den Grundsatz der Akzessorietät zugunsten der beiden anderen. Die Folge ist, dass der Dritte in dieser Fallgruppe eine Hypothek ohne Forderung erwirbt. § 1138 BGB will nur verhindern, dass der Erwerb des Grundpfandrechts daran scheitert, dass die Forderung nicht existiert.

Die Vorschrift bewirkt aber nicht, dass der Dritte auch die Forderung erwirbt. Bezüglich der Forderung bleibt es dabei, dass bei den §§ 398 ff. BGB ein gutgläubiger Forderungserwerb nicht möglich ist.

SACHENRECHT III

⇨ *forderungsentkleidete Hypothek*

Die Folge ist auch hier, dass die Klage aus der persönlichen Forderung und die aus dem dinglichen Recht verschiedene Wege gehen. Macht der Zessionar die persönliche Forderung geltend, wird die Klage abgewiesen, denn eine Forderung hat er nicht erworben.

> **hemmer-Methode:** Zur Mitreiß- bzw. Trennungstheorie vgl. Rn. 199.

Geht er gegen den Eigentümer aus der Hypothek vor, hat er Erfolg, da diese über die §§ 1138, 892 BGB gutgläubig erworben werden kann. Dem Zessionar steht eine sog. forderungsentkleidete Hypothek zu.

> **hemmer-Methode:** Bildhaft wird hier auch von einer „Brücke" gesprochen, die § 1138 BGB der Hypothek baut. Da diese für die Übertragung einen Forderungsübergang braucht, wird die Möglichkeit eines gutgläubigen Forderungserwerbs von § 1138 BGB fingiert, damit der Erwerb der Hypothek möglich wird.
> Ist die Forderung nach § 1138 BGB vom Erwerber „gutgläubig erworben worden" und auf diese Weise gem. § 1153 I BGB auch die Hypothek beim Erwerber angelangt, bricht die Brücke (= gutgläubig erworbene Forderung) wieder in sich zusammen, die Forderung besteht auch fiktiv nicht mehr.
> Mit hierher gehört der Fall der Vereinbarung der Nichtabtretbarkeit der Forderung, § 399 BGB. Nach § 1153 BGB müsste sich dies auf die Hypothek auswirken, sodass diese nicht abtretbar wäre. (Auf jeden Fall muss aber, wenn § 1138 BGB schon über die Nichtexistenz der Forderung hinweghilft, der gutgläubige Erwerb einer Hypothek möglich sein, deren Forderung nicht abtretbar ist.

§ 1138 BGB bei der Sicherungshypothek nicht anwendbar, § 1185 II BGB

§ 1138 BGB kommt dagegen bei der streng akzessorischen Sicherungshypothek nicht zur Anwendung, § 1185 II BGB. Das Entstehen eines forderungsentkleideten Grundpfandrechts ist hier nicht denkbar.

Über §§ 1138, 892 BGB kann der Eigentümer zudem forderungsbezogene Einreden verlieren, die er normalerweise nach § 1137 BGB auch der Inanspruchnahme aus der Hypothek entgegenhalten könnte.

194

> **Bsp.:** K hat bei V eine wertvolle Maschine gekauft und zur Sicherung der noch offenen Kaufpreisforderung i.H.v. 150.000,- € eine Briefhypothek an seinem Grundstück bestellt. Am 01.02. wird die Maschine geliefert.
>
> Nach drei Monaten zahlt K eine Rate i.H.v. 50.000,- €. Mitte Juli zeigt der K dem V einen gravierenden, aber behebbaren Mangel an, der ihn zu einer Minderung von 30.000,- € berechtigen würde. Bereits Anfang Juli hatte V „die Hypothek" i.H.v. 150.000,- € formwirksam an D abgetreten.
>
> D, der von der erfolgten Zahlung und dem Minderungsrecht des K keine Kenntnis hat, verlangt von K Zahlung von 150.000,- €, hilfsweise Duldung der Zwangsvollstreckung bis zu dieser Höhe.
>
> Lösung:
>
> 1. Ein Zahlungsanspruch des D i.H.v. 150.000,- € könnte sich aus § 433 II BGB i.V.m. §§ 398, 1154 I S. 1 BGB ergeben. Eine formwirksame Abtretung der hypothekarisch gesicherten Forderung liegt vor. Da die Kaufpreisschuld i.H.v. 50.000,- € aber bereits getilgt war, konnte D die Forderung nur i.H.v. 100.000,- € erwerben. Auch § 1138 BGB ermöglicht keinen gutgläubigen Forderungserwerb!
>
> Aber auch i.H.v. 100.000,- € ist der Anspruch nicht durchsetzbar, da der K über § 404 BGB auch dem Erwerber gegenüber die Minderungseinrede gem. §§ 433 I S. 2, 320 I BGB entgegenhalten kann. Im Ergebnis kann D von K aus § 433 II BGB daher nur 70.000,- € verlangen.

hemmer-Methode: Die Mängeleinrede ist ausdrücklich geregelt in § 438 V, IV S. 2 BGB. Diese Vorschrift setzt aber grundsätzlich voraus, dass der Nacherfüllungsanspruch verjährt ist. Dies ist hier eindeutig noch nicht der Fall, § 438 I Nr. 3 BGB (zwei Jahre ab Ablieferung der Sache).

Fraglich ist demnach, ob dem Käufer einer mangelhaften Sache vor Verjährung auch eine Einredemöglichkeit zusteht.

a) Geht es um behebbare Mängel, liegt letztlich noch keine ordnungsgemäße Erfüllung des Anspruchs aus § 433 I S. 2 BGB vor, sodass § 320 BGB einschlägig ist. Wegen § 433 I S. 1 BGB gilt nämlich nun kraft Gesetzes die sog. Erfüllungstheorie (mit mangelhafter Sache wird grds. nicht erfüllt). Dass § 320 BGB im „Schuldrecht-AT" steht, ist unerheblich, da § 437 Nr. 1 BGB auf den Nacherfüllungsanspruch verweist und auch dessen Nichterfüllung die Einrede nach § 320 BGB begründet.

b) Geht es um unbehebbare Mängel, ist die Sache etwas problematisch, weil § 320 BGB dann wegen § 275 I BGB nicht passt und § 326 I S. 2 BGB die Einwendung gem. § 326 I S. 1 BGB nach der Übergabe ausschließt.

(1) Lorenz/Riehm[450] sind daher der Ansicht, dass vor Verjährung des Nacherfüllungsanspruches gar keine Einrede mehr besteht.

Hierfür spricht, dass der Käufer ja nun einseitig gestalten kann. Die Anfechtbarkeit bzw. die Aufrechenbarkeit geben dem Käufer beispielsweise auch keine Einrede. Entweder es wird gestaltet (dann besteht gem. § 142 I BGB bzw. § 389 BGB ex-tunc keine Forderung) oder er gestaltet nicht (dann muss der Käufer zahlen).

(2) Einwenden hiergegen kann man aber wiederum, dass die §§ 437, 438 BGB dem Käufer ein Wahlrecht geben, das man dem Käufer nehmen würde, wenn er sich bei der Kaufpreiszahlungsklage sofort entscheiden müsste.

Es kann für den Käufer bzw. Besteller manchmal schwierig sein, die Auswahl des für ihn günstigsten Gewährleistungsrechts zu treffen. Erklärt er sich aber zu schnell, so hat er das Gestaltungsrecht ausgeübt und verliert daher sein Wahlrecht.

Deswegen wird in der Literatur dafür plädiert, dem Käufer bzw. Besteller auch bei unbehebbaren Mängeln eine dilatorische Einrede zuzugestehen, die bis zum Ablauf der Fristen des § 438 BGB bestehen soll.[451] Dies kann man mit einer „Erst-recht-Analogie" zu § 438 IV S. 2, V BGB begründen.

(3) Diese Ansicht übersieht jedoch, dass der Käufer sich nicht „sofort" entscheiden muss. Sollte der Käufer nicht zahlen wollen, so muss doch der Verkäufer aktiv werden und den Käufer beispielsweise verklagen. Bis zur letzten mündlichen Verhandlung vergeht aber eine geraume Zeit, sodass in der Praxis der Käufer ab Vertragsschluss in der Regel immer über ein Jahr Zeit haben wird, sich für die Auswahl seiner Rechte zu entscheiden.

Die verlängerte Frist für die Geltendmachung der Mängelrechte hat auch nicht den Sinn, dass der Käufer zwei Jahre überlegen können soll, welche Rechte er ausübt, sondern dass der Käufer davor geschützt wird, in Unkenntnis des Mangels seine Rechte zu schnell zu verlieren. Von einem Käufer, der vom Mangel Kenntnis hat, kann auch erwartet werden, dass er sich für eines seiner Mängelrechte entscheidet.

Überzeugend ist also die Ansicht, die dem Käufer vor Verjährung die Einrede der Mangelhaftigkeit versagt.

(4) Als „Kompromiss" wird vorgeschlagen,[452] dass der Verkäufer rechtsmissbräuchlich handelt, wenn er dem Käufer nicht eine angemessene Frist zur Ausübung der Mängelrechte einräumt.

2. Zu untersuchen ist, bis zu welcher Höhe D von K Duldung der Zwangsvollstreckung gem. § 1147 BGB verlangen kann.

Aufgrund der Zahlung von 50.000,- € bestand die Hypothek des V nur noch i.H.v. 100.000,- €. Bezogen auf die 50.000,- € stand dem K eine Eigentümergrundschuld zu, §§ 1163 I S. 2, 1177 I S. 1 BGB.

---

450   Lorenz/Riehm, Lehrbuch zum neuen Schuldrecht, 2002, Rn. 501.

451   Vgl. Sie dazu Huber/Faust, Schuldrechtsmodernisierung, 13. Kapitel, Rn. 153.

452   Hofmann/Pammler, „Die Mängeleinrede beim Kauf – die Lage nach der Schuldrechtsreform", in ZGS 2004, 293 (296).

Bis zur Höhe von 100.000,- € konnte die Hypothek nach § 1153 I BGB i.V.m. §§ 398, 1154 I S. 1 BGB unproblematisch vom Berechtigten erworben werden. Was die Eigentümergrundschuld i.H.v. 50.000,- € betrifft, so helfen dem D die §§ 1138, 892 BGB. Er erwirbt in dieser Höhe gutgläubig eine forderungsentkleidete Hypothek.

Nach § 1137 BGB kann der Eigentümer Einreden gegen die Forderung grundsätzlich auch in Ansehung der Hypothek geltend machen. § 438 IV S. 2, V BGB würde damit i.H.v. 30.000,- € auch dem Anspruch aus § 1147 BGB entgegenstehen. Aber auch an dieser Stelle hilft dem gutgläubigen Erwerber wieder § 1138 BGB: Der Eigentümer verliert die forderungsbezogene Einrede.

Im Ergebnis kann D von K Duldung der Zwangsvollstreckung daher in voller Höhe verlangen, während die Forderung nur i.H.v. 70.000,- € durchsetzbar ist.

III. Mangel sowohl in der Forderung als auch in der Hypothek[453]

„Doppelmangel"

Schließlich ist der Fall denkbar, dass die zu sichernde Forderung nicht entstanden ist und die Hypothek daneben an einem selbstständigen Wirksamkeitsmangel leidet.

> **Bsp.:** Der Darlehensvertrag zwischen S und G ist wirksam zustande gekommen, die Valuta aber noch nicht ausgezahlt. Bei der Bestellung der Hypothek war S schließlich unerkannt geisteskrank.

⇨ *gutgläubiger Erwerb nach § 892 BGB und §§ 1138, 892 BGB*

Wird die vermeintliche Forderung mit der vermeintlich wirksamen Hypothek an einen gutgläubigen Dritten abgetreten, so ergibt sich folgende Rechtslage:

Der Dritte erwirbt unstreitig keine Forderung, da es einen gutgläubigen Forderungserwerb nicht gibt. Bezogen auf die Hypothek ist ein gutgläubiger Erwerb dagegen möglich, wobei § 892 BGB zweimal zur Anwendung kommt: Einmal direkt zur Überwindung des dinglichen Mangels und einmal über § 1138 BGB zur Überwindung des Mangels in der Forderung, damit der gutgläubige Erwerb nicht aus Akzessorietätsgründen scheitert.

Es liegt eine Kombination der beiden zuerst diskutierten Fallgruppen vor.

> Tritt G im obigen Beispielsfall seinen angeblichen Darlehensrückzahlungsanspruch an D ab und wird die Valuta auch später nicht ausgezahlt, so ergibt sich für die Lösung des Falls Folgendes:
>
> Einen Anspruch aus § 488 I S. 2 BGB hat D nicht erworben, denn nach dem Wortlaut des § 488 I S. 2 BGB („das zur Verfügung gestellte Darlehen"), entsteht der Rückzahlungsanspruch erst mit Auszahlung. Ein gutgläubiger Forderungserwerb von Seiten des D scheidet aus.
>
> Der dingliche Mangel bei der Hypothekenbestellung wird über § 892 BGB i.V.m. §§ 1154, 1155 BGB überwunden. Aber auch auf diese Weise wird D noch nicht Inhaber einer Hypothek, denn eine solche besteht mangels der zu sichernden Forderung (vor Auszahlung der Darlehensvaluta) nicht.
>
> Über diesen Mangel in der Forderung hilft in Ansehung der Hypothek § 1138 BGB, der auch diesbezüglich den § 892 BGB für anwendbar erklärt. Nur durch die doppelte Anwendung des § 892 BGB ist ein gutgläubiger Erwerb der Hypothek von Seiten des D möglich.

forderungs- und pfandrechtsbezogene Einrede

Letzter denkbarer Fall ist, dass dem Eigentümer sowohl eine forderungsbezogene als auch eine pfandrechtsbezogene Einrede zusteht. Auch diese sind gutglaubensgefährdet.

---

[453] Vgl. Sie dazu die Fallbesprechung in JA 1991, 1 ff.

§ 11 DIE HYPOTHEK

⇨ §§ 1138, 892 BGB und §§ 1157 S. 2, 892 BGB

Die forderungsbezogene Einrede kann über §§ 1138, 892 BGB überwunden werden, die pfandrechtsbezogene über §§ 1157 S. 2, 892 BGB.[454]

IV. Besonderheiten bei der Briefhypothek

§ 1154 I BGB: Übertragung der Hypothek außerhalb des Grundbuchs möglich

Die Forderung, die durch eine Briefhypothek gesichert ist, erwirbt der Dritte, wenn der Gläubiger eine schriftliche Abtretungserklärung abgibt und den Hypothekenbrief übergibt (§ 1154 I S. 1 BGB).

Eine Ausfüllungsermächtigung durch den Berechtigten genügt zwar der Form, sie wirkt aber erst mit der Ausfüllung, also ex nunc.[455] Die schriftliche Abtretungserklärung kann durch die Eintragung der Abtretung im Grundbuch ersetzt werden, § 1154 II BGB. Wenn das nicht geschieht, und das ist beim Briefrecht die Regel, vollziehen sich die Übertragung von Forderung und Hypothek außerhalb des Grundbuchs. Das Grundbuch weist daher nach einer Übertragung nicht den Eingetragenen als Rechtsinhaber aus.

⇨ gutgläubiger Erwerb auch nach §§ 1155, 892 BGB

Weil aber die Briefhypothek verkehrsfähiger sein soll als das Buchrecht, soll der Erwerber von dem Veräußerer genauso guten Glaubens erwerben können wie von einem in das Grundbuch Eingetragenen, wenn dieser eine Reihe öffentlich beglaubigter Abtretungserklärungen bis hin zu dem im Grundbuch Eingetragenen vorweisen kann (§§ 1155, 892 BGB).

> **hemmer-Methode:** Das heißt, durch die ununterbrochene Reihe öffentlich beglaubigter Abtretungserklärungen wird der Veräußerer so gestellt, als wäre er im Grundbuch eingetragen.

> *Bsp.:* Tritt der Gläubiger seine hypothekarisch gesicherte Darlehensforderung in öffentlich beglaubigter Erklärung an G 1 ab, dieser in derselben Form an G 2 und G 2 schließlich privatschriftlich an G 3, so erwirbt letzterer, wenn G 1 die Abtretung wirksam anficht, trotzdem gutgläubig vom Nichtberechtigten. Die letzte Abtretung G 2 - G 3 war zwar nicht öffentlich beglaubigt. Darauf kommt es aber nicht an. Für § 1155 BGB reicht es aus, dass der abtretende Nichtberechtigte G 2 durch eine öffentliche Abtretungserklärung ausgewiesen ist.

> **hemmer-Methode:** Als Merksatz gilt: „Der Inhalt der in ununterbrochener Kette öffentlich beglaubigten Abtretungserklärungen wird ins Grundbuch projiziert", die Abtretungserklärungen wirken, als seien sie externe Bestandteile des Grundbuchs. Machen Sie sich nochmals klar: Es kommt auf die Abtretungen an, die derjenigen vorausgehen, bei der der gutgläubige Erwerb in Frage steht. Für die letzte (bzw. für eine einzige) Abtretung ist keine Beglaubigung erforderlich!
> Gerade im Examen oder in Hausarbeiten wird aber nicht der Grundfall des § 1155 BGB geprüft werden, sondern eine lange Reihe von Abtretungen. Hierbei ist dann chronologisch vorzugehen. Die einzelnen Verfügungen sind der Reihe nach zu prüfen. So wird bei den letzten Abtretungen zwar eine lückenlose Reihe von Abtretungserklärungen i.S.d. § 1155 BGB nicht mehr vorliegen. Hat aber schon vorher jemand gutgläubig erworben, erwirbt der Nachfolger vom Berechtigten, sodass es auf die §§ 1155, 892 BGB gar nicht mehr ankommt.

Unterbrechung der Abtretungskette

> *Bsp.:* A überträgt seine hypothekarisch gesicherte Forderung gem. §§ 1155, 1154 I BGB auf B, dieser tritt sie privatschriftlich an C ab, dieser wiederum gem. §§ 1155, 1154 I BGB an D. Hat D die Hypothek erworben, wenn A, B oder C als Nichtberechtigte verfügt haben?

---

454 Vgl. Sie zu den Einreden auch das Schema unter Rn. 200.
455 BGHZ 22, 128 = **juris**byhemmer.

War A Nichtberechtigter, so konnte B die Hypothek gutgläubig gem. § 892 I BGB erwerben. Danach wären alle Verfügungen vom dinglich Berechtigten getroffen worden. War B bösgläubig, konnte C von ihm die Hypothek gutgläubig gem. §§ 1155, 892 BGB erwerben.

Haben sowohl B als auch C die Hypothek wegen Bösgläubigkeit nicht erworben, hilft D sein guter Glaube aber nichts, weil er vom Nichtberechtigten C erwerben wollte, der nicht durch eine ununterbrochene Kette öffentlich beglaubigter Abtretungserklärungen legitimiert war.

Exkurs: Die gefälschte Abtretungserklärung

gefälschte Abtretungserklärung

Ein klassisches Klausurproblem stellt die gefälschte Abtretungserklärung dar.

198

> *Bsp.:* F hat sich von G privatschriftlich eine hypothekarisch gesicherte Forderung abtreten lassen. Später stellt er fest, dass G überhaupt nicht Inhaber von Forderung und Hypothek war. Sie stand vielmehr dem X zu, der auch im Grundbuch eingetragen war. F will die Forderung aber günstig weiter verwerten und fälscht daher eine öffentlich beglaubigte Abtretungserklärung des X. Damit spiegelt er dem Y, dem er nun die Forderung gem. §§ 398, 1154 I BGB abtritt, vor, X habe ihm die Forderung direkt übertragen. Hat Y Forderung und/oder Hypothek erworben?

Bzgl. der Forderung ist die Rechtslage unproblematisch. F war nicht Inhaber der Forderung, sodass auch Y sie nicht erwerben konnte. Einen gutgläubigen Erwerb kennt das Gesetz nicht (Ausnahmen: §§ 405, 2366 BGB).

Der Erwerb der Hypothek ist getrennt davon zu beurteilen. F hat die Hypothek nicht gutgläubig von G erworben, da zur Zeit der Abtretung X im Grundbuch eingetragen war: § 892 BGB greift nicht zugunsten des F ein.

Somit könnte Y die Hypothek von F nur kraft seines guten Glaubens erworben haben. § 892 BGB gilt nicht direkt, da immer noch X und nicht F im Grundbuch als Hypothekengläubiger eingetragen ist.

§ 892 BGB könnte aber zugunsten des Y über § 1155 BGB Anwendung finden. § 1155 BGB besagt, dass ein Briefbesitzer, der durch eine auf einen eingetragenen Gläubiger zurückführende Reihe öffentlich beglaubigter Abtretungserklärungen bzgl. der Gutglaubensvorschriften der §§ 891 ff. BGB so behandelt wird, als wäre er im Grundbuch eingetragen.

Wäre die Abtretungserklärung, aus der hervorgeht, dass X dem F die hypothekarisch gesicherte Forderung übertragen hat, echt, wäre F unproblematisch in der Lage gewesen, dem gutgläubigen Y die Hypothek zu übertragen.

Fraglich ist aber, ob der gute Glaube des Erwerbers auch im Falle einer gefälschten Abtretungserklärung geschützt wird.[456] Das RG hat das in einer Entscheidung[457] bejaht: Schon der Anschein einer öffentlich beglaubigten Abtretungserklärung sei geeignet, den Rechtserwerb kraft guten Glaubens zu ermöglichen.

Die h.M. ist zu Recht anderer Ansicht.[458] Ein Erwerb kraft guten Glaubens sei aufgrund einer gefälschten Abtretungserklärung ebenso wenig möglich wie aufgrund einer gefälschten Grundbucheintragung. Dem ist aus folgender Erwägung zu folgen: Der gutgläubige Erwerb bedarf eines Rechtsscheinträgers, der den Veräußerer als Rechtsinhaber legitimiert.

Beim Erwerb des Eigentums oder des Pfandrechts an beweglichen Sachen erzeugt den Rechtsschein grundsätzlich der Besitz,[459] beim gutgläubigen Erwerb eines Rechts an einem Grundstück grundsätzlich die Grundbucheintragung (§ 891 BGB) bzw. die öffentlich beglaubigten Abtretungserklärungen (§§ 1155, 891 BGB).

---

456 Vgl. Sie hierzu den Fall von Hildesheim, JuS 1990, 912 ff.
457 RGZ 93, 41.
458 Palandt, § 1155 BGB, Rn. 4 a.E.
459 Vgl. Sie auch § 1006 I BGB.

Einer Fälschung kommt diese Legitimationswirkung nicht zu. Der dingliche Rechtserwerb kann nicht davon abhängen, wie gut die Vorspiegelung des Rechtsscheins gelingt. Außerdem kann selbst eine gefälschte Grundbucheintragung trotz höherer Publizität keinen gutgläubigen Erwerb ermöglichen.

hemmer-Methode: Gutgläubiger Erwerb kommt immer nur dann in Betracht, wenn tatsächlich ein Rechtsschein vorliegt und nicht bloß der Anschein eines Rechtsscheins. Sie können hier mit Medicus[460] ähnlich wie bei der Frage des sog. Scheingeheißerwerbs argumentieren: Der gute Glaube an das Vorhandensein eines Rechtsscheinträgers (gefälschte Abtretungserklärung) reicht nicht aus. Nötig ist stets der durch den wirklich vorhandenen Rechtsscheinträger (echte öffentlich beglaubigte Erklärung) gestützte gute Glaube an das Recht.

Exkurs Ende

V. Gutgläubiger Erwerb einer Forderung

ausnahmsweise auch gutgläubiger Erwerb einer Forderung?

Wie oben erörtert, führt auch § 1138 BGB nicht zu einem gutgläubigen Erwerb der Forderung. Der Übergang der Forderung wird nur fingiert, damit die akzessorische Hypothek übergehen kann. Gleichwohl stellt sich aber in einigen Fällen die Frage, ob es bei diesem Ergebnis bleiben soll.

Steht nämlich die vermeintlich **abgetretene Forderung** nach wie vor **einem Dritten zu**, so **besteht für** den **Schuldner die Gefahr, dass** er **doppelt in Anspruch genommen** wird.

Daher wird diskutiert (aber nur in dem Fall, dass die Forderung wirklich besteht, aber einem **anderen** zusteht), ob der gutgläubige Hypothekenerwerber nicht ausnahmsweise auch die Forderung erwerben soll, damit Hypothek und Forderung wieder in einer Hand sind.

Bsp.: S nimmt bei G ein Darlehen in Höhe von 50.000,- € auf. Zur Sicherheit lässt sich G am Grundstück des S eine Briefhypothek bestellen und wird als Hypothekengläubiger im Grundbuch eingetragen. Aufgrund seiner permanenten Beschäftigung mit dem Recht wird G aber geisteskrank i.S.d. § 104 Nr. 2 BGB, sodass für ihn ein Betreuer bestellt wird, § 1896 BGB.

Dennoch gelingt es G, „die Hypothek" in öffentlich beglaubigter Form an X abzutreten, der von den Vorgängen um G keine Kenntnis hat. X überträgt später „die Hypothek" in der gleichen Form auf Y, der ebenfalls von den vorangegangenen Ereignissen keine Kenntnis hat.

Als das Darlehen fällig wird, verlangen sowohl Y als auch der Betreuer des G Zahlung von S. S will wissen, an wen er zahlen muss.

S muss möglicherweise an Y zahlen, um die Zwangsvollstreckung in sein Grundstück abzuwenden, wenn Y Inhaber der Hypothek ist und daher nach § 1147 BGB vorgehen könnte (§ 1142 I BGB).

Y könnte die Hypothek von X durch Abtretung der Darlehensforderung erlangt haben, §§ 398, 1153, 1154 BGB. Der Sachverhalt spricht zwar nur von der Übertragung der Hypothek, gemeint ist aber nach laiengünstiger Auslegung (§§ 133, 157 BGB) die Übertragung der hypothekarisch gesicherten Forderung, denn eine isolierte Übertragung der Hypothek ist gar nicht möglich, § 1153 II BGB.

Y hat die Forderung gem. §§ 398, 1154 I BGB erworben, wenn X als Berechtigter darüber verfügt hat. X könnte seinerseits die Darlehensforderung von G, dem sie ursprünglich zustand, im Wege der Abtretung erworben haben. G war zum Zeitpunkt der Abtretung an X aber bereits geisteskrank und somit geschäftsunfähig.

---

460 Medicus, BR, Rn. 564.

Er konnte also die Forderung nicht wirksam abtreten, dies hätte allenfalls sein Betreuer für ihn gekonnt, § 1902 BGB. Da dies nicht geschehen ist, war die Abtretung unwirksam, §§ 105 I, 104 Nr. 2 BGB.

Damit konnte X gegenüber Y auch nicht als Berechtigter über die Forderung verfügen.

Y könnte die Hypothek gutgläubig gem. §§ 1138, 892 BGB erworben haben. Zugunsten des Erwerbers einer hypothekarisch gesicherten Forderung gilt das Grundbuch auch in Ansehung der Forderung als richtig. Zwar ist als Inhaber der Darlehensforderung nicht der verfügende X, sondern immer noch G im Grundbuch eingetragen.

X konnte jedoch seine Gläubigerberechtigung durch eine öffentlich beglaubigte Abtretungserklärung von dem eingetragenen G ableiten und galt so dem Erwerber Y gegenüber ebenfalls als durch das Grundbuch legitimiert.

Weil Y hinsichtlich der Gläubigerstellung des X gutgläubig war, hat er über den fingierten Forderungserwerb nach §§ 1138, 892 BGB jedenfalls die Hypothek erworben.

Umstritten ist, wem nunmehr die ja weiter bestehende Darlehensforderung zustehen soll.

Die Vertreter der sog. **„Einheits- bzw. Mitreißtheorie"**[461] machen in dem Falle, dass die Forderung besteht und die Hypothek von einem gutgläubigen Dritten erworben wird, eine Ausnahme von dem Grundsatz, dass ein gutgläubiger Forderungserwerb nicht möglich ist. Der Erwerber Y erlangt mit der Hypothek damit auch die gesicherte Forderung über § 1153 II BGB. Der Akzessorietätsgrundsatz verdiene den Vorrang. Die h.M. stellt auf die Schutzwürdigkeit des Schuldners ab, der davor bewahrt werden soll, dem Zugriff zweier Rechtsinhaber ausgesetzt zu sein und so Gefahr zu laufen, doppelt in Anspruch genommen zu werden.

Nach den Vertretern der sog. **„Trennungstheorie"** soll es bei dem von § 1138 BGB vorgezeichneten Ergebnis bleiben, dass die strenge Akzessorietät von Forderung und Hypothek durchbrochen wird. Danach erwirbt Y eine forderungsentkleidete Hypothek und G behält die Forderung ohne die Hypothek. Der zusätzliche Rechtserwerb für Y sei ein „Geschenk des Himmels",[462] das sich durch die Schutzwürdigkeit des S nicht rechtfertigen lasse. Denn dieser brauche an G aufgrund der Sicherungsabrede nur zu zahlen, wenn G die Hypothek löschen lasse oder den Hypothekenbrief an S zurückgebe, §§ 1161, 1160 I BGB.

Diese Ansicht ist absolut überzeugend. Der Eigentümer, der zugleich persönlicher Schuldner ist, ist nämlich insoweit geschützt, als er auf die Forderung nur zu leisten braucht, wenn ihm auch die Hypothek (bzw. der Hypothekenbrief) zurückgegeben wird (vgl. § 1144 BGB bzw. §§ 1161, 1160 BGB).

Dies ist dem persönlichen Forderungsinhaber im vorliegenden Fall gerade nicht möglich, sodass faktisch gegen die Inanspruchnahme aus der Forderung eine dauernde Einrede besteht.

Zahlt der unachtsame - und damit nicht besonders schutzwürdige[463] - Schuldner, der die Trennung von Forderung und Hypothek nicht kennt, trotzdem an den persönlichen Gläubiger, so steht er nicht rechtlos da. Wegen seiner (faktisch dauernden) Einrede kann er das Geleistete gem. § 813 I S. 1 BGB kondizieren. Sollte der Gläubiger entreichert sein, so ist kein Grund ersichtlich, warum der Schuldner, der auf jeglichen Schutz verzichtet hat, dieses Risiko nicht tragen soll.

---

461 Nachweise bei Palandt, § 1153 BGB, Rn. 2.
462 Reinicke/Tiedtke, Rn. 900.
463 Schon im Römischen Recht galt der von Quintus Mutius Scaevola (D. 42, 8, 24) geprägte Satz: „Ius civile scriptum est vigilantibus" oder auf Deutsch: „Das Zivilrecht ist für die Wachsamen geschrieben!".

> **hemmer-Methode:** Die „Mitreißtheorie" verstößt gegen den eindeutigen Willen des Gesetzgebers, wie er in §§ 1137, 1138 BGB (bloße Fiktion des Forderungsübergangs) niedergelegt ist! Wie Sie sich in der Klausur entscheiden, ist unerheblich, sofern Sie diese Problematik nur sehen. Wir empfehlen Ihnen dennoch, die Mitreißtheorie als contra legem abzulehnen.
>
> Für diese Ansicht spricht zwar folgende Überlegung: Die Möglichkeit, sich auf ein Leistungsverweigerungsrecht aus der Sicherungsabrede zu berufen, nützt S wenig, wenn er das Auseinanderfallen von Forderung und Sicherheit nicht kennt. Er muss mit dieser Möglichkeit wegen der strengen Akzessorietät der Hypothek (anders als bei der Grundschuld) auch nicht rechnen. Zudem wird das Widerspruchsrecht des Schuldners gem. § 1160 BGB in der Praxis häufig ausgeschlossen.[464]
>
> Auf der anderen Seite muss Ihnen klar sein: Der gutgläubige Erwerb auch der Forderung ist eindeutig contra legem. Außerdem kann gem. § 1144 BGB bzw. § 1161 BGB gegen die Befriedigung des Forderungsgläubigers die Aushändigung des Hypothekenbriefes bzw. der Löschungsbewilligung verlangt werden.
>
> Wer auf diesen Schutz verzichtet, ist selbst schuld. Oder wer zahlt große Summen ohne Quittung? Im Übrigen hilft ja auch § 813 I S. 1 BGB.

Nach der h.M. hat Y damit Hypothek und Forderung erworben. S braucht daher nur an ihn zu zahlen.

VI. Schema zu den Einreden bei der Hypothek vor und nach der Abtretung

Schema: Einreden vor und nach Abtretung

```
                    (§ 488 I S. 2
                       BGB)
                         S
                        / \
                       /   \
                      /     \ § 404 BGB
                     /       \
                   G 1 ——————— G 2
                      §§ 398, 1154 BGB
                       \       /
                        \     /
                         \   /
                          E
                      (§ 1147 BGB)
```

⇨ § 1137 BGB für forderungsbezogene Einreden
⇨ Eigene Einreden aus der Sicherungsabrede für grundpfandrechtsbezogene Einreden

⇨ § 1137 BGB, aber: § 1138 BGB (forderungsbezogen)
⇨ § 1157 S. 1 BGB aber: § 1157 S. 2 BGB (grundpfandrechtsbezogen)

> **hemmer-Methode:** Beachten Sie, dass die Pfeilspitzen ausnahmsweise nicht die Anspruchsrichtung, sondern die Richtung der Einreden markieren.
>
> Auch bezogen auf die Hypothek gilt, dass die Einreden im Falle der Abtretung der hypothekarisch gesicherten Forderung zunächst erhalten bleiben. Allerdings sind diese in erheblichem Maße gutglaubensgefährdet: Forderungsbezogene Einreden kann der Eigentümer über § 1138 BGB, pfandrechtsbezogene Einreden über § 1157 S. 2 BGB verlieren. Beachten Sie bitte die einschneidenden Änderungen durch das Risikobegrenzungsgesetz, die im Zusammenhang mit den Einreden bei der Grundschuld durch die Einfügung des § 1192 Ia BGB getroffen wurden (Rn. 223 ff.)!

---

[464] Palandt, § 1161 BGB, Rn. 1.

F) Zahlung und Regress

Aufgrund der Akzessorietät muss sich die Erfüllung der Forderung auch auf die Hypothek auswirken. Welche Rechtsfolgen die Tilgung der Forderung für die Hypothek nach sich zieht, hängt davon ab, wer die Zahlung erbringt.

> **hemmer-Methode:** Es geht hier um das Schicksal der Hypothek im Falle der Befriedigung des Gläubigers. Rechtsfolge ist in dieser Konstellation immer, dass die Hypothek auf einen anderen übergeht. Zu unterscheiden hiervon ist der Fall, dass die Parteien auf das dingliche Recht selbst einwirken, z.B. indem sie die Hypothek aufheben, §§ 875, 1183 BGB. Beachten Sie, dass es hierzu der Zustimmung des Eigentümers bedarf. Grund dafür ist, dass sich hinter jeder Hypothek eine potenzielle Eigentümergrundschuld „versteckt", sodass dem Eigentümer durch die Aufhebung eine, wenn auch nur bedingte, Rechtsposition entzogen wird.

I. Zahlung des persönlichen Schuldners

Zahlung des persönlichen Schuldners:
⇨ *Forderung: § 362 I BGB*
⇨ *Hypothek: EGS*

Zahlt der persönliche Schuldner als der im Innen- und Außenverhältnis Verpflichtete, so erlischt die Forderung nach § 362 I BGB und die Fremdhypothek verwandelt sich in eine Eigentümergrundschuld, §§ 1163 I S. 2, 1177 I S. 1 BGB. Diese Rechtsfolge ist unabhängig davon, ob persönlicher Schuldner und Eigentümer identisch sind oder nicht.

Ausnahme: § 1164 BGB

Im Einzelfall kann aber auch der Eigentümer im Innenverhältnis zum persönlichen Schuldner verpflichtet sein, den Gläubiger zu befriedigen. Für diese Konstellation enthält § 1164 BGB eine Sonderregelung.

Die Forderung des Gläubigers erlischt durch Zahlung des persönlichen Schuldners, der Eigentümer erwirbt aber keine Eigentümergrundschuld. Das Grundpfandrecht sichert jetzt nämlich den Ersatzanspruch des Schuldners gegen den Eigentümer. § 1164 BGB stellt einen Fall des gesetzlichen Forderungstauschs dar.

> **hemmer-Methode:** Die häufigsten Fälle, in denen § 1164 BGB eine Rolle spielt, sind die der „geplatzten" Schuldübernahme, bei denen der Schuldner im Außenverhältnis weiterhin verpflichtet bleibt, ihm im Innenverhältnis aber ein Ersatzanspruch gegen den Eigentümer zusteht.

> *Bsp.:* S verkauft dem E ein Grundstück, das mit einer Hypothek zugunsten des G belastet ist. Die Hypothek sichert einen Kredit, den G dem S gewährt hat. S und E vereinbaren, dass E in Anrechnung auf den Kaufpreis für das Grundstück die Kreditschuld des S übernehmen solle (§§ 415, 416 BGB). G verweigert die Genehmigung der Schuldübernahme. S sieht sich daher gezwungen, das Darlehen selbst an G zurückzuzahlen.

Schuldübernahme bleibt als Erfüllungsübernahme wirksam, § 415 III BGB ⇨ § 329 BGB

Die Schuldübernahme, die S und E untereinander vereinbart haben, ist am Fehlen der erforderlichen Genehmigung des G gescheitert, § 415 II S. 1 BGB. Im Verhältnis S zu G bleibt daher alles beim Alten. Die fehlgeschlagene Schuldübernahme ist aber nicht völlig unwirksam: Im Verhältnis S zu E bleibt sie im Zweifel als Erfüllungsübernahme wirksam, § 415 III BGB. S hat dann einen Freistellungsanspruch gegen E, ohne dass G von E Zahlung verlangen kann, § 329 BGB. Dieser Freistellungsanspruch wandelt sich in einen Zahlungsanspruch um, wenn S von G in Anspruch genommen worden ist.

§ 11 DIE HYPOTHEK

Hypothek sichert Ausgleichsforderung

Die gesicherte Forderung erlischt dann zwar, aber die Hypothek wandelt sich nicht in eine Eigentümergrundschuld um. § 1164 BGB macht aus Billigkeitsgründen eine Ausnahme von § 1163 I S. 2 BGB. An Stelle der Forderung des G gegen S sichert die Hypothek nunmehr die Ausgleichsforderung des S gegen E. Die gesicherte Forderung ist gesetzlich ausgetauscht worden, ohne dass es einer weiteren vertraglichen Abmachung zwischen S und E bedürfte.

Das ist gerecht: Wäre die Schuldübernahme wirksam gewesen, so wäre E Schuldner der hypothekarisch gesicherten Darlehensschuld geworden. So ist er Schuldner des hypothekarisch gesicherten Ersatzanspruchs geworden, der dieselbe Höhe hat. Nur sein Gläubiger ist ein anderer.

hemmer-Methode: Merken Sie sich zur Wiederholung: Die wichtigste Fallkonstellation, mit der Sie in diesem Kontext in der Klausur rechnen können, ist die Veräußerung eines Grundstücks an einen Dritten unter Anrechnung auf den Kaufpreis, wobei in der Regel die Schuldübernahme nicht genehmigt wird, auch nicht durch Schweigen nach § 416 I S. 1 BGB. Wegen der §§ 415 III, 329 BGB kann der Schuldner vom Übernehmer Freistellung bzw. nach Zahlung Ersatz verlangen. Diesen Ersatzanspruch sichert nach § 1164 BGB die Hypothek am Grundstück des Käufers. Denken Sie an § 1164 BGB auch in anderen Fällen, in denen im Innenverhältnis der Sicherungsgeber verpflichtet sein soll, so z.B. wenn der Eigentümer nach außen nicht als Kreditnehmer in Erscheinung treten will und deshalb den Schuldner „vorschickt", obwohl das Geld eigentlich ihm zukommen soll.

II. Zahlung des Eigentümers

Ablösungsberechtigung, § 1142 I BGB

Wenn der Eigentümer des mit einer Hypothek belasteten Grundstücks vom Hypothekengläubiger gem. § 1147 BGB auf Duldung der Zwangsvollstreckung in Anspruch genommen wird, darf er diese durch Zahlung an den Gläubiger abwenden, § 1142 I BGB. Der Eigentümer muss sein Grundstück nicht in der Zwangsvollstreckung opfern.

⇒ *cessio legis, § 1143 I BGB*
⇒ *Eigentümerhypothek, § 1177 II BGB*

Die Folge der Befriedigung des Gläubigers durch den Sicherungsgeber ist der Übergang der gesicherten Forderung vom Gläubiger auf den Eigentümer durch die Legalzession des § 1143 BGB (der Eigentümer „kauft" die hypothekarisch gesicherte Forderung).

Mit der Forderung gegen den Schuldner erlangt der Eigentümer über § 1153 I BGB bzw. §§ 412, 401 BGB auch die sichernde Hypothek an seinem eigenen Grundstück. Das Grundpfandrecht ist nicht etwa eine Eigentümergrundschuld, sondern eine Eigentümerhypothek, weil dem Sicherungsgeber auch noch die gesicherte Forderung zusteht.

Solange der Sicherungsgeber Eigentümer des Grundstücks bleibt, an dem er eine Eigentümerhypothek innehat, bestimmen sich seine Rechte aus der Hypothek zwar nach den Vorschriften über die Grundschuld, § 1177 II BGB. Aber wenn der Sicherungsgeber das mit der Eigentümerhypothek belastete Grundstück veräußert, wandelt sich die Hypothek wieder in eine Fremdhypothek um: Der Eigentümer behält die Forderung und das Verwertungsrecht an dem Grundstück.

Der § 1143 BGB regelt den Fall, dass der Eigentümer gegen den Schuldner einen Regressanspruch hat. Sollte aber der Eigentümer selbst im Innenverhältnis zahlen, so steht dem Schuldner gegen die Inanspruchnahme entweder eine rechtsvernichtende Einwendung zu, oder aber man legt den § 1143 BGB restriktiv so aus, dass er für solche Fälle keine Legalzession anordnet.

Verweis auf § 774 BGB

§ 1143 I S. 2 BGB verweist auf die für den Bürgen geltende Vorschrift des § 774 I BGB. Das bedeutet, dass der Umfang der Legalzession sich nach dem Innenverhältnis zwischen dem sicherungsgebenden Eigentümer und dem Schuldner richtet. Im Prinzip gilt hier das bereits oben Gesagte.

> **Bsp.:** *S schuldet G 100.000,- €, die durch eine Hypothek an seinem Grundstück gesichert sind. S verkauft dieses Grundstück an E und vereinbart mit diesem, dass E in Anrechnung auf den Kaufpreis die Schulden des S bei G übernehmen soll. G, der davon benachrichtigt worden ist, will von dieser „Schieberei" nichts wissen.*

Die hier zwischen S und Übernehmer E vereinbarte Schuldübernahme (§ 415 I BGB) ist gescheitert, weil G seine Genehmigung dazu nicht erteilt hat. In diesem Falle ist im Zweifel der Übernehmer dem Schuldner gegenüber verpflichtet, den Gläubiger zu befriedigen, § 415 III BGB. Zwischen ihnen kommt also eine Erfüllungsübernahme (vgl. § 329 BGB) zustande. S kann von E Zahlung an G verlangen, ohne gegenüber G selbst frei geworden zu sein. G kann dagegen nur seinen ursprünglichen Schuldner S in Anspruch nehmen.

Wenn S trotz der Erfüllungsübernahme des E seine Schulden bei G begleicht, erwirbt er gem. § 1164 BGB die Hypothek, die seinen Ausgleichsanspruch gegen E sichert.

Zahlt aber nun E im Hinblick auf seine Abmachung mit S an G, so erwirbt er gem. § 1143 I BGB den Zahlungsanspruch, den G gegen S gehabt hat, nicht. Im Innenverhältnis zwischen E und S war er letztendlich dazu verpflichtet, die Zahlung zu erbringen. Regress sollte er bei S nicht nehmen dürfen, weil diese Zahlung Teil seiner Kaufpreisleistung für das Grundstück sein sollte. Das Innenverhältnis wirkt sich über §§ 1143 I S. 2, 774 I S. 3 BGB auf die Legalzession aus.

> **hemmer-Methode:** Machen Sie sich den Hintergrund für § 1143 BGB und § 1164 BGB klar: In beiden Fällen soll der im Innenverhältnis nicht Verpflichtete, der die Zahlung erbringt, eine gesicherte Regressmöglichkeit haben. Bei § 1143 BGB geschieht dies durch eine cessio legis, bei § 1164 BGB durch einen gesetzlichen Forderungsaustausch.
> Bestehen mehrere akzessorische Sicherheiten (z.B. neben der Hypothek noch eine Bürgschaft), müssen Sie, wenn ein Sicherungsgeber zahlt, immer auch an das Problem des „Wettlaufs der Sicherungsgeber" denken. Die sture Anwendung des Gesetzes unter Beachtung der jeweils angeordneten cessio legis (§ 1143 I S. 1 BGB einerseits, § 774 I S. 1 BGB andererseits) würde zu dem unsinnigen Ergebnis führen, dass der Sicherungsgeber, der zuerst zahlt, am besten stünde, weil er das andere Sicherungsmittel in vollem Umfang erwerben würde.
> Während nach e.A. der Bürge zu privilegieren ist, geht die h.M. davon aus, dass die beiden Sicherungsgeber analog §§ 769, 774 II BGB Gesamtschuldner sind, sodass der Regress nicht davon abhängt, ob der Bürge oder der Eigentümer zuerst zahlt.[465]

III. Zahlung eines Ablösungsberechtigten

andere Ablösungsberechtigte

Neben dem Schuldner und dem Eigentümer können auch noch andere Personen ablösungsberechtigt sein. Grund dieser Regelung ist es, Personen, die i.R.d. Zwangsversteigerung Rechtsverluste erleiden würden, die Möglichkeit zu geben, diese abzuwenden und in die Rechtsposition des Gläubigers einzutreten.

> **Bsp.:** *G 2, Inhaber einer zweitrangigen Hypothek an dem Grundstück des E, möchte verhindern, dass G 1 mit der erstrangigen Hypothek die Zwangsversteigerung betreibt. G 2 befürchtet nämlich, dass infolge des angespannten Immobilienmarktes der Versteigerungserlös gerade zur Befriedigung des G 1 reichen werde, sodass er selbst seine Hypothek verlieren würde, ohne etwas von dem Erlös zu bekommen.*

---

[465] Ausführlich zu dieser Problematik Hemmer/Wüst, Rückgriffsansprüche, Rn. 554 ff.

Aus diesem Grunde zahlt G 2 an G 1, als dieser von E die Zahlung fordert. Aufgrund der cessio legis (§§ 1150, 268 III BGB) erwirbt G 2 die Forderung des G 1 und die erstrangige Hypothek über §§ 412, 401 BGB bzw. § 1153 I BGB.

> **hemmer-Methode:** Bei den §§ 1150, 268 BGB handelt es sich um eine cessio legis, d.h. nicht um einen rechtsgeschäftlichen Erwerb. Aus diesem Grund ist der gutgläubige einredefreie Erwerb einer Hypothek oder einer Grundschuld in dieser Konstellation nach der h.M.[466] nicht möglich!
> Die andere Auffassung[467] betont dagegen, dass ein gutgläubiger Erwerb möglich sein müsse, da es sich um einen „Abkauf" des Grundpfandrechts handele.
> Dieses Argument ist aber zweifelhaft, da zum einen kein besonderes Vertrauensverhältnis besteht wie zu einem Verkäufer und der Dritte zum anderen zahlt, um einen Rechtsverlust zu verhindern und nicht um ein Grundpfandrecht zu erhalten.[468]

Personenkreis: § 268 BGB; Zeitpunkt: Verlangen der Befriedigung

§ 1150 BGB schützt den weiten Personenkreis des § 268 BGB und verlegt gleichzeitig den i.R.d. § 268 BGB maßgeblichen Zeitpunkt von dem Betreiben der Vollstreckung auf das Befriedigungsverlangen vor.

G) Untergang der Hypothek

Zahlung führt regelmäßig nicht zum Untergang der Hypothek

Die Hypothek geht nicht schon unter, wenn der Gläubiger vom persönlichen Schuldner oder vom Eigentümer im Wege der Zahlung befriedigt wird.

Die Zahlung hat lediglich zur Folge, dass der Gläubiger die Hypothek verliert, sei es, dass sie sich nach §§ 1163 I S. 2, 1177 I S. 1 BGB in eine Eigentümergrundschuld verwandelt oder dass sie aufgrund einer angeordneten cessio legis (§§ 1164 I S. 1, 1143 I S. 1, 1150, 268 III BGB) auf den Leistenden übergeht.

Erlöschen der Hypothek nach § 1181 I BGB

Dagegen erlischt die Hypothek, wenn der Gläubiger aus dem Grundstück befriedigt wird, § 1181 I BGB. Hierunter ist der Fall zu verstehen, dass der Gläubiger i.R.d. Zwangsvollstreckung durch die Auszahlung des Erlöses tatsächlich befriedigt wird.

Aber auch wenn die Hypothek ausfällt, weil sie nicht durch das tatsächlich abgegebene zulässige Meistgebot gedeckt ist, erlischt die Hypothek, § 91 I ZVG. Dem Gläubiger verbleibt dann nur seine (nunmehr ungesicherte) Forderung.

Aufhebung der Hypothek nach §§ 875, 1183 BGB

Schließlich erlischt die Hypothek auch durch Aufhebung gem. § 875 BGB. Erforderlich ist allerdings die Zustimmung des Eigentümers nach § 1183 BGB, da zugleich seine (potenzielle) Eigentümergrundschuld betroffen ist. § 1183 BGB führt nicht dazu, dass zwischen Gläubiger und Eigentümer ein Vertrag zustande kommen muss. Es handelt sich vielmehr um zwei selbstständige einseitige Erklärungen.

Verzicht nach § 1168 BGB hat nur EGS zur Folge

Abzugrenzen ist die Aufhebung der Hypothek vom Verzicht nach § 1168 BGB. Dieser führt lediglich dazu, dass eine Eigentümergrundschuld entsteht. Die Aufhebung nach §§ 875, 1183 BGB bedeutet dagegen nicht nur die Aufgabe der Hypothek seitens des Gläubigers, sondern die Beseitigung der Hypothek schlechthin.

---

466   BGH, JuS 1997, 270 = **juris**by**hemmer**; NJW 1997, 190 = **juris**by**hemmer**.
467   Canaris, NJW 1986, 1488.
468   Vgl. Sie zu dem Problem: Medicus, BR, Rn. 547.

H) Der sachliche Umfang der Hypothekenhaftung[469]

I. Allgemeines

§§ 1120 ff. BGB: Haftungsverband der Hypothek

Zwar stellen Grundstücke für sich allein oft schon einen erheblichen Wert dar. Andererseits erlangen viele Grundstücke ihren Wert erst durch ihre Eingebundenheit in einen wirtschaftlichen Verband, z.B. das landwirtschaftliche Grundstück erst mit den aufstehenden Früchten oder den zugehörigen Bewirtschaftungsgerätschaften wie Traktoren usw. Aus diesem Grund ist in den §§ 1120 ff. BGB der Umfang der Hypothekenhaftung geregelt.

Bedeutung hat dies nicht erst bei der Zwangsvollstreckung, sondern schon früher für die Beurteilung des Wertes der Hypothek.

II. Der Haftungsverband der Hypothek

§ 1120 BGB: Erzeugnisse, Bestandteile, Zubehör

Wenn der Gläubiger Duldung der Zwangsvollstreckung verlangen kann, haftet nicht nur das Grundstück selbst, sondern nach § 1120 BGB auch die wesentlichen und unwesentlichen Bestandteile, die Erzeugnisse und das Zubehör, welches in das Eigentum des Grundstückseigentümers gelangt ist.

Problem: Anwartschaftsrecht als Zubehör

Gerade bei Betriebsmitteln, welche unter den Zubehörbegriff fallen, §§ 97 ff. BGB, kommt es oft vor, dass der Grundstückseigentümer diese unter Eigentumsvorbehalt erwirbt. Überträgt er dann sein Anwartschaftsrecht vor vollständiger Zahlung auf einen Dritten, ist fraglich, ob dieser das Vollrecht mit der Hypothek belastet oder lastenfrei erwirbt.

Obwohl der Dritte nach der heute h.M. das Eigentum direkt vom Vorbehaltsverkäufer (d.h. ohne Durchgangserwerb des Grundstückseigentümers) erlangt, ist es durch die Hypothek belastet, da auch schon das Anwartschaftsrecht in den Hypothekenhaftungsverband gefallen ist. Diese Haftung erstreckt sich mit Bedingungseintritt auf die Sache selbst, § 1287 BGB analog.[470]

> **Bsp.:** Der Bauer E hat von B einen Traktor unter Eigentumsvorbehalt gekauft und setzt diesen auf seinem Grundstück ein. Später muss er „den Traktor" an die Raiffeisenbank R zur Sicherheit für einen Kredit übereignen. Mit diesem Kredit zahlt er die B aus. Der Hypothekar H an dem Grundstück des E fragt sich, ob sich eine Beschlagnahme nach § 20 ZVG auch auf den Traktor erstrecken würde.

> Die Beschlagnahme erstreckt sich wegen § 20 II ZVG auch auf den Traktor, wenn dieser in den Haftungsverband der Hypothek fällt. Der Traktor würde gem. § 1120 BGB als Zubehör des Grundstücks in den Haftungsverband fallen, wenn er im Eigentum des E stünde. E hatte aber nur ein Anwartschaftsrecht. Dieses wurde dann nach §§ 929 S. 1, 930 BGB analog auf die Bank übertragen (insoweit ist die Übereignung umzudeuten). Mit der Zahlung wurde die Bank Eigentümerin des Traktors, ohne dass ein Durchgangserwerb des E stattgefunden hätte.[471]

> § 1120 BGB wird aber entsprechend auch auf das Anwartschaftsrecht angewandt, da in der Übertragung des Anwartschaftsrechts mittelbar eine Verfügung über das Vollrecht gesehen werden muss. Somit ist zu prüfen, ob eine Enthaftung des Anwartschaftsrechts gem. § 1121 BGB entsprechend gegeben ist. Dies ist zu verneinen, da keine dauernde Entfernung vom Grundstück des E erfolgte.

---

[469] Vgl. Sie dazu auch Hemmer/Wüst, ZPO II, Rn. 103 ff. sowie Rn. 210 ff.
[470] Vgl. Sie dazu ausführlich Hemmer/Wüst, Sachenrecht II, Rn. 177 ff.
[471] BGHZ 20, 88.

Mit Bedingungseintritt (Zahlung des Restkaufpreises) konnte das Anwartschaftsrecht in der Person der B auch nur zu belastetem Eigentum erstarken, vgl. § 1287 BGB analog! Damit fällt der Traktor nach wie vor in den Haftungsverband der Hypothek.

> **hemmer-Methode:** Fälle der vorliegenden Art erfordern ein gewisses Verständnis für die Figur des Anwartschaftsrechts. Arbeiten Sie deshalb die entsprechenden Passagen im Skript Hemmer/Wüst, Sachenrecht II noch einmal durch! Beachtenswert erscheint dabei noch folgendes Problem: Nach der h.L. können Vorbehaltsverkäufer und -käufer die Haftung des Anwartschaftsrechts auch nicht dadurch beseitigen, dass sie dieses einverständlich aufheben. Vielmehr benötigen sie dazu analog § 1276 BGB die Zustimmung des Hypothekars.

§ 1123 I BGB: Miet- und Pachtzinsforderungen

Gem. § 1123 I BGB erstreckt sich die Hypothekenhaftung auch auf etwaige Miet- und Pachtzinsforderungen. Zu beachten ist, dass die Beschlagnahme hier nicht durch die Zwangsversteigerung, sondern nur durch die Zwangsverwaltung bewirkt wird, vgl. §§ 21 II, 148 I ZVG.

§ 1127 I BGB: Erstreckung auf Versicherungsforderung

Wenn bei Eintritt des Versicherungsfalls eine Hypothek sowie ein wirksamer Versicherungsvertrag bestehen, erstreckt sich die Haftung auch auf die Forderung gegen den Versicherer.

Umstritten ist, ob ein Anspruch auf Schadensersatz aus culpa in contrahendo ein Anspruch gegen die Versicherung i.S.d. § 1127 BGB ist.

> **Bsp.:** *Versicherer V vergisst im Rahmen eines Versicherungsvertrages mit A, der Grundstücke vermietet, eine vorläufige Deckung für neu erworbene Grundstücke mit aufzunehmen, obwohl A dies verlangt hatte. A erwirbt ein neues Grundstück. Ein darauf befindliches Gebäude brennt ab.*
>
> Ein Anspruch auf Deckung besteht nicht, weil für das neu hinzugekommene Gebäude kein Versicherungsschutz bestand. Allerdings hat V vergessen, eine entsprechende Klausel mit aufzunehmen. A wird über §§ 311 II, 241 II, 280 I BGB i.V.m. § 249 I BGB so gestellt, wie er ohne die Pflichtverletzung stehen würde. Der Anspruch geht daher auf Zahlung eines der Deckungssumme entsprechenden Vertrages.

Nach e.A. fallen die entsprechenden Schadensersatzforderungen ebenfalls unter § 1127 I BGB.[472] Der dem § 1127 I BGB innewohnende Surrogationsgedanke greife auch bei der Schadensersatzforderung, die an die Stelle der zerstörten Sache trete.

Der BGH ist anderer Ansicht[473] und hat dies erneut bestätigt.[474] Grundsätzlich werde nämlich ein Gegenstand, der dem Haftungsverband unterfällt, mit der Zerstörung aus dem Haftungsverband herausgelöst. Dieser Grundsatz wird ausnahmsweise durch § 1127 I BGB durchbrochen und beschränkt sich auf den dortigen Deckungsanspruch.

> **hemmer-Methode:** Hintergrund der Entscheidung ist folgender: Nach §§ 90 II, 55 I, 20 II ZVG bekommt der Ersteigerer eines Grundstücks alle Gegenstände, auf die sich die Versteigerung erstreckt. Gem. § 20 II ZVG sind dies auch die Gegenstände, auf die sich die Hypothek erstreckt. Im vorliegenden Fall war der Brandschaden bereits vor der Versteigerung entstanden, sodass der Ersteigerer den dadurch bedingten geringeren Wert bei seinem Gebot hätte berücksichtigen können. Insoweit besteht für eine Ausdehnung auf etwaige Schadensersatzansprüche auch kein schutzwürdiges Interesse.

---

[472] Palandt, § 1127 BGB, Rn. 2; OLG Hamm, NJW-RR 2003, 1612 = **juris**byhemmer.
[473] BGH, NJW 1989, 2123 für einen Anspruch aus § 823 I BGB = **juris**byhemmer.
[474] BGH, NJW 2006, 771 f. = **juris**byhemmer.

III. Enthaftungstatbestände

§§ 1121 f. BGB leges speciales zu § 936 BGB

Gegenstände, die in den Hypothekenhaftungsverband fallen, können aber auch wieder frei werden.[475] Dabei ist es wichtig zu wissen, dass nach der h.M. § 936 BGB (gutgläubiger lastenfreier Erwerb) keine Anwendung findet, da die §§ 1121 f. BGB als leges speciales vorgehen.

bzgl. der Enthaftung zu unterscheiden:

Es sind dabei grundsätzlich drei verschiedene Konstellationen auseinander zu halten, die sich danach unterscheiden, in welcher Reihenfolge die Veräußerung der Sache, die Entfernung vom belasteten Grundstück und die Beschlagnahme im Wege der Zwangsvollstreckung stattgefunden haben:

Beschlagnahme am Ende

Hat die Beschlagnahme als Letztes stattgefunden (also: Entfernung - Veräußerung - Beschlagnahme oder Veräußerung - Entfernung - Beschlagnahme), ist die Sache von der Haftung frei geworden, § 1121 I BGB. Die Sachen waren zum Zeitpunkt der Beschlagnahme schon entfernt und veräußert, sodass es auf einen guten Glauben des Erwerbers gar nicht ankommen kann.

Veräußerung am Ende

Steht die Veräußerung am Ende (Beschlagnahme - Entfernung - Veräußerung oder Entfernung - Beschlagnahme - Veräußerung), so stellt dies einen Fall der §§ 135, 136 BGB dar. Die Beschlagnahme führt zu einem relativen Veräußerungsverbot, §§ 23, 146 ZVG, das allerdings durch die Gutgläubigkeit des Erwerbers überwunden werden kann.

Entfernung am Ende

Wird die Sache dagegen als Letztes vom Grundstück entfernt (also Beschlagnahme - Veräußerung - Entfernung oder Veräußerung - Beschlagnahme - Entfernung), so ist ein gutgläubig-lastenfreier Erwerb nur möglich, wenn der Erwerber auch zum Zeitpunkt der Entfernung noch in gutem Glauben ist, vgl. § 1121 II BGB.

Dabei steht allerdings die Kenntnis vom Versteigerungsantrag der Kenntnis der Beschlagnahme nach § 23 II S. 1 ZVG gleich, und nach Eintragung des Versteigerungsvermerks ins Grundbuch ist ein gutgläubig lastenfreier Erwerb nach § 23 II S. 2 ZVG nicht mehr möglich.

hemmer-Methode: In diesem letzten Fall ist die Stellung des Gläubigers also relativ stark. Allerdings gilt das nur, wenn - wovon das Gesetz ausgeht - die Hypothek auch eingetragen ist. Könnte der Erwerber sonst nach § 892 BGB das Grundstück lastenfrei erwerben, muss das auch für Zubehör und Erzeugnisse gelten.

§ 1122 BGB: Enthaftung ohne Veräußerung

§ 1122 BGB regelt schließlich einen Fall der Enthaftung ohne Veräußerung, wobei es insbesondere darauf ankommt, ob die Grenzen einer ordnungsgemäßen Wirtschaft eingehalten sind. Hierzu zählt beispielsweise nicht die endgültige Stilllegung eines Fabrikgrundstücks.[476]

l) Löschungsanspruch aus § 1179a BGB

Löschungsanspruch, § 1179a BGB Sicherung von Aufrückinteresse; Wirkung wie Vormerkung

Die Gläubiger gleich- oder nachrangiger Hypotheken haben nach § 1179a I BGB gegen den Eigentümer einen Anspruch auf Aufhebung eines dem Eigentümer zufallenden gleich- oder vorrangigen Grundpfandrechts,[477] der kraft Gesetzes (vgl. § 1179a I S. 3 BGB) wie eine Vormerkung gesichert ist. Auf diese Weise wird dem Aufrückinteresse nachrangiger Grundpfandrechtsgläubiger Rechnung getragen.

---

475 Vgl. Olshausen, JuS 1990, 816.
476 BGH, WM 1996, 293 = **juris**byhemmer.
477 Vgl. Palandt, § 1179a BGB, Rn. 1.

Bsp.: Der Eigentümer E eines Grundstücks mit einem Wert von 10.000,- € hat G 1 eine erstrangige Hypothek über 100.000,- € und G 2 eine nachrangige Hypothek i.H.v. 200.000,- € eingeräumt. Nach Fälligkeit zahlt er den G 1 aus.

Mit der Zahlung steht dem Eigentümer eine Eigentümergrundschuld zu, §§ 1163 I S. 2, 1177 I BGB. Er könnte das Grundbuch berichtigen lassen oder die Eigentümergrundschuld abtreten, sodass wieder eine Hypothek entstünde. Käme es zur Zwangsvollstreckung, würde G 2 womöglich bzw. bei diesen Wertangaben höchstwahrscheinlich leer ausgehen.

Daher wurde früher häufig mit dem Eigentümer vereinbart, dass die Hypothek zu löschen sei, wenn sie sich mit dem Eigentum vereinige. Dieser Anspruch wurde durch eine Vormerkung rangsichernd verdinglicht, § 1179 BGB.

Da diese Vereinbarung der Regel entsprach und dementsprechend viele Vormerkungen beantragt wurden (jährlich ca. 1 Million) entschied sich der Gesetzgeber, diesen Anspruch in § 1179a BGB zu normieren und die Vormerkungswirkung gesetzlich vorzuschreiben. Beabsichtigt waren hiermit insbesondere eine bessere Übersichtlichkeit der Grundbücher und eine Entlastung der Grundbuchämter.

Dem Sinn und Zweck des § 1179a BGB entspricht es, dass der Löschungsanspruch nur besteht, wenn die Vereinigung von Forderung und Hypothek endgültig ist, also nicht in den folgenden Fällen:

Anspruch (-) bei vorläufiger EGS

Die vorläufige Eigentümergrundschuld, die nach § 1163 I S. 1 BGB entsteht solange die Kreditsumme nicht ausgezahlt worden ist, unterliegt dem Löschungsanspruch erst dann, wenn feststeht, dass das Kreditgeschäft gescheitert ist und es zu keiner Valutierung mehr kommen wird. Die Beweislast dafür trägt der nachrangige Grundpfandgläubiger.[478] Gleiches gilt für die vorläufige Eigentümergrundschuld vor Briefübergabe, § 1179a II BGB i.V.m. § 1163 I S. 1 BGB.

und bei § 1196 III BGB

Auch nicht vom Anspruch des § 1179a BGB betroffen ist die ursprünglich als Eigentümergrundschuld bestellte Grundschuld, § 1196 I, III BGB, da deren Zweck ja gerade ist, später durch Abtretung an einen Kreditgeber verwendet zu werden.[479] Hier kann der nachrangige Grundpfandgläubiger von vornherein nicht davon ausgehen, dass dieses Grundpfandrecht gelöscht werden solle.

Bsp.: E hatte bei der B-Bank einen Kredit aufnehmen wollen und ihr bereits eine Briefhypothek bestellt. Die Kreditverhandlungen zerschlugen sich, weil über die B-Bank das Insolvenzverfahren eröffnet wurde, ehe sie die Darlehenssumme auszahlen konnte. In der Zwischenzeit hatte sich der Bauunternehmer U, der auf dem Grundstück des E eine Garage errichtet hatte, für seine Werklohnforderung eine Sicherungshypothek einräumen lassen, §§ 1184, 648 I BGB.

E veräußert nun das Grundstück an D. Ein Teil des Kaufpreises soll damit abgegolten werden, dass D die Werklohnforderung des U übernimmt. Zur Sicherung des Restkaufpreises behält E das Grundpfandrecht, das infolge der fehlgeschlagenen Kreditaufnahme entstanden war.

U wird dies alles von E schriftlich mitgeteilt, nachdem D ins Grundbuch eingetragen worden ist. E weist U darauf hin, dass er der Schuldübernahme nur innerhalb von sechs Monaten widersprechen könne, weil sie sonst als genehmigt gelte.

U, der im darauf folgenden halben Jahr sehr beschäftigt ist, denkt gar nicht daran, „sich von diesem Lump nötigen zu lassen". Erst nach Ablauf von acht Monaten erklärt er gegenüber E, er „lasse sich auf seine windigen Geschäfte nicht ein". Er verlangt von E die Zahlung des Werklohns und die Löschung seines Grundpfandrechts.

---

478 Palandt, § 1179a BGB, Rn. 5.
479 § 1196 III BGB gilt entsprechend im Falle der nachträglichen, im Grundbuch ausgewiesenen Vereinigung eines bestehenden Grundpfandrechts mit dem Eigentum in einer Person, vgl. BGH, NJW 1997, 2597 = **juris**byhemmer.

Lösung:

1. Anspruch des U gegen E auf Zahlung des Werklohns, § 631 I BGB

U hatte gegen E eine Werklohnforderung aus § 631 BGB. E könnte aber durch die Schuldübernahme durch D befreit worden sein. Fraglich ist, ob diese befreiende Schuldübernahme wirksam gewesen ist.

Die Schuldübernahme ist zwischen E und dem Übernehmer D vereinbart worden. Zu ihrer Wirksamkeit bedarf sie der Genehmigung des Gläubigers, § 415 I BGB.

Wenn die zu übernehmende Forderung hypothekarisch[480] gesichert ist, wird die Übernahme dadurch erleichtert, dass dem Gläubiger in Form des § 416 II S. 2 BGB eine Mitteilung von der Übernahme gemacht werden kann. Nach Ablauf von sechs Monaten gilt die Genehmigung dann als erteilt, § 416 I S. 2 BGB. Das ist ein Fall des normierten Schweigens an Erklärungs Statt. Die Erklärung gilt kraft Gesetzes durch Schweigen als abgegeben.

Der Grund der Erleichterung in § 416 BGB liegt darin, dass der Gläubiger bereits durch das Grundpfandrecht gesichert, er also weniger schutzbedürftig ist. Da E dem U die Schuldübernahme in der erforderlichen Form angezeigt hat, galt die Genehmigung mit Ablauf der sechs Monate als erteilt. Seine spätere Verweigerung ist unbeachtlich. Da die Schuldübernahme wirksam geworden ist, kann U nicht mehr von E, sondern nur noch von D Zahlung des Werklohns fordern.

hemmer-Methode: Das Wort „nur" in § 416 I S. 1 BGB ist missverständlich. Die Genehmigung kann der Gläubiger auch nach § 416 I BGB erteilen, wenn z.B. die Mitteilung nicht in der Form des § 416 II BGB erfolgt ist. Die Schuldübernahme kann auch bei einer Hypothekenschuld zwischen Gläubiger und Übernehmer gem. § 414 BGB vereinbart werden.[481]

2. Löschungsanspruch des U nach § 1179a I S. 1 BGB

U könnte von E Löschung des Grundpfandrechts gem. § 1179a I BGB verlangen.

Das dingliche Recht war ursprünglich als Verkehrshypothek für B bestellt worden. § 1196 III BGB steht dem Löschungsanspruch daher nicht entgegen. Im Range geht es der erst später entstandenen Sicherungshypothek des U vor (§ 879 I BGB). Solange die Kreditverhandlungen noch andauerten, bestand gem. § 1163 I S. 1 BGB eine vorläufige Eigentümergrundschuld für E. Diesbezüglich bestand wegen § 1179a II S. 1 BGB kein Löschungsanspruch des U. Spätestens als nach Eröffnung des Insolvenzverfahrens über das Vermögen der B-Bank feststand, dass die zu sichernde Forderung nicht entstehen würde, endete die Vorläufigkeit der Eigentümergrundschuld. U hatte gegen E einen Löschungsanspruch nach § 1179a II, I BGB.[482]

Schuldner des Löschungsanspruchs ist der Grundstückseigentümer zur Zeit der Eintragung des begünstigten Rechts, wenn während seiner Eigentumszeit die Vereinigung eintritt und er Eigentümer bleibt.[483] Das trifft auf E zu.

Der Eigentümer bleibt auch alleiniger Anspruchsgegner, wenn er das Eigentum auf einen Sonderrechtsnachfolger überträgt und hierdurch wieder eine Trennung von Grundpfandrecht und Eigentum eintritt.[484]

---

480 Oder durch eine Grundschuld, Palandt, § 416 BGB, Rn. 3 (str.).
481 Palandt, § 416 BGB, Rn. 2.
482 Palandt, § 1179a BGB, Rn. 5.
483 Vgl. Palandt, § 1179a BGB, Rn. 3.
484 Palandt, § 1179a BGB, Rn. 3.

So liegt der Fall auch hier: Indem E das Grundstück an D übertrug und die Eigentümergrundschuld zur Sicherung des Restkaufpreises behielt, wurden Grundschuld und Eigentum an dem belasteten Grundstück getrennt. Es entstand eine Fremdgrundschuld.

E könnte einwenden, die Erfüllung dieses Anspruchs sei ihm (subjektiv) unmöglich (§ 275 I BGB), weil er nicht mehr zur Verfügung über das Grundstück berechtigt sei und wegen der Zustimmungsbedürftigkeit der Aufhebung gem. §§ 1183, 1192 I BGB diese nicht allein herbeiführen könne. Der Löschungsanspruch ist aber in gleicher Weise gesichert, als wäre für ihn eine Vormerkung im Grundbuch eingetragen (§ 1179a I S. 3 BGB). Eine Vormerkung hat aber die Wirkung, dass eine Verfügung, die nach ihrer Eintragung über das Grundstück oder das Recht getroffen wird, relativ unwirksam ist, soweit der gesicherte Anspruch dadurch beeinträchtigt würde (§ 883 II BGB). E kann daher die Löschung des Rechts im Grundbuch weiterhin durch einseitige Erklärung herbeiführen. Der neue Eigentümer D ist zur Abgabe der nach § 19 GBO notwendigen Zustimmung nach §§ 888 I, 1179a I S. 3 BGB verpflichtet.

hemmer-Methode: Merken Sie sich den Grundfall zur Vormerkung. Der Vormerkungsberechtigte geht gegen seinen Vertragspartner aus § 433 I S. 1 BGB vor und verlangt Erfüllung des Kaufvertrags, d.h. Übereignung des Grundstücks. Der Verkäufer ist trotz zwischenzeitlicher Eintragung eines anderen als Eigentümer noch in der Lage, dem Vormerkungsberechtigten das Eigentum zu übertragen. § 883 II BGB überwindet § 275 I BGB. Dem Vormerkungsberechtigten gegenüber ist jede weitere Verfügung unwirksam. § 888 I BGB hilft schließlich gegenüber dem Erwerber, dessen Zustimmung grundbuchrechtlich erforderlich ist.

§ 12 DIE GRUNDSCHULD

A) Allgemeines

Legaldefinition in § 1191 I BGB

Gem. § 1191 I BGB kann ein Grundstück in der Weise belastet werden, dass an den Inhaber des Rechts eine Geldsumme aus dem Grundstück zu zahlen ist.

Diese Definition entspricht der für die Hypothek aus § 1113 I BGB, mit Ausnahme des Merkmals „wegen einer ihm zustehenden Forderung".

⇨ *keine Akzessorietät*

Und hierin liegt auch schon der wesentliche Unterschied zwischen Hypothek und Grundschuld: Letztere setzt das Bestehen einer Forderung nicht voraus. Die Grundschuld (auch die Sicherungsgrundschuld) ist nicht akzessorisch.

Der Gesetzgeber, der die Hypothek als Regelfall und die Grundschuld als Ausnahme konzipierte, hat sich bzgl. der Grundschuld mit einigen wenigen Regelungen begnügt. Am wichtigsten ist die Vorschrift des § 1192 I BGB: Die Vorschriften über die Hypothek sind entsprechend anwendbar, soweit sie das Bestehen einer Forderung nicht zwingend voraussetzen.[485]

Wie bereits oben erwähnt, ist die als Ausnahme konzipierte Grundschuld in der Praxis die Regel. Dies liegt daran, dass gerade die Akzessorietät der Hypothek verhindert, dass man sie als Sicherheit für unterschiedliche, z.B. im Rahmen eines Kontokorrentverhältnisses entstehende, Forderungen verwenden kann.

Grundschuld in der Praxis das bevorzugte Grundpfandrecht

Andererseits ist bei der Bestellung von Sicherheiten immer eine Abhängigkeit von dem zugrunde liegenden Schuldverhältnis gewollt, sodass man bei der Grundschuld durch den Sicherungsvertrag oft ähnliche Ergebnisse erzielt wie bei der Hypothek.

> **hemmer-Methode:** Oft werden die Parteien durch die Sicherungsabrede für die Sicherungsgrundschuld das Ergebnis erzielen wollen, das auch für die Hypothek gilt. Deshalb ist es ratsam, sich in der Klausur (im Kopf) kurz zu überlegen, wie der Fall mit einer Hypothek zu lösen wäre. Was bei dieser kraft Gesetzes erfolgt, muss bei der Sicherungsgrundschuld u.U. durch ein Rechtsgeschäft herbeigeführt werden: An die Stelle der cessio legis tritt beispielsweise ein Anspruch auf Abtretung. Die Verpflichtung dazu ergibt sich regelmäßig (durch Auslegung) aus dem Sicherungsvertrag, sonst aus dem Bereicherungsrecht.

Achtung: § 1192 Ia BGB

Der Gesetzgeber hat durch das am 19.08.2008 in Kraft getretene Risikobegrenzungsgesetz in diese Differenzierung zwischen Hypothek und Grundschuld bei der Übertragung der Grundschuld derart stark eingegriffen, dass als Ergebnis festgehalten werden kann: Die Grundschuld ist in diesem Bereich stärker akzessorisch als die Hypothek! Dies ist bedingt durch die Einfügung des § 1192 Ia BGB, welcher den einredefreien Erwerb der Grundschuld stark verändert hat.

Der Gesetzgeber wollte damit die Rechtsstellung von Eigentümern schützen, die in der Vergangenheit im Rahmen von Übertragungen von Forderung und Sicherheit durch den neuen Gläubiger sehr häufig rücksichtslos angegangen wurden. Wurden etwaige Einreden gutgläubig wegerworben, konnte der neue Gläubiger die Grundschuld verwerten, ohne dass sich der Eigentümer dagegen wehren konnte, auch wenn die Forderung selbst einredebehaftet war.

---

[485] Hierzu im Einzelnen Goertz/Roloff, Die Anwendung des Hypothekenrechts auf die Grundschuld, JuS 2000, 762 ff.

§ 12 DIE GRUNDSCHULD

Zu Lasten des Verkehrsschutzes sollen derartige Konstellationen in Zukunft vermieden werden. Die genauen Erläuterungen dazu finden Sie unter Rn. 223 ff.

B) Entstehung der Grundschuld

I. Entstehungsvoraussetzungen

> **Die Entstehung einer Grundschuld setzt voraus:**
> ⇨ Einigung, §§ 873 I, 1191 I BGB (bzw. § 1196 I, II BGB)
> ⇨ Eintragung, §§ 873 I, 1192 I, 1115 I BGB
> ⇨ Briefübergabe (§§ 1192 I, 1117 BGB) oder Ausschluss der Brieferteilung (§§ 1192 I, 1116 BGB)
> ⇨ Berechtigung bzw. gutgläubiger Erwerb

Übereinstimmungen mit Hypothek: Einigung, Eintragung, ggf. Übergabe des Grundschuldbriefes

Die Grundschuld hat (bis auf das Erfordernis einer Forderung) die gleichen Entstehungsvoraussetzungen wie die Hypothek, nämlich Einigung - Eintragung - Übergabe des Grundschuldbriefes oder Briefausschluss.

Das ergibt sich aus §§ 873 I, 1115, 1116, 1117 BGB und § 1192 BGB, der alle Vorschriften aus dem Hypothekenrecht, die keine Akzessorietät voraussetzen, für die Grundschuld für anwendbar erklärt. Für diese drei Voraussetzungen gelten die obigen Ausführungen entsprechend.

keine Forderung notwendig

Das Erfordernis einer zu sichernden Forderung fällt bei der Grundschuld dagegen ersatzlos weg.

ggf. Bedingung gem. § 158 I BGB

Fraglich ist aber, ob die Bestellung der Grundschuld von der Existenz der Forderung abhängig gemacht werden kann. Man könnte dies als Verstoß gegen den Typenzwang im Sachenrecht ansehen, da das akzessorische Grundpfandrecht die Hypothek ist.[486]

In der Literatur und der Rechtsprechung herrscht Uneinigkeit über die Zulässigkeit einer solchen Bedingung.[487] Die wohl h.M. (immerhin vom RG und OLG Celle und wichtigen Stimmen der Literatur vertreten) betont jedoch die allgemeine Möglichkeit der bedingten Bestellung eines beschränkten dinglichen Rechts. Fraglich ist dann wiederum, ob die so bedingte Grundschuld akzessorischer, also weniger verkehrsfähig als eine Hypothek ist, da ja § 1138 BGB auf die Grundschuld nicht anwendbar ist.

> **hemmer-Methode:** Sehen Sie die Problematik in Bezug auf Akzessorietät und numerus clausus der Sachenrechte und arbeiten Sie diese heraus! Versuchen Sie, aus den sachenrechtlichen Grundsätzen Ihre Argumentation zu entwickeln. Sie sollten anhand der weiteren Fragestellung in der Klausur in der Lage sein zu entscheiden, ob nach der Meinung des Klausurerstellers eine bedingte Grundschuld zulässig sein soll oder nicht.

---

[486] Hierzu: Fall von Boemke, Albrecht, JuS 1991, 309.
[487] Bejahend: RG, JW 1934, 3125; OLG Celle, DNotZ 1954, 473; verneinend: LG Verden, Rpfleger 1955, 74.

gutgläubiger Ersterwerb möglich

Auch soweit es um den gutgläubigen Ersterwerb geht, ergeben sich keine Unterschiede zur Hypothek. Eine Grundschuld kann auch vom vermeintlichen Eigentümer erworben werden, sofern der Sicherungsgeber durch das Grundbuch ausgewiesen und der Erwerber gutgläubig ist, § 892 BGB.

1. Isolierte Grundschuld

z.B. isolierte Grundschuld zugunsten eines Dritten ohne Forderung

Der Eigentümer eines Grundstücks kann deshalb einem anderen eine Grundschuld an seinem Grundstück bestellen, ohne dass dieser gegen ihn eine Forderung innehat oder jemals erlangt. In einem solchen Fall kann der Gläubiger vom Grundstückseigentümer zwar nicht die Zahlung, wohl aber gem. §§ 1192 I, 1147 BGB Duldung der Zwangsvollstreckung in das Grundstück und Befriedigung in Höhe des Betrags der Grundschuld verlangen. Der Eigentümer kann, muss ihn aber nicht durch Zahlung befriedigen, §§ 1192 I, 1142 I BGB.

216

2. Eigentümergrundschuld

Bestellung einer EGS

Der Eigentümer kann sich auch selbst eine Grundschuld am eigenen Grundstück bestellen, § 1196 I BGB.

217

Das geschieht i.d.R., um den Rang zu wahren, wenn er die Grundschuld später auf einen Dritten zur Kreditsicherung übertragen will. Die Eigentümergrundschuld wird dann bei diesem Dritten zur Fremdgrundschuld.

Statt einer Einigung genügt der Antrag gegenüber dem Grundbuchamt auf Eintragung. Eine Eigentümergrundschuld entsteht - wie oben gesehen - aber auch gem. §§ 1163 I S. 1, 1177 I S. 1 BGB bei Nichtvalutierung der Hypothekenforderung.

3. Sicherungsgrundschuld

Besonderheiten der SiGS

In der Regel wird die Grundschuld aber zur Sicherung einer Forderung als Sicherungsgrundschuld bestellt.

218

> **hemmer-Methode:** Lassen Sie sich nicht durch die Begriffe verwirren: Die Sicherungsgrundschuld hat nichts mit der ähnlich lautenden Sicherungshypothek zu tun (§§ 1184 ff. BGB). Die Sicherungshypothek ist eine besonders fest mit der Forderung verbundene Hypothek, sie ist streng akzessorisch. Ihrer Aufgabe nach entspricht die Sicherungsgrundschuld viel mehr der Verkehrshypothek. Aber Achtung: Wegen § 1192 Ia BGB muss diese Aussage hinsichtlich der Übertragung der Grundschuld stark eingeschränkt werden, da das Grundpfandrecht dadurch sogar stärker an die Forderung gebunden wird, als bei der Verkehrshypothek.

Verknüpfung von Grundschuld und Forderung durch den Sicherungsvertrag

Die Verknüpfung von Sicherungsmittel und Forderung ist bei der Hypothek gesetzlich geregelt. Bei der Sicherungsgrundschuld erfolgt diese Verbindung durch eine schuldrechtliche Abrede zwischen dem Eigentümer und dem Gläubiger (Sicherungsvertrag oder Sicherungsabrede).

Sicherungsvertrag ist die causa

Das Bestehen eines wirksamen Sicherungsvertrags ist aber gerade keine Voraussetzung für die Entstehung der dinglichen Sicherheit. Ist der Sicherungsvertrag aus irgendeinem Grunde nicht zustande gekommen oder nichtig, ist die Grundschuldbestellung allenfalls kondizierbar, da es insoweit an der erforderlichen causa fehlt.

II. Übungsfall

Übungsfall zur abweichenden Eintragung einer Grundschuld

Auf Verlangen des G bewilligt S eine Grundschuld und beantragt deren Eintragung beim Grundbuchamt. Das Grundbuchamt erteilt S den Grundschuldbrief, auf dem G als Gläubiger eingetragen ist. S händigt G den Brief aus. Im Grundbuch wird aber versehentlich eine Buchgrundschuld für D eingetragen. G tritt nun die Grundschuld unter Übergabe des Briefes schriftlich an den gutgläubigen N ab. Als S von der Falscheintragung hört, verlangt er von N den Brief heraus, um die Grundschuld im Grundbuch auf sich umschreiben zu lassen.

Frage 1: Besteht der Anspruch?

hemmer-Methode: Im Kreditsicherungsrecht und insbesondere bei den Grundpfandrechten treten oft mehrere verschiedene Personen in zunächst verwirrender Weise auf. Mehr noch als in anderen Rechtsgebieten bietet sich hier eine kurze Skizze an, um bei der Gliederung einen besseren Überblick über das Geschehen zu behalten.

S kann den Grundschuldbrief von N heraus verlangen (§ 985 BGB), wenn er Inhaber der Grundschuld und deshalb nach § 952 II, I BGB Eigentümer des Briefes geworden ist. Das wäre dann der Fall, wenn die Grundschuld nicht von G, D oder N erworben worden ist und damit dem S zusteht.

G könnte die Grundschuld von S erworben haben. Die Voraussetzungen dafür sind: Einigung - Eintragung - Übergabe des Grundschuldbriefes. G hat den Brief von S erhalten.

Auch an einer wirksamen Einigung zwischen S und G bestehen keine Bedenken.

Es fehlt aber die Eintragung des G im Grundbuch. Seine Benennung im Grundschuldbrief und dessen Aushändigung ersetzen die Eintragung nicht. G hat also die Grundschuld nicht erworben.

D ist zwar im Grundbuch eingetragen. Es fehlt aber die dingliche Einigung mit S über die Grundschuldbestellung. Daran scheitert der Erwerb der Grundschuld durch D.

N könnte die Grundschuld durch Abtretung von G erworben haben. Die Form der §§ 1192 I, 1154 I BGB ist zwar gewahrt. Weil G aber selbst nicht Inhaber der Grundschuld geworden war, verfügte er als Nichtberechtigter. In Betracht kommt also nur ein gutgläubiger Erwerb des N gem. § 892 BGB. G war aber nicht als Grundschuldgläubiger im Grundbuch eingetragen. Daher scheidet ein gutgläubiger Erwerb der Grundschuld durch N aus.

Fraglich ist daher, ob das Grundpfandrecht nicht dem S als Eigentümergrundschuld zusteht. Eine Eigentümergrundschuld kann nach § 1196 BGB durch einseitige Erklärung des Eigentümers gegenüber dem Grundbuchamt und Eintragung bestellt werden. Eine derartige Erklärung hat S nicht abgegeben, denn er hat die Grundschuld für G bewilligt. Außerdem ist er nicht im Grundbuch als Grundschuldinhaber eingetragen. Fraglich ist, ob eine Eigentümergrundschuld entsteht, wenn von Anfang an die Einigung fehlt oder die Einigung sich nicht mit der Eintragung deckt.

Nach der h.M. entsteht eine Grundschuld entweder durch eine entsprechende Erklärung gegenüber dem Grundbuchamt oder aber in den Fällen der §§ 1163, 1177 BGB. Das kann aber, wenn wenigstens die Erklärung des Eigentümers wirksam ist, zu unbefriedigenden Ergebnissen führen, weil nachstehende Rechte aufrücken und so die Rangstelle besetzen würden.[488]

Nach einer anderen Meinung soll daher ein Recht für den Eigentümer schon durch die Eintragung allein entstehen, jedenfalls dann, wenn sonst nachstehende Rechte aufrücken würden.

---

[488] Literaturnachweise unter Rn. 168.

Diese Ansicht geht aber zu weit: § 1196 BGB zeigt, dass mindestens eine Erklärung des Eigentümers erforderlich ist.

Eine dritte Meinung vertritt daher, dass zur Eintragung wenigstens, wie auch in § 1196 BGB verlangt, eine gültige Erklärung des Eigentümers vorliegt. Dieser Meinung ist zu folgen: Enthält die fehlgeschlagene Einigung eine an sich wirksame Bewilligung, kann sie nach § 140 BGB i.S.v. § 1196 BGB umgedeutet werden, falls der Eigentümer für den Fall einer unwirksamen Fremdgrundschuldbestellung jedenfalls eine Eigentümergrundschuld gewollt hätte. Das wird jedenfalls dann der Fall sein, wenn bei der Eintragung Fehler unterlaufen.

Hier hat S also eine Eigentümergrundschuld erworben, die fälschlicherweise für D eingetragen ist.

Frage 2: Ist das Recht als Brief- oder als Buchgrundschuld entstanden?

Auch die Grundschuld ist grundsätzlich Briefrecht, §§ 1192 I, 1116 I BGB. Der Ausschluss der Brieferteilung muss ausdrücklich erklärt werden. Eine Buchgrundschuld ist danach nur entstanden, wenn die erfolglose Einigung des Eigentümers mit dem Gläubiger nach § 140 BGB so umgedeutet werden kann, dass gerade ein Buchrecht begründet werden sollte und nicht nur eine Briefeigentümergrundschuld.

Das die Umdeutung rechtfertigende Interesse des S am Erhalt der Rangstelle des Grundpfandrechts wird bereits durch eine Briefgrundschuld gewahrt. Ein besonderes Interesse, das Recht so, wie es eingetragen ist, entstehen zu lassen, ist dagegen nicht ersichtlich.

S als Inhaber einer Briefeigentümergrundschuld kann somit von N Herausgabe des Briefes gem. §§ 985, 952 BGB verlangen.

C) Der Sicherungsvertrag bei der Sicherungsgrundschuld

Sicherungsvertrag
⇨ *fiduziarische Bindung*

Im Sicherungsvertrag bestimmen die Parteien den Sicherungszweck, zu dem die Grundschuld benutzt werden soll. Hierdurch wird im Innenverhältnis eine treuhänderische (also nur schuldrechtliche) Bindung des Sicherungsnehmers erreicht, der im Außenverhältnis eine weiter gehende dingliche Rechtsmacht innehat.[489]

keine Akzessorietät

Trotz dieses Sicherungsvertrages ist die Sicherungsgrundschuld aber nicht akzessorisch. Die Unabhängigkeit der Sicherungsgrundschuld von der Forderung hat Vorteile für beide Parteien, besonders für den Gläubiger.

Vorteile der SiGS

Ist die Forderung noch nicht entstanden, so steht die Hypothek dem Eigentümer kraft Gesetzes vorläufig als Eigentümergrundschuld zu, §§ 1163 I S. 1, 1177 BGB. Die Sicherungsgrundschuld kann der Gläubiger dagegen schon vor Valutierung erwerben.

Die gesicherte Forderung kann von den Parteien formlos ausgewechselt werden. Der umständliche Weg des § 1180 BGB wird erspart. Das ist besonders bei einer dauernden Geschäftsverbindung, bei der immer wieder Forderungen entstehen und erlöschen (insbesondere Kontokorrent, § 355 HGB), vorteilhaft.

Der Eigentümer kann die Belastung des Grundstücks vor Dritten geheim halten. Er kann sich eine Eigentümergrundschuld bestellen (§ 1196 BGB) und diese dann nach § 1154 I BGB durch Abtretungserklärung und Briefübergabe auf den Gläubiger übertragen, wodurch die Eigentümergrundschuld zur Fremdgrundschuld wird. Der Gläubiger erscheint dann nicht im Grundbuch.[490]

---

[489] Vgl. BGH, NJW 1989, 1732 f. = **juris**byhemmer.
[490] Medicus, BR, Rn. 493.

§ 12 DIE GRUNDSCHULD

Sicherungsvertrag nicht formbedürftig

Der Sicherungsvertrag bedarf keiner besonderen Form. Auch (nachträgliche) mündliche Abreden sind wirksam.

Einwendungen

Nach der h.M. kann der Sicherungsvertrag als solcher nicht ins Grundbuch eingetragen werden, da sonst eine Akzessorietät geschaffen würde, die der Grundschuld fremd ist. Dies würde einen Verstoß gegen den sachenrechtlichen Typenzwang darstellen. Eintragungsfähig sind aber einzelne, konkrete Einreden, die sich aus der Sicherungsabrede ergeben.[491] Das hat wegen § 1192 Ia BGB mittlerweile aufgrund der stark eingeschränkten Möglichkeit des lastenfreien Erwerbs allerdings keine große Bedeutung mehr.[492]

221

Zudem stellt sich die Frage, wie sich Mängel in dem Sicherungsvertrag und die Nichtvalutierung auf die Wirksamkeit der Grundschuld auswirken.

Abstraktionsprinzip

Die dingliche Wirksamkeit der Grundschuldbestellung ist aufgrund des Abstraktionsprinzips grundsätzlich von der des Sicherungsvertrages unabhängig.

§ 139 BGB

Dinglich unwirksam wäre die Grundschuldbestellung nur, wenn man eine Einheit von Verpflichtungs- und Erfüllungsgeschäft i.S.d. § 139 BGB annehmen würde. So wird man die Bestellung gerade wegen des Abstraktionsprinzips aber nur selten interpretieren können. Denkbar ist an dieser Stelle selbstverständlich Fehleridentität, da es sich hierbei gerade nicht um eine Durchbrechung des Abstraktionsprinzips handelt.

Rückgabe von Sicherungsmittel

Wenn feststeht, dass die Sicherungsabrede unwirksam ist, die Sicherung aber dinglich wirksam bestellt wurde, entspricht es der Interessenlage, dass der Eigentümer von der Belastung befreit wird. Hierzu bedarf es eines besonderen dinglichen Rückübertragungsaktes, auf den der Sicherungsgeber einen schuldrechtlichen Anspruch haben muss. Worauf dieser Anspruch zu stützen ist, hängt von den Umständen des Falles ab:

nichtige Forderung
⇨ *sichert Grundschuld dann den Rückzahlungsanspruch?*

Wie bei der Hypothek (vgl. Rn. 182) kann auch bei der Sicherungsgrundschuld die Frage auftauchen, was mit dieser geschieht, wenn die zu sichernde **Forderung nichtig** ist, das Darlehen aber gleichwohl ausgezahlt worden ist.

221a

Nach der h.M.[493] erfasst die Sicherungsabrede auch einen Anspruch aus § 812 BGB bzw. aus §§ 357, 346 BGB, wenn der Darlehensvertrag widerrufen wurde.[494]

hemmer-Methode: Für die Sicherung des Bereicherungsanspruchs durch eine Grundschuld spricht, dass der Anspruch aus § 812 BGB quasi denselben Inhalt wie der Darlehensrückzahlungsanspruch nach § 488 I S. 2 BGB hat. Auf der anderen Seite kann der Nichtigkeitsgrund so wichtig sein, dass eine dingliche Sicherung des Bereicherungsanspruchs nicht dem Sinn und Zweck der Norm entspricht.

bei Unwirksamkeit des Sicherungsvertrages § 812 I S. 1 Alt. 1 BGB

Wenn die Sicherungsabrede schuldrechtlich unwirksam ist, hat der Eigentümer, der die Sicherheit bestellt hat, ohne Rechtsgrund geleistet.

221b

Er kann vom Gläubiger dann wahlweise Verzicht oder Aufhebung der Sicherungsgrundschuld verlangen, § 812 I S. 1 Alt. 1 BGB oder § 812 I S. 2 Alt. 1 BGB.[495]

---

491 Weber, SiGesch, 160; Medicus, BR, Rn. 507.
492 Vgl. Sie Rn. 226, 232 und das Schema zu den Einreden unter Rn. 234.
493 BGHZ 114, 57 (72) = **juris**byhemmer; BGH, NJW 2003, 885 ff. = **juris**byhemmer.
494 Vgl. BGH, NJW 2004, 158 (159) zu § 3 HaustürWG = **juris**byhemmer.
495 BGHZ 108, 237 ff. = **juris**byhemmer; NJW 1985, 800 = **juris**byhemmer.

ggf. § 812 I S. 2 Alt. 2 BGB	Wenn der Eigentümer die Grundschuld bestellt, bevor die Forderung entsteht, und das forderungsbegründende Schuldverhältnis später nicht zustande kommt, will Medicus[496] dem Eigentümer die condictio ob rem (§ 812 I S. 2 Alt. 2 BGB) geben.
	Der Grund sei, dass der Sicherungsgeber hier nicht zur Erfüllung einer Verbindlichkeit leiste, sondern der mit der Bestellung der Sicherheit bezweckte Erfolg ein über die Erfüllung hinausgehender sei, nämlich die Förderung des Abschlusses des forderungsbegründenden Schuldverhältnisses.
bei Nichtvalutierung ⇒ Anspruch aus Sicherungsvertrag	Davon zu unterscheiden ist der Fall, dass der Sicherungsvertrag wirksam und nur die Valutierung ausgeblieben ist. § 1163 I S. 1 BGB ist hier nicht anwendbar, da die Vorschrift gerade auf der Akzessorietät der Hypothek beruht. Das Grundpfandrecht steht also nicht automatisch dem Eigentümer zu, vielmehr ist wiederum eine Rückübertragung erforderlich.
	Ist die Nichtvalutierung endgültig,[497] ergibt sich der Rückübertragungsanspruch in aller Regel aus der Sicherungsabrede. Dies gilt auch, wenn der Sicherungsvertrag diesen Fall nicht ausdrücklich regelt, weil die Parteien nicht daran gedacht haben. Diese Lücke kann im Wege der ergänzenden Vertragsauslegung geschlossen werden (§§ 133, 157 BGB).
	Die Rückübertragungspflicht kann aber nur für die endgültige Nichtvalutierung gelten, da der Eigentümer spätestens bei Valutierung die Grundschuld aufgrund des Sicherungsvertrages wieder bestellen müsste. Insoweit wäre an eine dolo-facit-Einrede des Gläubigers gegen das Löschungsverlangen des Eigentümers zu denken.
Wahlrecht	Der Eigentümer hat in dem Fall der endgültigen Nichtvalutierung ein Wahlrecht.[498] Er kann entweder die Rückübertragung der Grundschuld gem. §§ 1192 I, 1154 BGB, Verzicht gem. §§ 1192 I, 1168 BGB oder Aufhebung gem. §§ 1192 I, 1183, 875 BGB verlangen.
Anspruch aus § 894 BGB (-)	Dagegen hat der Eigentümer keinen Anspruch auf Grundbuchberichtigung gem. § 894 BGB. Denn der Sicherungsnehmer ist trotz Unwirksamkeit der Sicherungsabrede bis zur Rückübertragung an den Eigentümer dinglich Berechtigter.
	hemmer-Methode: Die nicht akzessorischen Sicherungsrechte bleiben abstrakt. Es bestehen nur schuldrechtliche Rückübertragungsansprüche. Mit ihrer Hilfe müssen Sie aber zu Ergebnissen kommen, die denen bei der Hypothek weitgehend entsprechen.
auch Erzwingung der Valutierung; ggf. Rücktritt	Im Übrigen bleibt dem Sicherungsgeber, wenn er zugleich der Kreditnehmer und somit der persönliche Schuldner ist, die Möglichkeit, die Valutierung zu erzwingen. Er kann aus dem Darlehensvertrag auf Auszahlung klagen oder nach Fristsetzung vom Vertrag zurücktreten.[499] Dann kann er Rückgewähr der bereits bestellten Sicherheit gem. § 346 I BGB verlangen.[500]

Exkurs: Sicherungsvertrag und AGB

In der Praxis sind Gläubiger der Grundschuld häufig Banken und Sparkassen, sodass Bestellung der dinglichen Sicherheit und Sicherungszweck regelmäßig formularmäßig vereinbart werden.

---

496 Medicus, BR, Rn. 495.
497 Z.B. weil der Kreditgeber die Verhandlungen wegen eigener Zahlungsschwierigkeiten abbricht.
498 BGHZ 108, 237 f. = **juris**byhemmer.
499 § 323 I BGB; das verzinsliche Darlehen ist ein gegenseitiger Vertrag, Palandt, Vorb v § 488 BGB, Rn. 2.
500 Medicus, BR, Rn. 496.

§ 12 DIE GRUNDSCHULD

bei formularmäßiger Zweckerklärung: §§ 305c, 307 BGB zu prüfen

Gerade was die sog. Zweckerklärung, d.h. den Sicherungsumfang der Grundschuld, betrifft, kann daher ein Verstoß gegen § 305c BGB und § 307 BGB in Betracht kommen.

Eine Klausel ist überraschend i.S.d. § 305c BGB, wenn ihr ein gewisser Überrumpelungs- oder Übertölpelungseffekt innewohnt, wobei an dieser Stelle ein subjektiver Maßstab anzulegen ist, d.h. es kommt darauf an, ob gerade dieser Vertragspartner mit einer solchen Klausel rechnen musste oder nicht.[501]

sog. Anlassrechtsprechung

Gestützt auf § 305c BGB hat der BGH seine sog. Anlassrechtsprechung entwickelt. Ist Anlass der Grundschuldbestellung die Sicherung einer bestimmten fremden oder auch eigenen Schuld, so kann eine Zweckerklärung überraschend sein, die auch alle bestehenden und künftigen Forderungen gegen den persönlichen Schuldner in die Haftung mit einbezieht.[502]

Etwas anderes gilt eventuell nur dann, wenn der Sicherungsgeber aufgrund personeller oder wirtschaftlicher Verpflichtung mit dem persönlichen Schuldner das Entstehen von künftigen Forderungen beeinflussen kann oder die Grundschuld gerade für Forderungen aus laufender Rechnung bestellt wird.[503] Dementsprechend ist eine Klausel nicht überraschend (und auch nicht unangemessen), wenn sich der Grundschuldsicherungszweck laut Vertrag auch auf Forderungen aus der bankmäßigen Beziehung zwischen Sicherungsgeber und Sicherungsnehmer erstreckt.[504]

> **hemmer-Methode:** Die Kenntnis von Details wird von Ihnen auf diesem Gebiet mit Sicherheit nicht erwartet. Den Begriff „Anlassrechtsprechung" sollten Sie aber zumindest schon einmal gehört haben, zumal der BGH diese Rspr. in jüngster Zeit auch auf das Bürgschaftsrecht übertragen hat.
> Daher kann sich auch der Bürge, der die Bürgschaft anlässlich einer bestimmten Schuld übernommen hat, auf § 305c BGB berufen, wenn ihm formularmäßig angesonnen wird, auch für alle bestehenden und künftigen Forderungen des Hauptschuldners einstehen zu müssen.[505]

Exkurs Ende

D) Einwendungen/Einreden

verschiedene Arten von Einreden

Auch bei der Grundschuld sind wieder drei Arten von Einwendungen/Einreden zu unterscheiden.

223

Erstens die Einreden gegen die gesicherte Forderung (nur bei der Sicherungsgrundschuld), zweitens die Einreden aus der Bestellung der Grundschuld (auch bei der isolierten Grundschuld, grundschuldbezogene Einreden) und drittens die Einreden gegen die Forderung, die der Eigentümer geltend machen kann (schuldnerbezogene Einreden).

---

501 Vgl. Palandt, § 305c BGB, Rn. 4.
502 Vgl. BGHZ 83, 56; 102, 152; 106, 19; 109, 197 = **juris**byhemmer.
503 Palandt, § 1191 BGB, Rn. 44.
504 BGH, ZGS 2007, 1 ff.
505 Vgl. BGHZ 126, 176 = **juris**byhemmer; BGH, NJW 1995, 2533 und Reinicke/Tiedtke, DB 1995, 2301.

I. Einreden des Schuldners gegen die Forderung

Einreden bleiben bei Zession erhalten, §§ 404 ff. BGB

Hier ergeben sich keine Besonderheiten. Dem Schuldner stehen die Einreden auch nach der Zession gegenüber dem neuen Gläubiger zu, §§ 404 ff. BGB.[506]

Zahlung nur Zug um Zug gegen Befreiung von der Grundschuld

Es ist jedoch an eine besondere Einrede zu denken, die sich aus dem Umstand ergibt, dass es sich um eine gesicherte Forderung handelt.

Denn aus dem Sicherungsvertrag wird sich meist ergeben, dass bei endgültiger Erfüllung der Schuld der Sicherungsgeber von der Belastung seines Grundstücks befreit wird. Insoweit steht dem Schuldner also eine Einrede aus dem Rechtsgedanken des § 273 BGB bzw. § 320 BGB zu.

Er kann die Rückübertragung oder Aufhebung der Grundschuld Zug um Zug gegen Zahlung verlangen.[507] Für die Hypothek ist dies in dem auf die Grundschuld nicht anwendbaren § 1161 BGB geregelt! Bedeutung erlangt diese Einrede vor allem, wenn Forderung und Grundschuld in verschiedene Hände geraten, was bei der Grundschuld leicht der Fall sein kann.

Kann sich dann der Gläubiger, der die persönliche Forderung geltend macht, nicht durch eine Grundbucheintragung oder durch den Brief legitimieren, so braucht der Schuldner nicht zu zahlen.

II. Grundschuldbezogene Einreden des Eigentümers aus der Sicherungsabrede

Einreden gegen die Grundschuld

Dem Eigentümer stehen Einreden gegen die Geltendmachung der Grundschuld aus der Sicherungsabrede genauso wie bei einer Hypothek zu. Dazu gehört z.B. die Einrede, der Sicherungsnehmer habe sich ihm gegenüber im Sicherungsvertrag zur Stundung der Verwertung des Grundpfandrechts bereit erklärt. Dies gilt gem. §§ 1157 S. 1, 1192 I BGB auch nach der Übertragung der Grundschuld, wobei § 1157 S. 2 BGB wegen § 1192 Ia S. 1 HS 2 BGB keine Anwendung findet.

Achtung: § 1192 Ia BGB

Selbst wenn also die Einrede nicht im Grundbuch eingetragen ist, kann sie dem Erwerber als „Einrede, die dem Eigentümer aufgrund des Sicherungsvertrages mit dem bisherigen Gläubiger gegen die Grundschuld zusteht" (vgl. Wortlaut § 1192 Ia S. 1 HS 1 Alt. 1 BGB), entgegengehalten werden.

III. Einreden des Eigentümers gegen die Grundschuld, wenn Schuldner Einrede gegen die Forderung hat

§ 1137 BGB nicht anwendbar

Der Eigentümer kann der Grundschuld nicht gem. § 1137 BGB Einreden gegen die Forderung entgegenhalten, da diese Vorschrift Akzessorietät voraussetzt und daher nur auf die Hypothek, nicht auf die Grundschuld anwendbar ist.

---

506 Vgl. Lüke, JuS 1995, 90.
507 BGH, NJW 1982, 2768 (2769) = **juris**byhemmer; problematisch ist die Kondiktion, wenn trotz Einrede gezahlt wurde. Diese wird von Huber (Die SiGS, 1965, 115 f.) bejaht; die h.M. nimmt hingegen einen Schadensersatzanspruch gegen den Zedenten aus dem Sicherungsvertrag an (vgl. Sie auch Palandt, § 1191 BGB, Rn. 22).

entsprechende Ergebnisse durch § 1157 BGB i.V.m. Sicherungsvertrag

Wie oben gesehen, verknüpft aber der Sicherungsvertrag die Grundschuld mit der Forderung. Einreden aus dem Sicherungsvertrag (wiewohl schuldrechtlicher Natur) können der Inanspruchnahme aus der Grundschuld entgegengehalten werden, also gegenüber der dinglichen Sicherheit selbst geltend gemacht werden.

Achtung: § 1192 Ia BGB

Und aus dem Sicherungsvertrag ergibt sich i.d.R., dass die Grundschuld nur i.R.d. gesicherten Forderung durchgesetzt werden darf, sodass Einreden gegen die Forderung zu Einreden aus dem Sicherungsvertrag führen können.[508] Diese bei der Hypothek unter § 1137 BGB fallenden Einreden sind bei der Grundschuld also durch die Sicherungsabrede ein Unterfall des § 1157 BGB.[509] Das bedeutet wiederum, dass diese Einrede gem. § 1157 S. 1 BGB auch dem Erwerber entgegengehalten werden kann. Ein gutgläubiger Wegerwerb der Einrede gem. § 1157 S. 2 BGB ist wiederum nicht möglich, § 1192 Ia S. 1 HS 2 BGB.[510] Denn es handelt sich wiederum um eine Einrede, die dem Eigentümer aufgrund des Sicherungsvertrages gegen die Grundschuld zusteht, § 1192 Ia S. 1 HS 1 Alt. 1 BGB.[511]

> **hemmer-Methode:** Mit der Einfügung des § 1192 Ia BGB hat der Gesetzgeber Grundschuld und Hypothek damit auf den Kopf gestellt, was die Akzessorietät bei der Übertragung von Grundschuld und Hypothek anbelangt. Das Grundpfandrecht ist dadurch bei der Grundschuld viel stärker an die Forderung gebunden, als bei der Hypothek. Warum hat der Gesetzgeber das bei der Grundschuld angeordnet und nicht bei der (eigentlich) akzessorischen Hypothek? Weil der Gesetzgeber (zutreffend) davon ausgegangen ist, dass in der Praxis überwiegend Grundschulden verwendet werden. Was er freilich übersehen hat: Hätte er die Regelung direkt in § 1157 BGB platziert, wäre sie über § 1102 I BGB für die Grundschuld in gleicher Weise zur Anwendung gekommen. Eine Frage wird sein, ob vor dem Hintergrund des fehlenden Verkehrsschutzes an dieser Stelle die Hypothek eine Renaissance erleben wird. Das erscheint indes nicht wahrscheinlich, überwiegen doch die Vorteile der im Übrigen (d.h. außerhalb des Bereichs der Einreden bei der Übertragung) nach wie vor nicht akzessorischen Grundschuld weiterhin (so etwa die Möglichkeit, die Sicherheit problemlos für verschiedene Forderungen zu verwenden). Umgekehrt wird vielmehr eine Diskussion geführt, ob § 1192 Ia BGB analog auf die Hypothek angewendet werden muss! Da die Praxis aber eben kaum mit Hypotheken operiert, wird diese Frage absehbar vom BGH wohl nicht entschieden werden (können).

§ 1157 BGB nur, wenn gesamter Einredetatbestand bei Abtretung schon gegeben.

Zu beachten ist darüber hinaus, dass § 1157 BGB - anders als § 404 BGB - grundsätzlich nur Anwendung findet, wenn der Einredetatbestand im Zeitpunkt der Abtretung schon voll verwirklicht ist. Es genügt nicht, dass er lediglich im Kern angelegt ist. Für Einreden, deren Tatbestand im Zeitpunkt der Abtretung noch nicht voll verwirklicht ist, gilt vielmehr § 1156 BGB.

> **hemmer-Methode:** Diese Differenzierung hat im Grundschuldrecht allerdings stark an Relevanz verloren. Denn unabhängig von der Zuordnung zu § 1157 BGB bzw. § 1156 BGB ist ein gutgläubiger Wegerwerb nicht möglich. Denn § 1192 Ia BGB wirkt sich auch auf § 1156 BGB aus und macht die dort für die Hypothek angeordnete Durchbrechung der Akzessorietät für die Grundschuld, die eigentlich ja nicht akzessorisch ist, wieder rückgängig.[512]

---

508 Palandt, § 1191 BGB, Rn. 23.
509 BGH, WM 1985, 953 = jurisbyhemmer; vgl. Sie zu den Einreden auch das Schema unter Rn. 234.
510 Wurde die Grundschuld erstmals nach alter Rechtslage übertragen und ist dabei eine Einrede gutgläubig wegerworben worden, lebt diese Einrede bei erneuter Übertragung nach neuem Recht aber nicht wieder auf, BGH, **Life&Law 2014, 97 ff.** = jurisbyhemmer.
511 Da ein gutgläubiger Erwerb insoweit nicht mehr möglich ist, sind die Einreden nach h.M. auch nicht mehr eintragungsfähig, vgl. Palandt, § 1192, Rn. 3 m.w.N.
512 Vgl. dazu sogleich unter Rn. 226a.

> Und noch ein weiteres Problem hat sich erledigt: Bislang war umstritten, ob bzgl. der Gutgläubigkeit i.R.d. § 1157 S. 2 BGB schon schädlich war, dass der Erwerber Kenntnis von der Tatsache hatte, dass es sich um eine Sicherungsgrundschuld handelt.
> Dann sollte der Erwerber nach e.A. bereits mit Einreden rechnen müssen und nicht mehr gutgläubig sein.[513] Nach h.M. war dies nicht ausreichend.
> Vielmehr musste der Erwerber Kenntnis von der konkreten Einrede haben.[514] Da nun überhaupt kein gutgläubiger Wegerwerb mehr möglich ist, hat sich der Streit erledigt.

bei unwirksamer Sicherungsabrede: § 821 BGB

Nimmt der Gläubiger den Eigentümer aus § 1147 BGB in Anspruch, obwohl die Sicherungsabrede unwirksam ist, so kann dieser die Einrede der Bereicherung aus § 821 BGB erheben. Somit besteht der Anspruch des Gläubigers zwar zunächst dem Grunde nach, er ist aber nicht durchzusetzen.

Besteht die gesicherte Forderung nicht, z.B. weil der Kreditvertrag unwirksam ist, ist der Sicherungsvertrag aber wirksam, so ergibt sich das Leistungsverweigerungsrecht aus der Sicherungsabrede selbst.

bei Sonderrechtsnachfolge in die Position des Eigentümers kein Einredeerwerb kraft Gesetzes

Anders als bei der Hypothek kann aber der Sonderrechtsnachfolger des Eigentümers (z.B. der Käufer des Grundstücks) die Einreden aus dem Sicherungsvertrag nicht kraft Gesetzes geltend machen. Er muss vielmehr in den Sicherungsvertrag eingetreten sein.[515]

Dies kann zum Beispiel angenommen werden, wenn der neue Eigentümer die Grundschuld unter Anrechnung auf den Kaufpreis übernimmt. Hierbei wäre an § 416 BGB zu denken. Darüber hinaus wäre auch eine gesonderte Abtretung der Einreden aus dem Sicherungsvertrag möglich.

Auch Einreden aus Gestaltungsrechten sollen aufgrund eines allgemeinen Grundsatzes des Kreditsicherungsrechts von dem Eigentümer geltend gemacht werden dürfen.

IV. Durchbrechung des Schuldnerschutzes gem. § 1156 BGB

Einredetatbestände, die nach Abtretung entstehen

Gem. § 1156 BGB gelten die Schuldnerschutzvorschriften der §§ 406 ff. BGB nicht in Ansehung der Hypothek. Im Grundsatz gilt diese Vorschrift auch für die Grundschuld, § 1192 I BGB. Denn wenn diese Durchbrechung der Akzessorietät schon bei der Hypothek zur Anwendung kommt, müsste dies erst recht bei der Grundschuld gelten, die ja von vorneherein gar nicht akzessorisch ist.

226a

Hintergrund der Regelung ist die Überlegung, dass derjenige, der ein dingliches Recht einmal erlangt hat, dieses nicht durch Zahlung des Schuldners an den alten Gläubiger wieder verlieren können soll. Das würde die Verkehrsfähigkeit stark einschränken.

Aber: § 1192 Ia S. 1 HS 1 Alt. 2 BGB

Allerdings hat der Gesetzgeber mit dem Risikobegrenzungsgesetz an dieser Stelle angesetzt. § 1192 Ia BGB beschränkt sich nämlich anders als § 1157 BGB nicht auf Einreden, deren Tatbestand bei Abtretung vollständig erfüllt war. Es genügt für die Alternative 2, die ja erlaubt, Einreden jedem Erwerber entgegenzusetzen, wenn sich die Einrede aus dem Sicherungsvertrag **ergibt**.

---

[513] Wilhelm, JZ 1980, 625; NJW 1993, 2918.
[514] BGH, WM 1984, 1078 f. = **juris**byhemmer; BGHZ 59, 1 = **juris**byhemmer.
[515] BGH, NJW 1954, 310 = **juris**byhemmer.

Die unterschiedliche Formulierung der Alternativen macht dabei deutlich, dass in Alt. 2 auch Einreden gemeint sein müssen, die sich aus der Sicherungsabrede (in Zukunft noch) ergeben **können**.[516] Die die Akzessorietät lockernde Norm des § 1156 BGB findet daher auf die Sicherungsgrundschuld seit dem 19.08.2008 keine Anwendung mehr.

V. Schema zu den Einreden bei der Grundschuld vor und nach der Abtretung

Schema: Einreden vor und nach der Abtretung

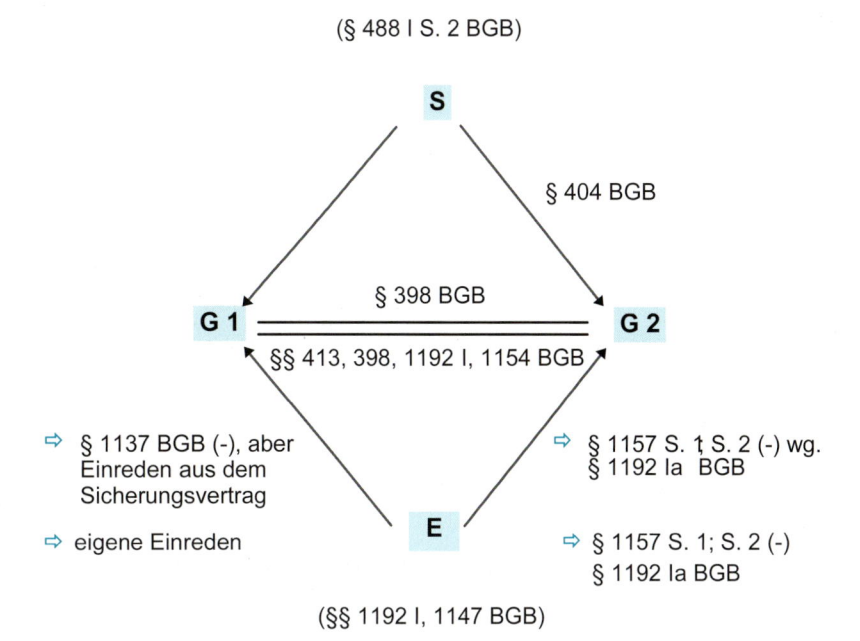

(§ 488 I S. 2 BGB)

S

§ 404 BGB

§ 398 BGB

G 1 ─────────────── G 2

§§ 413, 398, 1192 I, 1154 BGB

⇨ § 1137 BGB (-), aber Einreden aus dem Sicherungsvertrag

⇨ eigene Einreden

E

⇨ § 1157 S. 1 S. 2 (-) wg. § 1192 Ia BGB

⇨ § 1157 S. 1; S. 2 (-) § 1192 Ia BGB

(§§ 1192 I, 1147 BGB)

> **hemmer-Methode:** Auch hier gilt wieder: Die Pfeilspitzen markieren die Richtung der Einreden. Dem sicherungsgebenden Eigentümer stehen selbstverständlich Einreden aus der Grundpfandrechtsbestellung selbst zu. Einreden gegen die Forderung wirken über den Sicherungsvertrag auch gegen den Anspruch aus der Grundschuld selbst. Für beide Arten von Einreden gilt § 1157 S. 2 BGB nicht mehr, § 1192 Ia BGB: Ein gutgläubig einredefreier Erwerb des Zessionars ist nicht möglich!

E) Die Übertragung der Grundschuld (sog. „Zweiterwerb")

I. Die Übertragung von Grundschuld und Forderung

1. Übertragung der Forderung

Übertragung der Forderung

Der Gläubiger kann eine durch eine Grundschuld gesicherte Forderung gem. § 398 BGB auf einen Dritten übertragen. Er braucht die Form des § 1154 BGB nicht einzuhalten. Gem. § 1154 BGB wird der Forderung eine sachenrechtliche Form „aufgezwungen", um das Auseinanderfallen von Forderung und Hypothek zu verhindern.

---

[516] Vgl. Tyroller, **Life&Law 2008,** 769 (772), Heft 11. Palandt, § 899a, Rn. 3.

Das ist bei Forderungen, für die eine Grundschuld bestellt wurde, aber unnötig, weil hier die Trennung gesetzlich zulässig ist. Der Gläubiger kann also die Forderung behalten und nur die Grundschuld übertragen, er kann die Grundschuld behalten und die Forderung übertragen und er kann Forderung und Grundschuld an unterschiedliche Personen übertragen.

2. Übertragung der Grundschuld

Übertragung der Grundschuld ⇨ Modifikation des § 1154 BGB

§ 1154 BGB findet zwar nicht auf die durch die Grundschuld gesicherte Forderung, wohl aber auf die Grundschuld selbst Anwendung.

Die Übertragung des Grundpfandrechts vollzieht sich also in der Form, die für die Abtretung einer hypothekarisch gesicherten Forderung maßgeblich ist. § 1154 BGB liest sich für die Grundschuldabtretung daher:

§ 1154 I S. 1 BGB

Abs. 1: Zur Übertragung der Grundschuld sind die schriftliche Erklärung, die Grundschuld werde abgetreten (vgl. §§ 413, 398 BGB) und die Übergabe des Grundschuldbriefes erforderlich.

§ 1154 III BGB

Abs. 3: Ist die Erteilung des Grundschuldbriefes ausgeschlossen, so finden auf die Übertragung der Grundschuld die Vorschriften der §§ 873, 878 BGB entsprechende Anwendung.

Der Grund ist folgender: Die Grundschuld muss nicht, wie die Hypothek, gem. § 1153 I BGB der abgetretenen Forderung folgen. § 1153 BGB ist die Kernbestimmung für die Akzessorietät der Hypothek und diese gilt für die Grundschuld gerade nicht (§ 1192 I BGB).

Die Grundschuld folgt der Forderung auch nicht nach § 401 BGB, weil sie nicht akzessorisch ist. Es bliebe dann nichts anderes übrig, als die Grundschuld als dingliches Recht gem. § 873 BGB zu übertragen.

Das wäre aber für die Briefgrundschuld unsachgemäß: Sie könnte dann den Inhaber wechseln, ohne dass der Brief zu übergeben werden bräuchte. Daher ist die entsprechende Anwendung des § 1154 BGB auf die Grundschuld die beste Lösung.

> **hemmer-Methode:** Im Gegensatz zur Übertragung der hypothekarisch gesicherten Forderung liegen hier also ggf. zwei Rechtsgeschäfte vor: Die formlose Abtretung der Forderung und die der Grundschuld, für die § 1154 BGB analog anzuwenden ist. Halten Sie diese beiden Vorgänge sauber auseinander und bemühen Sie sich in der Klausur um eine richtige (und unmissverständliche) Formulierung!

II. Die isolierte Übertragung von Grundschuld oder Forderung

keine sachenrechtliche Akzessorietät

Grundschuld und Forderung unterliegen keiner gesetzlichen Akzessorietät, sodass sie getrennt übertragen werden können. Sachenrechtlich ergeben sich hier keine Probleme.

Problem: Abtretungsverbot

Schwierigkeiten können aber auftauchen, wenn die Parteien vereinbart haben, dass Grundschuld und Forderung nicht isoliert abgetreten werden dürfen. Zwar entspricht ein Abtretungsverbot der dem Sicherungsvertrag entspringenden Interessenswahrungspflicht des Sicherungsnehmers.[517] Eine Vereinbarung ist aber zumindest stillschweigend erforderlich, weil sich die Grundschuld sonst zu stark an die Hypothek angleichen würde.

---

[517] Palandt, § 1191 BGB, Rn. 22.

Ein solches ausdrückliches oder stillschweigendes Abtretungsverbot führt dazu, dass der Zessionar die Forderung nicht erwerben kann, § 399 Alt. 2 BGB.

bezogen auf die Grundschuld: Inhaltsänderung, §§ 873, 877 BGB

Bezogen auf die Grundschuld bedeutet ein Abtretungsverbot dagegen eine Inhaltsänderung, die nach §§ 873, 877 BGB im Grundbuch einzutragen ist. Erfolgt keine Eintragung, kann die Grundschuld gleichwohl übertragen werden. Eine davon zu trennende Frage ist, die, ob das Abtretungsverbot schuldrechtlich als Bestandteil der Sicherungsabrede aufrechterhalten werden kann. Dann wäre es eine Einrede, die dem Erwerber grundsätzlich entgegen gehalten werden kann. Das ist nach h.M. der Fall.

Auch kann sich dann der gutgläubige Grundschulderwerber nicht auf §§ 1157 S. 2, 892 BGB berufen, da dies gem. § 1192 Ia BGB ausgeschlossen ist.

Nach Fälligkeit ist die isolierte Abtretung von Forderung und Grundschuld dagegen zulässig.

Bsp.: E hat dem G für eine Darlehensforderung eine Sicherungsgrundschuld bestellt. Gläubiger tritt die Forderung vor Fälligkeit an D 1 und die Grundschuld an D 2 ab. Nun wird E zweifach in Anspruch genommen: Von D 1 auf Zahlung und von D 2 auf Duldung der Zwangsvollstreckung.

Lösung:

1. Anspruch des D 1 aus §§ 488 I S. 2, 398 BGB

D 1 müsste die Forderung wirksam von G erworben haben. Bedenken gegen die Formlosigkeit der Übertragung bestehen nicht, denn für die durch eine Grundschuld gesicherte Forderung gilt nicht § 1154 I BGB, sondern es bleibt bei § 398 BGB.

Fraglich ist, ob der Anspruch auch durchsetzbar ist. Aus der Sicherungsabrede zwischen E und G ergab sich, dass G entweder die Forderung oder den Anspruch auf Verwertung der Grundschuld geltend machen kann. Bei Geltendmachung der Forderung hätte E aufgrund der Sicherungsabrede Zug um Zug gegen Zahlung der Darlehenssumme die Rückübertragung der Grundschuld verlangen können.

Insofern steht E ein Zurückbehaltungsrecht nach § 273 I BGB bzw. § 320 BGB zu, das er gem. § 404 BGB auch dem D 1 entgegenhalten kann. Weil D 1 aber nicht Inhaber der Grundschuld geworden ist, kann er die Rückübertragung nicht bewirken. Der Geltendmachung des Zahlungsanspruchs steht somit eine dauernde Einrede entgegen.

hemmer-Methode: Entnimmt man dem Sicherungsvertrag bzgl. der Forderung vor Fälligkeit ein Verbot der isolierten Abtretung, so hätte D 1 aufgrund der dinglichen Wirkung von § 399 Alt. 2 BGB schon von Anfang an keine Forderung erworben. Auf die Einrede aus dem Sicherungsvertrag auf Rückgewähr der Grundschuld und ein entsprechendes Zurückbehaltungsrecht käme es dann nicht mehr an.

2. Anspruch des D 2 aus §§ 1147, 1192 I BGB

D 2 könnte über §§ 1192 I, 1154 BGB Inhaber der Grundschuld geworden sein.

Die Abtretbarkeit der Grundschuld könnte aber durch (stillschweigende) Vereinbarung zwischen E und G ausgeschlossen sein, mit der Folge, dass D 2 sie nicht erworben hätte, §§ 413, 399 Alt. 2 BGB. Eine Vereinbarung, wonach die Grundschuld überhaupt nicht abgetreten werden sollte, liegt nicht vor. In Betracht kommt aber eine Übereinkunft i.R.d. Sicherungsabrede, dass die Grundschuld vor Fälligkeit nur zusammen mit der Forderung übertragen werden sollte.

Wenn eine solche ausdrückliche Vereinbarung fehlt, so ist sie doch i.d.R. stillschweigend in der Abrede über die Sicherungsfunktion der Grundschuld zu sehen.[518] Der Sicherungsgeber hat erkennbar ein Interesse daran, dass Forderung und Sicherheit nicht getrennt werden.

Allerdings bedeutet die Vereinbarung der Nichtabtretbarkeit mit dinglicher Wirkung bezogen auf die Grundschuld eine Inhaltsänderung, die nach §§ 873, 877 BGB im Grundbuch hätte eingetragen werden müssen. Da dies nicht geschah, hilft dem Erwerber insofern sein guter Glaube.

Wenn schon das Nichtbestehen eines Rechts nach § 892 BGB überwunden werden kann, muss dies erst recht gelten, wenn das Recht zwar besteht, der Abtretungsausschluss sich aber nicht aus dem Grundbuch ergibt.

Möglicherweise hat E aber aus der Sicherungsabrede mit G eine Einrede gegen die Grundschuld, die er auch D 2 über §§ 1192 I, 1157 S. 1 BGB entgegenhalten kann.

Dem G hätte E möglicherweise entgegenhalten können, er habe einen Rückübertragungsanspruch auf die Grundschuld, weil G sie nur zur Sicherung eines bestimmten Anspruchs geltend machen dürfe, den er nun nicht mehr innehabe.

Ein solches Gegenrecht steht E aber nicht zu, und zwar aus folgender Überlegung: E soll durch die Sicherungsabrede vor einer doppelten Inanspruchnahme geschützt werden. Die Sicherungsabrede darf aber nicht so ausgelegt werden, dass nach einer Übertragung der Forderung ohne die Grundschuld der Sicherungsgeber nun überhaupt keine Verpflichtung hat. Einmal muss er auf jeden Fall zahlen. Ist er durch das Leistungsverweigerungsrecht gegen eine Inanspruchnahme durch den Inhaber der persönlichen Forderung geschützt, so kann ihm ein Leistungsverweigerungsrecht gegen den Grundschuldinhaber nicht auch noch zugestanden werden. Sonst wäre er von jeder Leistungspflicht frei.

Die Einrede der Undurchsetzbarkeit der Forderung steht E daher über den Sicherungsvertrag nicht auch gegen die Inanspruchnahme aus der Grundschuld zu. Die Frage, ob die Einrede gutgläubig gem. § 1157 S. 2 BGB wegerworben wurde, stellt sich insoweit überhaupt nicht (wobei dies eben bei der Grundschuld wegen § 1192 Ia BGB auch gar nicht möglich gewesen wäre).

E muss daher gem. §§ 1192 I, 1147 BGB die Zwangsvollstreckung in das Grundstück durch D 2 dulden. Er kann die Zwangsvollstreckung aber durch Zahlung der (restlichen) Darlehenssumme an D 2 abwenden, §§ 1192 I, 1142 BGB.

F) Gutgläubiger Erwerb bei der Übertragung (sog. gutgläubiger „Zweiterwerb")[519]

hemmer-Methode: An dieser Stelle geht es wieder um den gutgläubigen Zweiterwerb, also um die Frage, inwieweit ein Erwerb vom Nichtberechtigten stattfindet, wenn die Grundschuld selbst Verfügungsobjekt ist.
Zur Erinnerung: Der gutgläubige Ersterwerb, also der Erwerb der Grundschuld vom vermeintlichen Grundstücksinhaber, richtet sich genauso wie bei der Hypothek nach § 892 BGB.

230

I. Erwerb der Forderung

kein gutgläubiger Forderungserwerb

Ein gutgläubiger Erwerb kommt auch bei einer durch eine Grundschuld gesicherten Forderung nicht in Betracht.

231

Dem Schuldner bleiben gegenüber dem Erwerber alle Einwendungen/Einreden erhalten, die er auch dem Zedenten gegenüber hätte geltend machen können, § 404 BGB.

---

518 Palandt, § 1191 BGB, Rn. 17.
519 Vgl. Hemmer/Wüst, Kreditsicherungsrecht, Rn. 273 ff. und Rn. 305 ff.

§ 12 DIE GRUNDSCHULD

Aus dem Sicherungsvertrag ergibt sich regelmäßig die Einrede des § 273 BGB bzw. § 320 BGB, dass der Schuldner nur gegen Rückgabe der Grundschuld zu zahlen braucht. Diese Einrede kann er gem. § 404 BGB jedem Gläubiger entgegenhalten, an den die Forderung abgetreten worden ist und dies unabhängig davon, ob dieser auch die Grundschuld erworben hat. Ist das nicht der Fall, kann die Forderung nicht durchgesetzt werden.[520]

II. Erwerb der Grundschuld

dingliche Mängel bei der Bestellung
⇨ *§ 892 BGB*
(ggf. i.V.m. § 1155 BGB)

Dingliche Mängel bei der Grundbuchbestellung können durch den guten Glauben des Zweiterwerbers überwunden werden. § 892 BGB ist bei der Buchgrundschuld unmittelbar, bei der Briefgrundschuld ggf. über § 1155 BGB anwendbar.

232

G) Zahlung und Regress[521]

Sind bei der Verkehrshypothek persönlicher Schuldner und Eigentümer (= Sicherungsgeber) nicht personenidentisch, ist für das Schicksal von Forderung und Hypothek im Falle der Befriedigung des Gläubigers primär entscheidend, wer im Innenverhältnis hierzu verpflichtet war, vgl. §§ 1143 I, 1164 I BGB. Diese Frage wird sich bei der Sicherungsgrundschuld in gleicher Weise stellen.

233

Selbstständigkeit von Forderung und Grundschuld
⇨ *Worauf wird gezahlt?*

Aufgrund der rechtlichen Selbstständigkeit von Forderung und Grundpfandrecht stellt sich aber noch ein zusätzliches Problem: Es muss geklärt werden, ob die Leistung auf die Forderung oder auf die Grundschuld erbracht wird, wobei an dieser Stelle insbesondere die Interessenslage zwischen den Parteien zu berücksichtigen ist.

234

hemmer-Methode: Zahlung und Regress bei der Grundschuld sind ein schwieriges Kapitel. An dieser Stelle zeigt sich, ob der Klausurbearbeiter Verständnis für die Materie mitbringt.
Hier gilt besonders: Überlegen Sie sich zunächst, wie der Fall mit einer Verkehrshypothek zu lösen wäre. Zwar sind die §§ 1143, 1163 BGB bei der Grundschuld nicht anwendbar, das Ergebnis darf bei der Grundschuld aber auch nicht anders sein als bei der Hypothek, da die vom Gesetzgeber getroffene Regelung bei der Verkehrshypothek einen gerechten Ausgleich zwischen den Parteien herstellt.
Die Rechtsfolgen, die sich bei der Hypothek kraft Gesetzes ergeben, müssen Sie bei der Grundschuld auf rechtsgeschäftlichem Wege zustande bringen.

235

I. Rechtsfolgen bei Befriedigung des Gläubigers

1. Zahlung des persönlichen Schuldners

bei Zahlung auf Forderung bleibt Gläubiger zunächst Inhaber der Grundschuld

Zahlt der persönliche Schuldner auf die Forderung, erlischt diese gem. § 362 I BGB, der Gläubiger bleibt aber Inhaber der Fremdgrundschuld. Dem sicherungsgebenden Schuldner steht aus der Sicherungsabrede lediglich ein schuldrechtlicher Anspruch auf Rückgewähr der Grundschuld zu.

236

Das Grundpfandrecht fällt nicht mit der Rückzahlung der Kreditsumme mit dinglicher Wirkung an den Eigentümer zurück. Dieser hat also nicht den Grundbuchberichtigungsanspruch aus § 894 BGB gegen den Gläubiger, denn das Grundbuch ist richtig, solange dieser die Grundschuld nicht zurückgewährt hat.

---

520 Vgl. Sie unter Rn. 229.
521 Vgl. Hemmer/Wüst, Kreditsicherungsrecht, Rn. 357; ausführlich dazu auch das Skript Hemmer/Wüst, Rückgriffsansprüche.

Erfüllung des Rückgewähranspruchs	Diesen Anspruch kann der Gläubiger nach Wahl des Eigentümers bzw. nach der im Sicherungsvertrag getroffenen Regelung erfüllen durch

⇨ Rückübertragung gem. §§ 1192 I, 1154 BGB,

⇨ Verzicht gem. §§ 1192 I, 1168 BGB und

⇨ Aufhebung gem. §§ 875, 1192 I, 1183 BGB.

In den ersten beiden Fällen entsteht eine Eigentümergrundschuld, während bei der Aufhebung das Grundpfandrecht gänzlich erlischt.

Sind persönlicher Schuldner und Eigentümer nicht identisch, steht dieser Anspruch aufgrund des Sicherungsvertrages dem Eigentümer zu, wenn der persönliche Schuldner - und das ist der Regelfall - im Innenverhältnis die Leistung zu erbringen hatte.

bei Verkauf geht Anspruch nur kraft Abtretung auf Käufer über	Wechselt das Eigentum an dem belasteten Grundstück, geht der Anspruch nur kraft (auch stillschweigend möglicher) Abtretung auf den neuen Eigentümer über. Eine stillschweigende Abtretung ist in der Regel anzunehmen, wenn der Erwerber des Grundstücks die gesicherte persönliche Schuld in Anrechnung auf den Kaufpreis übernimmt.[522] Der Rückgewähranspruch kann durch eine Vormerkung gesichert werden; er ist durch die Tilgung der Forderung aufschiebend bedingt.
Anwendbarkeit von § 1164 BGB?	Befriedigt der persönliche Schuldner den Gläubiger, obwohl hierzu im Innenverhältnis ausnahmsweise der Eigentümer verpflichtet wäre (vor allem die Fälle der geplatzten Schuldübernahme, vgl. §§ 415 III, 329 BGB), so stellt sich die Frage, was mit der Grundschuld geschehen soll.
	Bei der Hypothek käme die Vorschrift des § 1164 BGB zur Anwendung, die Hypothek ginge auf den persönlichen Schuldner über und sicherte nun seinen Ersatzanspruch gegen den Eigentümer (Forderungsauswechslung kraft Gesetzes).
h.M. (-)	§ 1164 BGB ist bei der Grundschuld allerdings nicht anwendbar.[523] Umstritten ist, wie sich ein vergleichbares Ergebnis bei der Grundschuld erzielen lässt.
Regelung im Sicherungsvertrag?	Die Rechtslage ist einfach, wenn die Parteien im Sicherungsvertrag eine Regelung getroffen haben. So kann z.B. vereinbart sein, dass der Kreditgeber demjenigen die Grundschuld übertragen müsse, der ihn befriedige.
	Ist eine solche Vereinbarung getroffen, steht dem persönlichen Schuldner im Falle der Befriedigung ein Anspruch auf Übertragung der Grundschuld unmittelbar gegen den Gläubiger zu.
wenn (-), muss sich pers. Schuldner an den Eigentümer halten	Das ist allerdings selten der Fall. Die h.M.[524] nimmt für den Regelfall an, dass der persönliche Schuldner nicht direkt gegen den Gläubiger vorgehen kann. Vielmehr muss er sich an den Eigentümer halten: Dieser ist aufgrund des Innenverhältnisses verpflichtet, dem persönlichen Schuldner seinen Anspruch gegen den Kreditgeber auf Übertragung der Grundschuld abzutreten oder die Grundschuld selbst zu übertragen, falls es schon zur Rückgewähr derselben gekommen ist.

---

522 BGH, NJW 1983, 2502 = **juris**byhemmer.
523 Insofern unstreitig, vgl. Palandt, § 1191 BGB, Rn. 28.
524 Vgl. Palandt, § 1191 BGB, Rn. 37; a.A. Dieckmann, WM 1990, 1481.

2. Zahlung des Eigentümers

Eigentümer zahlt i.d.R. auf die Grundschuld

Der Eigentümer wird regelmäßig auf die Grundschuld zahlen, da sich seine Verpflichtung aus dieser ergibt. Im Ergebnis herrscht Einigkeit, dass die Zahlung des Eigentümers auf die Grundschuld das Entstehen einer Eigentümergrundschuld zur Folge haben muss.

Uneinigkeit herrscht nur darüber, welche Vorschriften aus dem Hypothekenrecht hier entsprechend heranzuziehen sind.

⇒ *es entsteht eine EGS*

Als Begründung bieten sich an:

➪ § 1143 I BGB analog[525]

➪ § 1163 I S. 2 BGB analog

➪ §§ 1168, 1170 BGB analog

Alle drei Lösungen sind anfechtbar,[526] führen aber zum gleichen gewünschten Ergebnis. Die Begründung kann angesichts dessen offen bleiben.

> **hemmer-Methode:** Geben Sie in Ihrer Lösung zu erkennen, dass keine Bestimmung passt. Zitieren Sie (wenn möglich) aber alle Möglichkeiten, und stellen Sie klar, dass es sich hier um einen bloß dogmatischen Streit handelt.

Die Folge der Zahlung auf die Grundschuld ist, dass der Eigentümer sie zurückerwirbt. Gegen den im Grundbuch eingetragenen Gläubiger hat er den Grundbuchberichtigungsanspruch aus § 894 BGB, bei einer Briefgrundschuld den Anspruch auf Herausgabe des Grundschuldbriefes, gem. §§ 952 II, 985 BGB.

Rechtsfolge für die Forderung ist abhängig von der Person des SG

Was mit der gesicherten Forderung geschieht, hängt davon ab, ob der zahlende Eigentümer zugleich persönlicher Schuldner ist oder nicht. Ist der Eigentümer mit dem Schuldner identisch, so erlischt bei Tilgung der Grundschuld auch die Forderung, denn der Gläubiger soll ja nur einmal befriedigt werden.[527]

§ 1143 BGB nicht anwendbar, ggf. aber Anspruch auf Abtretung

Ist der Eigentümer nicht mit dem Schuldner identisch, so geht nach der h.M. die Forderung nicht unter.[528] Es muss dieselbe Lage eintreten, als hätte der Eigentümer auf eine zur Sicherheit bestellte Hypothek gezahlt. Dann aber erwirbt er, wenn er nicht der persönliche Schuldner ist, die Forderung des Gläubigers gem. § 1143 BGB.

Diese Vorschrift ist zwar nicht unmittelbar auf die Grundschuld anwendbar, sie ist aber Vorbild für die Lösung des Problems, das bei der Grundschuld dasselbe ist wie bei der Hypothek. Mit der Zahlung erwirbt der Eigentümer einen Anspruch gegen den Gläubiger auf Abtretung der Forderung. Dieser Anspruch hat seinen Grund letztlich im Sicherungsvertrag. Der Eigentümer „kauft" quasi die Forderung. Seine Berechtigung dazu leitet sich aus §§ 1192 I, 1142 I BGB her.[529]

Innenverhältnis Eigentümer - Schuldner ausschlaggebend

Die Pflicht zur Abtretung der Forderung besteht aber nur, wenn und soweit der Schuldner im Verhältnis zum Eigentümer zur Zahlung verpflichtet ist.

---

525 Wohl h.M., vgl. BGH, NJW 1986, 2108 = **juris**by**hemmer**; Palandt, § 1191 BGB, Rn. 10.
526 Vgl. Medicus, BR, Rn. 499.
527 BGH, NJW 1992, 3228 = **juris**by**hemmer**; Palandt, § 1191 BGB, Rn. 35.
528 BGH, NJW 1982, 2308 = **juris**by**hemmer**; a.A. noch Palandt, 48. Aufl., § 1191 BGB, 3h cc.
529 Vgl. KG, NJW 1961, 414 ff.; Die Zahlung muss dabei in voller Höhe erfolgen, wenn nicht § 266 BGB abbedungen ist bzw. sich der Gläubiger zur Entgegennahme einer Teilzahlung bereit erklärt. Gleiches gilt, wenn die Befreiung nicht durch Zahlung, sondern durch Aufrechnung gem. § 1142 II BGB erfolgt. Auch hier muss der Duldungsanspruch vollständig abgelöst werden, BGH, **Life&Law 2010, 737 ff**.

War der Eigentümer im Verhältnis zum Schuldner verpflichtet, den Gläubiger in vollem Umfang zu befriedigen, kann er vom Gläubiger nicht die Übertragung der Forderung gegen den Schuldner verlangen.

Bsp.: E benötigt einen Kredit. Er möchte aber nicht selbst als Kreditnehmer in Erscheinung treten und vereinbart deshalb mit S, dieser solle für ihn bei G ein Darlehen aufnehmen für das E zur Sicherheit an seinem Grundstück eine Grundschuld bestellen wolle. S schließt den Kreditvertrag ab und leitet das Geld an E weiter.

Im Außenverhältnis (zu G) ist S alleiniger Schuldner des Rückzahlungsanspruchs. G kann E nicht aus dem Darlehensvertrag, sondern nur aus der Grundschuld in Anspruch nehmen.

Im Innenverhältnis (zwischen S und E) soll aber schließlich E den Kredit zurückzahlen. Wenn E jetzt gem. §§ 1192 I, 1142 BGB den G befriedigt, kann er von ihm nicht die Abtretung des Rückzahlungsanspruchs verlangen.

Die Begründung für den Einfluss des Innenverhältnisses auf das Außenverhältnis folgt aus der Regelung, die das Gesetz für die Hypothek (und die Bürgschaft) getroffen hat: Wenn hier der alleinverpflichtete E den G befriedigt, wirkt sich das Innenverhältnis auf den gesetzlichen Forderungsübergang über §§ 1143 I S. 2, 774 I S. 3 BGB aus. Bei der Grundschuld, bei der der gesetzliche Forderungsübergang durch die Abtretungspflicht des G ersetzt wird, entfällt stattdessen die Pflicht in dem Umfang, in dem E letztlich zur Erfüllung verpflichtet ist. Tritt G ihm dennoch in Unkenntnis des Innenverhältnisses S/E die Forderung ab, so geht diese Abtretung ins Leere. Die Forderung ist mit der Zahlung durch E bereits erloschen.

hemmer-Methode: Denken Sie für die Frage nach dem Erlöschen (und dem damit eng verbundenen Rückgriff) immer an das Innenverhältnis, das die Auslegung des Sicherungsvertrages bestimmt. Wieder gilt: Ziehen Sie zur Unterstützung Ihrer Auslegung auch gesetzliche Wertungen aus dem Hypothekenrecht heran, hier z.B. §§ 1143 I S. 2, 774 I S. 3 BGB.

3. Zahlung eines Ablösungsberechtigten

Ablösungsrecht nach §§ 268, 1150, 1192 I BGB

Auch bei der Grundschuld findet über § 1192 I BGB die Vorschrift des § 1150 BGB Anwendung, die ihrerseits auf § 268 BGB verweist. An dieser Stelle ist wiederum entscheidend, worauf der Ablösungsberechtigte zahlt.

Zahlt er auf die Grundschuld, erwirbt er diese im Wege der cessio legis, §§ 1192 I, 1150, 268 III BGB. Zahlt er dagegen auf die Forderung, so erwirbt er nach § 268 III BGB auch nur diese! Die Grundschuld geht nicht nach § 401 BGB auf ihn über, denn die Vorschrift gilt nur für akzessorische Sicherheiten.[530]

hemmer-Methode: In dieser Konstellation kann sich wieder die Frage stellen, ob i.R.d. § 268 III BGB ein gutgläubiger Erwerb vom Nichtberechtigten in Betracht kommt, wenn die Grundschuld in Wirklichkeit einem Dritten oder dem Eigentümer als Eigentümergrundschuld zusteht.
Der BGH[531] lehnt dies ab, weil bei einem Übergang der Grundschuld kraft Gesetzes ein schützenswertes Vertrauen bzgl. der Existenz bzw. der Einredefreiheit der Grundschuld nicht anzuerkennen sei. Dagegen will insbesondere Canaris[532] einen gutgläubigen Erwerb zulassen, da die cessio legis die Stellung des Ablöseberechtigten gerade verbessern und nicht verschlechtern wolle.

---

530 Vgl. Palandt, § 1191 BGB, Rn. 38.
531 BGH, NJW 1986, 1487 = **juris**byhemmer; BGH, NJW 1997, 190 = **juris**byhemmer.
532 Canaris, NJW 1986, 1488.

> **Eine vermittelnde Ansicht vertreten Reinicke/Tiedtke:**[533] § 893 BGB soll zur Anwendung kommen und daher i.R.d. § 268 III BGB eine cessio legis bewirken, wenn die Grundschuld auf die gezahlt wird besteht, aber einem anderen zusteht. Dagegen soll ein gutgläubiger Erwerb ausscheiden, wenn die Grundschuld überhaupt nicht oder in der Hand des Eigentümers als Eigentümergrundschuld existiere. Die cessio legis dürfe nicht dazu führen, dass sich die Position des Eigentümers verschlechtere. Sollte Ihnen dieses Problem in einer Examensklausur tatsächlich begegnen, dürfte es für die Bewertung nicht maßgebend sein, welcher Ansicht Sie sich anschließen. Versuchen Sie, das Problem argumentativ in den Griff zu bekommen, und entscheiden Sie sich ggf. klausurtaktisch!

Bsp.:[534] *Am Grundstück des E bestehen zwei Grundschulden; an erster Rangstelle zugunsten des A, an zweiter Rangstelle zugunsten des B. Die Grundschulden bestehen jeweils in Höhe von 100.000,- €. E, der auch persönlicher Schuldner ist, hat auf die Forderung bereits 50.000,- € gezahlt.*

Als E seinen Verpflichtungen auf Rückzahlung nicht mehr nachkommen kann, betreibt A aus der Grundschuld die Zwangsvollstreckung in das Grundstück.

Zur Abwendung der Versteigerung zahlte B 100.000,- € an A. Daraufhin trat A seine persönliche Forderung in Höhe der restlichen 50.000,- € an B ab. B verlangt daraufhin von A 50.000,- € zurück, weil er meint, insoweit ohne Rechtsgrund gezahlt zu haben.

Wie ist die Rechtslage?

Da E Zahlungen nur auf die Forderung erbracht hatte, stand die Grundschuld nach wie vor in voller Höhe dem A zu. Mit Zahlung der 100.000,- € ist die Grundschuld gem. §§ 1192 I, 1150, 268 III BGB in voller Höhe auf B übergegangen.

Allerdings ist A ein Betrag zugeflossen, der ihm angesichts der durch die Grundschuld besicherten Forderung schuldrechtlich nicht in dieser Höhe zustand.

Das berechtigt B aber nicht, die nach den §§ 1150, 1192, 268 III BGB geleistete Zahlung teilweise zurückzufordern. Der Tatbestand des § 813 BGB liegt im Verhältnis zu A nicht vor. Zwar hätte A wegen der zuvor durch E gezahlten 50.000,- € die Grundschuld gegenüber E nicht mehr voll durchsetzen können. E hätte insoweit eine Einrede gem. §§ 1192 I, 1169 BGB gegenüber A zugestanden.

Diese Einrede besteht aber nicht im Verhältnis B zu A. Nach Ansicht des BGH muss ein nachrangiger Grundschuldgläubiger den vorrangigen Gläubiger selbst dann in voller Höhe befriedigen, wenn eine entsprechende persönliche Forderung, deren Sicherung das vorrangige Grundpfandrecht dient, nicht besteht.

Der Anspruch auf Auskehrung steht allein dem E zu. Dieser hatte aufgrund der Zahlungen einen Anspruch auf Rückgewähr des nicht valutierenden Teils der Grundschuld, den A aber nicht mehr erfüllen kann, weil die Grundschuld kraft Gesetzes auf B übergegangen ist. An diese Stelle trat ein Anspruch auf den entsprechenden Teil des Erlöses als Ausgleich für die über den Sicherungszweck hinausgehende dingliche Belastung des Grundstücks.

Diesem Ergebnis steht auch nicht entgegen, dass B zwar die Grundschuld in voller Höhe kraft Gesetzes erlangt hat, aber diese nicht einredefrei erwerben konnte. Die Grundschuld ist mit der Einrede gem. §§ 1192 I, 1169 BGB belastet.

B muss sich daher an E halten, Ansprüche gegen A scheiden aus.

---

[533] Reinicke/Tiedtke, Kreditsicherung, Rn. 1026 ff.
[534] BGH, NJW 2005, 2398 f. = **juris**byhemmer.

§ 14 DER GRUNDSTÜCKSNIESSBRAUCH

A) Gegenstand des Nießbrauchs

Nießbrauch an Sachen und Rechten

Gegenstand des Nießbrauchs kann nach § 1030 I BGB eine (bewegliche oder unbewegliche) Sache, nach § 1068 I BGB aber auch ein Recht sein. Dabei verweist § 1068 II BGB auf die Vorschriften für den Nießbrauch an Sachen, soweit nichts anderes bestimmt ist. Innerhalb der §§ 1030 ff. BGB gelten die meisten Vorschriften für den Nießbrauch an beweglichen (vgl. § 1032 BGB) und unbeweglichen Sachen (§§ 873 ff. BGB) gleichermaßen (anders aber z.B. § 1064 BGB, der nur für den Nießbrauch an der Fahrnis gilt).

244

B) Inhalt des Nießbrauchs

umfassendes Nutzungsrecht

Inhalt des Nießbrauchs ist nach § 1030 I BGB das Recht, die Nutzungen der Sache (bzw. des Rechts, § 1068 II BGB) zu ziehen. Der Nießbrauch geht somit sehr weit, da er ein umfassendes Recht zur Ziehung aller Nutzungen der Sache beinhaltet, soweit nicht ein Ausschluss einzelner Nutzungen nach § 1030 II BGB erfolgt. Dieser kann nach der h.M. aber nicht wesentliche Bestandteile der Sache erfassen oder so ausgedehnt werden, dass de facto nur wenige bestimmte Nutzungen für den Nießbraucher übrig bleiben, da sonst der Charakter als umfassendes Nutzungsrecht nicht mehr erhalten bliebe.[540]

245

hemmer-Methode: Ein so weitgehendes Nutzungsrecht wird dinglich (anders bei schuldrechtlichen Pachtverträgen) nur aus besonderen Gründen eingeräumt, z.B. der Nießbrauch zugunsten des überlebenden Ehegatten durch erbrechtliche Verfügung, um dessen Stellung gegenüber den Kindern zu stärken, ohne deren Erbrecht zu beeinträchtigen.

Der Nießbrauch an Forderungen umfasst z.B. die Zinsen einer Forderung, die Dividende einer Aktie oder die Pachtfrüchte beim Nießbrauch an einem Pachtrecht.

C) Begründung des Nießbrauchs

Begründung wie Übertragung des betreffenden Gegenstandes

Die Begründung des Nießbrauchs erfolgt regelmäßig durch ein Rechtsgeschäft, wobei dieses stets der Form des Geschäfts bedarf, das zur Übertragung des Gegenstandes erforderlich wäre. Also bei Mobilien Einigung und Übergabe, §§ 1032, 929 ff. BGB, bei Grundstücken Einigung und Eintragung (§ 873 BGB) und bei Forderungen formlose Einigung gem. §§ 1069 I, 398 BGB.

246

hemmer-Methode: Würde ein Nießbrauch an einer hypothekarisch gesicherten Forderung oder einer Grundschuld bestellt, wäre dementsprechend die Form des § 1154 BGB einzuhalten.

gesetzliches Schuldverhältnis

Mit der Nießbrauchbestellung entsteht nach der h.M. außer dem dinglichen auch ein (gesetzliches) Schuldverhältnis zwischen Eigentümer und Nießbraucher,[541] welches die Rechtsbeziehungen zwischen ihnen regelt. Klausurrelevant kann es vor allem werden, da es ein Schuldverhältnis i.S.v. § 280 I BGB ist und somit die Haftung auf Schadensersatz wegen Pflichtverletzung auslösen kann.

---

540 Vgl. Palandt, § 1030 BGB, Rn. 6 m.w.N. und Beispielen.
541 Vgl. Palandt, Einf v § 1030 BGB, Rn. 2 ff.

D) Rechte des Nießbrauchers

mit Trennung Eigentum; nur diesbzgl. Berechtigter

Bereits genannt wurde das Recht des Nießbrauchers zu i.d.R. umfassender Fruchtziehung.

Mit der Trennung erhält er alle Früchte zum Eigentum, § 954 BGB. Über diese kann er folglich als Berechtigter verfügen, nicht dagegen über die Sache selbst.

> **hemmer-Methode:** Eine Ausnahme besteht beim Nießbrauch an Grundstücken mit Inventar: Hier kann der Nießbraucher nach § 1048 BGB im Rahmen einer ordnungsgemäßen Wirtschaft auch über das Inventar verfügen, muss aber Ersatz beschaffen. § 1048 I BGB gibt dem Nießbraucher also eine Verfügungsbefugnis.

Recht zum Besitz

Außerdem gibt der Nießbrauch dem Nießbraucher ein Recht zum Besitz i.S.d. § 986 BGB, vgl. § 1036 I BGB.

Der Nießbraucher genießt über § 1065 BGB den gleichen Schutz wie der Eigentümer gegen Beeinträchtigungen, sodass er die Ansprüche aus §§ 985 ff., 1004 BGB geltend machen kann.

Grenzen der Rechtsausübung des Nießbrauchers ergeben sich vor allem aus § 1036 II BGB, wonach er die bisherige wirtschaftliche Bestimmung der Sache aufrecht zu erhalten hat. Außerdem ist er nach § 1037 I BGB nicht zur Umgestaltung oder wesentlichen Veränderung der Sache berechtigt, wenn es nicht gerade um einen Nießbrauch zur Gewinnung von Bodenschätzen geht, § 1037 II BGB, da deren Abbau zwangsläufig in die Substanz des Grundstücks eingreift.

Nutzungs- und Einziehungsrecht bei Forderungen

Beim Nießbrauch an Forderungen stehen dem Nießbraucher bei verzinslichen Forderungen die Zinsen zu, außerdem kann die geschuldete Leistung nur an Nießbraucher und Gläubiger gemeinschaftlich erbracht werden, § 1077 I BGB. Beim Nießbrauch an unverzinslichen Forderungen ist der Nießbraucher sogar alleine zur Einziehung berechtigt, § 1074 BGB, wobei allerdings der Gläubiger Berechtigter am geleisteten Gegenstand wird, sich der Nießbrauch aber an diesem fortsetzt, § 1075 I BGB.

> **hemmer-Methode:** Es handelt sich um den seltenen Fall einer dinglichen Surrogation, wie sie auch bei § 1287 BGB vorliegt. Achten Sie auch auf § 1070 I BGB: Der Schuldner genießt den gleichen Schutz wie bei einer Abtretung, kann also, wenn er nichts vom Nießbrauch weiß, befreiend an den Gläubiger leisten, § 407 BGB. Der Nießbrauch könnte somit auch Einstieg in eine Bereicherungsrechtsklausur (§ 816 II BGB!) sein.

E) Pflichten des Nießbrauchers

Pflicht zur Erhaltung und Lastentragung

Wichtigste Pflicht des Nießbrauchers ist die zur Erhaltung der Sache, § 1041 BGB. Im Übrigen bestehen Versicherungs- und Lastentragungspflichten, §§ 1045, 1047 BGB. Außerdem statuiert § 1055 BGB eine Rückgabepflicht des Nießbrauchers, die neben § 985 BGB eine eigenständige Bedeutung eigentlich nur hat, wenn der Nießbrauchbesteller nicht der Eigentümer war.

F) Übertragung und Erlöschen

Unübertragbarkeit, § 1059 BGB

Der Nießbrauch ist nicht übertragbar, § 1059 S. 1 BGB[542], und auch nicht vererblich, sodass er spätestens beim Tod des Nießbrauchers erlischt, § 1061 BGB.

Die Ausübung kann aber einem anderen überlassen werden, vgl. § 1059 S. 2 BGB.

> **hemmer-Methode:** Will der Nießbraucher auch seinen Erben begünstigt wissen, muss er sich also mit dem Eigentümer schuldrechtlich einigen, dass dem Erben erneut ein Nießbrauch bestellt wird, also einen Vertrag zugunsten Dritter schließen.

Wichtig: Der Eigentümer wird mit dem Erlöschen des Nießbrauchs nicht Rechtsnachfolger des Nießbrauchers. Es stehen ihm daher auch nicht die Ansprüche zu, die der Nießbraucher zu Lebzeiten gegen Dritte hatte. Vielmehr erlöschen diese Ansprüche ebenfalls mit dem Erlöschen des Nießbrauchs.[543]

> **hemmer-Methode:** Das kann nur dann ausnahmsweise anders sein, wenn der ehemalige Nießbraucher durch die Einwirkung eines Dritten an der Erfüllung seiner aus dem gesetzlichen Rückabwicklungsverhältnis gegenüber dem Eigentümer bestehenden Pflichten gehindert wird. Hier wäre das Erlöschen kontraproduktiv und würde zu einer dauerhaften Festigung eines rechtswidrigen Zustands führen können. Zum anderen hätte das Erlöschen eine Schadensersatzhaftung des ehemaligen Nießbrauchers zur Folge.

---

542 Besonderheiten gelten beim Nießbrauch zugunsten juristischer Personen gem. §§ 1059a ff. BGB.
543 BGH, Life&Law 2016, 238 ff. 231 = **juris**byhemmer.

§ 15 DIE GRUNDDIENSTBARKEIT

A) Allgemeines

Abgrenzung zur Dienstbarkeit

Dienstbarkeiten sind dingliche Nutzungsrechte, die sich durch ihren dinglichen Charakter von den inhaltlich ähnlichen Miet- oder Pachtverhältnissen unterscheiden. Den oben dargestellten Nießbrauch könnte man auch als Dienstbarkeit i.w.S. einordnen, wobei seine Besonderheit darin liegt, dass er umfassend zur Nutzung berechtigt.

250

beschränktes Nutzungsrecht

Die Dienstbarkeiten i.e.S. berechtigen dagegen nur zu einer beschränkten Nutzung je nach dem vereinbarten Inhalt. Außerdem können Gegenstand der Dienstbarkeiten i.e.S. - anders als beim Nießbrauch - nur Grundstücke sein. Sie werden weiter eingeteilt in Grunddienstbarkeiten (§§ 1018 ff. BGB) und beschränkte persönliche Dienstbarkeiten (§§ 1090 ff. BGB).

herrschendes und dienendes Grundstück

Bei der **Grunddienstbarkeit** ist ein **bestimmtes** („herrschendes") **Grundstück** bzw. sein Eigentümer durch die Dienstbarkeit (am „dienenden Grundstück") **begünstigt** („**subjektiv-dinglich**").

Herrschendes und dienendes Grundstück müssen nicht notwendig benachbart sein, doch wird regelmäßig eine gewisse Nähe vorliegen, weil man sonst kaum von einem spezifischen Nutzen für das herrschende Grundstück sprechen kann.

hemmer-Methode: Bei der beschränkten persönlichen Dienstbarkeit (vgl. Sie dazu Rn. 258) ist das Recht nicht mit dem Eigentum an einem anderen Grundstück, sondern mit einer bestimmten Person verknüpft („subjektiv-persönlich"). Deswegen muss sie auch für kein anderes Grundstück nützlich sein, ausschlaggebend und bestimmend für den Umfang sind vielmehr die persönlichen Bedürfnisse des Berechtigten.

B) Bestellung

Einigung und Eintragung

Entsteht die Dienstbarkeit - wie i.d.R. - durch Rechtsgeschäft, ist dazu nach § 873 I BGB eine entsprechende Einigung und eine Eintragung im Grundbuch auf dem Grundbuchblatt des belasteten Grundstücks erforderlich.

251

Herrschvermerk

Bei der Grunddienstbarkeit ist außerdem die Eintragung beim herrschenden Grundstück möglich (vgl. § 9 GBO), für die Entstehung aber nicht konstitutiv (sog. „Herrschvermerk").

hemmer-Methode: Vorsicht Falle! Auch für die Vermutungswirkung des § 891 BGB sowie den gutgläubigen (bzw. gutgläubig lastenfreien) Erwerb, § 892 BGB, ist somit nur die Eintragung beim dienenden Grundstück ausschlaggebend.

Abstraktionsprinzip

Von der Bestellung zu trennen ist auch hier das schuldrechtliche Grundgeschäft, das nicht der Form des § 311b I S. 1 BGB bedarf[544] und von dessen Wirksamkeit die dingliche Entstehung unabhängig ist. Allerdings ist die Dienstbarkeit bei Nichtigkeit des schuldrechtlichen Vertrages kondizierbar.

---

544   Vgl. Palandt, § 1018 BGB, Rn. 33.

Verlegen die Parteien einvernehmlich die Ausübung der Nutzung auf ein anderes Grundstück des Verpflichteten, kann der Berechtigte in der Regel die Bestellung einer seinem Recht inhaltsgleichen Grunddienstbarkeit an dem bislang nicht belasteten Grundstück verlangen. Denn es ist in der Regel davon auszugehen, dass mit der Verlegung konkludent auch ein Anspruch auf eine solche Einräumung begründet werden sollte. Solange dann die Eintragung des Wegerechts an dem neuen Grundstück noch nicht stattgefunden hat, kann der Grundstückseigentümer dem Anspruchsinhaber die Nutzung an der neuen Stelle nicht streitig machen. Denn mit der Begründung des Anspruchs geht die Begründung einer Duldungspflicht bis zur Eintragung der neuen Grunddienstbarkeit einher.[545]

C) Inhalt

Inhalt, § 1018 BGB

Der mögliche Inhalt einer Grunddienstbarkeit wird durch § 1018 BGB festgelegt, der über § 1090 I BGB auch für die beschränkte persönliche Dienstbarkeit gilt.[546]

Ein Unterschied besteht allerdings insofern, als die Belastung bei der Grunddienstbarkeit immer einen Vorteil für die Benutzung des herrschenden Grundstücks selbst, nicht nur also für den einzelnen Eigentümer bedeuten muss. Dies ergibt sich aus der Eigenart der Grunddienstbarkeit als subjektiv-dingliches Recht.[547]

> **hemmer-Methode:** Diese Frage wird nicht immer eindeutig zu beantworten sein. Bemühen Sie sich um eine überzeugende Argumentation und denken Sie ggf. an die Umdeutung in eine beschränkte persönliche Dienstbarkeit.

Duldungs- und Unterlassungspflicht

Gemeinsam ist allen möglichen Belastungen, dass sie nie auf ein positives Tun des belasteten Eigentümers, sondern immer nur auf eine Duldungs- oder Unterlassungspflicht gerichtet sein dürfen.[548]

> **hemmer-Methode:** Auch hier ist die Abgrenzung nicht immer ganz einfach, zumal in der Praxis versucht wird, ein Handeln durch „Formulierungskünste" als Pflicht zum Unterlassen darzustellen. Abzustellen ist auf den wirtschaftlichen Schwerpunkt der bestellten Dienstbarkeit. Denken Sie auch an die Ihnen bekannten Argumentationsmuster für die Abgrenzung von Tun und Unterlassen aus dem Deliktsrecht!

Danach sind vor allem Inhalte dreierlei Art denkbar.

I. Nutzungsrechte[549]

Nutzung durch Berechtigten

Entweder darf der Berechtigte das Grundstück in einer bestimmten Weise nutzen, wie er es ohne die Dienstbarkeit nicht dürfte, d.h. mit dem Recht des Berechtigten korrespondiert eine Duldungspflicht des Eigentümers:

> *Bsp.:* Wegerechte, Weiderechte, Führung von Leitungen über das Grundstück.

---

545 BGH, Life&Law 2016, 231 = **juris**byhemmer. Die hier besprochene Thematik ist keine Besonderheit des Rechts der Grunddienstbarkeiten, sondern nur ein Fall der Auslegung von bestimmtem Parteiverhalten, aus welchem sich dann schuldrechtliche Ansprüche auf dingliche Rechtsänderung ergeben können.
546 Vgl. auch Palandt, § 1090 BGB, Rn. 4.
547 Zur Anwendbarkeit der falsa demonstratio BGH, NJW 1993, 3197; K. Schmidt, JuS 1994, 259.
548 Vgl. exemplarisch und zur Auslegung des Inhalts einer Duldungsdienstbarkeit BGH, **Life&Law 2014, 167 ff**. = **juris**byhemmer.
549 Vgl. Palandt, § 1018 BGB, Rn. 13 ff.

§ 15 DIE GRUNDDIENSTBARKEIT

Ist das Recht, das verkaufte Grundstück zu nutzen, auf den Käufer übergegangen, so kann der Verkäufer, auch wenn er noch Eigentümer ist, vom Inhaber einer beschränkten persönlichen Dienstbarkeit nicht auf Unterlassung von Störungen in Anspruch genommen werden, die von dem Besitzer oder dem Zustand des Grundstücks ausgehen.[550]

> **hemmer-Methode:** Wegerechte sind die klassischen Dienstbarkeiten. Häufig sind sie aus der Lage von dienendem und herrschendem Grundstück zueinander zwingend erforderlich und bestehen schon seit langer Zeit. Dann kann u.U. eine Auslegung erforderlich werden, ob auch die Benutzung moderner Fahrzeuge (Auto statt Pferdefuhrwerk) davon gedeckt ist.

§ 745 II BGB entsprechend

Sind der Berechtigte und der Eigentümer des dienenden Grundstücks zur gleichberechtigten Mitbenutzung des Grundstücks befugt, können sie voneinander in entsprechender Anwendung des § 745 II BGB eine Ausübungsregelung verlangen. Die daraus resultierenden Ausübungsbeschränkungen können mit dem Unterlassungsanspruch aus §§ 1027, 1004 I BGB geltend gemacht werden. Dies gilt auch schon in dem Zeitraum vor Zustandekommen der entsprechenden Ausübungsregelung.[551]

> **hemmer-Methode:** Da dieser Anspruch materiell-rechtlich also schon vor Zustandekommen der Ausübungsregelung besteht, kann unmittelbar auf Beseitigung bzw. Unterlassung geklagt werden. Es muss also nicht erst auf das Zustandebringen der Ausübungsregelung geklagt werden!

II. Anspruch auf Nutzungsunterlassung[552]

Nutzungsunterlassung durch Berechtigten

Oder der Berechtigte kann vom Eigentümer des belasteten Grundstücks verlangen, dass dieser bestimmte Nutzungen unterlässt, die er sonst kraft seines Eigentumsrechts vornehmen dürfte.

> *Bsp.: Verbot, eine Tankstelle auf dem Grundstück zu errichten oder zu betreiben.*

„Abnahmeverpflichtung"

Wirtschaftliche Bedeutung hat die Dienstbarkeit mit diesem Inhalt, wenn sie - wie u.U. im Beispiel - wettbewerbsbeschränkende Funktion hat. Besonders in dieser Fallgruppe stellt sich häufig die Frage nach der Abgrenzung zwischen Unterlassungspflicht und Pflicht zum positiven Tun. Streitig sind die Fälle der Abnahmeverpflichtung.

> *Bsp.: Die Brauerei B hat dem E ein Grundstück verkauft, auf dem dieser eine Gaststätte betreiben will. Sie möchte sicherstellen, dass E dabei nur ihr Bier verkauft und denkt zur dinglichen Sicherung dieses Bezugsmonopols an eine Dienstbarkeit mit dem Inhalt, E müsse jährlich 300 hl Bier der B abnehmen.*

Hier handelt es sich um eine Pflicht zu einem positiven Tun, die keinesfalls Gegenstand einer Dienstbarkeit sein kann. In Frage käme allenfalls ein entsprechender schuldrechtlicher Bezugsvertrag.

> *Abwandlung: B überlegt sich, ob nicht stattdessen eine Dienstbarkeit mit dem Inhalt möglich sei, dass auf dem Grundstück kein Bier mit Ausnahme des von der B gebrauten verkauft werden darf.*

Rein formell handelt es sich hier zwar um eine bloße Unterlassungspflicht, nämlich Bier, das nicht von B stammt, zu verkaufen. Wirtschaftlich betrachtet entsteht aber eine faktische Abnahmepflicht, wenn E auf dem Grundstück überhaupt eine Gaststätte betreiben möchte.

---

[550] BGH in **Life&Law 1998, 767**.
[551] BGH, **Life&Law 2009, 17 ff.**
[552] Vgl. Palandt, § 1018 BGB, Rn. 19 ff.

Deshalb hat der BGH eine entsprechende Dienstbarkeit mit der Begründung für unwirksam erklärt, es gehe um kein Verbot eines tatsächlichen Handelns, sondern um die unzulässige Einschränkung der rechtsgeschäftlichen Freiheit. Außerdem stehe die zu unterlassende Handlung in keinem echten Verhältnis zum dienenden Grundstück.[553]

Allerdings hat die Rechtsprechung eine andere Konstruktion zugelassen, nämlich ein generelles Verbot des Vertriebs eines bestimmten Produkts (z.B. hier von Bier), wovon durch einen nur schuldrechtlich wirkenden Vertrag Ausnahmen zugunsten eines bestimmten Lieferanten (hier also der B) zugelassen werden können.[554]

Ob dies konsequent ist, erscheint zumindest zweifelhaft. In der Literatur wird deshalb entsprechend obiger Ausführungen unterschieden, ob der Schwerpunkt der Verpflichtung wirtschaftlich auf einem Tun oder einem Unterlassen liegt und danach die Wirksamkeit der entsprechenden Dienstbarkeiten beurteilt.

> **hemmer-Methode:** Hier müssen Sie keine Einzelheiten wissen. Es handelt sich aber um eines der meistdiskutierten Probleme bei den Dienstbarkeiten, sodass Sie zumindest Grundverständnis dafür mitbringen sollten. Einzelheiten können Sie in der Klausur meist aus den im Sachverhalt von den Parteien geltend gemachten Positionen entwickeln.

III. Ausschluss von (Abwehr-)Rechten

Einschränkung der Abwehrrechte

Schließlich kann durch Dienstbarkeiten auch der Ausschluss von (Abwehr-)Rechten erreicht werden, die der Eigentümer (über die Fälle der Benutzung des Grundstücks hinaus) ausüben könnte. Es erfolgt also eine Einschränkung der Abwehrrechte des belasteten Grundstücks bzw. eine Ausweitung derer des herrschenden Grundstücks.

> *Bsp.: Der Eigentümer des belasteten Grundstücks muss in bestimmten Grenzen Emissionen des benachbarten Grundstücks über § 906 BGB hinaus dulden bzw. darf seinerseits das herrschende Grundstück Einwirkungen nicht bis zur Grenze der §§ 903 ff. BGB aussetzen.*

D) Schutz der Dienstbarkeit

eigentumsähnlicher Schutz

Über § 1027 BGB genießt die Dienstbarkeit den gleichen Schutz wie das Eigentum.

gesetzliches Schuldverhältnis

Mit der Bestellung der Grunddienstbarkeit entsteht nach der h.M. außer dem dinglichen auch ein (gesetzliches) Schuldverhältnis zwischen Eigentümer und Nießbraucher,[555] welches die Rechtsbeziehungen zwischen ihnen regelt.

Klausurrelevant kann es vor allem werden, da es ein Schuldverhältnis i.S.v. § 280 I BGB ist und somit die Haftung auf Schadensersatz wegen Pflichtverletzung auslösen kann.

E) Übertragung und Erlöschen

keine (isolierte) Übertragbarkeit

Eine Übertragung der Grunddienstbarkeit als grundstücksbezogenes Recht ist nicht möglich. Vielmehr folgt sie bei der Übertragung dem herrschenden Grundstück, als dessen Bestandteil sie nach § 96 BGB gilt.

---

553 Vgl. BGH, NJW 1985, 2474 = **juris**byhemmer.
554 Vgl. BGH, NJW 1985, 2474 = **juris**byhemmer und BayObLG, NJW-RR 1997, 912 = **juris**byhemmer.
555 Vgl. Palandt, § 1018 BGB, Rn. 1.

§ 16 DIE BESCHRÄNKTE PERSÖNLICHE DIENSTBARKEIT

§ 1090 BGB: Bestellung zugunsten einer bestimmten Person

Die beschränkte persönliche Dienstbarkeit entspricht dem Inhalt nach der Grunddienstbarkeit, knüpft aber anders als diese nicht an ein bestimmtes Grundstück, sondern an eine bestimmte Person an, § 1090 BGB.

258

Deshalb muss die beschränkte persönliche Dienstbarkeit auch nicht für ein Grundstück nützlich sein, sondern lediglich für den Berechtigten, § 1091 BGB („**subjektiv-persönliches Recht**").[556]

> *Bsp.: Das Recht, Leitungen oder Kabel über ein Grundstück zu führen, auf einem Grundstück eine Tankstelle zu errichten[557] oder verschiedene Bodenschätze abzubauen.*

Wegen dieser Anknüpfung an die Person des Berechtigten ist auch die Übertragbarkeit und Vererblichkeit ausgeschlossen. Der Berechtigte kann lediglich mit Zustimmung des Eigentümers die Ausübung des Rechtes einem Dritten überlassen, §§ 1091 f. BGB.

Im Unterschied zum Nießbrauch berechtigt die beschränkte persönliche Dienstbarkeit nur zu einer im Umfang begrenzten Nutzung des Grundstücks, § 1090 I BGB.

Bei einem schutzbedürftigen Interesse kann eine beschränkte persönliche Dienstbarkeit auch zugunsten des Eigentümers bestellt werden, § 1196 II BGB analog.

Wohnrecht als Sonderfall einer beschränkten persönlichen Dienstbarkeit

Als Sonderfall der beschränkten persönlichen Dienstbarkeit ist das dingliche Wohnungsrecht in § 1093 BGB genannt. Dieses hat durch die Schaffung des Rechtsinstituts des Wohnungseigentums an Bedeutung verloren, kommt aber immer noch zur Anwendung, wo über ein Mietverhältnis hinaus eine Verdinglichung der Rechtslage beabsichtigt ist. Es ist wegen der umfassenden Berechtigung dem Nießbrauch angenähert (vgl. § 1093 I S. 2 BGB), berechtigt aber (wenngleich durch § 1093 II BGB ausgedehnt) nur zum Wohnen, nicht zur Überlassung an Dritte.

Tötet der Inhaber des dinglichen Wohnungsrechts den Eigentümer, führt dies nicht automatisch zum Erlöschen des dinglichen Wohnungsrechts. Dies gilt selbst dann, wenn der Täter eine jahrelange Haftstrafe absitzt und daher gem. § 1019 BGB – der nach h.M. auf § 1093 BGB Anwendung findet – an einen Wegfall des Nutzungsvorteils zu denken wäre. Der BGH hat hier die Dauerhaftigkeit aber abgelehnt, weil der Nutzungsvorteil nur vorübergehend entfalle und nach der Haftentlassung wieder zur Verfügung steht.[558]

Es ist aber denkbar, dass der Ausübung des dinglichen Wohnungsrechts gem. § 242 BGB bei Treuwidrigkeit der Ausübung widersprochen wird. Insoweit kann der Berechtigte ggfs. auf eine Ausübung durch Dritte verwiesen werden.[559]

Einen Sonderfall des dinglichen Wohnungsrechts stellt das Dauerwohnrecht nach § 31 WEG dar.

---

[556] Laut BGH in **Life&Law 2001, 451** = NJW 2000, 803 stellt die Belastung eines Grundstücks mit einer beschränkten persönlichen Dienstbarkeit einen Rechtsmangel, nicht einen Sachmangel dar. Nach neuer Rechtslage sind jedoch die Rechtsfolgen bei Rechtmängeln denjenigen bei Sachmängeln gleichgestellt, vgl. §§ 435, 437 BGB.

[557] BGHZ 35, 378.

[558] BGH, Life&Law 2016, 614 ff. = **juris**byhemmer.

[559] BGH, a.a.O. = **juris**byhemmer.

dogmatische Einordnung	Es unterscheidet sich von der beschränkten persönlichen Dienstbarkeit durch seine Veräußerbarkeit und Vererblichkeit, § 33 WEG. Das Dauerwohnrecht ist kein grundstücksgleiches Recht (wie zum Beispiel das Erbbaurecht). In der Praxis hat das Dauerwohnrecht kaum eine Bedeutung.
Begründung, § 873 BGB	Begründet wird das Dauerwohnrecht durch Einigung und Eintragung, § 873 I BGB, wobei die Einigung keiner Form bedarf. Auch der schuldrechtliche Vertrag, der zur Begründung des Dauerwohnrechts verpflichtet, ist formfrei.[560]
Dauernutzungsrecht	Für das Dauernutzungsrecht gilt oben Gesagtes entsprechend, § 31 III WEG.

---

[560] Palandt, § 31 WEG, Rn. 5.

§ 17 DIE REALLAST

Die Reallast hat heutzutage vor allem Bedeutung bei Altenteilen und Rentenreallasten (d.h. bei dem Verkauf eines Grundstücks gegen wiederkehrende Leistungen) sowie bei Unterhaltungspflichten im Nachbarschaftsverhältnis.

§ 1105 BGB: Reallast

A) Rechtsnatur

Wie die Rentenschuld bedeutet die Reallast eine Belastung des Grundstücks mit dem Inhalt, dass aus dem Grundstück wiederkehrende Leistungen zu entrichten sind, § 1105 BGB.

B) Inhalt

Die Reallast ist ein reines Verwertungsrecht, d.h. es besteht kein Leistungsanspruch, sondern lediglich ein Recht auf Verwertung. Die wiederkehrenden Leistungen müssen an den Berechtigten zu leisten sein. Die Leistungen müssen nicht unbedingt regelmäßig wiederkehrend sein. Eine einmalige Leistung reicht aber nicht aus. Die Leistungen müssen, im Gegensatz zur Rentenschuld, nicht bestimmt, aber bestimmbar sein.

wiederkehrende Leistungen „aus dem" Grundstück

Besonderheiten ergeben sich für die Auslegung. Nach der stark angegriffenen Auffassung des BGH soll eine objektive Auslegung anhand des Wortlauts und dem Sinn der Grundbucheintragung erfolgen.[561] Die Reallast hat einen dinglichen Anspruch auf die einzelnen Leistungen, § 1107 BGB, und eine vertraglich abdingbare persönliche Haftung, § 1108 BGB, zum Inhalt. Das bedeutet aber nicht, dass der Eigentümer die Leistungen schuldet. Er hat vielmehr nur die Zwangsvollstreckung zu dulden. Dies bedeutet, dass der Verpflichtete nicht in Verzug kommen kann und keine Unmöglichkeit eintreten kann, da ihn keine Leistungspflicht trifft. Auf die Einreden sind die §§ 1137, 1138 BGB nicht anwendbar, da keine Akzessorietät zwischen den Leistungspflichten und der Reallast besteht. Die Reallast ist von dem zugrunde liegenden Rechtsverhältnis abstrakt. Es kann jedoch wie bei der Grundschuld durch einen Sicherungsvertrag eine schuldrechtliche Verknüpfung vorgenommen werden.

Auslegung objektiviert

C) Abgrenzung zu anderen Rechten

Im Unterschied zu den Dienstbarkeiten ist die Reallast nur auf positive Leistungen gerichtet.[562]

nur positive Leistungen

Im Gegensatz zur Rentenschuld ist ein bestimmter Ablösungsbetrag nicht notwendigerweise zu vereinbaren (vgl. dazu schon Rn 243). Auch müssen die Zahlungstermine nicht regelmäßig wiederkehrend oder die Geldbeträge im Voraus bestimmt sein. Nur die Reallast kann subjektiv dinglich bestellt werden, § 1105 II BGB. Nur die Rentenschuld kann in eine gewöhnliche Grundschuld umgewandelt werden, § 1203 BGB. Auch kann nur die Rentenschuld ein Briefrecht sein, die Reallast ist stets ein Buchrecht. Gem. § 1108 BGB besteht neben der dinglichen Haftung bei der Reallast kraft Gesetzes eine abdingbare persönliche Haftung.

D) Bestellung

Die Reallast kann gem. **§ 1105 I BGB** für eine bestimmte Person, also **„subjektiv-persönlich"**, oder gem. **§ 1105 II BGB** für den jeweiligen Eigentümer eines bestimmten Grundstücks, also **„subjektiv-dinglich"**, bestellt werden. In letztem Falle gilt wiederum § 96 BGB.

---

561 BGH, NJW 1990, 112 (114) = **juris**byhemmer.
562 BayObLG, MDR 1960, 50.

§ 18 DAS WOHNUNGSEIGENTUM NACH DEM WEG

A) Wesen und Bedeutung

Wohnungseigentum als Ausnahme zu § 93 BGB

Der gestiegene Bedarf an (eigenem) Wohnraum einerseits, die gewaltigen Kosten der Errichtung von Immobilien und die Knappheit des zur Verfügung stehenden Grund und Bodens andererseits haben den Anstoß zu einem Rechtsinstitut gegeben, das im Wohnungseigentumsgesetz (WEG)[563] von 1951 geregelt wurde. Durch das sog. „Wohnungseigentum" wird - abweichend von § 93 BGB - ermöglicht, Eigentum an räumlich bestimmten Teilen eines Hauses zu erwerben, sog. Sondereigentum, vgl. §§ 2, 3 WEG. Aufrechterhalten bleibt § 93 BGB aber insoweit, als alle Teile des Gebäudes, die für seinen Bestand und seine Sicherheit wesentlich sind, nach § 5 II WEG kein Sondereigentum, sondern gemeinschaftliches Eigentum aller Wohnungseigentümer sind.

> **hemmer-Methode:** Dabei handelt es sich vor allem um tragende Mauern, Stockwerksdecken, Treppen oder die Zentralheizung. Insoweit gilt wieder: Diese Teile sind nicht sonderrechtsfähig.

Sonder- und Gemeinschaftseigentum

Innerhalb desselben Gebäudes besteht somit ein Nebeneinander von Sondereigentum und gemeinschaftlichem Eigentum, das maßgeblich auf zweierlei Weise geregelt ist: Zum einen ist das gemeinschaftliche Eigentum als Mit-, nicht als Gesamthandseigentum gestaltet, § 1 II WEG, zum anderen ist das Sondereigentum untrennbar mit dem Miteigentumsanteil verbunden, vgl. § 6 WEG.

B) Begründung des Wohnungseigentums

Vertrag unter Miteigentümern oder Erklärung des Alleineigentümers

Das Wohnungseigentum als Verbindung von Sondereigentum an der Wohnung und Miteigentum an den Teilen i.S.d. § 5 II WEG wird begründet entweder durch Vertrag zwischen den bisherigen Miteigentümern am gesamten Gebäude (§ 3 WEG) oder durch Erklärung des Eigentümers gegenüber dem Grundbuchamt (§ 8 WEG). Bei der rechtsgeschäftlichen Bestellung ist gem. § 4 WEG für die Verpflichtung § 311b I BGB anwendbar (vgl. Abs. 3) und für die Verfügung gelten §§ 873, 925 BGB (vgl. Abs. 2).

Denkbar ist z.B. auch der Fall, dass eine GbR Eigentum an einem Mehrfamilienhaus hat und diese sich dergestalt auseinandersetzt, dass für die einzelnen Gesellschafter Wohnungseigentum begründet wird. Sollten die Wohnungen vermietet sein, würden dadurch die Gesellschafter in die Mietverträge eintreten, §§ 566, 578 I BGB.[564]

C) Rechte und Pflichten des Wohnungseigentümers

Verfügungsrecht bzgl. Sondereigentum

Der Wohnungseigentümer kann über sein Wohnungseigentum (nicht aber über das Sondereigentum alleine, § 6 I WEG) verfügen und die im Sondereigentum stehenden Räume vermieten oder verpachten, vgl. § 13 I WEG. Der schuldrechtliche Vertrag, der auf die Übertragung schon bestehenden Wohnungseigentums gerichtet ist, bedarf nach der h.M. der Form des § 311b I S. 1 BGB in unmittelbarer Anwendung.[565]

---

[563] Schönfelder Nr.37.

[564] BGH, Life&Law 2011, 265 ff. Im Anschluss daran – und das war eigentlich Gegenstand dieser Entscheidung – stellt sich dann oft die Frage, unter welchen Voraussetzungen eine Eigenbedarfskündigung möglich ist. Nach neuer Rechtsprechung genügt der Eigenbedarf des (ehemaligen) GbR-Gesellschafters auch dann, wenn er bei Abschluss des Mietvertrages noch gar nicht Gesellschafter der GbR war.

[565] Vgl. Palandt, § 4 WEG, Rn. 3; § 6 WEG, Rn. 5.

> **hemmer-Methode:** Teilweise kommt man also beim Wohnungseigentum sehr schnell in bekannte Gefilde. Und auch nur in diesen Konstellationen bietet es sich für die Klausur an. Es wird im Examen nichts Unmögliches von Ihnen verlangt! Arbeiten Sie sauber und stellen Sie fest, dass es sich um Wohnungseigentum handelt, finden Sie aber dann den (richtigen) Weg, der zu den bekannten Regelungen führt. Dann stellen sich z.B. bei § 311b I BGB die Probleme, die Sie kennen, sei es die Überwindung durch § 242 BGB, die Heilung, die Vormerkungsprobleme oder die bereicherungsrechtlichen Rückabwicklungsansprüche.

Die wichtigsten Pflichten des Wohnungseigentümers ergeben sich aus §§ 14, 15 WEG, nach denen kraft Gesetzes, aber auch durch mögliche gemeinschaftliche Regelung der Wohnungseigentümer bestimmte Nutzungsvorschriften bestehen.

Problem Danaergeschenk bei Übertragung von Wohnungseigentum auf Minderjährigen?

Der am häufigsten in diesem Kontext zitierte Fall betrifft die Schenkung einer Wohnung an einen Minderjährigen durch seinen Erziehungsberechtigten. Dazu bietet sich das Wohnungseigentum an, da hier die Bindung durch Gesetz bzw. Gemeinschaftsordnung einerseits an die Erlangung der dinglichen Rechtsposition angeknüpft ist, andererseits sich die Verpflichtung nicht, wie z.B. bei einer Hypothek, in der Duldung der Verwertung des Grundstücks erschöpft, sondern eine persönliche Haftung gegeben ist.

> *Bsp.[566]: Vater V schenkt seinem 16-jährigen Sohn S eine Eigentumswohnung, gleichzeitig wird Einigung über den Rechtsübergang erklärt. Notarielle Form wird eingehalten. Gleichzeitig wird aber vereinbart, dass der Sohn in die Gemeinschaftsordnung der Wohnanlage eintreten solle.* **Ist S Eigentümer der Wohnung geworden?**

Sohn S könnte gemäß §§ 873, 925, § 4 II WEG Eigentum erworben haben.. Durch das sog. „Wohnungseigentum" wird - abweichend von § 93 BGB - ermöglicht, Eigentum an räumlich bestimmten Teilen eines Hauses zu erwerben, sog. Sondereigentum, vgl. §§ 2, 3 WEG. Die Übertragung von „Wohnungseigentum" i.d.S. erfolgt gem. § 4 I, II WEG wie die Übertragung von Miteigentumsanteilen an einem Grundstück nach §§ 873, 925 BGB.

Dingliche Einigung

a) Dingliche Einigung gem. §§ 4 I, II WEG, 873 I, 925 BGB

Die dingliche Einigung über den Eigentumsübergang gem. § 4 I, II WEG, § 925 BGB könnte unwirksam sein, wenn ein unzulässiges Insichgeschäft vorliegen würde, §§ 1629 II S. 1, 1795 II, 181 BGB. In diesem Fall müsste das Familiengericht gem. §§ 1693, 1909 BGB einen Ergänzungspfleger für S bestellen.

aa) Im vorliegenden Fall könnte bei der dinglichen Einigung im Wege teleologischer Reduktion eine Ausnahme vom Verbot des Selbstkontrahierens bestehen, wenn die Übereignung der Wohnung lediglich rechtlich vorteilhaft war. In diesem Fall scheidet eine Interessenkollision und Gefährdung des Vertretenen denknotwendig aus.

Ein auf den Erwerb einer Sache gerichtetes Rechtsgeschäft ist für den Minderjährigen nicht lediglich rechtlich vorteilhaft, wenn er in dessen Folge mit Verpflichtungen belastet wird, für die er nicht nur dinglich mit der erworbenen Sache, sondern auch persönlich mit seinem sonstigen Vermögen haftet.

Ob auch die Auflassung einer Eigentumswohnung in diesem Sinne für den Minderjährigen nicht lediglich rechtlich vorteilhaft ist, wird unterschiedlich beurteilt.

(1) Nach e.A. ist der Erwerb einer Eigentumswohnung im Grundsatz lediglich rechtlich vorteilhaft Anders soll dies nur dann sein,

---

[566] BGH, Life&Law 2011, 135 ff. = NJW 2010, 3643 f. = **juris**byhemmer.

⇨ wenn die Gemeinschaftsordnung erhebliche Verschärfungen zu Lasten des Minderjährigen vorsieht,

⇨ wenn ein Verwaltervertrag besteht und der Minderjährige mit dem Erwerb der Eigentumswohnung in diesen eintritt oder

⇨ wenn die Eigentumswohnung vermietet ist.

(2) Nach der Gegenauffassung kommt es weder auf das Bestehen eines Verwaltervertrags noch auf den genauen Inhalt der Teilungserklärung an. Danach ist der Erwerb einer Eigentumswohnung durch einen Minderjährigen stets als nicht lediglich rechtlich vorteilhaft anzusehen[567], weil der Minderjährige mit dem Erwerb der Eigentumswohnung nicht nur deren Eigentümer, sondern auch Mitglied der Wohnungseigentümergemeinschaft. Für deren Verbindlichkeiten hafte er, wenn auch beschränkt auf seinen Anteil, nicht nur mit dem geschenkten Gegenstand, sondern auch mit seinem übrigen Vermögen.

(3) Früher hat der BGH entschieden, dass der Erwerb einer Eigentumswohnung jedenfalls dann als nicht lediglich rechtlich vorteilhaft anzusehen ist, wenn die Gemeinschaftsordnung nicht unerheblich zu seinen Lasten abweicht (BGHZ 78, 28, 32). Ob der Erwerb einer Eigentumswohnung für einen Minderjährigen unabhängig hiervon nicht lediglich rechtlich vorteilhaft ist, weil er durch den Erwerb Mitglied der Wohnungseigentümergemeinschaft und für ihre Verbindlichkeiten einzustehen hat, hat er bislang offen gelassen.

(4) Der BGH entscheidet diese Frage nun dahingehend, dass der Erwerb einer Eigentumswohnung für einen Minderjährigen nie lediglich rechtlich vorteilhaft ist. Es kommt weder auf die Ausgestaltung der Teilungserklärung noch darauf an, ob bei Vollzug des Erwerbs ein Verwaltervertrag besteht oder ob die Eigentumswohnung vermietet ist.

Der Erwerb einer Eigentumswohnung ist für den Minderjährigen jedenfalls deshalb nicht lediglich rechtlich vorteilhaft, weil er mit dem Erwerb der Eigentumswohnung nicht nur einen Vermögensgegenstand erwirbt, sondern Mitglied der Wohnungseigentümergemeinschaft wird. Die den Minderjährigen damit kraft Gesetzes treffenden persönlichen Verpflichtungen können nicht als ihrem Umfang nach begrenzt und wirtschaftlich so unbedeutend angesehen werden, dass sie unabhängig von den Umständen des Einzelfalls eine Verweigerung der Genehmigung durch den gesetzlichen Vertreter oder durch einen Ergänzungspfleger nicht rechtfertigen könnten. Denn als Mitglied der Wohnungseigentümergemeinschaft ist der Minderjährige nach § 16 II WEG nicht nur verpflichtet, sich entsprechend seinem Anteil an den Lasten des gemeinschaftlichen Eigentums zu beteiligen. Er muss vielmehr anteilig auch die Kosten der Instandhaltung, Instandsetzung, sonstigen Verwaltung und eines gemeinschaftlichen Gebrauchs des gemeinschaftlichen Eigentums zu tragen. Diese Kosten können ein je nach dem Alter und dem Zustand des Gebäudes, in dem sich die Eigentumswohnung befindet, ganz erhebliches Ausmaß annehmen. Hinzu kommt, dass der Minderjährige als Wohnungseigentümer nach § 16 II WEG verpflichtet ist, sich durch Sonderumlagen an Wohngeldausfällen zu beteiligen.

Hinzu kommt außerdem, dass der Minderjährige als Wohnungseigentümer nach § 10 VIII S. 1, 1. Hs. WEG infolge des Erwerbs der Eigentumswohnung kraft Gesetzes den Gläubigern der Wohnungseigentümergemeinschaft für Verbindlichkeiten haftet, die während seiner Zugehörigkeit zur Gemeinschaft entstehen, oder während dieses Zeitraums fällig werden. Die Haftung ist zwar der Höhe nach auf einen Betrag begrenzt, der seinem Anteil am Gemeinschaftseigentum entspricht. In diesem Umfang haftet der Minderjährige aber nicht nur mit der ihm geschenkten Eigentumswohnung, sondern auch mit seinem übrigen Vermögen. Es liegt daher nicht anders als bei einem Minderjährigen, dem ein vermietetes oder verpachtetes Grundstück geschenkt werden soll. Auch dessen Erwerb ist für ihn nicht lediglich rechtlich vorteilhaft, weil er mit dem Erwerb des Grundstücks nach § 566 I BGB kraft Gesetzes als Vermieter bzw. Verpächter in das Miet- oder Pachtverhältnis eintritt und als Folge davon die den Vermieter bzw. Verpächter treffenden Verpflichtungen auch unter Einsatz seines übrigen Vermögens zu erfüllen hat.[568]

---

[567] OLG München, ZEV 2008, 246, 247 = **juris**byhemmer.

[568] **BGH, Life&Law 2005, 203 ff.** = NJW 2005, 415 ff. = **juris**byhemmer.

Zwischenergebnis: Eine Ausnahme vom Verbot des Selbstkontrahierens im Wege der teleologischen Reduktion ist daher abzulehnen.

b) Im vorliegenden Fall könnte V das Insichgeschäft aber in Erfüllung einer (wirksamen) Verbindlichkeit (Schenkung) getätigt haben. In diesem Fall ist das Insichgeschäft ausdrücklich zulässig, § 181 BGB a.E.

aa) Der Schenkungsvertrag wurde gem. § 4 III WEG, § 311b I S. 1 BGB wirksam notariell beurkundet.

bb) Zwar lag auch beim Schenkungsvertrag ein Selbstkontrahieren vor. Da die Schenkung aber lediglich rechtlich vorteilhaft ist, war das Insichgeschäft der Eltern beim Kausalgeschäft zulässig, sodass die Eltern bei der dinglichen Einigung in Erfüllung einer Verbindlichkeit gehandelt haben könnten. Dieses Ergebnis kann nicht richtig sein, da ansonsten die Eltern rechtlich nachteilige Verfügungen im Wege eines Insichgeschäfts vornehmen könnten, wenn als „causa" ein Schenkungsvertrag vorliegen würde (sog. „**Danaergeschenk**").

> **hemmer-Methode:** Der Begriff Danaergeschenk stammt aus der griechischen Mytologie. Man versteht darunter in Anlehnung an das Trojanische Pferd der griechischen Danaer ein Geschenk, das sich für den Empfänger als unheilvoll und schadensstiftend erweist.

(1) Um dieses erkennbar unrichtige Ergebnis zu vermeiden wurde früher vom BGH die Frage, ob die Schenkung tatsächlich rechtlich vorteilhaft ist, durch eine **Gesamtbetrachtung des schuldrechtlichen und des dinglichen Vertrages** bestimmt. War also nicht das schuldrechtliche, aber das dingliche Geschäft für den Minderjährigen nachteilig, so sollte damit die Schenkung insgesamt als nicht lediglich rechtlich vorteilhaft zu beurteilen sein. Die Folge hieraus ist, dass die Schenkung unwirksam ist, es somit an einer wirksamen Verbindlichkeit fehlt und damit auch das Insichgeschäft bei der Übereignung nicht zulässig wäre.

(2) Dieser Rechtsprechung, die nur im Ergebnis überzeugt, wurde aber stets zu Recht vorgeworfen, dass sie mit der Gesamtbetrachtung von Verpflichtung und Verfügung das Abstraktionsprinzip in gefährlicher Art und Weise vernachlässige. Die Literatur hat daher die Zulässigkeit eines Insichgeschäfts gem. § 181 BGB a.E. teleologisch eingeschränkt und ein Insichgeschäft in Erfüllung einer Verbindlichkeit nur zugelassen, wenn und soweit das Erfüllungsgeschäft für den Minderjährigen **im Ergebnis** lediglich rechtlich vorteilhaft ist.

(3) Der BGH hat zwischenzeitlich seine **Rechtsprechung zur Gesamtbetrachtung aufgegeben** und folgt nur der zuletzt genannten Ansicht.

b) Ergebnis:

Damit liegt keine Erfüllung einer Verbindlichkeit im Sinne des § 181 BGB a.E. vor, da die Erfüllung im Ergebnis zu einem Nachteil führt. Der Vater konnte daher nicht im Wege des Insichgeschäfts die Eigentumswohnung auf seinen 16-jährigen Sohn übertragen.

> **hemmer-Methode:** Die Genehmigung der Auflassung durch das Familiengericht ist dagegen nicht erforderlich, da ein Erwerbsgeschäft keine Verfügung über das Vermögen des Minderjährigen darstellt, die nach §§ 1643 I, 1821 I Nr. 1 BGB genehmigungspflichtig wäre. Es ist auch nicht nach §§ 1643 I, 1821 I Nr. 4 BGB als Verfügung über den Anspruch auf Übereignung genehmigungspflichtig, weil die Erfüllung des Anspruchs des Minderjährigen auf Übereignung von der Norm nicht erfasst wird. Dies entspricht der absolut h.M. und wurde in dieser Entscheidung vom BGH auch ausdrücklich bestätigt.[569]

---

[569] § 1821 I Nr. 4 BGB ist bei einer Schenkung von Wohnungseigentum aber dann anwendbar, wenn für bestimmte Fälle ein Rückübertragungsanspruch Dritter begründet wird. Eine vormundschaftliche Genehmigung ist schon bei Zweifeln darüber, ob der Minderjährige nur mit dem geschenkten Gegenstand haftet, erforderlich, BGH in **Life&Law 1998, 301**.

> Ist das schenkweise übereignete Grundstück mit einer Reallast belastet, liegt eine rechtlich nachteilige Übereignung vor, da der Grundstückseigentümer gem. § 1108 I BGB für die während der Dauer seines Eigentums fällig werdenden Leistungen grds. auch persönlich haftet.
> Ein weiteres klassisches Beispiel ist die schenkweise Übereignung eines vermieteten Grundstücks an den Minderjährigen. Auch hier liegt eine rechtlich nachteilige Übereignung vor, da der Grundstückserwerber gem. §§ 578 I, 566 BGB kraft Gesetzes Vermieter wird. Durch den Eintritt in das Mietverhältnis trifft den minderjährigen Erwerber nun (z.B.) die rechtliche Verpflichtung, nach § 535 I S.2 BGB das vermietete Grundstück im vertragsgemäßen Zustand zu erhalten bzw. nach den §§ 536 ff. BGB Gewähr zu leisten.
> Lesen Sie dazu auch die ausführliche Falllösung in Life&Law 2005, 203 ff.

D) Das Verhältnis der Wohnungseigentümer untereinander

Sondervorschriften des WEG

Das Verhältnis der Wohnungseigentümer untereinander ist nicht als Gesamthand, sondern - der Ausgestaltung des gemeinschaftlichen Eigentums als Miteigentum entsprechend - als Gemeinschaft ausgestaltet, wobei wichtiger als die §§ 741 ff. BGB die Vorschriften des WEG (z.B. die §§ 14, 15 WEG sowie die Verwaltungsvorschriften, §§ 20 ff. WEG) sowie die Vereinbarungen der Miteigentümer sind, vgl. §§ 10 - 12, 15 WEG. Obwohl angesichts der großen Zahl von Eigentumswohnungen nicht ohne praktische Bedeutung, ist eine nähere Darstellung für das Examen nicht erforderlich.[570]

---

[570] Zu weiter gehenden Fragen sei für einen ersten Einstieg verwiesen auf die Kommentierung des WEG in Palandt. Von praktischem Interesse ist v.a. das Verfahren nach § 43 WEG, durch den eine Zuständigkeit des AG für Streitigkeiten über Rechte und Pflichten der Wohnungseigentümer und die Gültigkeit von Beschlüssen in einem Verfahren der freiwilligen Gerichtsbarkeit begründet wird.

§ 19 DAS ERBBAURECHT

A) Rechtsinhalt

grundstücksgleiches Recht

Das Erbbaurecht ist nach der Legaldefinition in § 1 I ErbbauRG eine besondere Form der Belastung eines Grundstücks, also genau genommen ein beschränktes dingliches Recht. Es wird aber vom Gesetz behandelt wie ein Grundstück selbst, sodass auf das Erbbaurecht viele Vorschriften über das Grundstückseigentum anzuwenden sind, § 11 ErbbauRG. Das Erbbaurecht berechtigt nach § 1 I ErbbauRG zum Errichten und Haben beliebiger Bauwerke auf oder unter der Oberfläche des belasteten Grundstücks, kann aber im Unterschied zum Wohnungseigentum nicht auf Gebäudeteile oder Stockwerke beschränkt werden, § 1 III ErbbauRG.

Besonderheiten

Die wesentliche Besonderheit besteht darin, dass ein in Ausübung des Erbbaurechts errichtetes oder bereits vor der Bestellung des Erbbaurechts gebautes Bauwerk als wesentlicher Bestandteil des Erbbaurechts gilt, § 12 I ErbbauRG. Ein solches Bauwerk unterfällt damit nicht nach § 94 BGB als wesentlicher Bestandteil dem Eigentum des Grundstückseigentümers, § 12 II ErbbauRG. Das Erbbaurecht bietet damit dem Erbbauberechtigten die sozialpolitisch erwünschte Möglichkeit, Eigentümer eines Gebäudes ohne gleichzeitigen Erwerb eines Grundstücks zu werden. Zugleich erhält auch der Grundstückseigentümer durch das Erbbaurecht wesentliche Vorteile. Er bleibt weiter Eigentümer, kann also später den gestiegenen Grundstückswert realisieren und erhält mit dem Erbbauzins Leistungen, die den Kaufpreis im Laufe der Zeit durchaus übersteigen können.

Erbbauzins

Ob und welches Entgelt für die Bestellung eines Erbbaurechts geschuldet ist, ergibt sich aus dem schuldrechtlichen Grundgeschäft. Typisch ist insbesondere ein Entgelt in wiederkehrenden Leistungen (Erbbauzins, § 9 ErbbauRG). Ist eine spätere Änderung des Erbbauzinses vereinbart, beschränkt § 9a ErbbauRG wiederum aus sozialen Erwägungen den hieraus erwachsenden Erhöhungsanspruch.

B) Bestellung des Erbbaurechts

Bestellung des Erbbaurechts

Als Grundstücksbelastung (§ 1 I ErbbauRG) wird das Erbbaurecht grundsätzlich gem. § 873 I BGB durch Einigung und Eintragung bestellt. Nach § 11 ErbbauRG sind auf das Erbbaurecht, also insbesondere auf seine Bestellung, außerdem die sich auf Grundstücke beziehenden Vorschriften des BGB mit Ausnahme vor allem des § 925 BGB anwendbar. Daraus folgt, dass das Erbbaurecht gem. § 11 ErbbauRG, § 873 BGB durch formlose Einigung und Eintragung bestellt wird. Wie sich im Umkehrschluss aus den §§ 11 I S. 2, 1 IV S. 1 ErbbauRG ergibt, kann das Erbbaurecht auch unter einer aufschiebenden Bedingung oder Zeitbestimmung bestellt werden.

Form des Grundgeschäfts

Der Formvorschrift des § 311b I S. 1 BGB unterliegen die schuldrechtlichen Verpflichtungen zu Bestellung, Erwerb und Übertragung des Erbbaurechts, § 11 II, I ErbbauRG. Im Umkehrschluss aus § 11 II ErbbauRG folgt, dass die Verpflichtung zur Belastung hingegen formfrei wirksam ist.

Rangstelle

Bemerkenswert ist, dass ein Erbbaurecht grundsätzlich nur an erster Rangstelle bestellt und nachträglich im Rang nicht verändert werden kann, § 10 ErbbauRG. Dies hat in der Zwangsversteigerung des Grundstücks die Folge, dass das Erbbaurecht gem. §§ 44 f. ZVG bei der Feststellung des geringsten Gebots als vorhergehendes Recht zu berücksichtigen ist und deshalb nicht gem. § 52 I S. 1 ZVG erlischt.

C) Übertragung und Belastung des Erbbaurechts

Übertragung des Erbbaurechts

Aus der Rechtsnatur als grundstücksgleiches Recht ergibt sich auch die Übertragbarkeit und Belastbarkeit des Erbbaurechts, vgl. §§ 1 I, 11, 18 ff., 29, 33 ErbbauRG. Die Übertragung erfolgt ebenfalls gem. § 11 ErbbauRG, § 873 BGB durch formlose Einigung und Eintragung, wobei die Übertragung gem. § 11 I S. 2 ErbbauRG bedingungsfeindlich ist. Gem. § 5 I ErbbauRG kann (abweichend von § 137 S. 1 BGB) hinsichtlich der Übertragbarkeit des Erbbaurechts eine Verfügungsbeschränkung in Gestalt einer notwendigen Zustimmung des Grundstückseigentümers vereinbart werden.

Belastung des Erbbaurechts

Zulässig ist die Belastung (gem. § 11 ErbbauRG, § 873 BGB wiederum durch formfreie Einigung und Eintragung) des Erbbaurechts mit jedem Recht, das an einem Grundstück bestellt werden kann, also auch mit einem (Unter-)Erbbaurecht selbst.[571] Der Erbbauberechtigte hat damit wie der Eigentümer die Möglichkeit, etwa durch Grundpfandrechte Sicherheiten für die zum Hausbau benötigte Finanzierung zu bestellen. Auch die Belastung mit bestimmten Rechten kann von einer Zustimmung des Grundstückseigentümers abhängig gemacht sein, § 5 II ErbbauRG.

D) Beendigung des Erbbaurechts

Erlöschen

Erlischt das Erbbaurecht durch Ablauf der vereinbarten Zeit (§ 27 I ErbbauRG) oder durch Aufhebung gem. §§ 26, 11 ErbbauRG, § 875 BGB, finden wieder die §§ 93 ff. BGB Anwendung. Das Gebäude fällt dann an den Grundstückseigentümer. Dem Erbbauberechtigten steht hierbei hinsichtlich des Gebäudes kein Wegnahme- oder Aneignungsrecht zu, § 34 ErbbauRG. Das Erbbaurecht erlischt aber nicht durch die Vereinigung mit dem Eigentum in einer Person, § 11 I ErbbauRG, § 889 BGB. Für den Wert des durch das Erlöschen des Erbbaurechts erworbenen Bauwerkes hat der Eigentümer eine Entschädigung an den Erbbauberechtigten zu zahlen (§ 27 ErbbauRG), die nur im Falle des § 27 II ErbbauRG nicht den tatsächlichen Gebäudewert erreichen muss. Die Entschädigungspflicht kann grundsätzlich bei der Bestellung des Erbbaurechts ausgeschlossen werden, § 27 I S. 2 ErbbauRG (Ausnahme: § 27 II S. 2 ErbbauRG). Zudem kann der Eigentümer gem. § 27 III ErbbauRG durch ein Verlängerungsangebot die Entschädigungspflicht abwenden.

Heimfall

Inhalt des Erbbaurechts kann die Verpflichtung sein, es bei bestimmten Voraussetzungen an den Grundstückseigentümer zu übertragen, sogenannter Heimfall (§ 2 Nr. 4 ErbbauRG). Der Heimfall führt als besonderer Fall der Vereinigung von Eigentum und Recht am Grundstück nicht zum Erlöschen des Erbbaurechts, § 11 I ErbbauRG, § 889 BGB. Der Eigentümer hat grundsätzlich für den Heimfall eine angemessene Vergütung zu zahlen, § 32 ErbbauRG. Auch beim Heimfall sind Aneignungs- oder Wegnahmerechte ausgeschlossen, § 34 ErbbauRG.

> **hemmer-Methode:** In der Klausur dürften zum Erbbaurecht kaum Spezialkenntnisse erwartet werden. Entscheidend wäre dann, anhand der übersichtlichen gesetzlichen Regelung sowie mittels allgemeiner Sachenrechtsgrundsätze eine vertretbare Lösung zu erarbeiten. Über die §§ 1, 11 f. ErbbauRG gelangt man zudem leicht ins allgemeine Grundstücksrecht des BGB, sodass Sie sich (zumindest nach der Lektüre dieses Skripts) in bekannten Gefilden bewegen sollten!

---

[571] Palandt, § 11 ErbbauRG, Rn. 7.

§ 20 DIE RANGORDNUNG VON GRUNDSTÜCKSRECHTEN

A) Allgemeines

Bedeutung des Ranges

Die verschiedenen Rechte an einem Grundstück stehen untereinander in einem Rangverhältnis. Dieses ist vor allem relevant in der Zwangsversteigerung, wenn es um die Verteilung des Erlöses geht, der eventuell nicht zur Befriedigung aller Gläubiger ausreicht.

vor allem in der Zwangsvollstreckung

Von Bedeutung ist hier der Begriff des geringsten Gebots. Gem. § 44 I ZVG ist nämlich nur ein solches Gebot zulässig, bei dem die Rechte, die dem die Zwangsvollstreckung betreibenden Gläubiger vorgehen, und die Versteigerungskosten abgedeckt sind.

Gem. § 52 ZVG bleiben die in das geringste Gebot fallenden Rechte bei einem Zuschlag nach § 90 ZVG bestehen. Alle übrigen Rechte erlöschen und werden der Rangfolge des § 10 ZVG entsprechend befriedigt. Hierbei kann es schnell vorkommen, dass nachrangige Gläubiger gänzlich oder zum Teil ausfallen. Schon diese kurzen Ausführungen zeigen, dass es für die Bestimmung des Wertes einer Sicherheit ganz entscheidend auf ihren Rang ankommt. Der Rang ist von untergeordneter Bedeutung, solange der Eigentümer in der Lage ist, allen seinen Verpflichtungen nachzukommen. Aber Sicherheiten werden ja gerade für den Fall bestellt, dass der Sicherungsgeber zahlungsunfähig wird.

Bei Dienstbarkeiten und Nießbräuchen bestimmt der Rang schließlich, in welcher Reihenfolge die Nutzungen zu verteilen sind, §§ 1024, 1060, 1090 BGB.

Prinzip der gleitenden Rangordnung

Das BGB hat sich für das Prinzip der gleitenden Rangordnung entschieden, wonach im Fall des Erlöschens vorrangiger Rechte die nachfolgenden automatisch aufrücken. Relativiert wird dieser Grundsatz aber dadurch, dass bei Befriedigung eines Hypothekengläubigers regelmäßig eine Eigentümergrundschuld entsteht, sodass der Rang fürs erste besetzt bleibt. Inhaber nachrangiger Grundpfandrechte werden ihrerseits wieder geschützt über § 1179a BGB.[572]

B) Die gesetzliche Rangbestimmung

§ 879 I BGB: gesetzliche Rangordnung

Wenn die Parteien bzgl. des Ranges keine Vereinbarung treffen, bleibt es bei der gesetzlichen Rangordnung nach § 879 I BGB. Es gilt hier grundsätzlich das Prioritätsprinzip, wobei allein die Eintragung maßgebend ist und das selbst dann, wenn das betreffende Recht mangels Einigung nach gar nicht entstanden ist, § 879 II BGB.

Lokusprinzip

Das Gesetz unterscheidet des Weiteren danach, ob die beschränkten dinglichen Rechte in derselben Abteilung eingetragen sind oder nicht. Für Rechte innerhalb derselben Abteilung gilt nach der h.M.[573] das Lokusprinzip, d.h. entscheidend ist die räumliche, nicht die zeitliche Reihenfolge, wobei sich beide für den Regelfall entsprechen.

Steht die räumliche Reihenfolge ausnahmsweise offensichtlich im Widerspruch zu dem Datum der Eintragung, so wird zum Teil auch vertreten, dass aufgrund einer teleologischen Reduktion des Lokusprinzips die zeitliche Reihenfolge maßgebend sein müsse.

---

572 Vgl. oben unter Rn. 212 f.
573 Vgl. Palandt, § 879 BGB, Rn. 8.

möglich: Gleichrangvermerk	Sollen die Rechte in derselben Abteilung den gleichen Rang haben, so ist die Eintragung eines Gleichrangvermerks erforderlich.
Tempusprinzip	Handelt es sich dagegen um Rechte aus verschiedenen Abteilungen, so ist nach § 879 I S. 2 BGB das Datum der Eintragung maßgebend, es gilt also das Tempusprinzip.
Prioritätsgrundsatz formell über §§ 17, 45 GBO	In der Praxis wird der Prioritätsgrundsatz durch das formelle Grundbuchrecht gewährleistet, wonach der Grundbuchbeamte verpflichtet ist, die Eintragungen entsprechend der Reihenfolge der Eintragungsanträge vorzunehmen, §§ 17, 45 GBO.
bei Verstoß gegen §§ 17, 45 GBO ⇨ Grundbuch wird nicht unrichtig	Verstößt der Grundbuchbeamte gegen diese Sollvorschrift (indem er einen später eingegangenen Antrag pflichtwidrig zuerst einträgt), wird das Grundbuch dadurch nicht unrichtig, denn maßgebend ist der Zeitpunkt der tatsächlichen Eintragung und nicht ein hypothetischer, an dem die Eintragung ordnungsgemäß hätte vorgenommen werden müssen. An dieser Stelle zeigt sich erneut die Formalisierung des Grundbuchrechts, die den Interessen des Rechtsverkehrs dienen soll.
h.M.: Kein Ausgleich nach § 812 I S. 1 Alt. 2 BGB	Die h.M. lehnt es auch ab, dem durch die pflichtwidrige Eintragung Benachteiligten Ansprüche aus ungerechtfertigter Bereicherung einzuräumen.[574] Denkbar wäre an sich ein Anspruch aus Eingriffskondiktion, den die h.M. aber daran scheitern lässt, dass der Benachteiligte eben wegen des fehlenden zwingenden Charakters der §§ 17, 45 GBO noch keine absolut geschützte Rechtsstellung innegehabt habe. Schließlich kann man auch die Rechtsgrundlosigkeit der Bereicherung verneinen, wenn man davon ausgeht, dass § 879 BGB die endgültige Fixierung der Rangverhältnisse beabsichtigt und insofern selbst einen Rechtsgrund i.S.d. § 812 BGB darstellt.
nur § 839 BGB i.V.m. Art. 34 GG	Dem Benachteiligten bleibt somit nur der Amtshaftungsanspruch nach § 839 BGB i.V.m. Art. 34 GG.
anders bei missglückter Rangvereinbarung	Von der oben erörterten Konstellation ist der Fall der missglückten Rangvereinbarung zu unterscheiden, bei der der Eigentümer zunächst ausdrücklich eine erstrangige Sicherheit und dann eine zweitrangige bestellt und dann die zweite zuerst eingetragen wird.
	Hier sind sicherlich beide Grundpfandrechte entstanden, denn dem Gläubiger, zu dessen Gunsten die erstrangige Hypothek bestellt werden sollte, wird eine zweitrangige immer noch lieber sein als gar keine (vgl. § 139 BGB). Aufgrund des Verständnisses der h.M. von § 879 BGB ist das Grundbuch aber auch nicht unrichtig, da für den Rang der tatsächliche Zeitpunkt der Eintragung maßgebend ist.
	Da der Eigentümer gegen Bestellung einer nur zweitrangigen Sicherheit i.d.R. einen höheren Zins für das Darlehen zahlen muss, kann er von dem zweiten Sicherungsnehmer entweder aus schuldrechtlicher Vereinbarung oder aus Bereicherung eine Rangänderung verlangen. Nach dem Gedanken des § 285 I BGB kann man annehmen, dass der Eigentümer zur Abtretung dieses Anspruchs an den benachteiligten Sicherungsnehmer verpflichtet ist. Direkte Ansprüche zwischen den Sicherungsnehmern scheiden dagegen aus.

---

[574] BGHZ 21, 98.

> **hemmer-Methode:** Die Problematik des § 879 BGB ist mit Sicherheit nicht leicht zu verstehen. Im Examen muss mit ihr aber sehr wohl gerechnet werden. Insbesondere die Position der h.M. in der Grundkonstellation muss Ihnen bekannt sein: **Verstöße gegen §§ 17, 45 GBO machen das Grundbuch niemals unrichtig. Nach der h.M. scheiden sogar Bereicherungsansprüche aus!**

Eine Rangbestimmung nach § 879 III BGB ist bei der Bestellung des Rechts zwar möglich, aber ohne praktische Relevanz.

C) Die nachträgliche Rangänderung nach § 880 BGB

§ 880 BGB

Sowohl zwischen zwei existierenden als auch zwischen einem eingetragenen und einem noch einzutragenden Recht ist eine Rangänderung möglich. Diese ist in § 880 BGB geregelt und stellt ein dingliches Rechtsgeschäft dar, das der Einigung zwischen dem Inhaber des zurücktretenden und dem des vortretenden Rechts, sowie der Eintragung bedarf. Die Einwilligung des Eigentümers nach § 880 II S. 2 BGB ist nötig, da jedes Grundpfandrecht eine potenzielle Eigentümergrundschuld bedeutet, vgl. §§ 1163, 1177 BGB.

Obwohl die Rangänderung dingliche Wirkung hat, wirkt sie nur zwischen dem Zurücktretenden und dem Vortretenden. Die rechtliche Stellung von Inhabern sog. Zwischenrechte wird durch sie nicht berührt, § 880 V BGB.

D) Der Rangvorbehalt

§ 881 BGB

Mit einem Rangvorbehalt hat der Eigentümer die Möglichkeit, eine Rangstelle für ein späteres Recht zu reservieren (z.B. für eine Baugeldhypothek, die generell nur an erster Stelle gewährt wird). Der Vorbehalt bedarf der Einigung zwischen Eigentümer und dem Erwerber des beschränkten Rechts, wobei das Recht, das diesem Recht später vorgehen soll, dem Umfang nach bestimmt sein muss. Wird später ein Recht unter Ausnutzung des Vorranges vor dem belasteten Recht eingetragen, so geht es diesem vor.

relative Rangordnung

Der Rangvorbehalt hat wie eine Rangänderung nur relative Wirkung, d.h. ein Recht, das nach dem belasteten und vor dem vorbehaltenen Recht eingetragen wird, wird durch den Rangvorbehalt nicht berührt. Diesem Recht geht bei der Erlösverteilung nur das zeitlich früher eingetragene belastete Recht, nicht aber das zeitlich später eingetragene Recht vor, § 880 V BGB. Es entsteht also eine relative Rangordnung, vgl. Beispiel unten.

§ 881 IV BGB

Außerdem soll der Vorbehalt auch für den Inhaber des mit dem Vorbehalt belasteten Rechts nicht durch die Eintragung weiterer Rechte dazu führen, dass er schlechter steht, als ihn der Vorbehalt ohne das spätere Recht belasten würde, § 881 IV BGB. Diese Regelung rechtfertigt sich daraus, dass bei Eintragung des Rangvorbehalts noch keine Zwischenrechte existent waren und der den Vorbehalt Einräumende auf ihre Entstehung auch keinen Einfluss hat. Dies gilt natürlich nur für Rechte, die vor dem vorbehaltenen Recht (sog. Zwischenrechte) eingetragen werden, da spätere Rechte dem vorbehaltenen Recht sowieso rangmäßig nachfolgen.

> *Bsp.:* Dem A wird an dem Grundstück des E eine Hypothek i.H.v. 40.000,- € eingeräumt mit einem Rangvorbehalt für ein Recht i.H.v. 100.000,- €. Später wird eine Zwangshypothek für B i.H.v. 80.000,- € eingetragen. Nun wird dem C unter Ausnutzung des Rangvorbehalts eine Hypothek i.H.v. 100.000,- € bestellt. I.R.d. Zwangsversteigerung wird nach Abzug der Kosten ein Erlös i.H.v. 110.000,- € erzielt. Wie ist dieser zu verteilen?

Bestünde das Recht des C nicht, wäre die Lösung des Falls einfach. A erhielte 40.000,- € und B die restlichen 70.000,- €. I.H.v. 10.000,- € fiele er aus.

An diesem Ergebnis darf sich auch durch die Einräumung des Rangvorbehalts nichts ändern, wenn das vorbehaltene Recht entsteht, § 880 V BGB. B dürfen aus seiner Sicht nur 40.000,- € vorgehen. Aufgrund des Rangvorbehalts geht das Recht des C dem des A vor. Aber auch die Rechtsstellung des A soll sich durch das inzwischen eingetragene Recht des B nicht verschlechtern. A muss sich daher nur 100.000,- € zugunsten des C, nicht aber etwa 140.000,- € vorgehen lassen.

Der Rangvorbehalt bewirkt eine sog. relative Rangfolge: A hat den Rang nach C, aber vor B. C wiederum hat den Rang vor A, aber nach B. Im Ergebnis erhält A also 10.000,- € (110.000,- € - 100.000,- €), B erhält 70.000,- € (110.000,- € - 40.000,- €) und C die restlichen 30.000,- €.

hemmer-Methode: Bei dem Rangvorbehalt handelt es sich um ein kniffliges Problem des Immobiliensachenrechts. Sowohl für den Inhaber des belasteten Rechts als auch den des Zwischenrechts müssen Sie isoliert ermitteln, wie viel sich der Betreffende vorgehen lassen muss. Dabei ist die Obergrenze der Zuteilung selbstverständlich der Wert des eingetragenen Rechts. Der Rest des Erlöses fällt dann an den, zu dessen Gunsten der Vorbehalt eingeräumt wurde.
Dabei kann es durchaus einmal zu widersprüchlichen Ergebnissen kommen: Wäre im vorliegenden Fall ein Erlös von 130.000,- € erzielt worden, sähe die Verteilung wie folgt aus:
A erhielte 30.000,- € (130.000,- € - 100.000,- €), B 80.000,- € (130.000,- € - 40.000,- € = 90.000,- €, die Zwangshypothek beläuft sich aber nur auf einen Betrag von 80.000,- €!) und C schließlich die restlichen 20.000,- €.
C steht bei einem Verkaufserlös von 110.000,- € also besser da als bei einem Erlös von 130.000,- €!

Aufgrund der Gefahr von Zwischeneinträgen, welche die Verteilung des Erlöses unkalkulierbar machen, hat der Rangvorbehalt in der Praxis keine große Bedeutung. Der Eigentümer, der eine Rangstelle freihalten will, wird daher vielmehr eine Eigentümergrundschuld bestellen, die er jederzeit zur Kreditsicherung an einen Gläubiger abtreten kann.

Schon gewusst? Wiederholen Sie die Fragen und Antworten mit den hemmer AudioCards oder der hemmer-app! Hören und Lesen optimieren Ihren Lernerfolg. Profitieren Sie von **unseren mp-3-fähigen Audio-Dateien**. Fragen und Antworten sind von langjährigen Repetitoren erstellt und garantieren, dass die wichtigsten Problemfelder komprimiert vermittelt werden. Die ideale Wiederholung des Skripts! **Machen Sie aus Leerlaufphasen (Auto, Bahn etc.) Lernphasen!**

Oder Sie wiederholen unsere Fragen anhand der neuen hemmer-app.

Das moderne Frage-Antwort-System für Ihr Handy oder Tablet.

Die **Lernfragen** eignen sich zur Kontrolle, ob Sie richtig gelernt haben. Automatisches, gezieltes Wiederholen schafft Sicherheit und reduziert langfristig den Lernaufwand.

Die **Quizfragen**, die auch gegeneinander gespielt werden können, lassen vergessen, dass Sie lernen und schaffen - en passant - spielerisch Wissen.

Interessiert? Näheres unter: www.hemmer-shop.de.

WIEDERHOLUNGSFRAGEN .... Randnr.

Einführung

1. Was zählt zum Grundstücksrecht im weiten Sinne? 2
2. Was versteht man unter einem Grundstück im Rechtssinne? 3
3. Welchen Umfang hat das Grundstück im Rechtssinne? 3
4. Erläutern Sie den Begriff des Grundstücks im wirtschaftlichen Sinne! 3
5. Was versteht man unter einem Flurstück? 5
6. Welche Grundstücksrechte sind zu unterscheiden? 6
7. Was besagen das Trennungs- und das Abstraktionsprinzip? 7
8. Im Sachenrecht gilt der Absolutheitsgrundsatz. Was ist darunter zu verstehen? 7
9. Was besagt das Spezialitätsprinzip? 7
10. Erläutern Sie das Publizitätsprinzip! 7
11. Einzelne dingliche Rechte sind akzessorisch. Erklären Sie den Begriff der Akzessorietät! 7

12. Was versteht man unter dem Numerus-clausus-Prinzip? ... 7

13. Welchem Zweck dient das Eintragungserfordernis ins Grundbuch? ... 8

14. Welche Rechte können ins Grundbuch eingetragen werden? ... 9

15. Eintragungen ins Grundbuch erfolgen auf Antrag, von Amts wegen oder auf Ersuchen einer Behörde. Zwischen welchen Arten von Eintragungen ist dabei zu unterscheiden? ... 10

16. Nennen Sie die formellen Voraussetzungen für eine rechtsändernde Eintragung! ... 10

17. Erläutern Sie den Begriff des sog. formellen Konsensprinzips! ... 11

18. Welche Rechtsnatur hat die Eintragungsbewilligung? ... 11

Inhalt und Grenzen des Grundeigentums

19. Das Eigentum an Sachen gewährt gem. § 903 BGB grundsätzlich umfassende positive und negative Befugnisse. Durch welche Maßstäbe werden diese Eigentümerbefugnisse begrenzt? ... 15

20. Der Grundgedanke des bürgerlich-rechtlichen Nachbarschaftsrechts ist, dass ein Grundstück nicht losgelöst von seiner Umwelt betrachtet werden kann. Die Rechte des Grundstückseigentümers müssen daher durch das gegenseitige Gebot der Rücksichtnahme begrenzt werden. Wie löst das Gesetz diesen Nachbarschaftskonflikt? ... 16

21. Beschreiben Sie den räumlichen und personellen Umfang des Nachbarschaftsrechts! ... 16

22. Welcher Gedanke steckt hinter der Regelung des § 906 BGB, der Duldungspflichten bei Grundstücksbeeinträchtigungen durch Immissionen enthält? ... 17

23. Neben allgemein bekannten Immissionen, wie z.B. Rauch, Gasen und Gerüchen, verpflichtet § 906 BGB auch zur Duldung von „ähnlichen Einwirkungen". Was versteht man unter diesen „ähnlichen Einwirkungen" i.S.d. § 906 BGB? ... 18

24. Was versteht man unter negativen Einwirkungen, die nicht dem § 906 BGB unterfallen? ... 18

25. Definieren Sie den Begriff der ideellen Einwirkungen! ... 18

26. Aus welchem Grund sind sowohl negative als auch ideelle Einwirkungen nicht von § 906 BGB erfasst? ... 18

27. Eine in den Anwendungsbereich des § 906 BGB fallende Immission ist nach § 906 I S. 1 BGB zu dulden, wenn sie die Benutzung des betroffenen Grundstücks nicht oder nur unwesentlich beeinträchtigt. Wonach bestimmt sich dabei die Wesentlich- bzw. Unwesentlichkeit? ... 20 ff.

28. Unter welchen Voraussetzungen ist auch eine wesentliche Beeinträchtigung zu dulden? ... 24 f.

29. Worauf ist in Bezug auf die Ortsüblichkeit i.S.d. § 906 II BGB abzustellen? ... 24

30. Was ist maßgeblich für die i.R.d. § 906 II BGB erforderliche Unzumutbarkeit der Verhinderung? ... 25

31. Wie wird die Duldungspflicht i.S.d. § 906 II S. 1 BGB kompensiert? ... 26

32. Nach § 910 BGB kann ein Überhang von Wurzeln oder Zweigen, in letzterem Fall erst nach Fristsetzung, durch den Nachbarn abgeschnitten werden. Erforderlich ist immer eine Grenzüberschreitung. Welcher Anspruch steht dem durch Laub beeinträchtigten Nachbarn zu, wenn die Bäume nicht überhängen und das Einkürzen der Bäume wegen des Ablaufs der dafür in dem Landesnachbarrecht vorgesehenen Ausschlussfrist nicht mehr verlangt werden kann? ... 26a

33. Wonach kann Ersatz der Kosten verlangt werden, die durch das Zurückschneiden entstehen? ....

34. Der Eigentümer eines Baumes muss dafür Sorge tragen, dass dessen Wurzeln oder Zweige nicht in das Nachbargrundstück hinüber wachsen. Verletzt er diese Pflicht, ist er hinsichtlich der dadurch hervorgerufenen Beeinträchtigung des Nachbargrundstücks Störer i.S.d. § 1004 BGB. Welches Verhältnis besteht dabei zwischen den §§ 910 und 1004 BGB? 28b

35. Wann kann grobe Fahrlässigkeit in Bezug auf den Überbau nach § 912 BGB bejaht werden? 30

36. Unter welchen Voraussetzungen besteht eine Duldungspflicht beim Überbau i.S.d. § 912 BGB? 31

37. Wie wird die Duldungspflicht aus § 912 I BGB kompensiert? 32

38. § 912 BGB trifft keine Bestimmung darüber, wer Eigentümer des übergebauten Teils des Gebäudes sein soll. Aus § 915 BGB ergibt sich nur, dass der überbaute Grundstücksteil weiter dem bisherigen Grundstückseigentümer gehört. Wer ist Eigentümer des übergebauten Gebäudeteils? 33

39. Nach welcher Vorschrift kann i.R.d. Überbaus gem. § 912 BGB eine Verschuldenszurechnung erfolgen? 36

40. Steht auch einem Besitzer das Notwegerecht des Eigentümers aus § 917 BGB (ggf. analog) zu? 37

41. Gem. § 921 BGB können „Grenzanlagen" grundsätzlich gemeinschaftlich benutzt werden. Definieren Sie den Begriff der Grenzanlage i.S.d. § 921 BGB! 38a

42. Gem. § 904 S. 1 BGB kann der Eigentümer Einwirkungen auf seine Sache nicht verbieten, wenn eine gegenwärtige Gefahr abgewendet werden soll, sog. Notstand. Was kann der Eigentümer verlangen, wenn ihm eine Duldungspflicht gem. § 904 S. 1 BGB, d.h. im Interesse eines anderen, auferlegt wird? 41

43. Das Schikaneverbot des § 226 BGB ist neben dem von der Rechtsprechung aus § 242 BGB entwickelten allgemeinen Verbot der unzulässigen Rechtsausübung weitgehend leerlaufend! Es handelt sich um einen Fall des Rechtsmissbrauchs ohne schutzwürdiges Interesse. Voraussetzung für § 226 BGB ist, dass die Ausübung der Eigentümerbefugnisse nach Lage der Umstände objektiv allein die Schadenszufügung bezweckt. Bei Fehlen der Voraussetzungen anderer Duldungspflichten i.R.d. § 1004 BGB stellt § 226 BGB eine letzte Schranke dar. Nennen Sie ein Beispiel! 42

Sonderformen des Grundstückseigentums

44. Charakterisieren Sie den Begriff des Miteigentums nach Bruchteilen! 46

45. Gibt es „Unternehmereigentum"? 49

Rechtsänderung an Grundstücken

46. Verfügungen über Rechte an Grundstücken erfolgen durch Einigung und Eintragung gem. § 873 I BGB. Welchen Anwendungsbereich hat § 873 BGB? 52

47. In welchen Fällen ist § 873 BGB nicht anwendbar? 53

48. Im Gegensatz zur Übereignung bei beweglichen Sachen (sog. Fahrnisrecht) gilt für die Begründung und Übertragung von Grundstücken das sog. Traditionsprinzip nicht. Wodurch wird also das Übergabeerfordernis im Grundstücksrecht ersetzt? 54

49. Als Rechtsgeschäft, das unmittelbar auf eine Rechtsänderung zielt, fehlt der Einigung nach § 873 I BGB ein verpflichtendes Element. Sie ist deshalb - anders als das ihr regelmäßig zugrunde liegende schuldrechtliche Verpflichtungsgeschäft - nicht bindend, sondern grundsätzlich frei widerruflich. Die fehlende Bindungswirkung ergibt sich dabei aus einem Umkehrschluss aus § 873 II BGB, der nur in bestimmten Fällen eine Bindung an die dingliche Einigung anordnet. In welchen Fällen ist die Einigung nach § 873 I BGB bindend? 56

50. Was gilt, wenn sich bei der Rechtsänderung Einigung und Eintragung inhaltlich nicht entsprechen? 57

51. Welche formellen Anforderungen müssen eingehalten werden, damit das Grundbuchamt eine Eintragung vornimmt? 58

52. Was muss für die rechtsgeschäftliche Übertragung des Eigentums an Grundstücken neben Einigung und Eintragung vorliegen? 59

53. Wie kann ein Grundstücksrecht aufgehoben werden? 60

54. Nach § 877 BGB kann unter den Voraussetzungen der §§ 873, 874, 876 BGB der Inhalt eines Rechts an einem Grundstück geändert werden. Welche Voraussetzungen müssen dabei in Bezug auf die Inhaltsänderung erfüllt sein? 61

Die Übereignung von Grundstücken

55. Nach der Legaldefinition in § 925 I S. 1 BGB bezeichnet das Gesetz die auf die Übereignung eines Grundstücks gerichtete dingliche Einigung nach § 873 I BGB als Auflassung. Welche Form ist dabei einzuhalten? .... 64 ff.

56. Ist bei der Auflassung Stellvertretung möglich? 66

57. Kann ein Bote bei der Auflassung eingeschaltet werden? 66

58. Beziehen Sie zu folgender Aussage Stellung: „Die Auflassung bedarf der notariellen Beurkundung." 67

59. Die Auflassung bedarf also nicht notwendigerweise einer notariellen Beurkundung. Welche vier praktischen Gründe führen in der Praxis dennoch regelmäßig zu einer notariellen Beurkundung? 67

60. Aus welchem Grund ist eine bedingte oder befristete Auflassung gem. § 925 I BGB unzulässig? 68

61. Die Auflassung ist nach § 925 II BGB grundsätzlich bedingungsfeindlich. Welche Gestaltungsmöglichkeiten hat die Vertragspraxis entwickelt, die nicht über § 925 II BGB zur Unwirksamkeit der Auflassung führen und dennoch dem Sicherungsbestreben der Parteien gerecht werden? 68

62. Wie vollzieht sich die Übereignung von Grundstückszubehör, z.B. von einem Bagger auf einem Kiesgrundstück? 69

63. Der Veräußerer eines Grundstücks muss grundsätzlich bis zum Zeitpunkt der Vollendung der Übereignung berechtigt und verfügungsbefugt sein. Die fehlende Berechtigung kann über § 185 BGB überwunden werden. Wer ist Nichtberechtigter i.S.d. § 185 BGB? 72

64. In welchem Fall liegt bei Grundstücken häufig eine Ermächtigung zur Weiterveräußerung i.S.d. § 185 BGB vor? 72

65. § 878 BGB ordnet an, dass eine Rechtsänderung, die nur noch von der Grundbucheintragung abhängt, nicht mehr von nachträglichen Verfügungsbeschränkungen beeinträchtigt wird. Welchen Zweck verfolgt § 878 BGB damit? 74

66. Welchen sachlichen Anwendungsbereich hat § 878 BGB? 76

67. Ist § 878 BGB auf den Erwerb kraft Hoheitsakts in der Zwangsvollstreckung anwendbar? 77

68. Worin unterscheiden sich die Gutglaubensvorschrift des § 892 I S. 2 BGB und der Erwerb vom Nichtverfügungsbefugten i.S.d. § 878 BGB hinsichtlich der Verfügungsbeschränkungen? 77

Der Erwerb vom Nichtberechtigten

69. Stellen Sie die Regelungen zum gutgläubigen Erwerb bei Grundstücken (d.h. die §§ 892 f. BGB) den Regelungen zum gutgläubigen Erwerb beweglicher Sachen (d.h. den §§ 932 ff. BGB) gegenüber! 80

70. Was versteht man unter der Gutglaubenswirkung des § 892 BGB? 80

71. Nennen Sie die Voraussetzungen des gutgläubigen Erwerbs nach § 892 BGB! .... 80 ff.

72. § 892 BGB spricht vom Inhalt des Grundbuchs, der unrichtig sein muss. Fraglich ist damit, ob alle Angaben, die im Grundbuch stehen, von der Gutglaubenswirkung erfasst sein sollen. Bestimmen Sie den Schutzbereich der §§ 892 ff. BGB! .... 81 f.

73. Welche Erwerbsvorgänge werden von § 892 BGB erfasst? 83

74. Um einem drohenden Missbrauch der §§ 892 f. BGB entgegenzuwirken, ist ungeschriebenes Tatbestandsmerkmal der §§ 892 f. BGB das Vorliegen eines Verkehrsgeschäfts. Was versteht man unter einem Verkehrsgeschäft? 84

75. Der Nichtberechtigte veräußert ein Grundstück an einen gutgläubigen Dritten, dieser wird Eigentümer. Ist ein Rückerwerb des vormals Nichtberechtigten vom jetzt berechtigten Dritten möglich? 85

76. Wann ist der gutgläubige Erwerb nach § 892 BGB ausgeschlossen? 86

77. Nicht ausreichend für die Bösgläubigkeit i.S.d. § 892 I BGB ist i.d.R. die bloße Kenntnis der die Unrichtigkeit begründenden Tatsachen. Der Erwerber muss grundsätzlich auch den rechtlichen Schluss auf die Unrichtigkeit des Grundbuchs gezogen haben. Ist jedoch bei *eindeutiger* Rechtslage ausnahmsweise die Kenntnis der fraglichen Tatsachen ausreichend? 87

78. Kann sich die Bösgläubigkeit des späteren Erwerbers bei § 892 I S. 1 BGB im Anfechtungsfall bereits daraus ergeben, dass der Erwerber allein die Anfechtbarkeit des Rechtserwerbs des Voreingetragenen kannte? 88

79. Bis zu welchem Zeitpunkt muss der Erwerber i.R.d. § 892 BGB gutgläubig sein? 90

80. Ist zum Rechtserwerb eine Eintragung erforderlich, so bestimmt § 892 II BGB unter bestimmten Umständen eine Vorverlagerung des für die Gutgläubigkeit relevanten Zeitpunkts auf den Zeitpunkt der Antragstellung nach § 13 GBO. Welches ungeschriebene Tatbestandsmerkmal hat § 892 II BGB in diesem Fall? 91

81. In welchen Fällen findet trotz der Gutgläubigkeit des Erwerbers kein Erwerb über § 892 BGB statt? 94

82. Ist ein gutgläubiger Erwerb gem. § 892 BGB möglich, wenn ein Widerspruch zu Unrecht eingetragen wurde und das Grundbuch in Wahrheit richtig ist? 94

83. Welche Wirkungen hat § 892 BGB im Hinblick auf Rechte? 95

84. Welche Wirkungen hat § 892 BGB im Hinblick auf Verfügungsbeschränkungen? 96

85. Was ist der Hintergrund des Grundbuchberichtigungsanspruchs nach § 894 BGB? 97

86. Wann ist das Grundbuch unrichtig i.S.d. § 894 BGB? 97a

87. Stellen Sie dar, wer Gläubiger und Schuldner des Grundbuchberichtigungsanspruchs aus § 894 BGB ist! *97a*

Die Vormerkung

88. Welche Rechtsnatur hat die Vormerkung? *100*

89. Was versteht man unter einer sog. Auflassungsvormerkung? *101*

90. Vergleichen Sie die Vormerkung und den Widerspruch miteinander! *102*

91. Nennen Sie die Voraussetzungen für die Entstehung einer Vormerkung! *103*

92. Die Vormerkung ist akzessorisch. Was ist darunter zu verstehen? *104*

93. Nach § 883 I S. 2 BGB kann eine Vormerkung auch zur Sicherung künftiger oder bedingter Ansprüche eingetragen werden. Was ist dabei in Bezug auf die wirksame Entstehung der Vormerkung zu beachten? *105*

94. Unter welchen Voraussetzungen kann auch ein künftiger Anspruch durch eine Vormerkung gesichert werden? *106*

95. Liegt bei einem nach § 311b I S. 1 BGB zwar formnichtigen, nach § 311b I S. 2 BGB jedoch heilbaren Grundstückskaufvertrag ein künftiger Anspruch i.S.v. § 883 I S. 2 BGB vor? *107*

96. Wann liegt ein „bedingter Anspruch" i.S.v. § 883 I S. 2 BGB vor? *108*

97. Ist der Anspruch auf Rückübereignung wegen groben Undanks i.S.v. § 530 BGB vormerkungsfähig? *109*

98. Genügt eine bloße Erwerbsaussicht den Anforderungen des § 883 I S. 2 BGB? *110*

99. Ist zur Bestellung einer Vormerkung eine Einigung i.S.d. § 873 I BGB erforderlich? ... *111*

100. Hat der Käufer, nach Ansicht der h.M., auch ohne besondere Vereinbarung einen Anspruch auf Bewilligung einer Vormerkung? *111*

101. Beim Erwerb eines Grundstücks kann die fehlende Verfügungsbefugnis unter den Voraussetzungen des § 878 BGB überwunden werden. Ist § 878 BGB dabei auch i.R.d. Bewilligung einer Vormerkung anwendbar? *113*

102. Kann eine Vormerkung gutgläubig vom vermeintlichen Eigentümer erworben werden? *114*

103. Die Folgen des gutgläubigen Ersterwerbs nach den §§ 892, 893 Alt. 2 BGB in Bezug auf den späteren Erwerb des vorgemerkten Rechts sind umstritten. Was versteht man diesbezüglich unter der sog. „kleinen Lösung"? *114a*

104. Was ist dann mit der sog. „großen Lösung" gemeint? *114a, 120*

105. Was umfasst die sog. Sicherungswirkung der Vormerkung? *118*

106. Kann sich der Verkäufer, der das Grundstück inzwischen einem Dritten aufgelassen hat, gegenüber dem Vormerkungsberechtigten auf Unmöglichkeit berufen? *118*

107. Ist auch die nach Vormerkungserwerb vorgenommene Vermietung oder Verpachtung eines Grundstücks von § 883 II BGB erfasst? *121*

108. Was spricht dennoch dafür, § 883 II BGB analog auf die nachträgliche Vermietung oder Verpachtung eines Grundstücks anzuwenden? *121*

109. Aus welchem Grund lehnt die Rechtsprechung die analoge Anwendung des § 883 II BGB auf die nachträgliche Vermietung oder Verpachtung eines Grundstücks ab? *121*

110. Wie erreicht der Vormerkungsberechtigte schließlich seine Eintragung ins Grundbuch? ... 122

111. Die Vormerkung steht zu anderen eingetragenen Rechten in einem Rangverhältnis gem. § 879 BGB. Wonach bestimmt sich dabei der Rang eines durch eine Vormerkung gesicherten Rechts? ... 123

112. Was versteht man unter der Vollwirkung der Vormerkung? ... 124 f.

113. Stellen Sie die Wirkung der Vormerkung i.R.d. Insolvenz dar! ... 124

114. Welche Auswirkungen hat die Vormerkung i.R.e. Zwangsvollstreckung? ... 125

115. Unter welcher Voraussetzung besteht die Möglichkeit, im Verhältnis zwischen Vormerkungsberechtigtem und Erwerber die §§ 987 ff. BGB entsprechend anzuwenden? ... 125a

116. Auf welche Weise wird die Vormerkung übertragen? ... 126

117. Bei der Übertragung der Vormerkung kann auch ein Nichtberechtigter handeln. Dann kommt ein gutgläubiger Erwerb in Betracht. In welchem Fall scheidet dieser sog. gutgläubige Zweiterwerb unstreitig aus? ... 128

118. Angenommen, eine Forderung besteht, aber die eingetragene Vormerkung ist aus anderen Gründen nicht entstanden. Mit welchen unterschiedlichen Begründungen lehnt die h.L. in dieser Konstellation einen gutgläubigen Zweiterwerb der Vormerkung ab? ... 129

119. Auf welche Weise ist der Vormerkungsberechtigte gegen tatsächliche Beeinträchtigungen durch den vormerkungswidrig Eingetragenen geschützt? ... 132

Das dingliche Vorkaufsrecht

120. Was versteht man unter einem dinglichen Vorkaufsrecht? ... 133

121. Welche Rechtsnatur hat das dingliche Vorkaufsrecht nach h.M.? ... 133

122. Trotz der Verweisung des § 1098 I S. 1 BGB auf die §§ 463 ff. BGB unterscheiden sich das dingliche und das schuldrechtliche Vorkaufsrecht. Stellen Sie diese Unterschiede dar! ... 134

123. Nennen Sie die Entstehungsvoraussetzungen des dinglichen Vorkaufsrechts! ... 136

124. Wer kann Berechtigter i.S.d. § 1094 BGB sein? ... 136

125. An einem Grundstück können mehrere Vorkaufsrechte bestehen. Im Vorkaufsfall setzt sich dann das vorrangige Vorkaufsrecht durch, § 879 BGB. Was gilt in diesem Fall für das nachrangige Vorkaufsrecht? ... 137

126. Ist ein subjektiv-persönliches Vorkaufsrecht übertragbar? ... 138

127. Ist ein subjektiv-dingliches Vorkaufsrecht übertragbar? ... 138

128. Wann liegt ein Vorkaufsfall vor? ... 141

129. Wie wird das Vorkaufsrecht ausgeübt? ... 142

130. Welche Wirkung hat die Ausübung des Vorkaufsrechts? ... 143

131. Wie wird das Recht des Vorkaufsberechtigten durchgesetzt? ... 144

132. Steht dem Vorkaufsberechtigten gegenüber dem besitzenden Dritten ein Herausgabeanspruch zu? ... 145

133. Zwischen dem noch nicht eingetragenen Vorkaufsberechtigten und dem Dritten finden die §§ 987 ff. BGB entsprechende Anwendung. Wann ist dabei von einer Bösgläubigkeit des Dritten i.R.d. § 990 BGB auszugehen? ... 146

Anwartschaftsrechte an Grundstücken

134. Definieren Sie den Begriff des Anwartschaftsrechts! *147*

135. Unter welchen Voraussetzungen entsteht ein Anwartschaftsrecht beim Grundstückskauf? *149*

136. In welcher Weise erfolgt die Übertragung des Anwartschaftsrechts an einem Grundstück? *153*

137. Wann erlischt das Anwartschaftsrecht an Grundstücken? *155*

Grundpfandrechte

138. Sicherungsrechte an Grundstücken sind die Grundschuld, die Hypothek und die Rentenschuld. Woraus ergibt sich deren überragende Bedeutung als Sicherungsmittel? *156*

139. Welche Verpflichtung wird durch die Bestellung eines Grundpfandrechts begründet? *156*

140. Was ist der Sinn eines Grundpfandrechts, wenn der Gläubiger der persönlichen Forderung doch sowieso i.R.d. Zwangsvollstreckung in alle Vermögensgegenstände des Schuldners, also auch in dessen Grundstücke, vollstrecken könnte? *157*

141. Worin liegt der entscheidende Unterschied zwischen Grundschuld und Hypothek? *158*

142. Warum stellt die Grundschuld gegenüber der Hypothek heute das bevorzugte Institut dar? *158*

143. Welche Auswirkungen hat die strenge Akzessorietät auf die Übertragung einer Hypothek? *160*

144. Welche Arten von Hypotheken sind zu unterscheiden? .... *161 ff.*

145. Nennen Sie die Entstehungsvoraussetzungen einer Hypothek! *166*

146. Die dingliche Einigung bezüglich der Hypothekenbestellung gem. den §§ 1113, 873 I BGB ist formfrei. Weshalb wird i.d.R. dennoch eine notarielle Beurkundung der Einigung erfolgen? *167*

147. Fraglich ist, ob im Falle einer mangelhaften Einigung bezüglich einer Hypothekenbestellung eine Umdeutung in eine Eigentümergrundschuld nach § 140 BGB erfolgen kann. Was spricht für, was gegen eine derartige Umdeutung? *168*

148. In welcher Höhe entsteht eine Hypothek, wenn diesbezüglich Abweichungen zwischen der Einigung und der Eintragung vorliegen? *169*

149. Auf welche Weise kann die Briefübergabe erfolgen? *171*

150. Der Hypothekenbrief i.S.d. § 1117 I BGB wird nicht übereignet, sondern nur übergeben. Das Eigentum an dem Hypothekenbrief steht dabei dem Gläubiger mit Entstehung des Rechts nach den §§ 952 I, II BGB automatisch zu. Was wird durch diese Regelung gewährleistet? *171*

151. Welche beiden Besonderheiten sind i.R.d. gutgläubigen Ersterwerbs einer Hypothek zu beachten? *175*

152. Welche Forderungen können hypothekarisch gesichert werden? *177*

153. Welche Auswirkung hat die Nichtvalutierung der Forderung auf die Hypothek? *178*

154. Im Falle der Nichtvalutierung der Forderung ist der Grundstückseigentümer Inhaber einer auflösend bedingten Eigentümergrundschuld. Kann der Eigentümer dabei über sein vorläufiges Recht, also über die Eigentümergrundschuld, verfügen? *180*

155. Sichert die Hypothek im Falle eines nichtigen Darlehensvertrags auch den Kondiktionsanspruch des Gläubigers aus § 812 I BGB? *182*

156. Was gilt bei Einwendungen und Einreden des persönlichen Schuldners gegenüber dem Gläubiger im Hypothekenrecht? ... 184

157. Was gilt bei Einwendungen und Einreden des Eigentümers gegen die Inanspruchnahme aus der Hypothek? ... 187

158. In welchem Punkt ist die Stellung des sichernden Eigentümers im Hypothekenrecht schwächer als die des Bürgen? ... 187

159. Wie wird die hypothekarisch gesicherte Forderung übertragen? ... 188

160. Warum kann die „Übertragung einer Hypothek" nicht formfrei erfolgen? ... 188

161. Die Abtretung einer hypothekarisch gesicherten Forderung kann nicht formfrei erfolgen. Welche besonderen Anforderungen müssen daher in Bezug auf die Abtretungsvereinbarung bei Brief- bzw. Buchhypothek eingehalten werden? ... 188

162. Welche Einwendungen bestehen für den Grundstückseigentümer nach der Abtretung der Forderung gegenüber dem neuen Gläubiger? ... 183 ff.

163. In welcher Weise wird der Hypothekenerwerber nach der Abtretung der Forderung geschützt? ... 189

164. Welche Überlegung liegt § 1156 BGB zugrunde? ... 189

165. Welche Fälle sind beim gutgläubigen Zweiterwerb der Hypothek (also dem gutgläubigen Erwerb der Hypothek vom vermeintlichen Rechtsinhaber) zu unterscheiden? ... 191 ff.

166. Was gilt i.R.d. gutgläubigen Zweiterwerbs einer Hypothek in Bezug auf die pfandrechtsbezogenen Einreden? ... 192

167. Welchen Regelungsinhalt hat § 1138 BGB? ... 193

168. § 1138 BGB löst den Konflikt, der durch die Kollision dreier rechtlicher Grundsätze entsteht. Welche drei Grundsätze kollidieren dabei i.R.d. § 1138 BGB und welcher Grundsatz wird geopfert? ... 193

169. Führt § 1138 BGB auch zum Erwerb der Forderung? ... 193

170. Bei welcher Hypothek ist § 1138 BGB nicht anwendbar? ... 193

171. Was gilt für forderungsbezogene Einreden in Bezug auf § 1138 BGB? ... 194

172. Unterstellt, sowohl die Forderung, als auch die Hypothek sind mangelhaft. Was gilt dann in Bezug auf den gutgläubigen Zweiterwerb der Forderung? ... 195

173. Die Übertragung einer Hypothek kann nach § 1154 I BGB auch außerhalb des Grundbuchs erfolgen, d.h. durch Abtretung der Forderung in schriftlicher Form und Übergabe des Hypothekenbriefs. Wozu dient dabei § 1155 BGB? ... 197

174. Ist der gute Glaube des Erwerbers auch im Falle einer gefälschten öffentlich beglaubigten Abtretungserklärung geschützt und sind damit die §§ 1155, 892 BGB anwendbar? ... 198

175. In welcher Konstellation wird bei § 1138 BGB ausnahmsweise auch ein gutgläubiger Forderungserwerb diskutiert? ... 199

176. Steht die vermeintlich abgetretene Forderung einem Dritten zu, so besteht die Gefahr, dass der Schuldner doppelt in Anspruch genommen wird. Stellen Sie dar, was zu dieser Problematik die sog. „Einheits- und Mitreißtheorie" i.R.d. § 1138 BGB besagt! ... 199

177. Was besagt die i.R.d. § 1138 BGB vertretene sog. „Trennungstheorie"? ... 199

178. Was geschieht mit der Forderung und der Hypothek, wenn der persönliche Schuldner den Gläubiger befriedigt? ... 202

179. § 1164 BGB regelt die (Ausnahme-)Konstellation, in der der Eigentümer im Innenverhältnis zum persönlichen Schuldner verpflichtet ist, den Gläubiger zu befriedigen. Was gilt, wenn in diesem Fall der persönliche Schuldner zahlt? ... 203

180. Wenn der Eigentümer des mit einer Hypothek belasteten Grundstücks vom Hypothekengläubiger gem. § 1147 BGB auf Duldung der Zwangsvollstreckung in Anspruch genommen wird, ist der Eigentümer unter bestimmten Voraussetzungen gem. § 1142 BGB berechtigt, den Gläubiger zu befriedigen. Welche Folge hat die Befriedigung des Gläubigers durch den Sicherungsgeber in Bezug auf die Forderung und die Hypothek? ... 204

181. Stellen Sie den § 1143 BGB dem § 1164 BGB gegenüber! ... 205

182. Neben dem Schuldner und dem Eigentümer können auch noch andere Personen ablösungsberechtigt sein, d.h. sie dürfen die Zwangsvollstreckung durch Zahlung abwenden. Wie ist die Rechtslage bei Zahlung eines Ablösungsberechtigten? ... 206

183. In welchen Fällen geht eine Hypothek endgültig unter? ... 207

184. Welchen Umfang hat der Haftungsverband einer Hypothek? ... 209

185. Gerade bei Betriebsmitteln, die unter den Zubehörbegriff der §§ 97 ff. BGB fallen, kommt es oft vor, dass der Grundstückseigentümer diese unter Eigentumsvorbehalt erwirbt. Überträgt er dann sein Anwartschaftsrecht vor vollständiger Zahlung auf einen Dritten, so ist fraglich, ob dieser dann bei Erstarken des Anwartschaftsrechts zum Vollrecht dieses mit der Hypothek belastet oder lastenfrei erwirbt. Wie ist die Rechtslage? ... 209

186. Gegenstände, die in den Hypothekenhaftungsverband fallen, können auch wieder frei werden. Welche Vorschriften regeln dabei die Voraussetzungen dieser Enthaftung? ... 210

187. Auf welche Weise trägt das Gesetz dem Aufrückinteresse nachrangiger Grundpfandgläubiger Rechnung? ... 212

188. Nennen Sie die Voraussetzungen für die Entstehung einer Grundschuld! ... 215

189. Kann die Bestellung einer Grundschuld von der Existenz einer Forderung abhängig gemacht werden? ... 215

190. Was versteht man unter einer isolierten Grundschuld? ... 216

191. Der Eigentümer kann sich auch selbst eine Grundschuld am eigenen Grundstück bestellen. Aus welchem Grund erscheint dies sinnvoll? ... 217

192. Was versteht man unter einer Sicherungsgrundschuld? ... 218

193. Auf welche Weise wird die treuhänderische Bindung des Sicherungsnehmers bei der Grundschuld erreicht? ... 220

194. Welche Vorteile bietet die Sicherungsgrundschuld im Gegensatz zur Hypothek? ... 220

195. Kann der Sicherungsvertrag bei der Grundschuld ins Grundbuch eingetragen werden? ... 220

196. Was gilt bezüglich der Grundschuld, wenn der Sicherungsvertrag unwirksam ist? ... 221

197. Wie ist die Rechtslage, wenn der Darlehensvertrag nichtig ist, das Darlehen aber gleichwohl ausgezahlt worden ist? ... 221a

198. Welche Ansprüche stehen dem Eigentümer gegen den Gläubiger zu, wenn die Sicherungsabrede unwirksam ist? ... 221b

199. Welches Problem besteht bei formularmäßig geschlossenen Sicherungsverträgen? ... 222

200. Welche drei Arten von Einwendungen bzw. Einreden sind bei der Grundschuld zu unterscheiden? ... 223

201. Wie wirkt sich § 1192 Ia S. 1 Hs. 2 BGB auf den einredefreien Erwerb der Grundschuld aus? 225

202. Stellen Sie dar, wie der Eigentümer bei der Grundschuld forderungsbezogene Einwendungen bzw. Einreden geltend machen kann! 226

203. Gem. § 1156 BGB sind die Schuldnerschutzvorschriften der §§ 406 ff. BGB nicht auf die Hypothek anwendbar. Was gilt diesbezüglich im Hinblick auf die Grundschuld? 226a

204. Auf welche Weise wird die durch eine Grundschuld gesicherte Forderung übertragen? 227

205. Wie wird die Grundschuld übertragen? 228

206. Ist in Bezug auf die Sicherungsgrundschuld ein sog. gutgläubiger Zweiterwerb von Forderung und Grundschuld möglich? .... 231 f.

207. Was geschieht mit der Sicherungsgrundschuld, wenn der persönliche Schuldner auf die Forderung zahlt? 236

208. Auf welche Weise ist eine Rückgewähr der Grundschuld möglich? 236

209. Befriedigt der persönliche Schuldner den Gläubiger, obwohl hierzu im Innenverhältnis ausnahmsweise der Eigentümer verpflichtet wäre, so stellt sich die Frage, was mit der Grundschuld geschehen soll. § 1164 BGB, der bei der Hypothek in diesen Konstellationen eingreift, ist auf die Sicherungsgrundschuld nicht anwendbar. Wie lässt sich dennoch ein vergleichbares Ergebnis bei der Grundschuld erzielen? 237

210. Was geschieht mit der Grundschuld, wenn der Eigentümer auf diese zahlt? 238

211. Wie sieht die Rechtslage bei Zahlung eines Ablösungsberechtigten auf die Grundschuld bzw. auf die Forderung aus? 240

212. Im Hinblick auf die unterschiedlichen Rechtsfolgen ist es wichtig, genau festzustellen, ob eine Leistung auf die Grundschuld oder auf die persönliche Schuld vorliegt. Angenommen, es fehlt an einer einseitigen Tilgungsbestimmung nach § 366 BGB analog und es liegt auch keine Verrechnungsabrede vor. Wie ermitteln Sie, ob auf die Forderung oder auf die Grundschuld geleistet wurde? 241

Der Grundstücksnießbrauch

213. Welchen Inhalt hat der Nießbrauch? 245

214. Wie wird ein Nießbrauch begründet? 246

215. Welche Rechte hat der Nießbraucher? 247

216. Welche Pflichten muss der Nießbraucher erfüllen? 248

217. Ist der Nießbrauch übertragbar? 249

Die Grunddienstbarkeit

218. Was versteht man unter dem Begriff der Dienstbarkeiten? 250

219. Entsteht die Dienstbarkeit durch Rechtsgeschäft, so ist dazu nach § 873 I BGB eine entsprechende Einigung und eine Eintragung im Grundbuch auf dem Grundbuchblatt des belasteten Grundstücks erforderlich. Bedarf es darüber hinaus auch einer Eintragung beim herrschenden Grundstück? 251

220. Kann durch eine Grunddienstbarkeit auch die Verpflichtung zu einem positiven Tun vereinbart werden? 252

221. Welche drei Arten von Inhalten sind in Bezug auf Dienstbarkeiten denkbar? .... 253 ff.

222. Wie ist der Schutz der Grunddienstbarkeit gesetzlich ausgestaltet? 256

223. Ist eine Grunddienstbarkeit selbständig übertragbar? 257

Die beschränkte persönliche Dienstbarkeit

224. Was ist das Besondere an einer beschränkten persönlichen Dienstbarkeit im Vergleich zur Grunddienstbarkeit? 258

Die Reallast

225. Was ist eine Reallast? ..... 260 f.

226. Grenzen Sie die Reallast von den Dienstbarkeiten ab! 262

227. Stellen Sie die verschiedenen Möglichkeiten der Bestellung einer Reallast dar! 263

Das Wohnungseigentum nach dem WEG

228. Was wird durch das Wohnungseigentum ermöglicht? 264

229. Welche Arten des Eigentums sind beim Wohnungseigentum zu unterscheiden? 264

230. Wie wird das Wohnungseigentum begründet? 265

Das Erbbaurecht

231. Was ist ein Erbbaurecht? 268

232. Worin besteht die wesentliche Besonderheit des Erbbaurechts? 268

233. Wie wird ein Erbbaurecht bestellt bzw. übertragen? 270

234. Das Erbbaurecht erlischt durch Ablauf der vereinbarten Zeit oder durch Aufhebung gem. den §§ 26, 11 Erbbaurechtsgesetz, § 875 BGB. Welche Rechtsfolge hat dieses Erlöschen? 271

Die Rangordnung von Grundstücksrechten

235. Nach welchem Prinzip ist die Rangordnung von Grundstücksrechten im BGB geregelt? 272

236. Nennen Sie die Grundsätze der gesetzlichen Rangbestimmung! 273

237. Macht ein Verstoß des Grundbuchbeamten gegen die §§ 17, 45 GBO das Grundbuch bzgl. der Rangordnung unrichtig? 274

238. Stehen dem durch einen Verstoß gegen die §§ 17, 45 GBO Benachteiligten Ausgleichsansprüche zu? 274

239. Was versteht man unter einer Rangänderung i.S.d. § 880 BGB? 275

240. Welche Möglichkeit bietet sich dem Eigentümer durch die Vereinbarung eines Rangvorbehalts gem. § 881 BGB? 276

STICHWORTVERZEICHNIS

Die Zahlen verweisen auf die Randnummern des Skripts

A

Absolutheitsgrundsatz	7
Abstraktionsprinzip	7
Abtretungserklärung	
gefälschte	198
öffentlich beglaubigte	197
Anwartschaftsrecht	147; 153; 154; 155; 178
Aufgebotsverfahren	131
Aufhebung von Grundstücksrechten	60
Auflassung	58; 63; 148; 152
Bedingungsfeindlichkeit	68
Form	64
Stellvertretung	66
zulässiger Inhalt	68
Auflassungsvormerkung	101; 149

B

Beeinträchtigung	
Ortsüblichkeit	24
unwesentliche	20
wesentliche	23
Berechtigung	59; 71
Beschlagnahme	210
Bewilligung	103; 111
Briefhypothek	161; 171; 188; 197
Bruchteilseigentum	46
Buchhypothek	161; 172; 188

D

Doppelbuchung	82
Duldungspflicht	19; 27
Ausgleichsansprüche	26

E

Eigentümerbefugnisse	
Begrenzungen	14
Eigentümergrundschuld	168; 173; 178; 181; 187; 193; 207; 212; 217; 219; 238; 276
Verwendung zur Zwischenfinanzierung	182
Eigentümerhypothek	163
Einigung	
Widerruflichkeit	55
Eintragung	10; 57
Eintragungsantrag	75; 90; 150; 175
Eintragungsbewilligung	10; 11; 58
Einwirkungen	18
Erbbaurecht	268
Beendigung	271
Bestellung	269
Heimfall	271
Übertragung	270
Erbfolge, vorweggenommene	83
Erwerbsaussichten	110

F

Flurstück	5

G

Gesamthandseigentum	45
Gesamthandsgemeinschaft	52
Gesamthypothek	164
Grenzbaum, Grenzeinrichtung	38a
Grundbuch	8; 12
Abteilungen	12
Gutglaubenswirkung	80
Vermutungswirkung	80
Grunddienstbarkeit	43; 250
Bestellung	251
Inhalt	252
Grunddienstbarkeit, beschränkte persönliche	250; 258
Grundschuld	214
Abtretungsverbot	229
Anlassrechtsprechung	222
Einwendungen und Einreden	223
Entstehung	215
gutgläubiger Ersterwerb	215
gutgläubiger Zweiterwerb	230
Nichtvalutierung	221
Schema zu Einreden	234
Sicherungsvertrag	214; 220; 226
Übertragung	228
Zahlung des Eigentümers	238
Zahlung des persönlichen Schuldners	236
Zahlung eines Ablösungsberechtigten	240
Zweckerklärung	222
Grundstück	
im Rechtssinn	3
im wirtschaftlichen Sinn	4
Gutgläubiger Erwerb	59; 80
bei der Grundschuld	215; 230
bei der Hypothek	174; 190; 199
bei der Vormerkung	114; 127
maßgebliche Kenntnis	87
maßgeblicher Zeitpunkt	90
Rückerwerb des Nichtberechtigten	85
Verkehrsgeschäft	84
Wirkungen	95

H

Höchstbetragshypothek 165
Hypothek
    Akzessorietät 160; 176; 187; 189; 193; 199; 201
    Briefhypothek 161; 171; 188; 197
    Buchhypothek 161; 172; 188
    Einwendungen und Einreden 183
    Enthaftungstatbestände 210
    Entstehung 166
    forderungsentkleidete 189; 193
    gutgläubiger Ersterwerb 174
    gutgläubiger Zweiterwerb 190
    Haftungsverband 209
    Löschungsanspruch 212; 213
    Nichtvalutierung 178
    Rechtsnatur 159
    Schema zu Einreden 200
    Übertragung 188
    Untergang 207
    Zahlung des Eigentümers 204
    Zahlung des persönlichen Schuldners 202
    Zahlung eines Ablösungsberechtigten 206

I

Immissionsrecht 17
Imponderabilien 18
Inhaltsänderung von Grundstücksrechten 61

K

Konsensprinzip, formelles 11; 58

L

Lokusprinzip 273
Löschungsvormerkung 101

N

Nachbarschaftsrecht 16
Nießbrauch 244
    Begründung 246
    Inhalt 245
    Rechte des Nießbrauchers 247
Notstand 14
Notweg 37
    Entschädigung 37
numerus-clausus-Prinzip 7

P

Prioritätsprinzip 273
Publizitätsprinzip 7; 8; 54

R

Rangänderung 275; 276
Rangbestimmung 273
Rangordnung 272
Rangvereinbarung 274
Rangvorbehalt 276
Reallast 243; 259
Rechtsträgerwechsel 53
Rentenschuld 243; 262

S

Schikaneverbot 42
Schuldübernahme 203; 205; 213
Sicherungsgrundschuld 218
Sicherungshypothek 162; 175; 193
Sondereigentum 264
Spezialitätsprinzip 7

T

Tempusprinzip 273
Trennungsprinzip 7

U

Überfall 28a
Überbau 29
    Duldungspflicht 31
    Eigentumslage 33
    Entschädigung 32
    entschuldigter 34
    nicht entschuldigter 35
    Verschuldenszurechnung 36
Unternehmenseigentum 49

V

Verfügungsbefugnis 59; 71
Verfügungsbeschränkungen 82
    nachträgliche 73
Verfügungsverbote 9
Verkehrshypothek 162
Vorkaufsrecht, dingliches 133
    Ausübung 140; 142
    Entstehung 136
    Erlöschen 139
    Rechtsnatur 133
    Schutz des Vorkaufsberechtigten 144
    Übertragung 138
    Wirkung 143
Vorkaufsrecht, schuldrechtliches 134
Vormerkung 9; 98
    Akzessorietät 104; 126; 128
    bedingte Ansprüche 108
    Bewilligung 111; 130

einstweilige Verfügung	111; 116
Entstehung	103
Erlöschen	131
„Große" Lösung	114a; 120
Gutgläubiger Ersterwerb	114
Gutgläubiger Zweiterwerb	127; 129
künftige Ansprüche	106
Rangwirkung	123
Rechtsnatur	100
Regelungszweck	98
relative Unwirksamkeit	99; 118; 119; 144; 213
Übertragung	126
Vollwirkung	124
Zustimmungsanspruch	122

W

Widerspruch	**9; 90; 94; 102; 120**
Wohnraummiete	**48**
Wohnungseigentum	**48; 263**
Begründung	265

Z

Zubehör	**209**
Übereignung von	69

HEMMER/WÜST VERLAG

DIGITAL EDITION
Unsere eBooks erhältlich für Ihre Mobilgeräte und PC's:

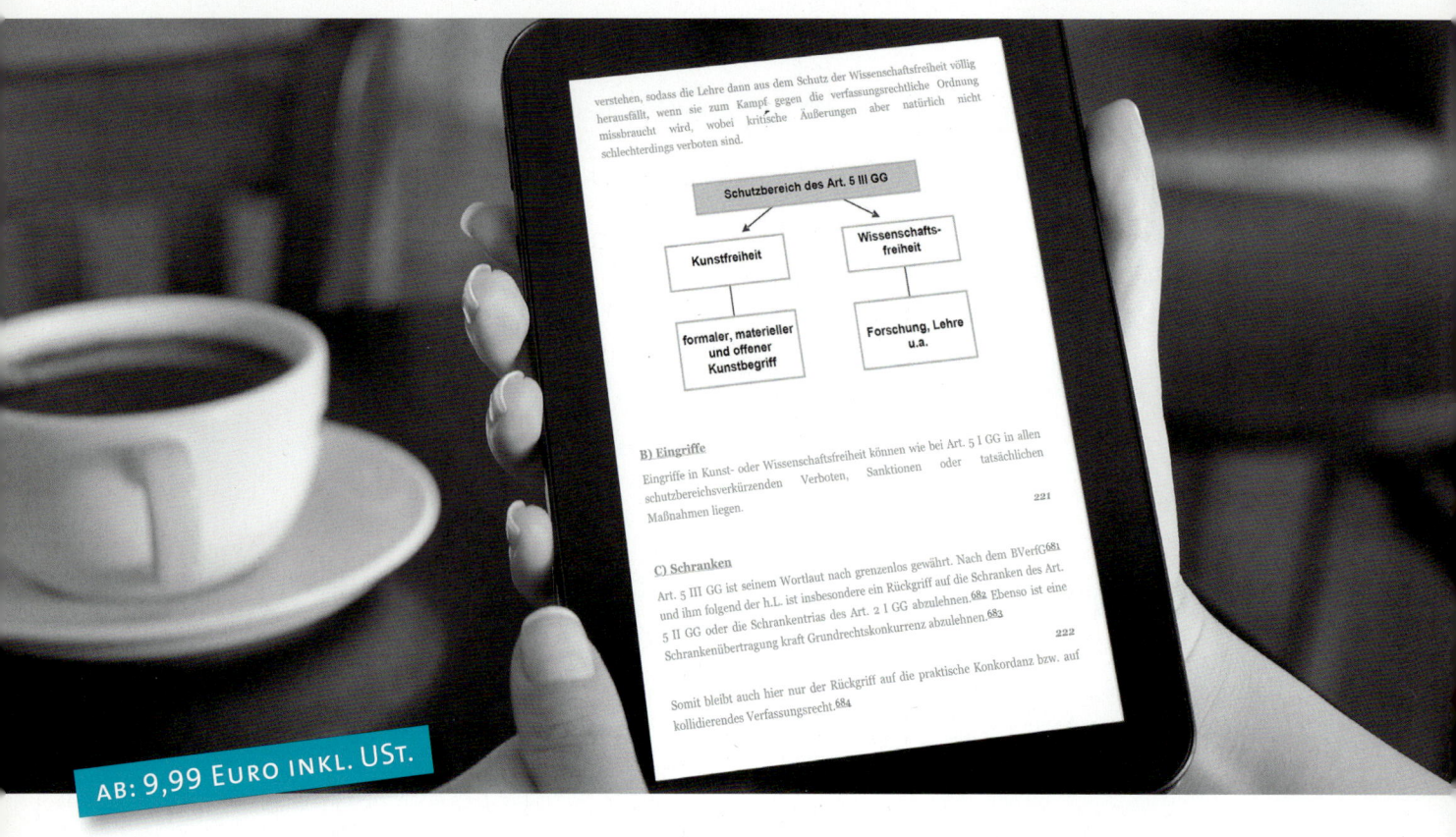

AB: 9,99 Euro inkl. USt.

Hauptskripte Zivilrecht:
- BGB AT I - III
- Arbeitsrecht I - II
- Bereicherungsrecht
- Deliktsrecht I - II
- Erbrecht
- Familienrecht I - II
- Gesellschaftsrecht
- Handelsrecht
- Herausgabeansprüche
- Kreditsicherungsrecht
- Rückgriffsansprüche
- Sachenrecht I - III
- Schadensersatzrecht I - III
- Schuldrecht AT, BT I - II
- Zivilprozessrecht I - II
- Verbraucherschutzrecht

Hauptskripte Strafrecht:
- StrafR AT I - II
- StrafR BT I - II
- Strafprozessordnung

Steuerrecht:
- Einkommensteuerrecht
- Abgabenordnung

Die AnwaltsBasics
- Erbrecht Teil 1, Teil 2
- Mediation

Hauptskripte Öffentl. Recht:
- Europarecht I - II
- Staatsrecht I - II
- Staatshaftungsrecht
- Verwaltungsrecht I - III
- Baurecht Bayern
- Polizeirecht Bayern
- Kommunalrecht Bayern
- Baurecht Baden-Württemberg
- KommunalR Baden-Württembg.
- PolizeiR Baden-Württemberg
- Baurecht Nordrhein-Westfalen
- Kommunalrecht Nordrhein-Westf.
- Baurecht Hessen
- Polizei- u. OrdnungsR Hessen
- Polizei- u. OrdnungsR Rheinland-Pfalz
- Polizei- u. OrdnungsR Saarland

Basics:
- Basic Zivilrecht I - BGB-AT/Vertragl. Schuldverh.
- Basic Zivilrecht III - Familien- u. Erbrecht
- Basic Zivilrecht V - Handel- u. GesellschaftsR
- Basic Zivilrecht VI - Arbeitsrecht
- Basic Strafrecht
- Basic Europarecht
- Basic Öffentliches Recht I - VerfassR/StaatsHR
- Basic Öffentliches Recht II - VerwaltungsR
- Basic Steuerrecht

Fallsammlungen:
- Die 23 wicht. Fälle - Sonderband: Der Streit- und Meinungsstand im neuen SchuldR
- Die 76 Fälle - BGB-AT
- Die 55 Fälle - Schuldrecht AT
- Die 51 Fälle - Schuldrecht BT - Kauf/WerkV
- Die 42 Fälle - GoA/Bereicherungsrecht
- Die 44 Fälle - Verwaltungsrecht
- Die 30 Fälle - Verwaltungsrecht BT Bayern
- Die 32 Fälle - Staatsrecht
- Die 34 Fälle - Strafrecht AT
- Die 44 Fälle - Strafrecht BT I - Vermögensd.
- Die 44 Fälle - Strafrecht BT II - Nicht-Vermögensd.
- Die 50 Fälle - Sachenrecht I
- Die 43 Fälle - Sachenrecht II - ImmobiliarSR
- Die 40 Fälle - ZPO I - Erkenntnisverfahren
- Die 25 Fälle - ZPO II - Zwangsvollstreckungsv.
- Die 35 Fälle - Handelsrecht
- Die 36 Fälle - Erbrecht
- Die 26 Fälle - Familienrecht
- Die 32 Fälle - Gesellschaftsrecht
- Die 39 Fälle - Arbeitsrecht
- Die 35 Fälle - Strafprozessrecht
- Die 23 Fälle - Europarecht
- Die 8 Fälle - Musterklausuren Examen SteuerR

Schwerpunkt:
- Insolvenzrecht
- Kapitalgesellschaftsrecht
- Kriminologie
- Rechts- und Staatsphilosophie,
- Rechtssoziologie
- Rechtsgeschichte I
- Rechtsgeschichte II, Röm. Rechtsg.
- Völkerrecht

Sie finden unsere Ebooks unter WWW.HEMMER-SHOP.DE